TOKYO DESIGN
CHARTER10.0

Was ist obszön?

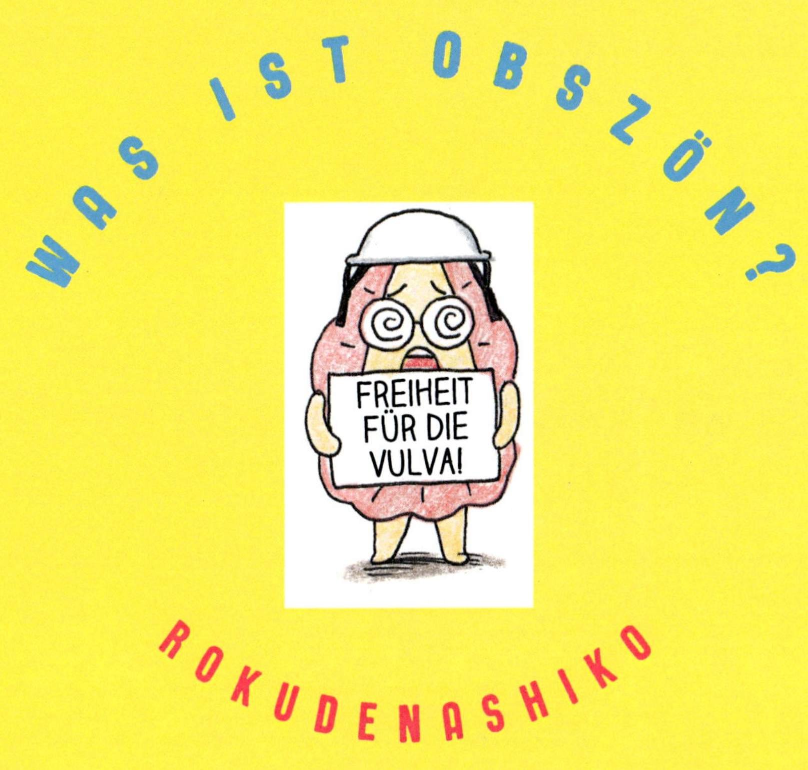

Rokudenashiko

Manga übersetzt von Anna Fleiter
Zusätzliche Texte von diversen Autorinnen

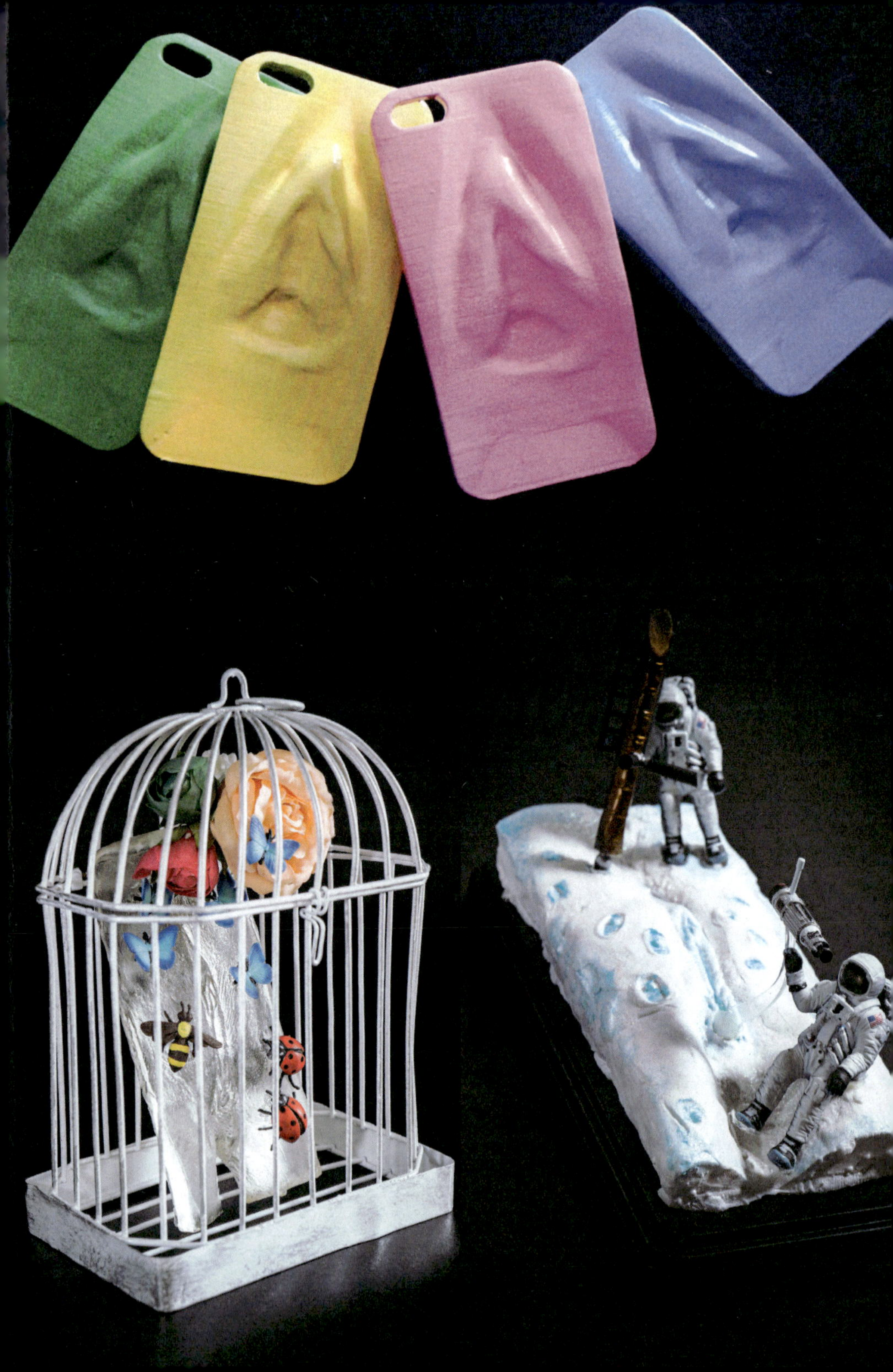

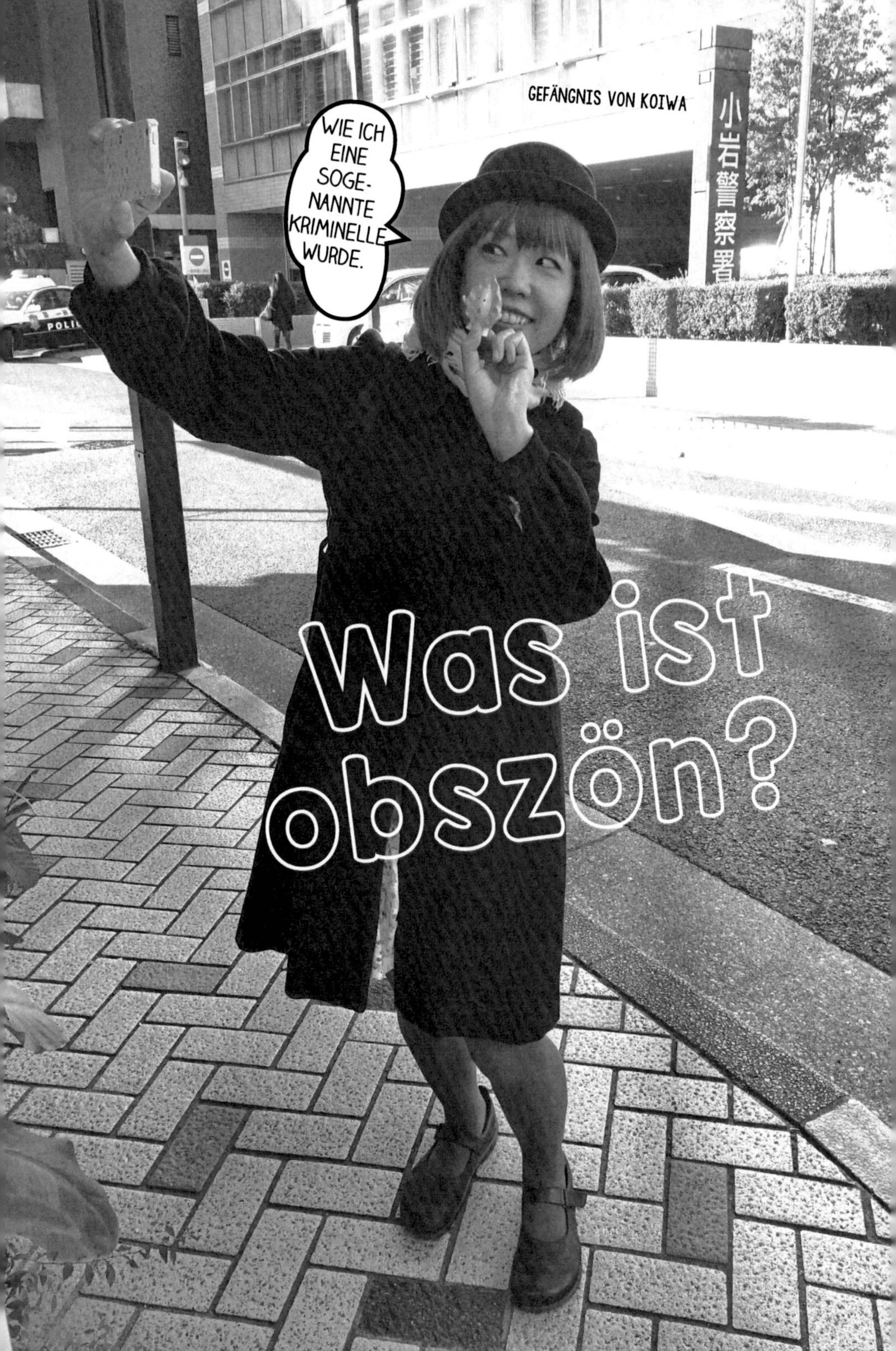

Was ist obszön?

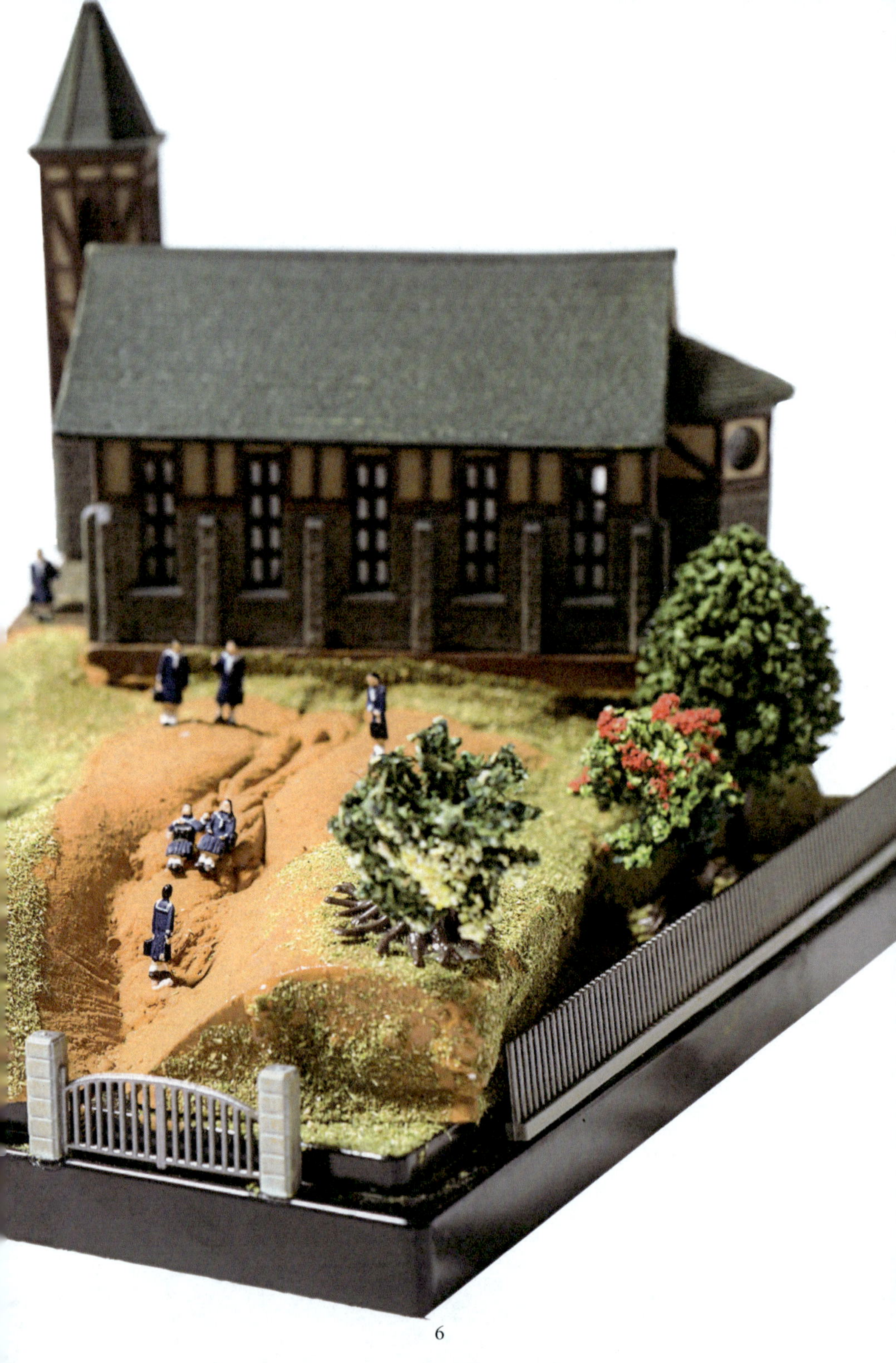

Inhaltsverzeichnis

Mannichiwa, Deutschland!*

Ich bin die MANKO (Vulva)-Künstlerin Rokudenashiko (Megumi Igarashi).

Rokudenashiko bedeutet „nutzlos“ oder „Tunichtgut“ in Japanisch. Japanische Mangaka denken sich immer alberne Künstlernamen aus, deshalb hab ich das auch gemacht, als ich meine Karriere im Zeichnen von „reality mangas“ begann, ohne mir was dabei zu denken. Übrigens war die Mankokunst auch nur eine witzige Idee, die ich für die Story gemacht hab.

Auf die Reaktion der japanischen Männer war ich jedoch überhaupt nicht vorbereitet. „Das ist schmutzig!“, „Das ist eklig!“, „Das stinkt doch bestimmt“, haben sie mich angegiftet. Andere riefen mir hinterher „Zeig‘ mir mehr!“, „Du perverses kleines Mädchen!“, „Lass‘ mich dich ficken!“ Wenn ein Körperteil, dass jede Frau von Geburt an besitzt, dermaßen verhöhnt und verspottet wird, dann ist irgendwas faul. Wenn ich es mir recht überlege, war schon allein das Wort „Manko“ in meiner Kindheit ein Tabu und total verboten. Obwohl ich das gar nicht will, hab ich die veraltete Auffassung, dass man das Wort nicht benutzen darf, verinnerlicht.

Seitdem ich meine Arbeit in der Mankokunst begonnen habe, kämpfe ich gegen alte Männer, die sich darüber aufregen. Ich hab deshalb schon allen Ernstes beschlossen, noch mehr witzige Arbeiten zu produzieren. Obwohl das am Anfang ein Scherz war, widme ich mich jetzt mit jeder Faser meines Körpers und meiner Seele diesem Scherz.

Funkelnde glänzende Mankoförmige super dekorierte Deco-Man
Mankoförmiges Diorama – Dioramanko
Dreiradmanko
Berührungslose Mankowasserhähne
Manko, die im Dunkeln leuchtet
Manko-iPhone-Hüllen
Hochseetüchtige Mankoschiffe

*Mannichiwa = man(ko) + (kon)nichiwa (guten Tag)

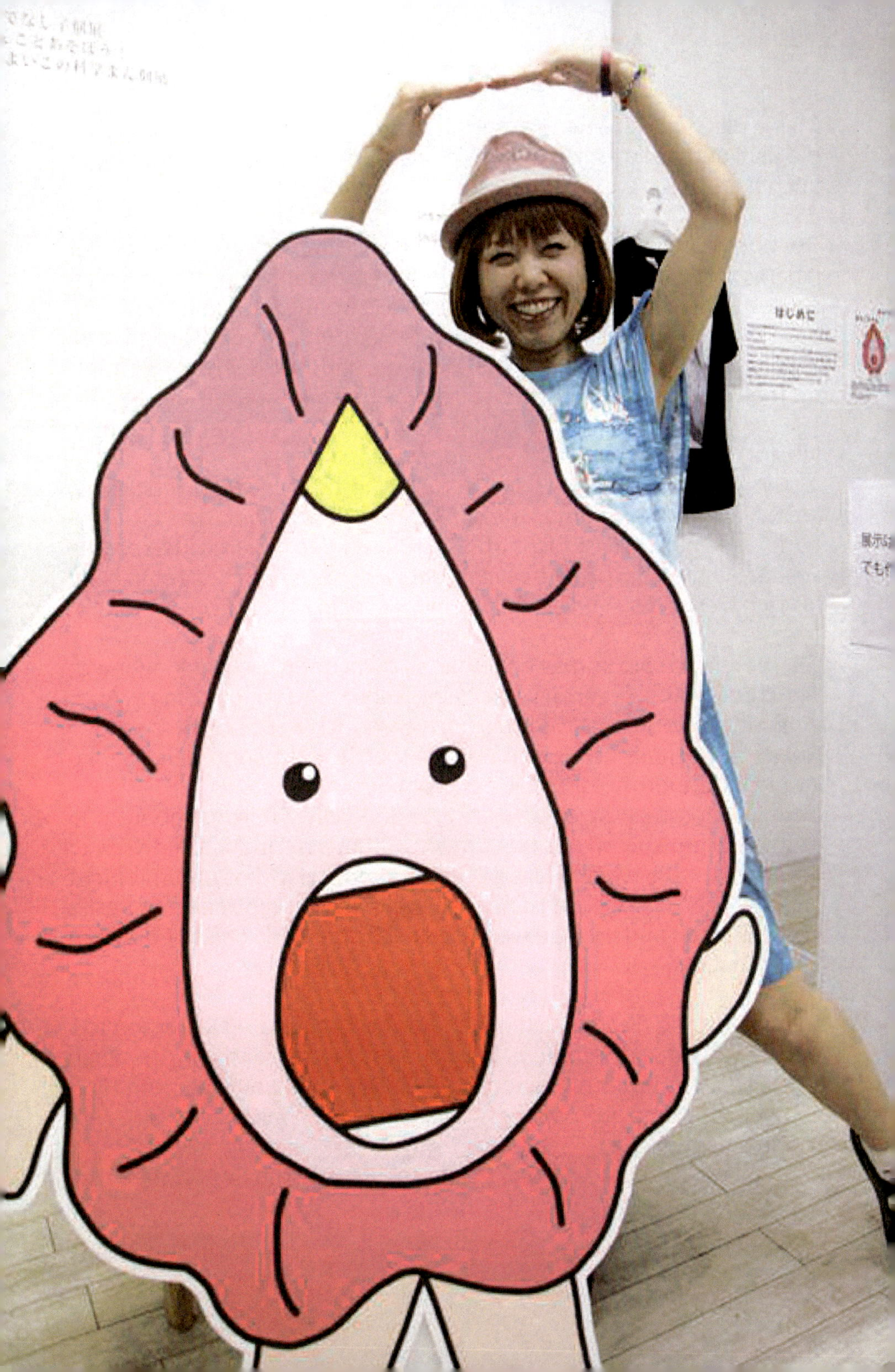
はじめに

Meine Ideen haben einen Haufen kleingeistiger Männer verärgert, aber die Zahl derer, die es lustig, spaßig, fröhlich und urkomisch finden, ist auch gestiegen.

Dennoch bin ich – aus welchen Gründen auch immer – zweimal von der japanischen Polizei verhaftet worden. Sie behaupteten, meine Arbeit sei „obszön und würde fahrlässig sexuelle Impulse verursachen" und sei daher eine Straftat. Diese Anklage wurde weltweit wahrgenommen und ich wurde zig-Mal von der internationalen Presse gefragt, ob man in Japan ernsthaft für so etwas belangt werden kann.

Ich antworte dann immer folgendermaßen:
„Ja, in Japan wird man wirklich dafür verhaftet. Ich wurde tatsächlich am Heiligabend 2014 (am 24. Dezember) angeklagt. Aber es ist total verkorkst. Meine Vulva ist nicht obszön. Diesen Vorwürfen widerspreche ich auf Schärfste, ich glaube nicht, dass ich etwas Falsches getan habe und ich werde der Anklage mit meiner frivolen Art die Stirn bieten."

Glaubt mir, ich bin immer noch dabei, mich mit diesen Anklagen vor Gericht rumzuschlagen. Ich hab keine Ahnung was noch kommt. Aber egal wie oft sie mich noch verhaften werden, ich werde ihre grinsenden Gesichter niemals vergessen und ich werde nicht aufgeben. Manko ist nichts Unnormales oder Ungewöhnliches und
genau genommen ist sie ein selbstverständlicher Teil des Lebens und genau darum sollten wir uns um sie kümmern. Und ich schwöre… die Manko-Kunstwerke, die die Polizei konfisziert hat und mir nicht zurückgeben will, werden eines Tages in meinen rechtmäßigen Besitz zurückkehren und solange werde ich mich über genau diese Polizisten lustig machen.

Diejenigen, die dieses Buch in den Händen halten und lesen, ich fordere euch auf, während des Gerichtsverfahrens nach mir Ausschau zu halten. Ich update meinen Status regelmäßig auf meinem Blog (6d745.com) und auf Twitter (@6d745), wo ich mich über eure Aufmerksamkeit freue.

Rokudenashiko (Megumi Igarashi) im September 2015

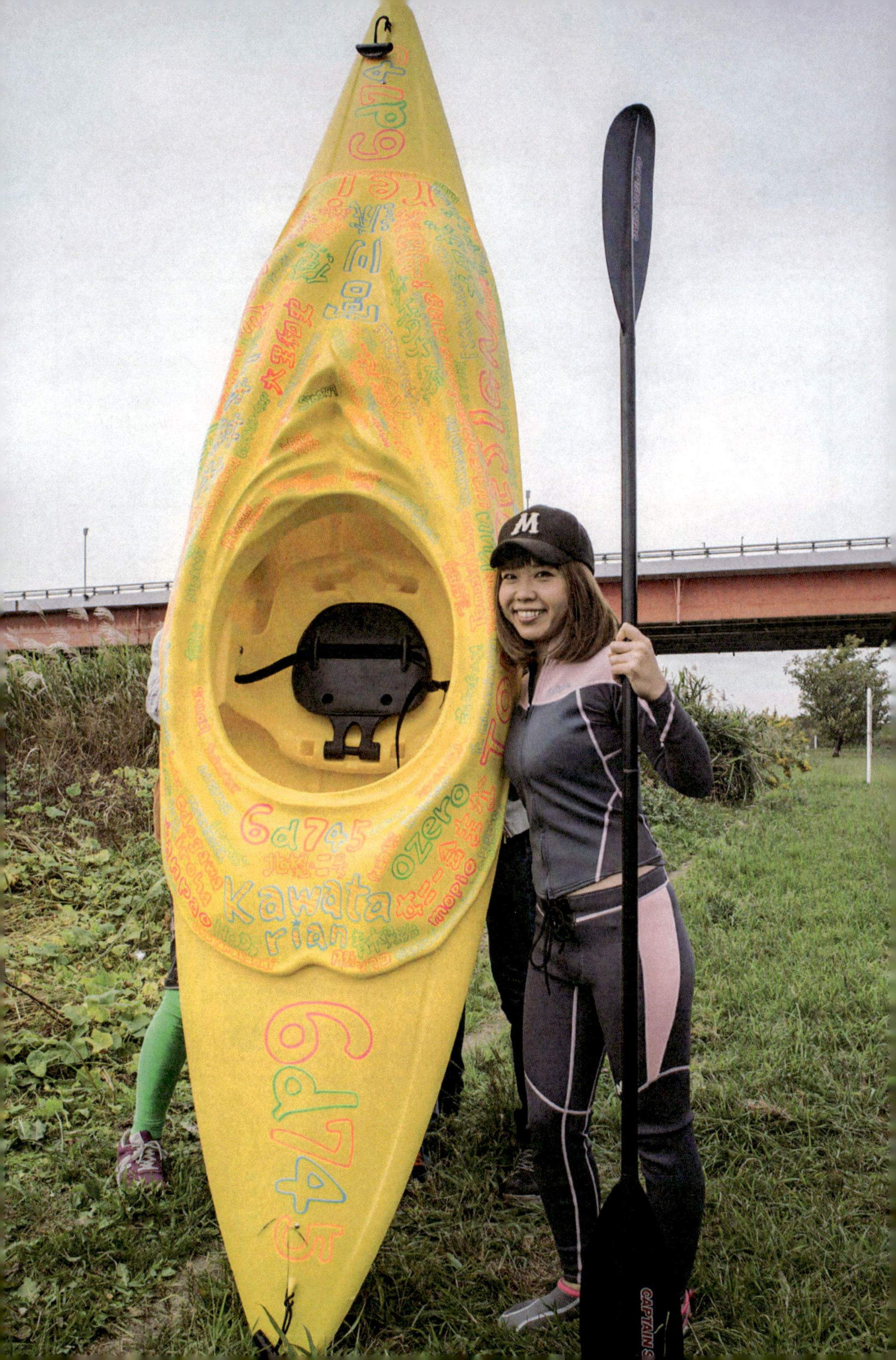

6d745
6d745
ozero
Kawata
rian
6d745
M
CAPTAINS

Was ist obszön?

WIE ICH EINE SOGENANNTE KÜNSTLERIN WURDE

VON ROKUDENASHIKO

MS. MANKO

KAPITEL 1

HALLO.
ICH HEIẞE
ROKUDENASHIKO.*

* JAPANISCH FÜR "NICHTSNUTZ".

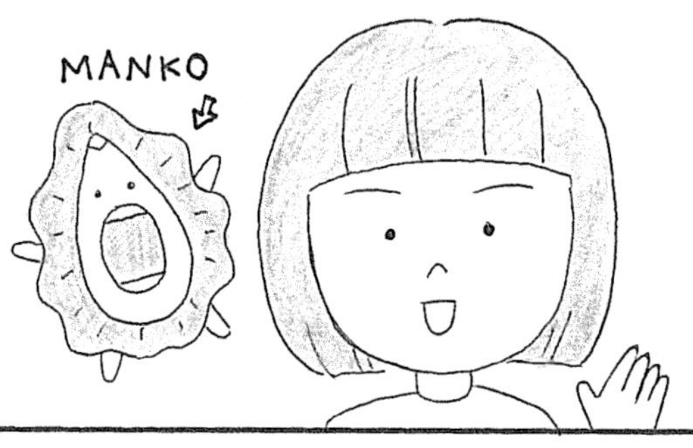

ICH BIN
VAGINA-
KÜNST-
LERIN.

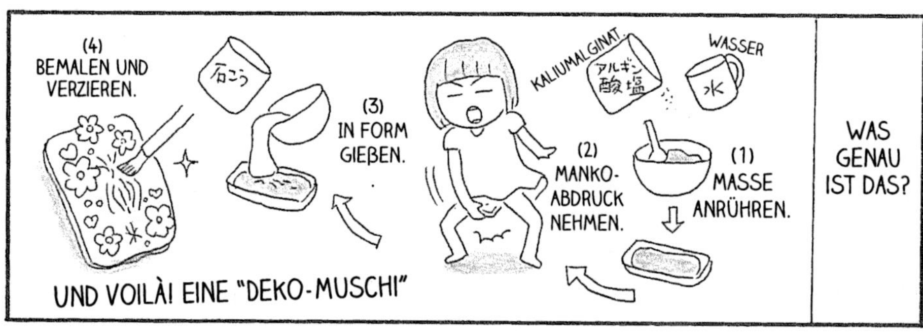

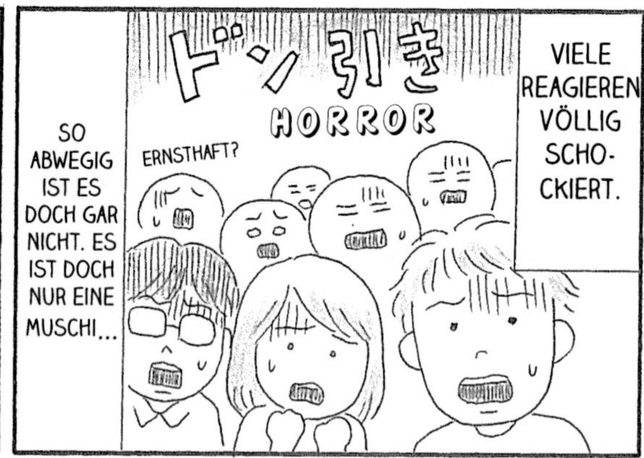

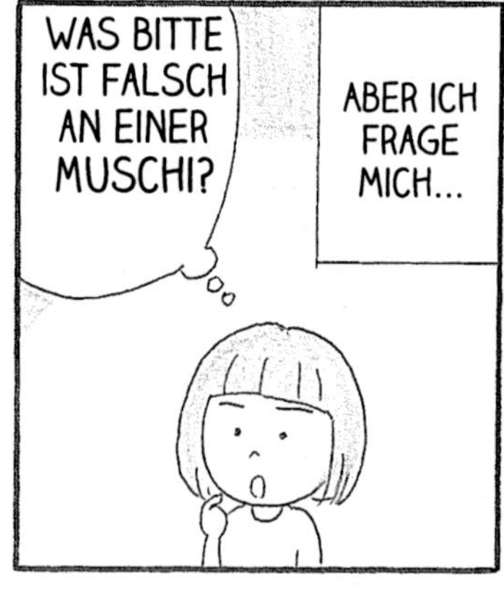

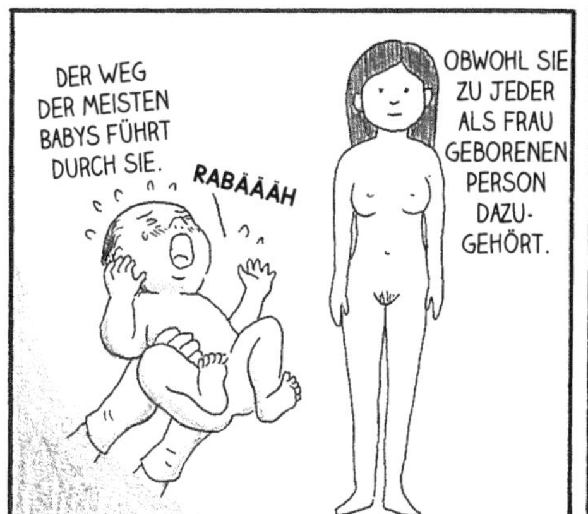
OBWOHL SIE ZU JEDER ALS FRAU GEBORENEN PERSON DAZUGEHÖRT.
DER WEG DER MEISTEN BABYS FÜHRT DURCH SIE.
RABÄÄÄH

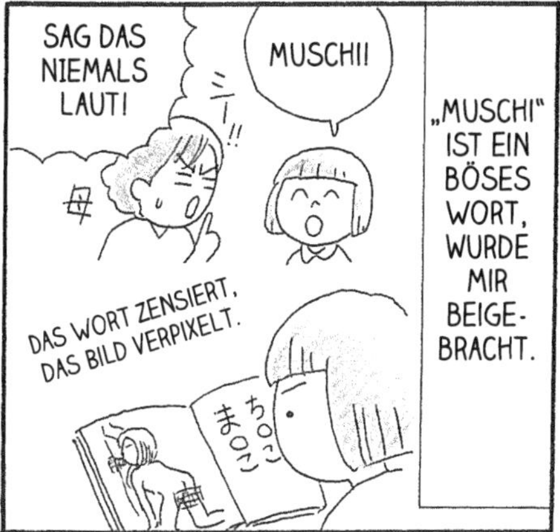
„MUSCHI" IST EIN BÖSES WORT, WURDE MIR BEIGEBRACHT.
MUSCHI!
SAG DAS NIEMALS LAUT!
DAS WORT ZENSIERT, DAS BILD VERPIXELT.

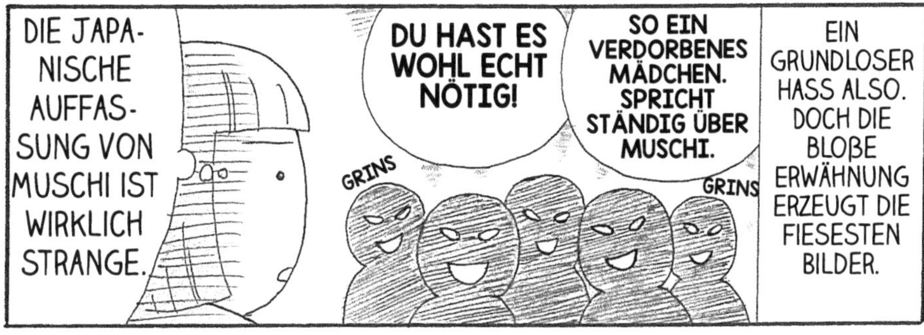
EIN GRUNDLOSER HASS ALSO. DOCH DIE BLOẞE ERWÄHNUNG ERZEUGT DIE FIESESTEN BILDER.
SO EIN VERDORBENES MÄDCHEN. SPRICHT STÄNDIG ÜBER MUSCHI.
DU HAST ES WOHL ECHT NÖTIG!
GRINS
GRINS
DIE JAPANISCHE AUFFASSUNG VON MUSCHI IST WIRKLICH STRANGE.

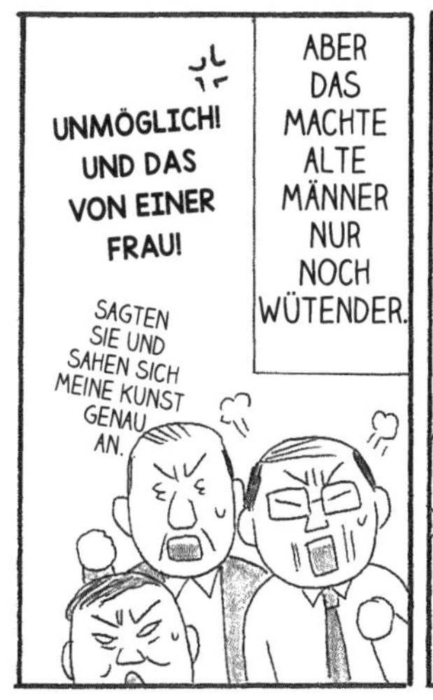
ABER DAS MACHTE ALTE MÄNNER NUR NOCH WÜTENDER.
UNMÖGLICH! UND DAS VON EINER FRAU!
SAGTEN SIE UND SAHEN SICH MEINE KUNST GENAU AN.

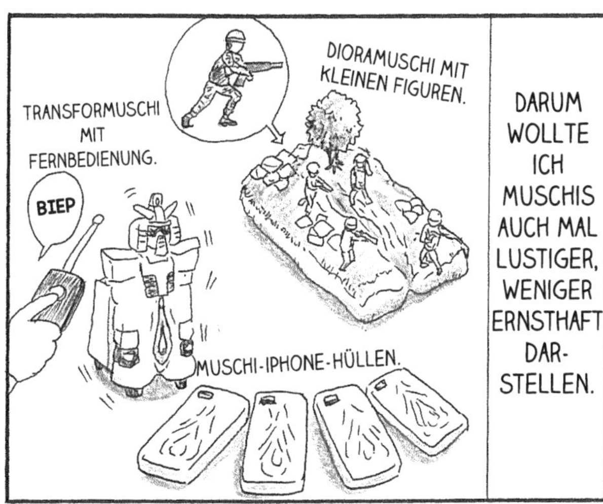
DARUM WOLLTE ICH MUSCHIS AUCH MAL LUSTIGER, WENIGER ERNSTHAFT DARSTELLEN.
DIORAMUSCHI MIT KLEINEN FIGUREN.
TRANSFORMUSCHI MIT FERNBEDIENUNG.
BIEP
MUSCHI-IPHONE-HÜLLEN.

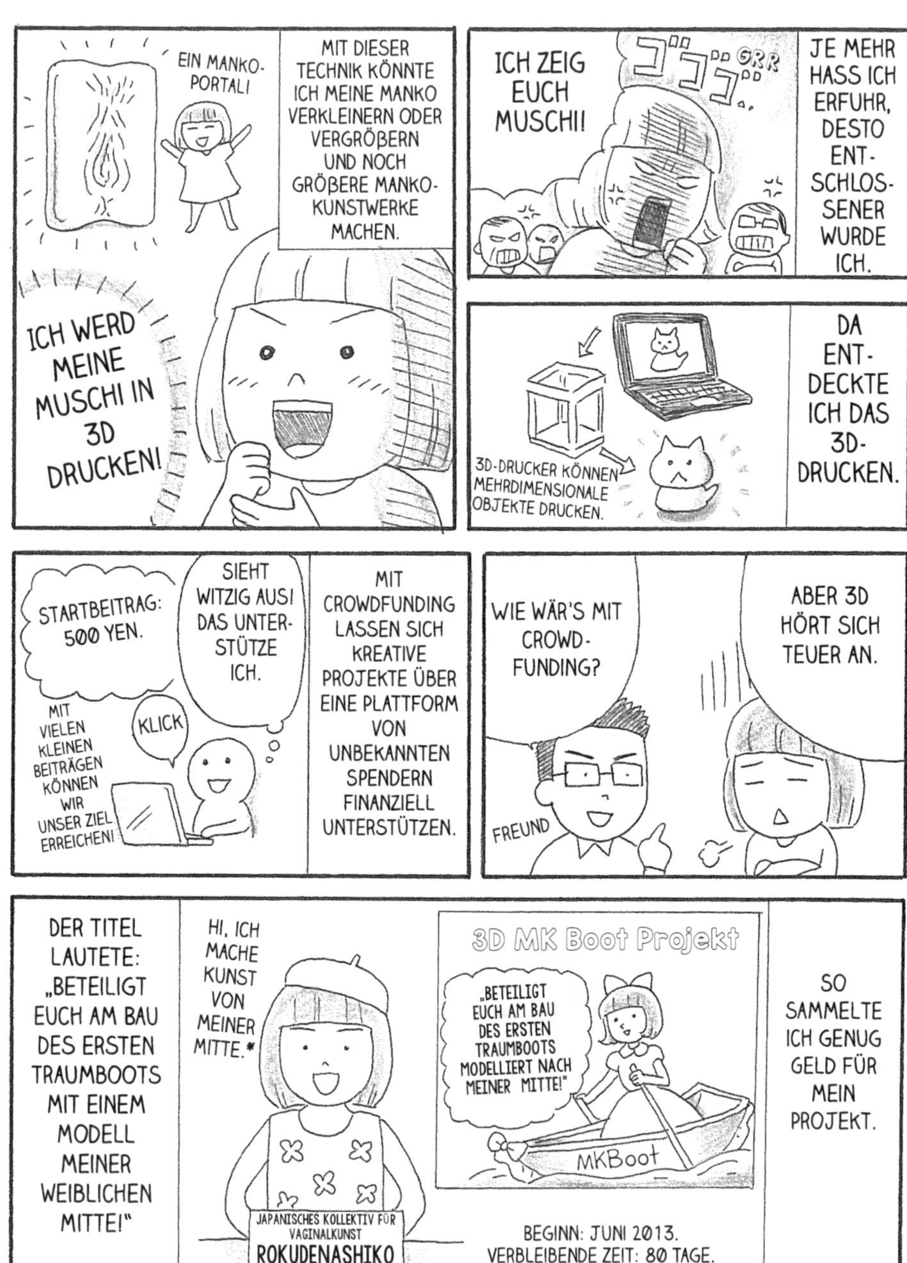

ANM.D.RED.: ROKUDENASHIKO ERSETZT HIER "MANKO" (MUSCHI) MIT "MANNAKA" (MITTE), EIN EUPHEMISMUS.

UND SO DURFTE ICH DAS WELTWEIT ERSTE MUSCHI-BOOT DURCH DEN FLUSS TAMA(NKO) STEUERN.

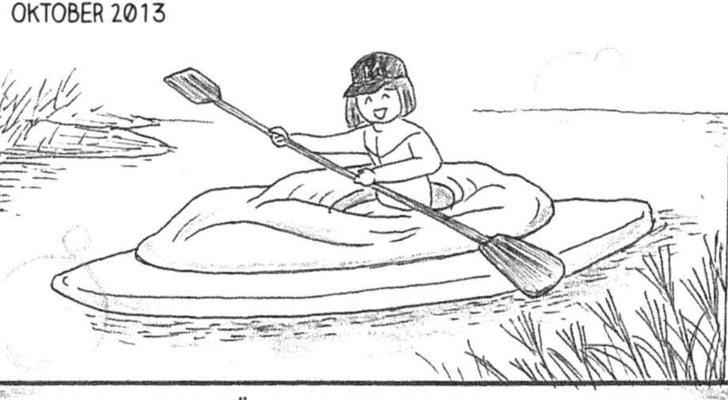

DAS PROJEKT LIEF BESSER ALS ERWARTET. ICH SAMMELTE ÜBER 1 MILLION YEN (CA. 7500 €).

DIE BELOHNUNG FÜR DIE SPENDERINNEN UND SPENDER, DIE MEHR ALS 2000 YEN (CA. 15 €) ZAHLTEN, WAR EINE VEKTORDATEI MEINER MUSCHI (DER DOWNLOAD-ZUGANG LIEF NACH 7 TAGEN AB). MIT DER DATEI KONNTE MAN EIGENE MUSCHI-KUNST MACHEN.

NEUN MONATE SPÄTER, SAMSTAG, 12. JULI 2014, CA. 10:30 UHR.

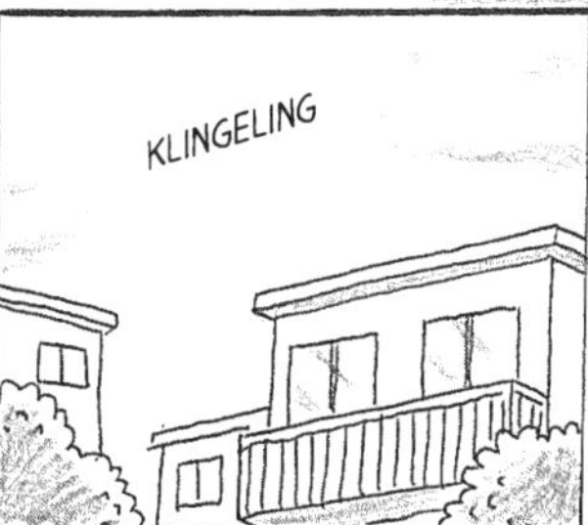

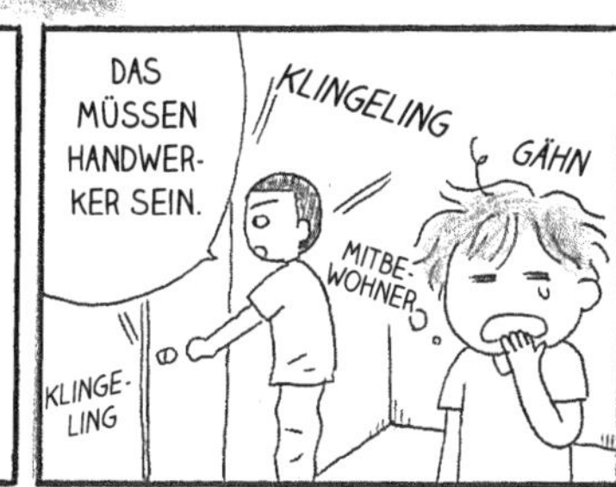

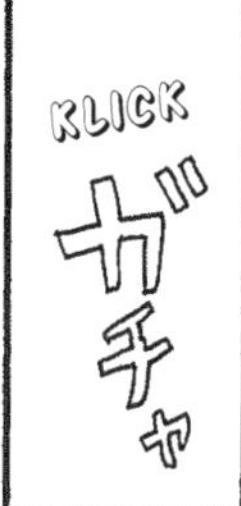

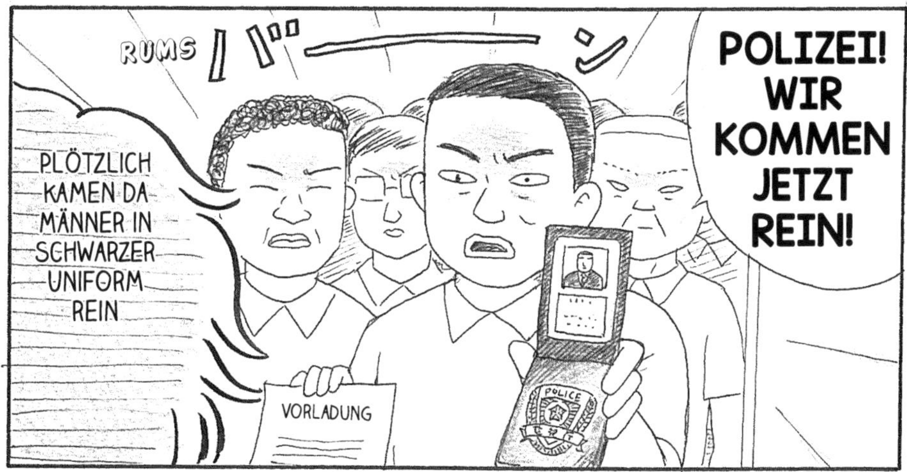

Sprachliche Grundlagen

Das Wort ***Manko*** kann auch zu „man“ reduziert werden, um als Suffix, Prefix oder Adjektiv zu fungieren. Zum Beispiel „age-man“ (wörtlich übersetzt: Muschispenderin), „tsuru-man“ (kahle Muschi), „man-ge“ Muschihaar, und natürlich den großartigen Begriff, den Rokudenashiko geprägt hat, „deco-man“ (Dekomuschi).

Das primäre weibliche Geschlechtsorgan besteht anatomisch betrachtet aus drei Einheiten:

- dem sichtbaren äußeren Teil: der ***Vulva***,
- der Körperöffnung, die den äußeren und den inneren Teil miteinander verbindet: der ***Vagina***,
- sowie dem inneren, nicht sichtbaren Teil: dem ***Muttermund***, der ***Gebärmutter*** und den ***Eierstöcken***.

In Umgangs- und Fachsprache kommt die ***Vulva*** jedoch nahezu nicht vor. Stattdessen wird häufig der Begriff ***Vagina*** verwendet. ***Vagina*** ist vom lateinischen Wort für „Scheide“ oder „Hülle“ abgeleitet. Das Wort Vagina bezeichnet die Beziehung, die sie eben manchmal zum Penis hat, und suggeriert, dass sie in der übrigen Zeit lediglich eine „Hülle“, eine „(Schwert-)Scheide“ ist, die auf ihren Einsatz wartet. Wir verwenden also ein Wort für die weiblichen Genitalien, das buchstäblich impliziert, dass sie ein Behältnis für einen Penis sind.

Auch die berühmten *Vagina-Monologe* von Eve Ensler haben zur Begriffsverwirrung beigetragen. Die Autorin hatte über 200 Frauen zu ihren Genitalien befragt und die Ergebnisse in literarischer Form zusammengefasst. Die Monologe wurden auf Bühnen in aller Welt aufgeführt, aber nur wenige Geschichten handelten tatsächlich von der ***Vagina***, meistens „sprach“ die ***Vulva***.

Übrigens, wo wir grad dabei sind: *Das Jungfernhäutchen gibt es nicht*. Anschaulich erklärt in dem gleichnamigen breitbeinigen Heft von Oliwia Hälterlein und Aisha Franz (Maroheft #2, 2020, Maro Verlag Augsburg).

Wie Mithu Sanyal in ihrem wunderbaren, unglaublich fundierten Buch *Vulva – Die Enthüllung des unsichtbaren Geschlechts* (2009) erläutert, wurde der Frauenkörper in der Medizin immer als (minderwertige) Abweichung von der Norm (dem Männerkörper) aufgefasst, was zu den Analogien ***Vagina*** = invertierter Penis und ***Klitoris*** = kleiner Penis geführt hat.

Noch bis ins 18. Jahrhundert wurden die Eierstöcke als „weibliche Samenleiter" beschrieben. Was man aber gemeinhin als ***Klitoris*** wahrnimmt, ist nur ihre Krone oder Spitze. Unter der Haut lässt sich noch der Schaft ertasten, doch der größte Teil der ***Klitoris*** liegt tiefer. Es handelt sich um die sogenannten ***Crura*** oder ***Schenkel***, die die Form eines umgekehrten Ypsilons haben und jeweils etwa zehn Zentimeter lang sind.

Monika Gsell schreibt in ihrem Buch *Die Bedeutung der Baubo - Zur Repräsentation des weiblichen Genitales* (2001):
Freuds Auffassung des weiblichen Genitals als ein verkümmertes männliches Geschlechtsorgan mag inzwischen ideologiekritisch überholt sein: die psychoanalytische Praxis belegt dennoch, dass überaus viele Männer wie Frauen das weibliche Geschlechtsorgan als irgendwie deformiert, auf jeden Fall aber als nur schwer erträglich anzublicken erachten. Gleichzeitig – und wohl nicht zufällig – ist das weibliche Geschlechtsorgan derjenige Gegenstandbereich, der mit dem strengsten nur möglichen Darstellungstabu belegt ist. Man kann bezüglich der Vulva von einem eigentlichen Seh- und Darstellungstabu sprechen. Darüber hinaus scheint die Tatsache der Tabuisierung selbst tabuisiert zu sein.

[weiter geht's auf Seite 22]

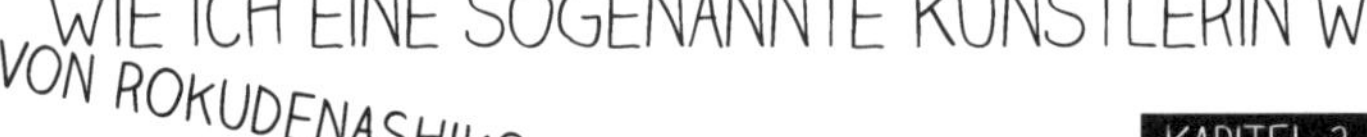

Was ist obszön?

WIE ICH EINE SOGENANNTE KÜNSTLERIN WURDE

VON ROKUDENASHIKO

FRÄULEIN MANKO

まんこちゃん

KAPITEL 2

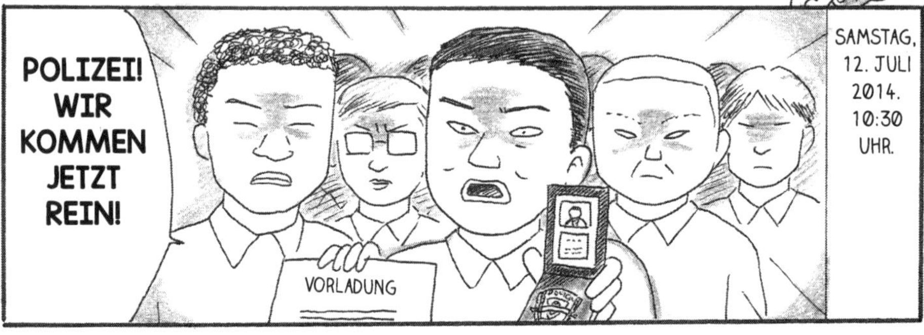

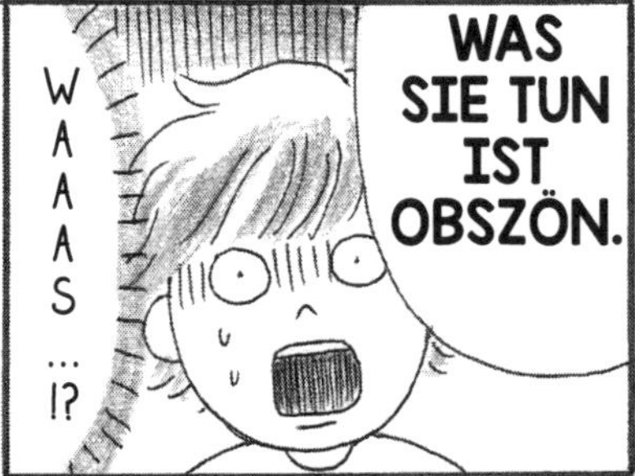

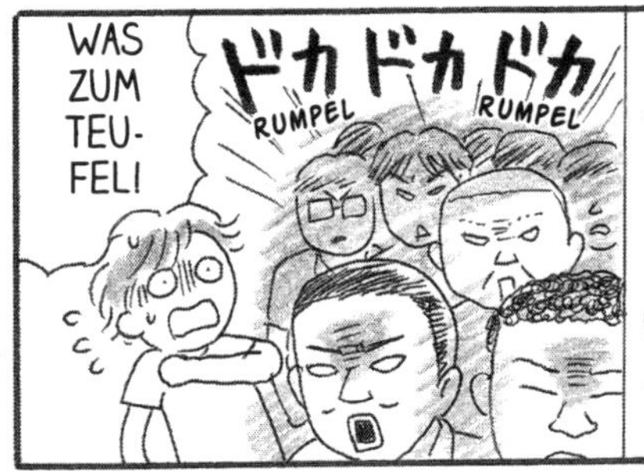

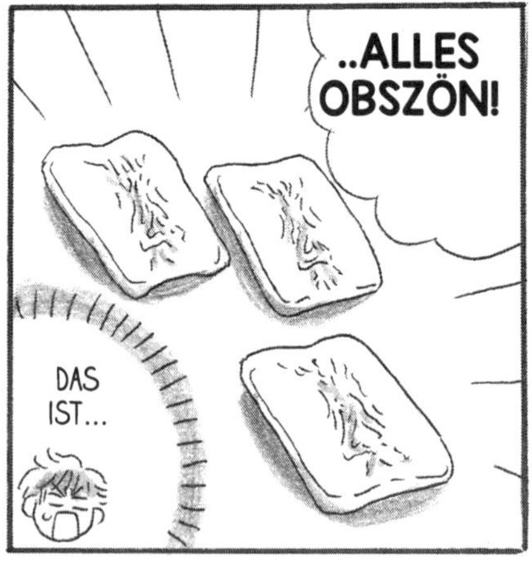

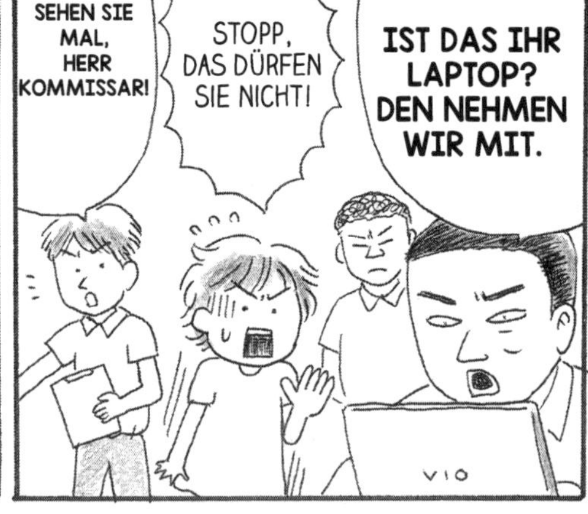

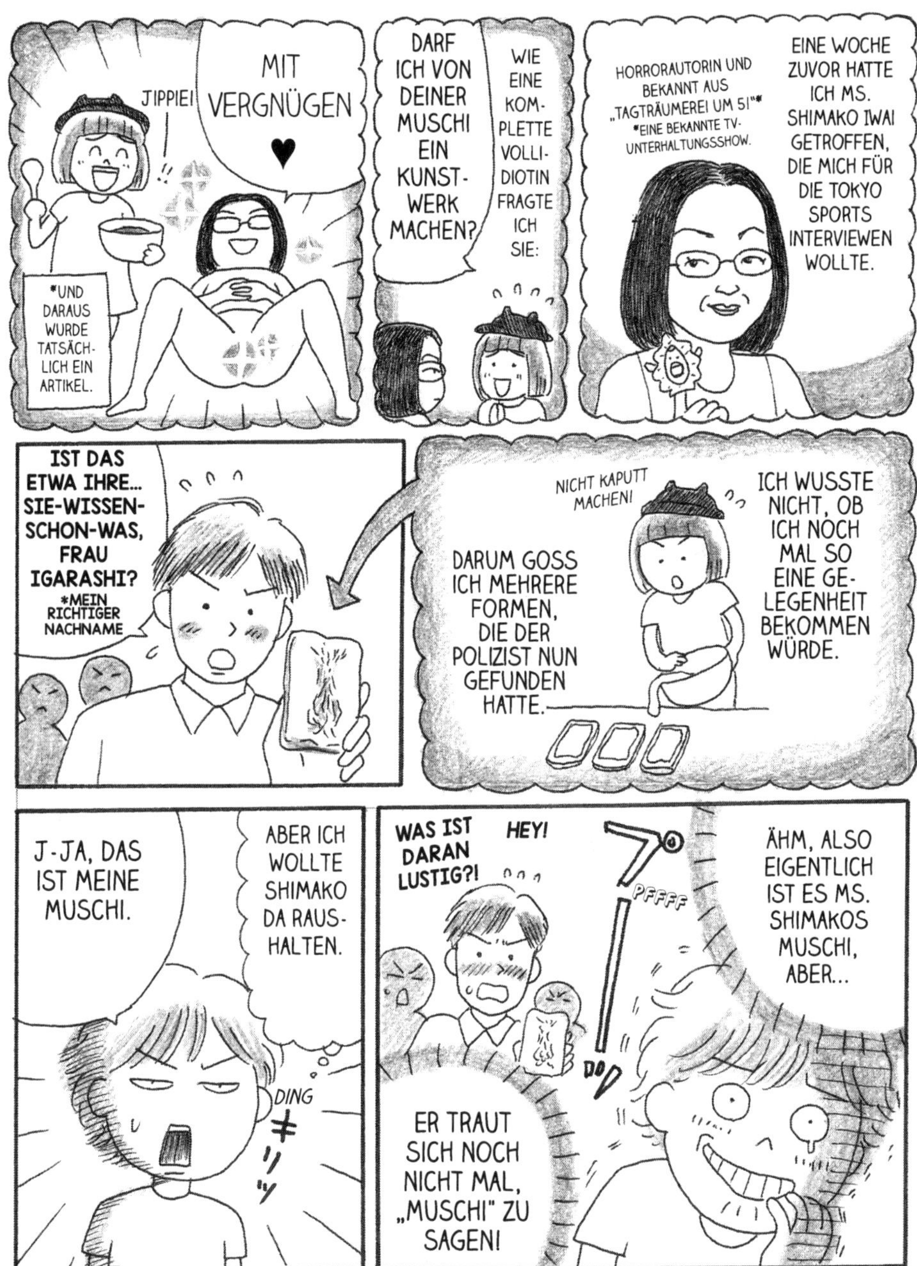
EINE WOCHE ZUVOR HATTE ICH MS. SHIMAKO IWAI GETROFFEN, DIE MICH FÜR DIE TOKYO SPORTS INTERVIEWEN WOLLTE.
HORRORAUTORIN UND BEKANNT AUS „TAGTRÄUMEREI UM 5!"*
*EINE BEKANNTE TV-UNTERHALTUNGSSHOW.
WIE EINE KOMPLETTE VOLLIDIOTIN FRAGTE ICH SIE:
DARF ICH VON DEINER MUSCHI EIN KUNSTWERK MACHEN?
MIT VERGNÜGEN ♥
JIPPIE!
*UND DARAUS WURDE TATSÄCHLICH EIN ARTIKEL.
ICH WUSSTE NICHT, OB ICH NOCH MAL SO EINE GELEGENHEIT BEKOMMEN WÜRDE.
NICHT KAPUTT MACHEN!
DARUM GOSS ICH MEHRERE FORMEN, DIE DER POLIZIST NUN GEFUNDEN HATTE.
IST DAS ETWA IHRE... SIE-WISSEN-SCHON-WAS, FRAU IGARASHI?
*MEIN RICHTIGER NACHNAME
ÄHM, ALSO EIGENTLICH IST ES MS. SHIMAKOS MUSCHI, ABER...
PFFFF
HEY!
WAS IST DARAN LUSTIG?!
ER TRAUT SICH NOCH NICHT MAL, „MUSCHI" ZU SAGEN!
ABER ICH WOLLTE SHIMAKO DA RAUSHALTEN.
J-JA, DAS IST MEINE MUSCHI.
DING

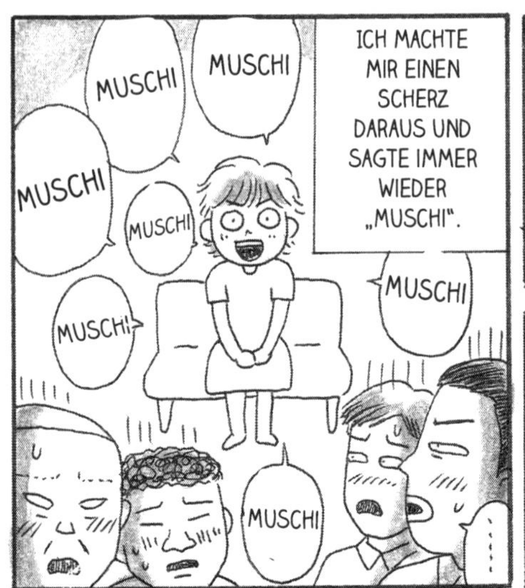

ICH MACHTE MIR EINEN SCHERZ DARAUS UND SAGTE IMMER WIEDER „MUSCHI".
MUSCHI
MUSCHI
MUSCHI
MUSCHI
MUSCHI
MUSCHI
MUSCHI

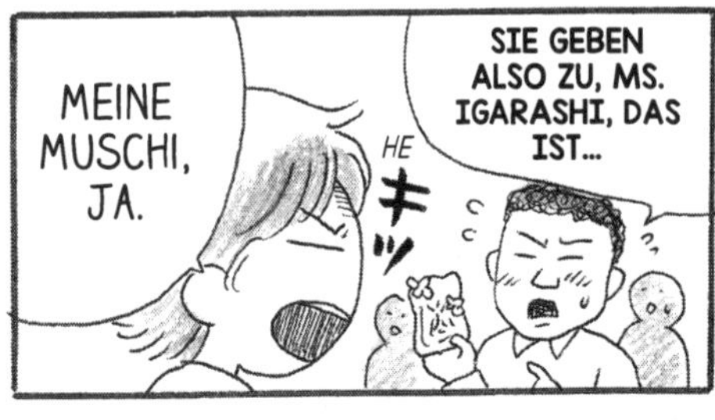

SIE GEBEN ALSO ZU, MS. IGARASHI, DAS IST…
HE
MEINE MUSCHI, JA.

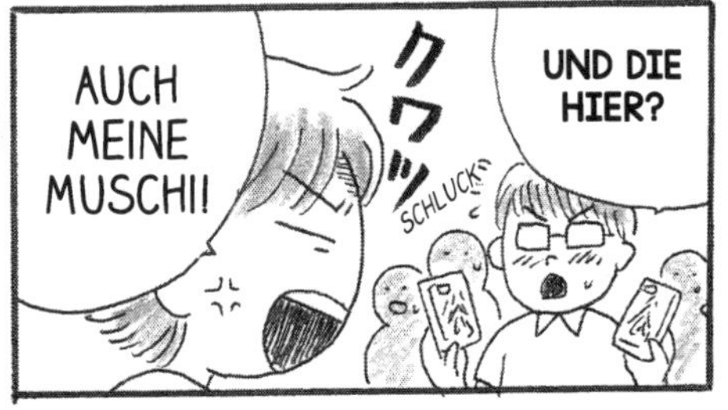

UND DIE HIER?
SCHLUCK
AUCH MEINE MUSCHI!

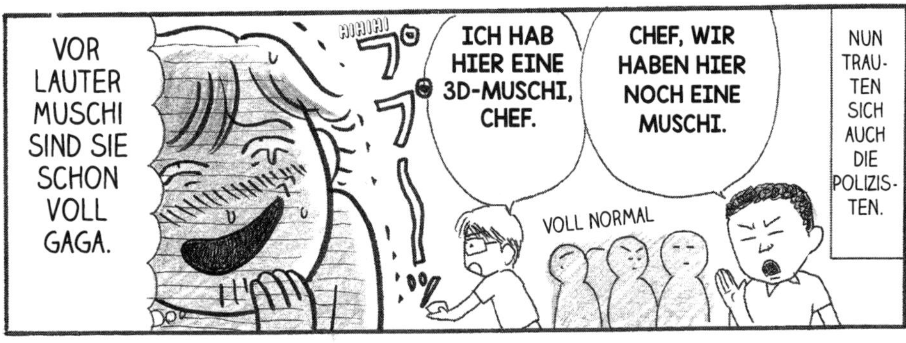

VOR LAUTER MUSCHI SIND SIE SCHON VOLL GAGA.
HIHIHI
ICH HAB HIER EINE 3D-MUSCHI, CHEF.
CHEF, WIR HABEN HIER NOCH EINE MUSCHI.
VOLL NORMAL
NUN TRAU-TEN SICH AUCH DIE POLIZIS-TEN.

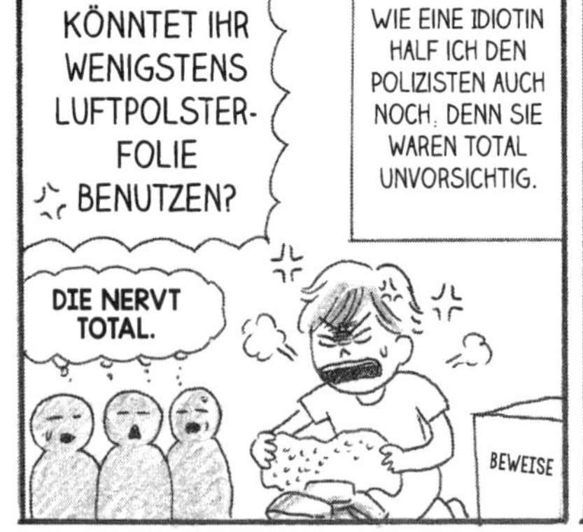

KÖNNTET IHR WENIGSTENS LUFTPOLSTER-FOLIE BENUTZEN?
WIE EINE IDIOTIN HALF ICH DEN POLIZISTEN AUCH NOCH, DENN SIE WAREN TOTAL UNVORSICHTIG.
DIE NERVT TOTAL.
BEWEISE

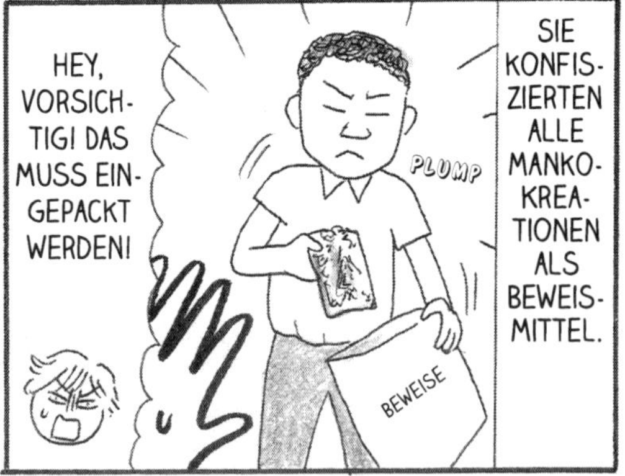

HEY, VORSICH-TIG! DAS MUSS EIN-GEPACKT WERDEN!
PLUMP
BEWEISE
SIE KONFIS-ZIERTEN ALLE MANKO-KREA-TIONEN ALS BEWEIS-MITTEL.

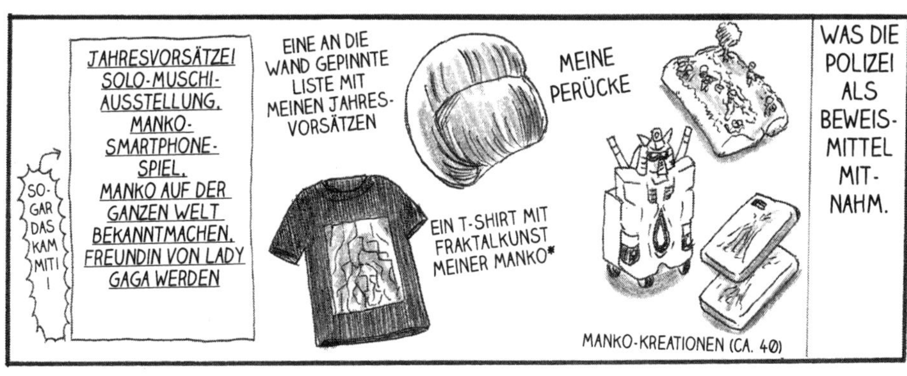

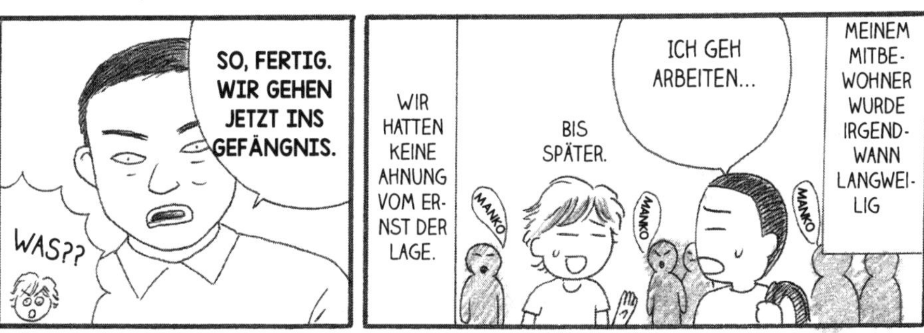

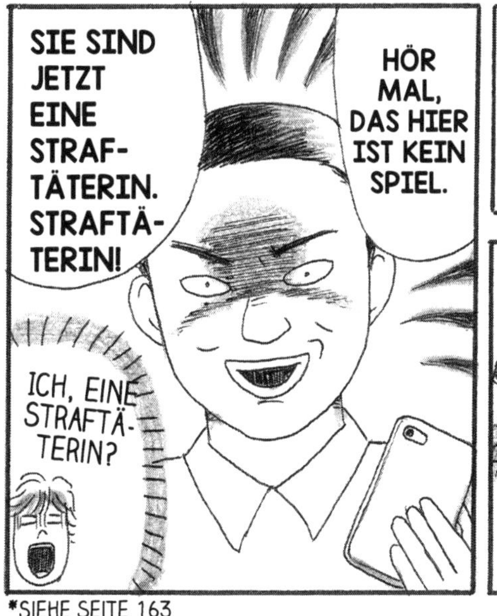

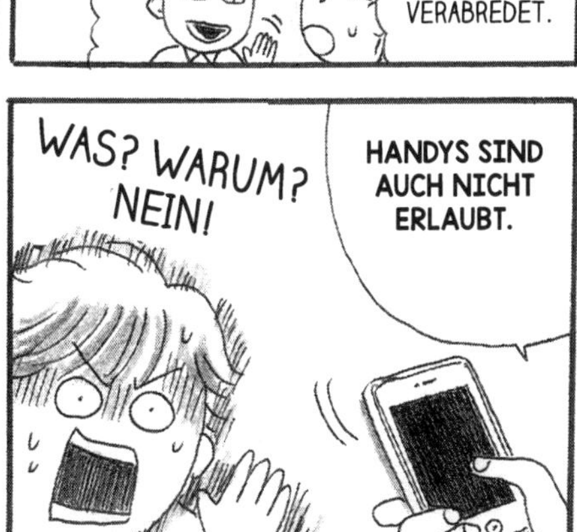

*SIEHE SEITE 163

Leah Kaminsky hat 2018 für die BBC einen Artikel mit dem Titel *The case for renaming women's body parts* (***Ein Plädoyer für die Umbenennung weiblicher Körperteile***) verfasst.* Darin untersuchte sie die Gründe für die Benennung vieler weiblicher Körperteile nach männlichen Ärzten und wie dieses Erbe unsere Wahrnehmung des weiblichen Körpers verzerrt.

Das Wort ***Hysterie***, zum Beispiel, kommt vom griechischen Wort für Gebärmutter, 'hysterika', und wurde von Hippokrates als Zustand beschrieben, der durch eine wandernde Gebärmutter verursacht wird. Als Heilmittel für eine wandernde Gebärmutter galten die Ehe und viel Sex (einvernehmlich oder nicht). Erst 1952 strich die American Psychiatric Association den Begriff ***Hysterie*** endgültig von ihrer Liste der modernen Krankheiten.

Beispiele für die Benennung von Körperteilen nach männlichem Vorbild sind: Der Douglas-Raum (nach James Douglas), der sich hinter der Gebärmutter befindet, die Bartholin-Drüsen (nach Caspar Bartholin), die in die Vagina münden und ein dünnes Sekret zur Befeuchtung der Vagina produzieren, die tuba Fallopii (nach Gabriel Fallopian), der lateinische Begriff für den Eileiter, die Montgomeryschen Drüsen (nach William Montgomery), die in der Stillzeit mit spezifischen Duftstoffen dem Säugling den Weg weisen, und der erogene G-Punkt (nach Ernst Gräfenberg), der sich an der Vorderwand der Vagina befindet. Nebenbei bemerkt, wird der G-Punkt, oder die Gräfenberg-Zone, um den fachlich korrekten Begriff zu verwenden, heute als die Stelle bezeichnet, an der der innere Teil der Klitoris an der Vaginalwand vorbeiläuft.

* www.bbc.com/future/story/20180531-how-womens-body-parts-have-been-named-after-men 2018

Die Psychologin Josephine Lowndes Sevely wies 1987 nach, dass die Klitoris keineswegs dem Penis entspricht, sondern umgekehrt. Sie „entdeckte“ den corpus spongiosum, den Schwellkörper und forderte: „***Die Spitzen der männlichen und der weiblichen Klitoris sind die Lowndes-Kronen***, so genannt nach derjenigen, die die korrekte-Homologie festgestellt hat – getreu der Tradition, dass anatomische Teile nach der Person benannt werden, die sie entdeckt hat. Meines Wissens wird die Lowndes-Krone der erste Teil der menschlichen Anatomie, der nach einer Frau benannt wird.“*

2012 prägte die Psychotherapeutin und Sexualpädagogin Ella Berlin das Wort ***Vulvina***, um einen korrekten und wertschätzenden Begriff für die Gesamtheit dieses Genitals zu etablieren. Endlich!

Eine weitere wichtige Intervention stammt von der Autorin Bini Adamczak, die ***Circlusion*** als Gegenbegriff zur Penetration vorschlägt: „Beide Worte bezeichnen etwas denselben materiellen Prozess. Aber aus entgegengesetzter Perspektive. Penetration bedeutet einführen oder reinstecken. Circlusion: umschließen oder überstülpen. That's it. Damit ist aber auch das Verhältnis von Aktivität und Passivität verkehrt.“**

* Josephine Lowndes Sevely: *Evas Geheimnisse. Neue Erkenntnisse zur Sexualität der Frau*, 1988, S. 39.

** Bini Adamczak: Po auf Finger. In: Missy Magazine 1 / 2006, S. 102.

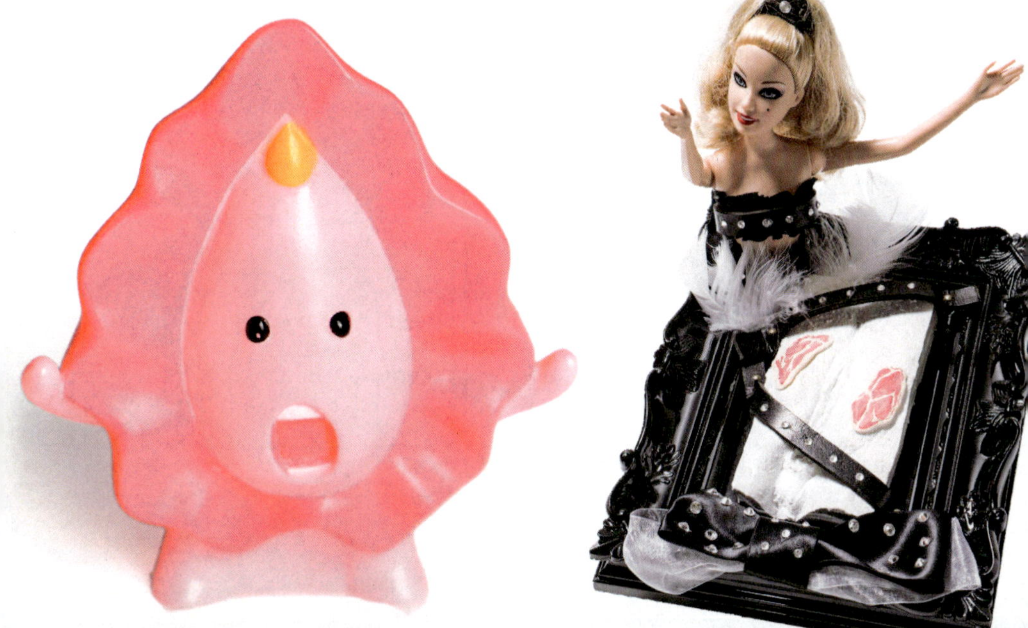

Was ist obszön?

WIE ICH EINE SOGENANNTE KÜNSTLERIN WURDE.

VON ROKUDENASHIKO

KAPITEL 3

KLEINE MANKO

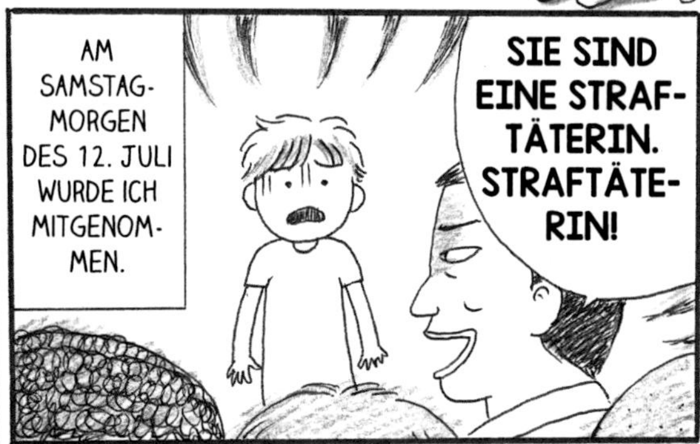

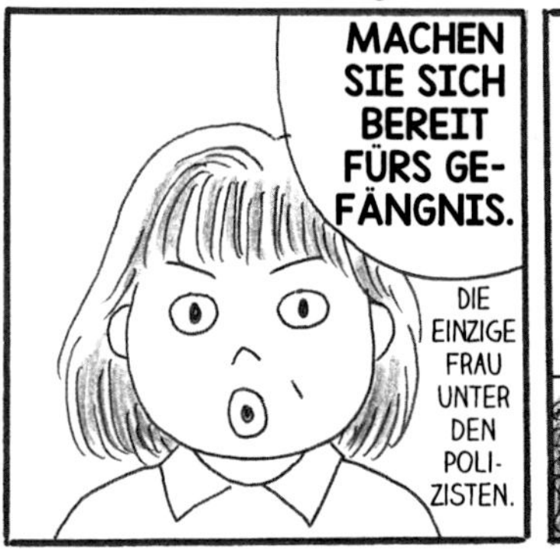

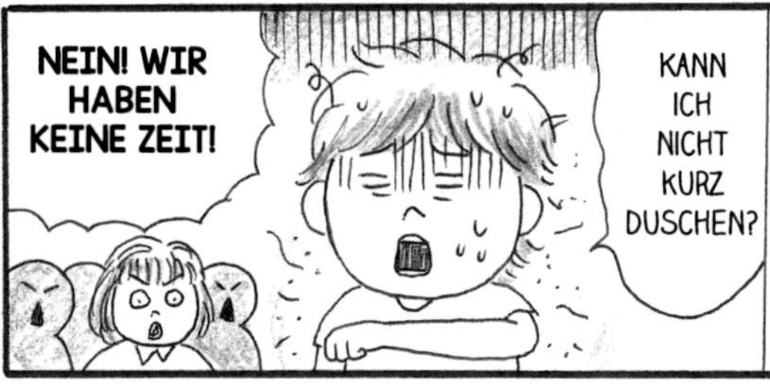

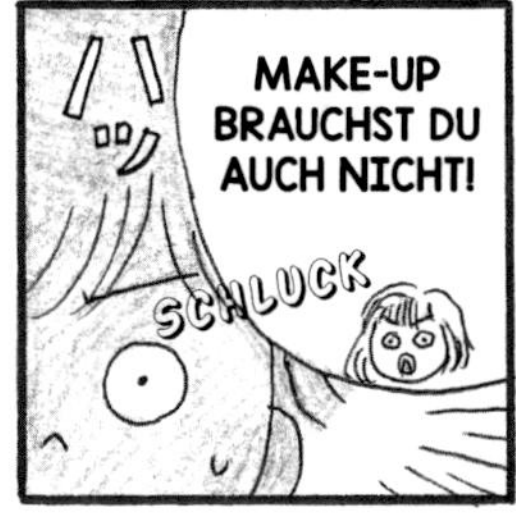

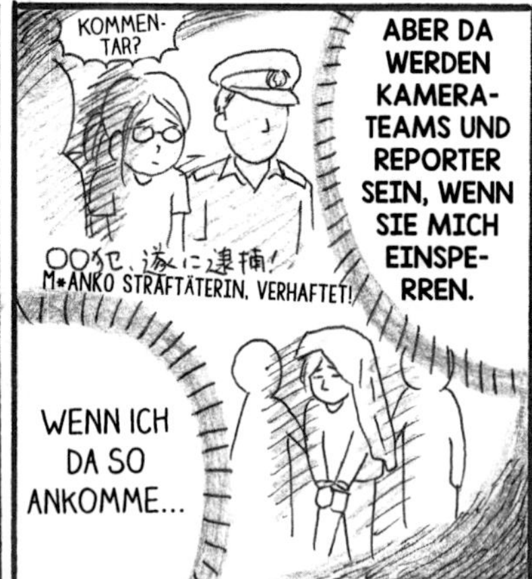

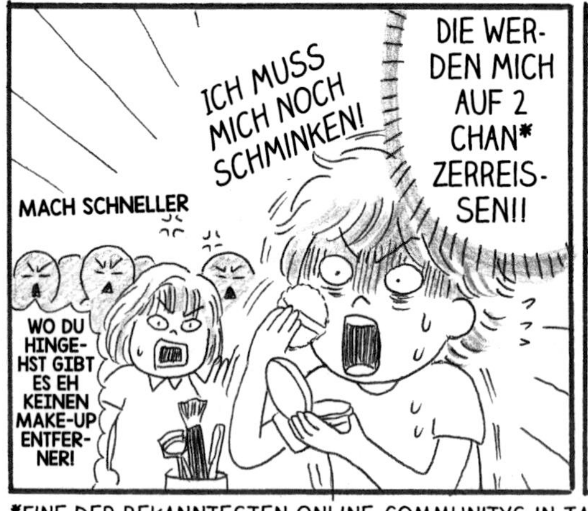

*EINE DER BEKANNTESTEN ONLINE-COMMUNITYS IN JAPAN.

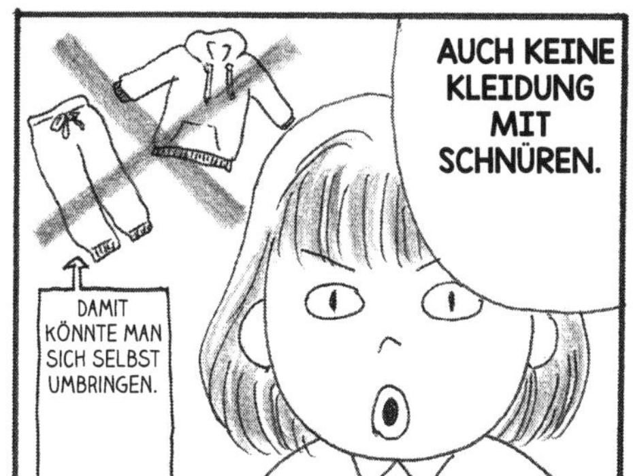

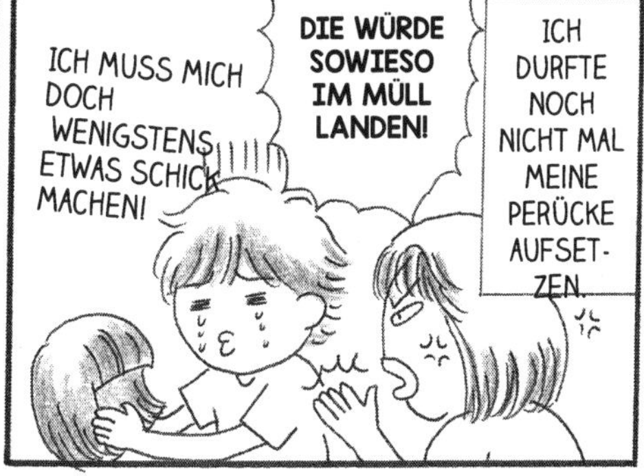

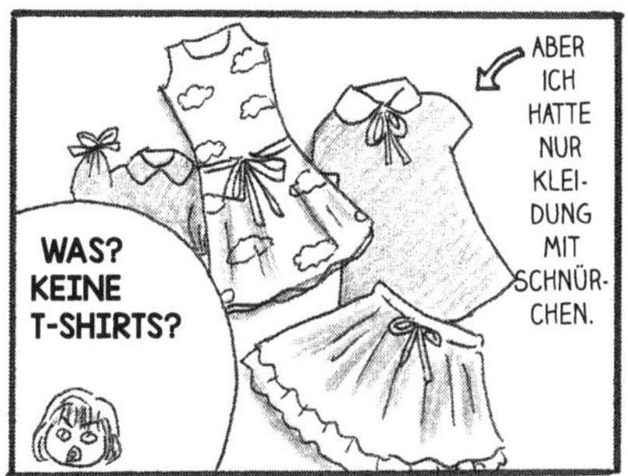

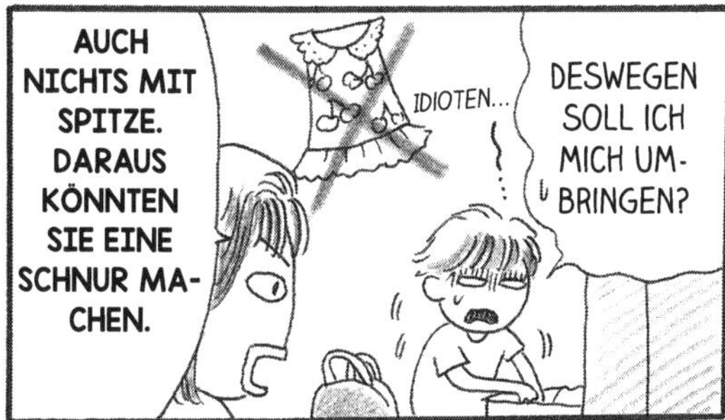

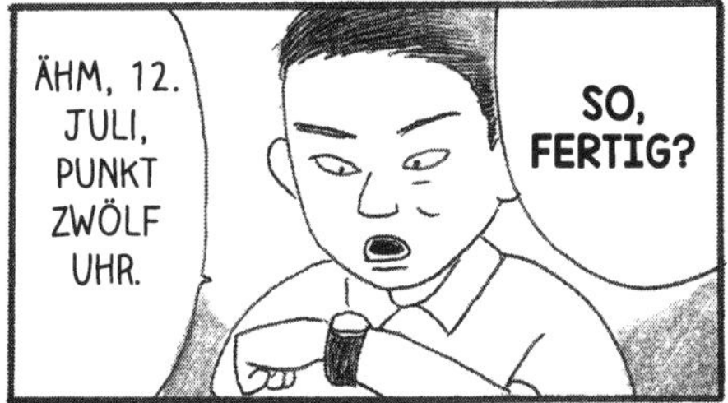

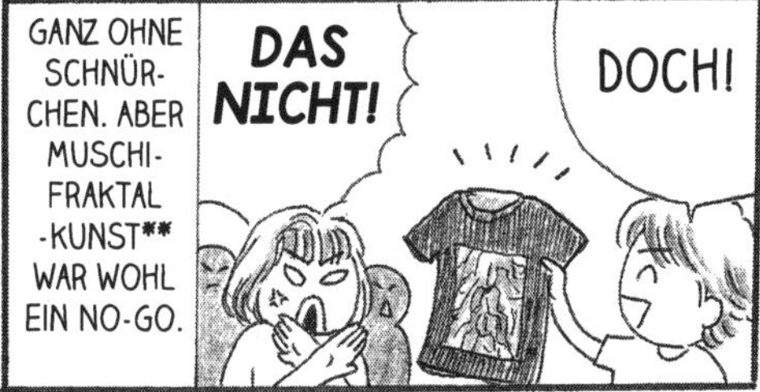

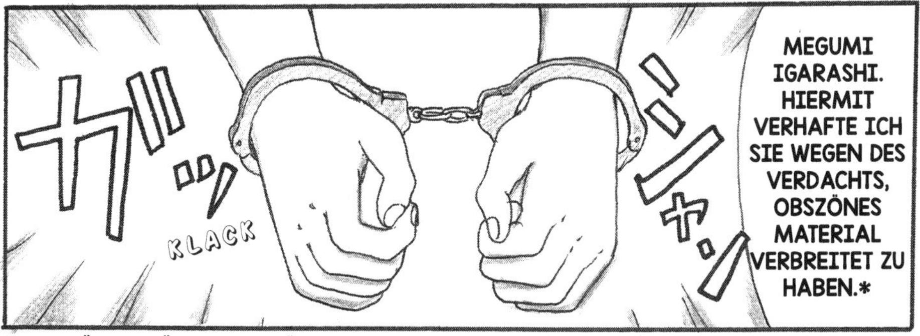

*DIE BEHÖRDEN WÜRDEN MIR SPÄTER OFFIZIELL „VERBREITUNG VON DIGITALEM MATERIAL ZWECKS KONSUMIERUNG VON OBSZÖNITÄTEN" ZUR LAST LEGEN. SO HIEß ES NUR BEI MEINER VERHAFTUNG.
**SIEHE SEITE 163

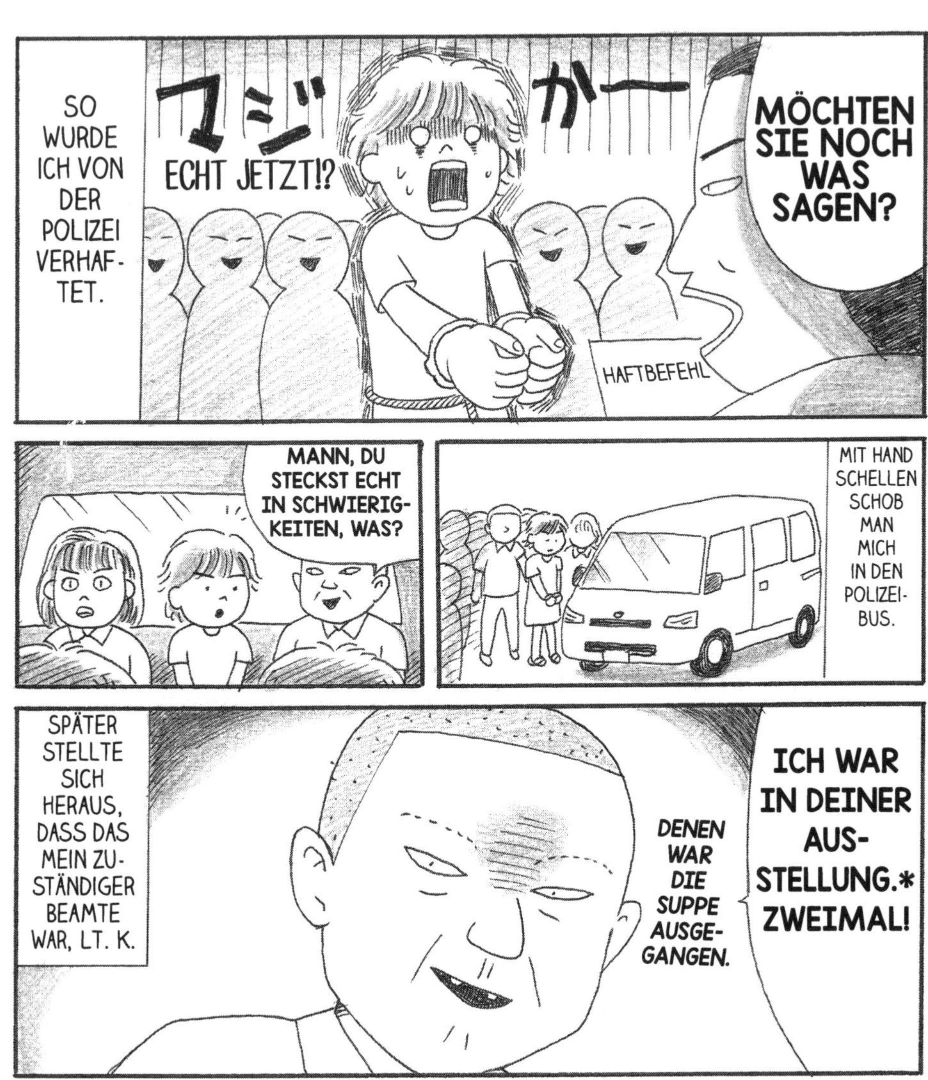

OHNE ERKLÄRUNG FUHREN SIE MICH AUS MEINEM STADTTEIL SETAGAYA ZUM KOIWA REVIER AM ANDEREN ENDE DER STADT.

ALSO, DAS WAR REIN DIENSTLICH...

SIE WAREN ZWEIMAL DA, ES HAT IHNEN GEFALLEN, UND TROTZDEM VERHAFTEN SIE MICH?

*9.-21. MAI 2014, AUSSTELLUNG IN DER SHINJUKU GANKA ART GALLERY. SPIELEN MIT MANKO! EINE ARTIGE, WISSENSCHAFTLICHE MUSCHI-SHOW.

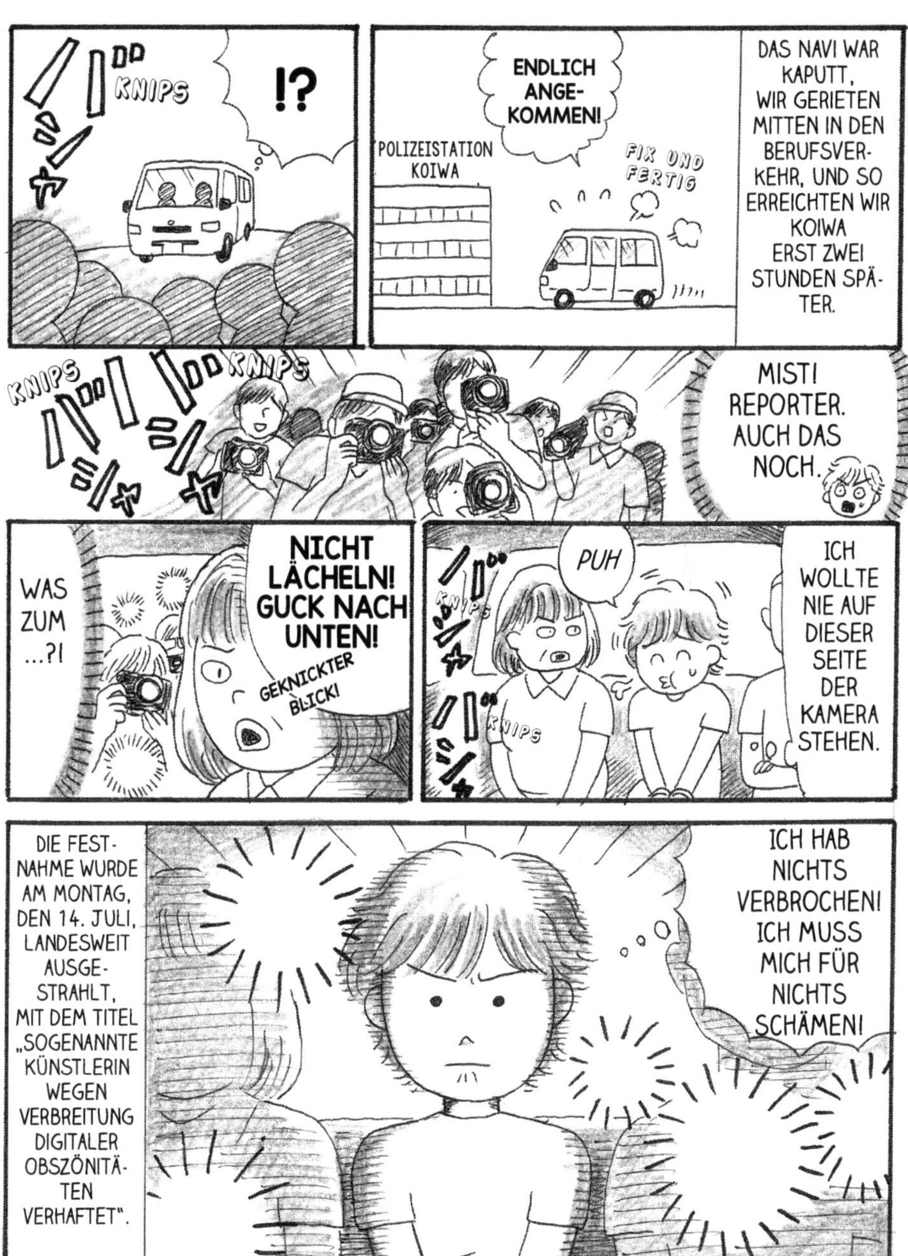

KNIPS
!?
ENDLICH ANGE-KOMMEN!
POLIZEISTATION KOIWA
FIX UND FERTIG
DAS NAVI WAR KAPUTT, WIR GERIETEN MITTEN IN DEN BERUFSVER-KEHR, UND SO ERREICHTEN WIR KOIWA ERST ZWEI STUNDEN SPÄ-TER.
KNIPS
KNIPS
MIST! REPORTER. AUCH DAS NOCH.
WAS ZUM ...?!
NICHT LÄCHELN! GUCK NACH UNTEN!
GEKNICKTER BLICK!
PUH
KNIPS
KNIPS
ICH WOLLTE NIE AUF DIESER SEITE DER KAMERA STEHEN.
DIE FEST-NAHME WURDE AM MONTAG, DEN 14. JULI, LANDESWEIT AUSGE-STRAHLT, MIT DEM TITEL „SOGENANNTE KÜNSTLERIN WEGEN VERBREITUNG DIGITALER OBSZÖNITÄ-TEN VERHAFTET“.
ICH HAB NICHTS VERBROCHEN! ICH MUSS MICH FÜR NICHTS SCHÄMEN!

Charles Eisen, Kupferstich (18. Jh.)

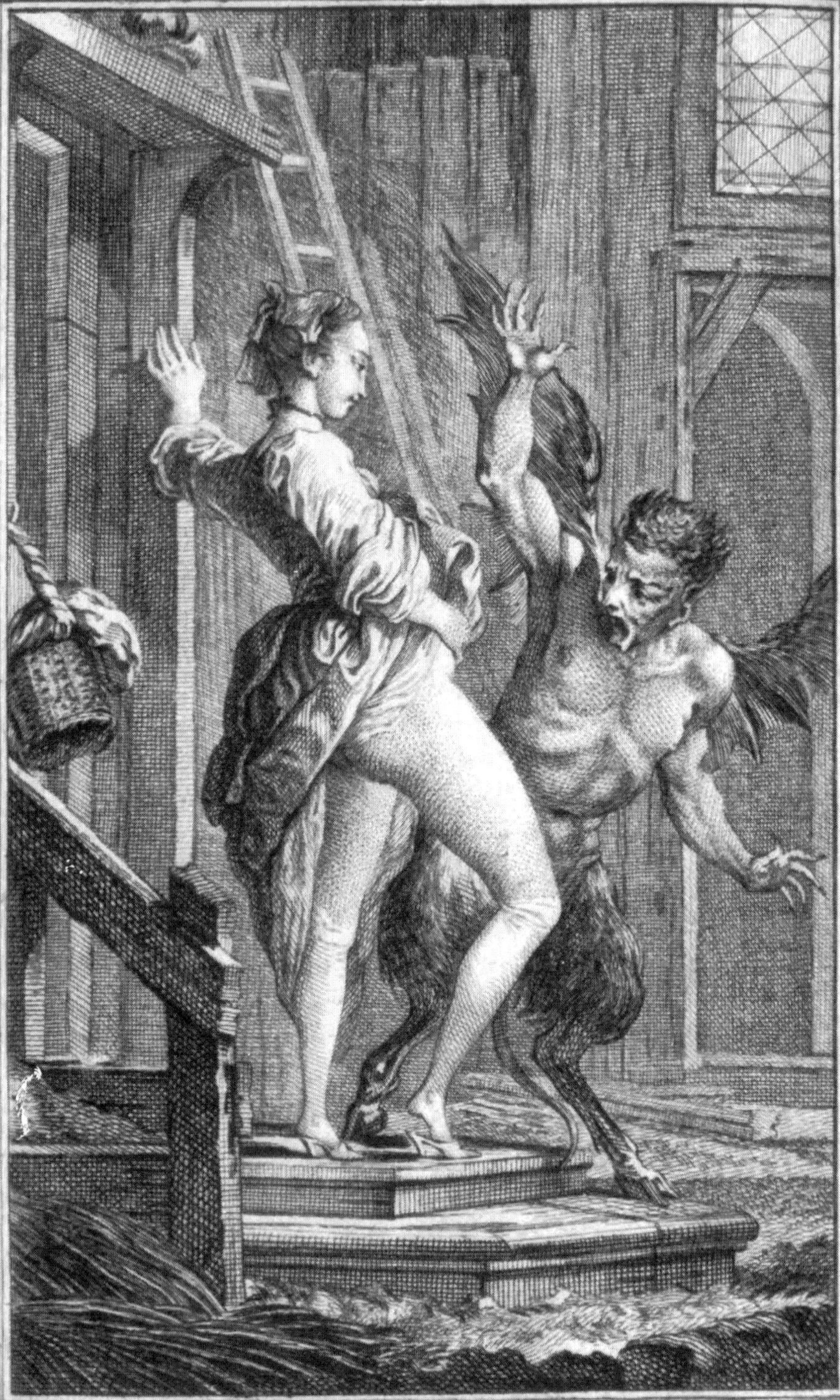

zur Fabel Le *Diable de Papefiguière* von Jean de Lafontaine über die apotropäische Wirkung der entblößten Vulva

Die Genitalbleckerinnen

Der Homerische Hymnus an Demeter aus dem 7. Jh. vor unserer Zeitrechnung ist neben der *Ilias* und der *Odyssee* einer der Gründungstexte der abendländischen Literatur. Er beschreibt, wie Persephone, Demeters Tochter, von Hades entführt und in die Unterwelt gebracht wird. Demeter, die griechische Göttin des Getreides und Ackerbaus, sucht verzweifelt aber vergeblich auf der ganzen Welt nach ihrer Tochter. In ihrem großen Kummer verweigert Demeter die Nahrungsaufnahme und infolgedessen bleiben die Ernten aus und die Menschheit wird von Hungersnot bedroht. Niemandem, nicht einmal den Göttern, gelingt es, Demeter aufzuheitern, sie bleibt untröstlich und trostlos.

Da tritt ***Iambe*** (oder ***Baubo***) auf, die der Göttin ihre Vulva zeigt und sie damit zum Lachen und schließlich auch wieder zur Nahrungsaufnahme bringt und folglich die Menschheit rettet. Bei den rituellen Feiern zu Ehren Demeters, war diese Geste des Vulva-Zeigens ein fester Bestandteil.

[weiter geht's auf Seite 34]

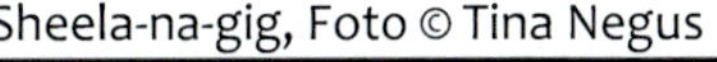

Sheela-na-gig, Foto © Tina Negus

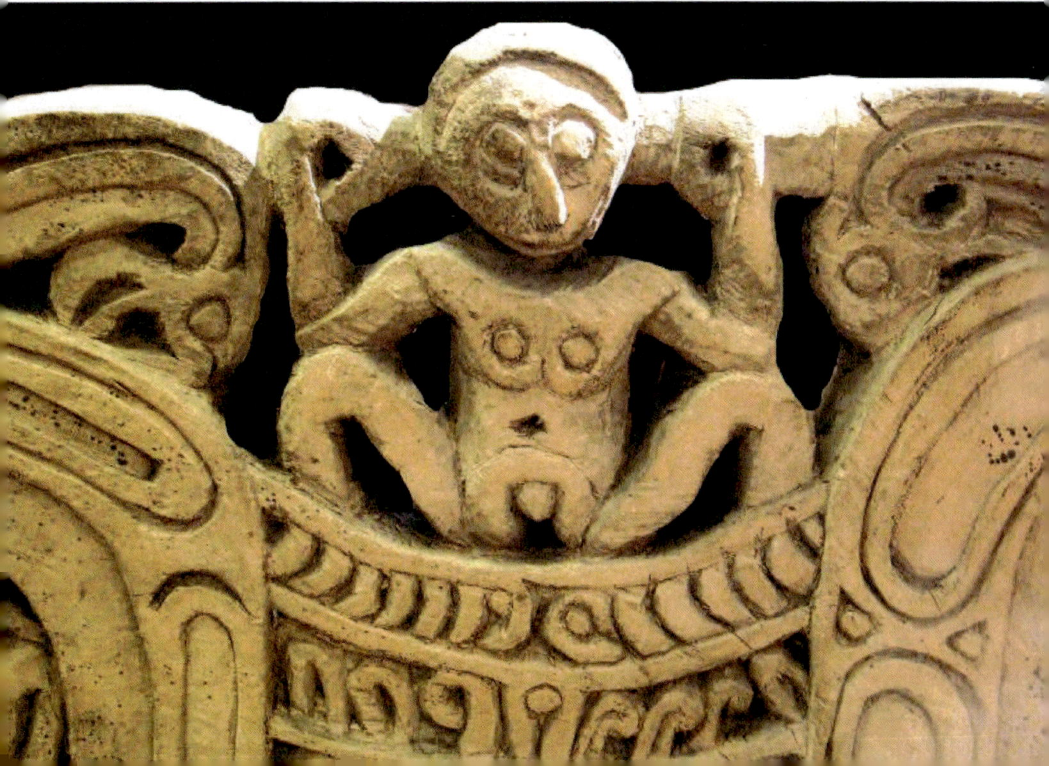

Was ist obszön?

WIE ICH EINE SOGENANNTE KÜNSTLERIN WURDE.

VON ROKUDENASHIKO

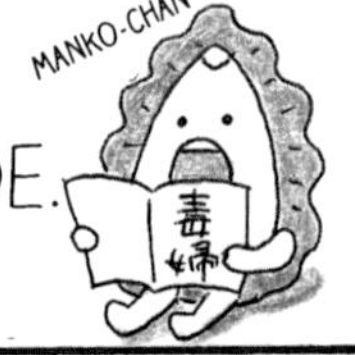

KAPITEL 4

AM SAMSTAGNACHMITTAG, DEN 12. JULI 2014, WURDE ICH IN KOIWA UNTER ARREST GESTELLT.

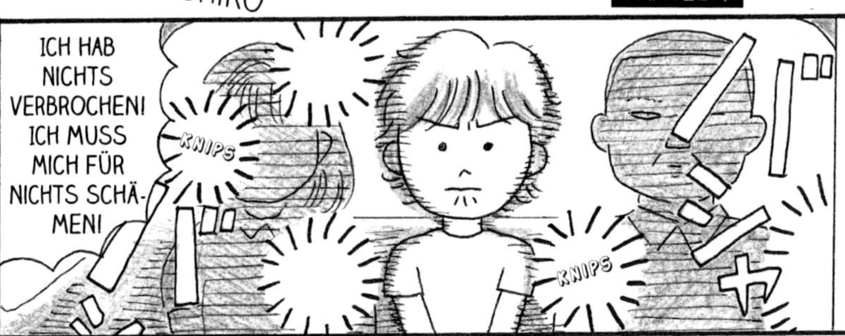

HIER WERDE ICH VOM AUTO INS GEFÄNGNIS GEFÜHRT.

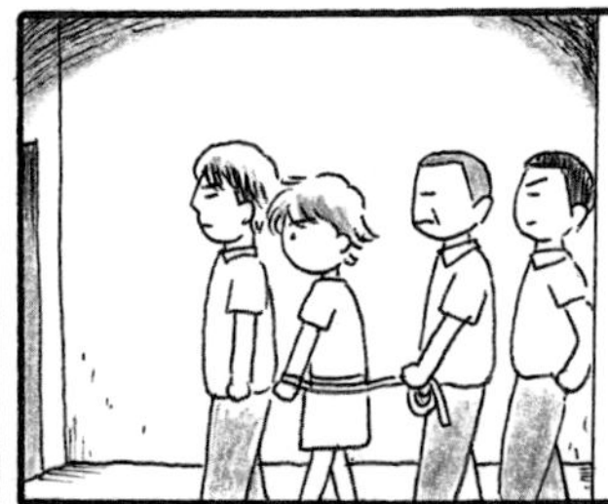

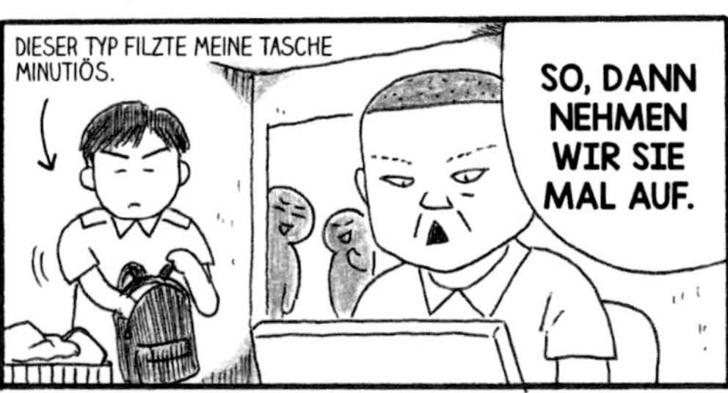

EINERSEITS STAND ICH UNTER SCHOCK, ANDERERSEITS WAR ICH MEGA AUFGEREGT.

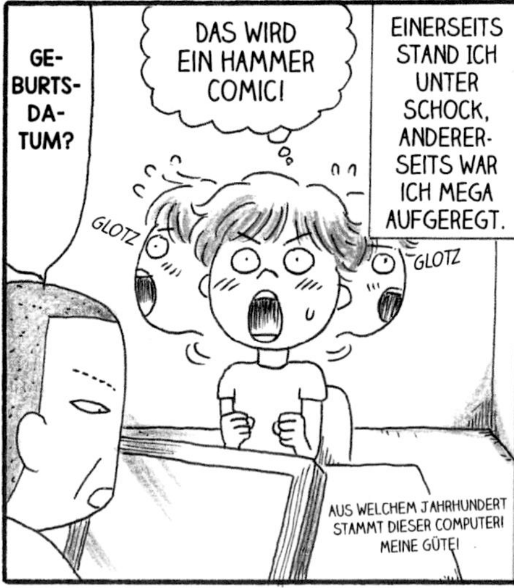

DAS FRAGTEN SIE MICH:

- WIE ICH ERZOGEN WURDE.
- WARUM ICH MIT MANKO-KUNST ANFING.
- OB ICH DAMIT WEITERMACHEN MÖCHTE.

DIE BESCHULDIGUNG HÖRTE SICH SO KOMISCH AN, DARUM...

ÄHM...

ICH SOLL MEINE KUNST UNBEGRENZT VERBREITET HABEN, ABER SCHON ALLEIN TECHNISCH WAR ES DOCH BEGRENZT AUF DIE EMPFÄNGER:INNEN, DIE MEIN CROWDFUNDING-PROJEKT UNTERSTÜTZT HATTEN.

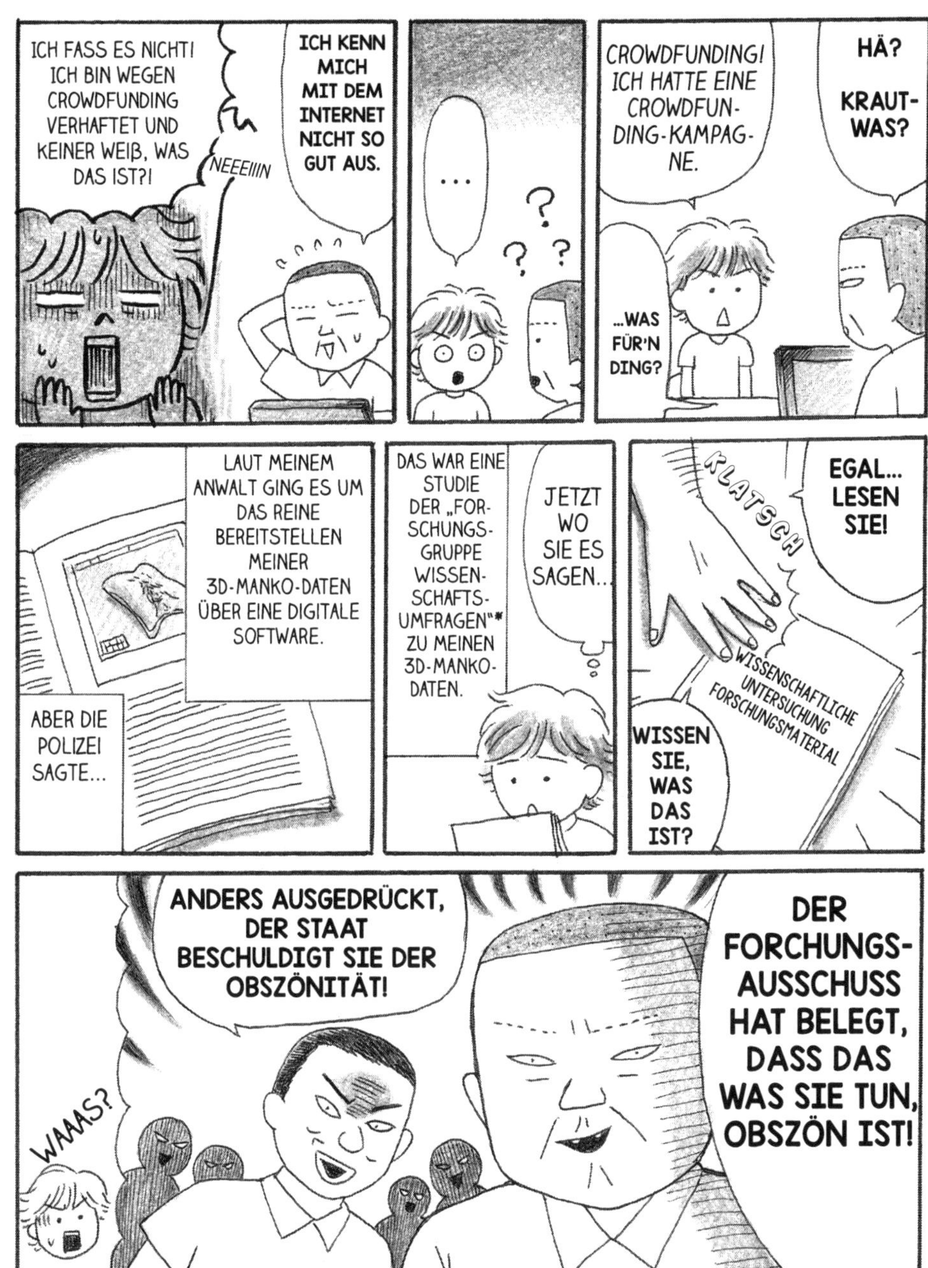

*DAS IST EINE ORGANISATION INNERHALB DER POLIZEI VON TOKIO, DIE EIGENS FÜR DIE POLIZEIBEHÖRDE FORSCHT.

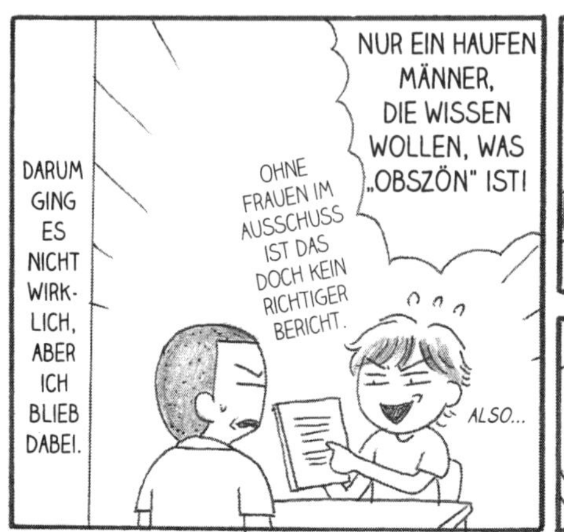
DARUM GING ES NICHT WIRKLICH, ABER ICH BLIEB DABEI.
NUR EIN HAUFEN MÄNNER, DIE WISSEN WOLLEN, WAS „OBSZÖN" IST!
OHNE FRAUEN IM AUSSCHUSS IST DAS DOCH KEIN RICHTIGER BERICHT.
ALSO...
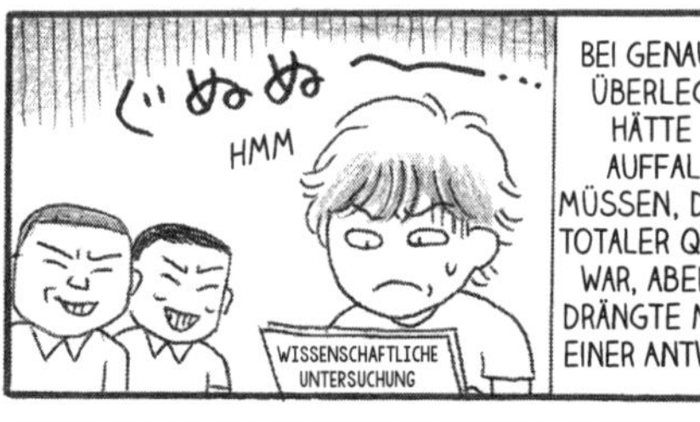
BEI GENAUERER ÜBERLEGUNG HÄTTE MIR AUFFALLEN MÜSSEN, DASS ES TOTALER QUATSCH WAR, ABER MAN DRÄNGTE MICH ZU EINER ANTWORT...
ぐぬぬ
HMM
WISSENSCHAFTLICHE UNTERSUCHUNG
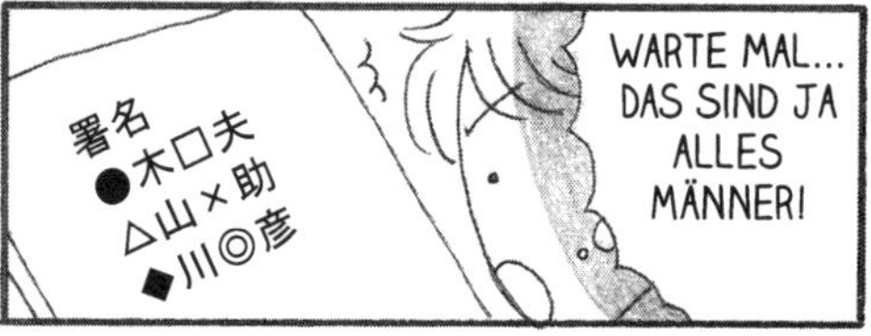
WARTE MAL... DAS SIND JA ALLES MÄNNER!
署名
●木□夫
△山×助
◆川◎彦
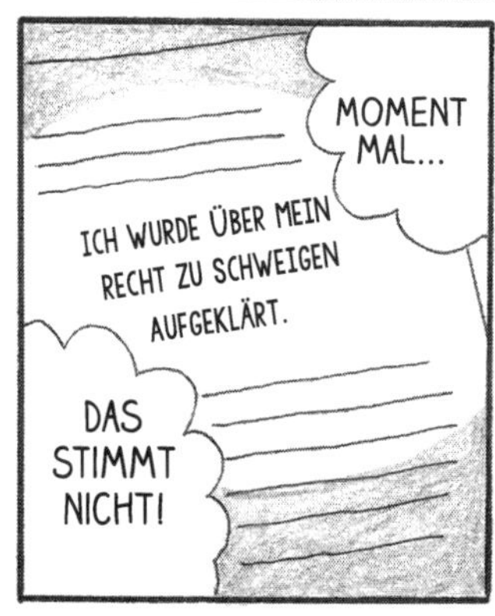
MOMENT MAL...
ICH WURDE ÜBER MEIN RECHT ZU SCHWEIGEN AUFGEKLÄRT.
DAS STIMMT NICHT!
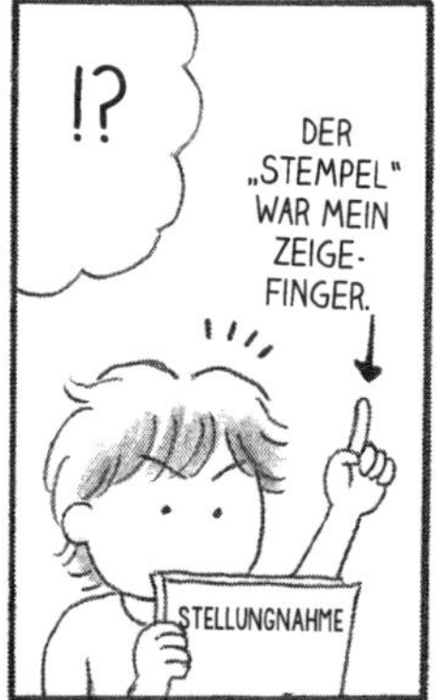
!?
DER „STEMPEL" WAR MEIN ZEIGEFINGER.
STELLUNGNAHME
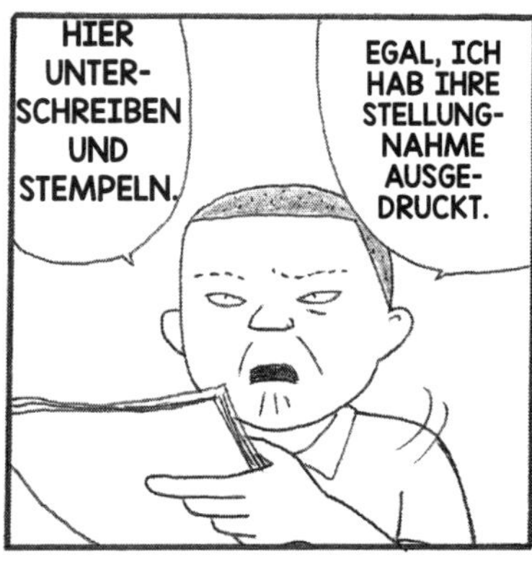
EGAL, ICH HAB IHRE STELLUNGNAHME AUSGEDRUCKT.
HIER UNTERSCHREIBEN UND STEMPELN.
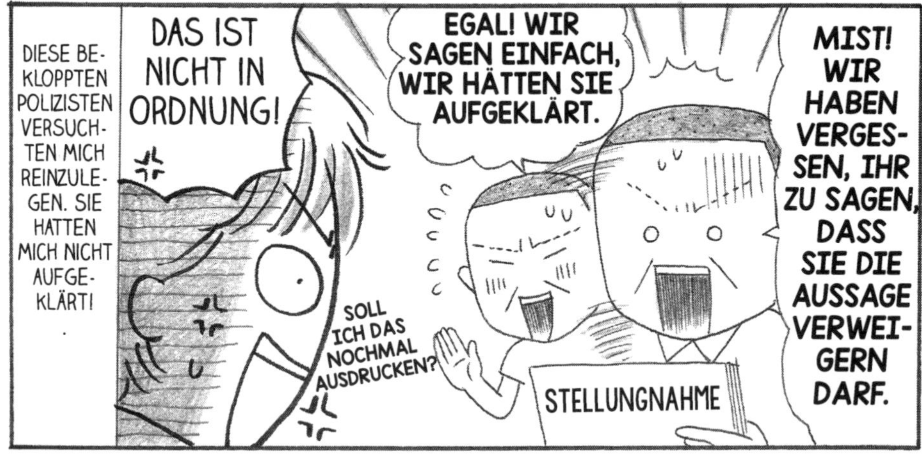
MIST! WIR HABEN VERGESSEN, IHR ZU SAGEN, DASS SIE DIE AUSSAGE VERWEIGERN DARF.
EGAL! WIR SAGEN EINFACH, WIR HÄTTEN SIE AUFGEKLÄRT.
STELLUNGNAHME
SOLL ICH DAS NOCHMAL AUSDRUCKEN?
DAS IST NICHT IN ORDNUNG!
DIESE BEKLOPPTEN POLIZISTEN VERSUCHTEN MICH REINZULEGEN. SIE HATTEN MICH NICHT AUFGEKLÄRT!

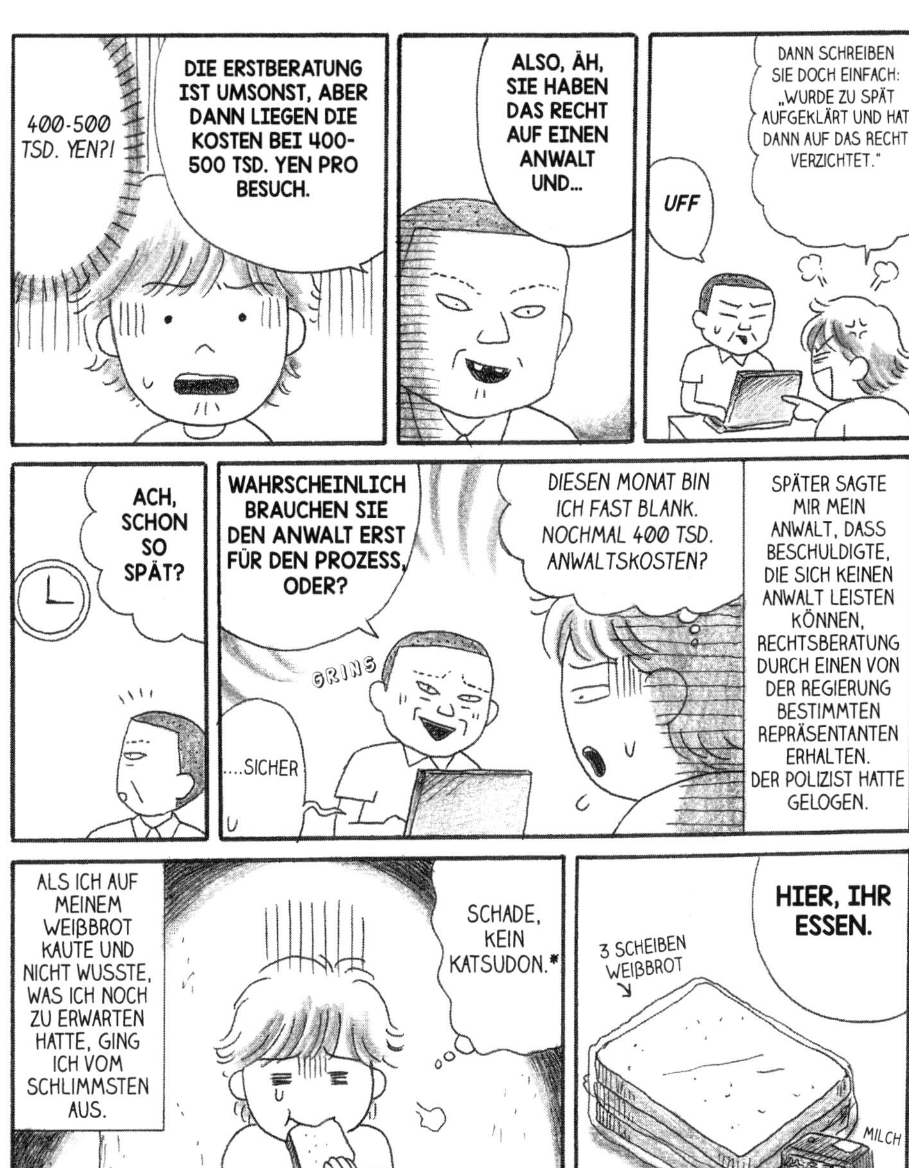

*ANM.: IN JAPANISCHEN FILMEN UND IM FERNSEHEN REICHEN DIE BEAMTEN BEIM VERHÖR IMMER KATSUDON, EIN GERICHT AUS REIS UND FLEISCH, UM DEN BESCHULDIGTEN UNTER TRÄNEN ZU EINEM GESTÄNDNIS ZU BEWEGEN.

Die rituelle Präsentation der Vulva war so verbreitet, dass es ein eigenes Wort für diese bedeutsame Handlung gab: ***Ana-suromai.*** In der ägyptischen Mythologie ist es **Bebt**, die die um ihren verstorbenen Mann Osiris trauernde Isis tröstet, indem sie ihr ihre Vulva zeigt. Oder **Hathor**, die den wütenden Sonnengott Ra durch das Enthüllen ihrer Vulva beschwichtigt.

Dasselbe Motiv findet sich in unterschiedlichsten Kulturen.

In Japan ist es ***Ame no Uzume***, die die gedemütigte Sonnengöttin Amaterasu aus ihrer Höhle heraus und wieder zum Scheinen bringt, indem sie ihr ihre Vulva zeigt. Bei diesem Anblick beginnt Amaterasu zu lachen und die Erde wird gleichermaßen vor dem Untergang bewahrt wie in Demeters Geschichte.
In der griechischen Mythologie wird der unbesiegbare Held Bellerophon von den Frauen der Stadt Xantos in die Flucht geschlagen, indem sie ihm kollektiv ihre Vulven zeigen. Und die antiken Autoren Plinius und Plutarch berichten sogar von Göttern, die beim Anblick der entblößten Vulva die Flucht ergreifen.

In Katalonien gibt es die Redensart: *La mar es posa bona si veu el cony d'una dona* – Die See beruhigt sich, wenn sie die Muschi einer Frau sieht, und in Südindien ist die Vulva dafür bekannt, dass sie Stürme beruhigt. In den europäischen Fabeln des 18. Jh. finden sich Frauen, die ihre Vulva dem Teufel präsentieren und ihn damit besiegen. Sogar der berühmte schwarze Meteorit, der sich in der Kaaba in Mekka befindet, ist von einem silbernen Band in Form einer Vulva umrandet und stellte ursprünglich wohl die Vulva der Mondgöttin ***Al'Uzza*** dar.

Allen Mythen gemein ist die starke, transformierende Kraft des Genitalbleckens und die apotropäische, also die Unheil abwehrende Wirkung der entblößten Vulva.

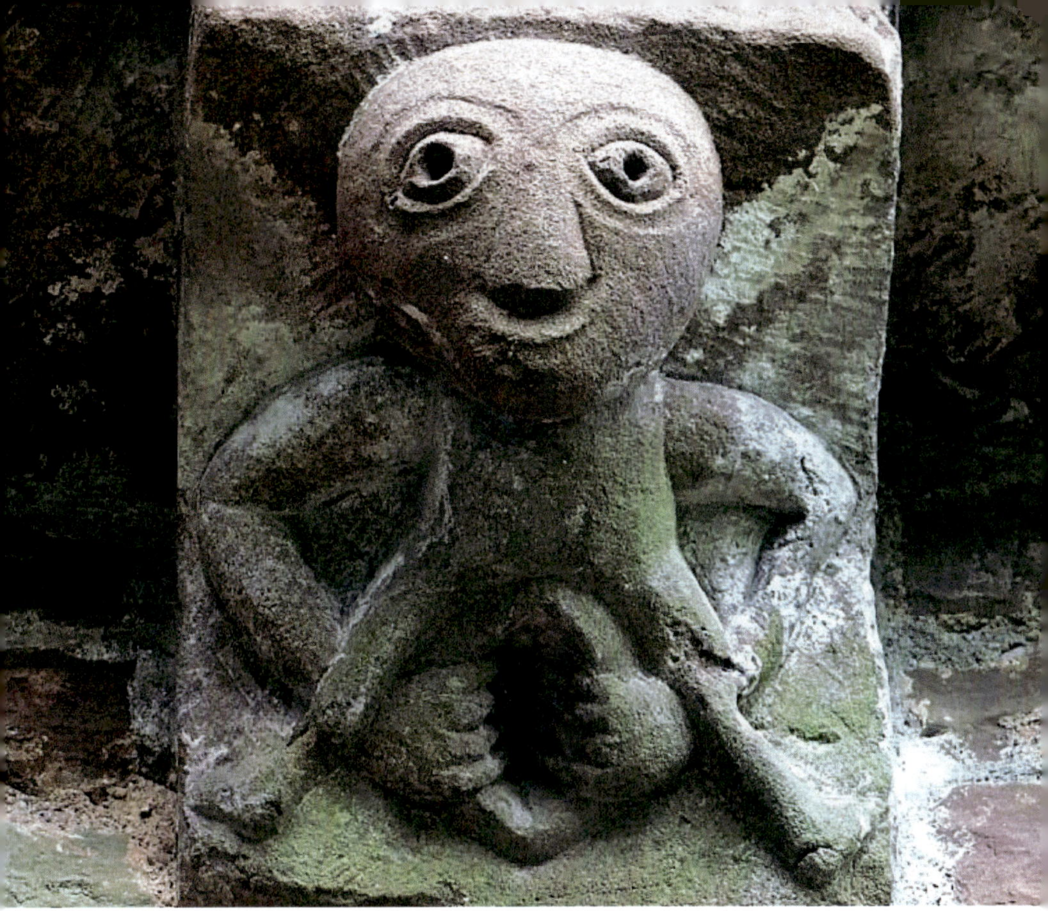

oben: Kilpeck ***Sheela-na-gig***,
Church of St. Mary and St. David,
Herefordshire, England, 12. Jh.,
Bild © Tina Negus

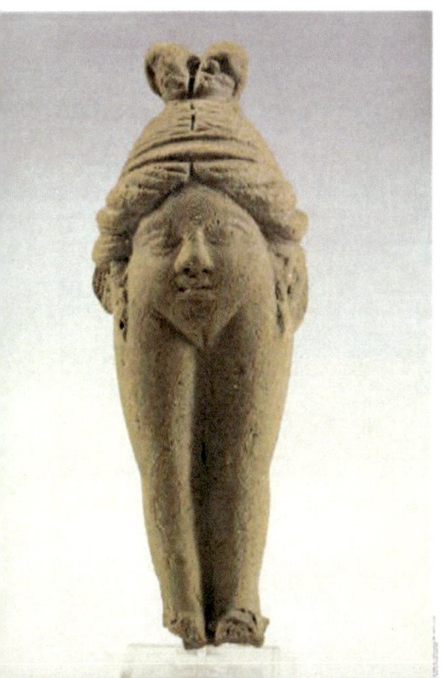

links: ***Priene Baubo***,
Türkei, 5. Jh. v. Chr.,
Bild © The Metropolitan Museum of Art;
courtesy of Art Resource, NY

Was ist obszön?

WIE ICH EINE SOGENANNTE KÜNSTLERIN WURDE

FRL.MANKO

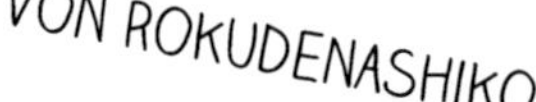

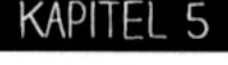

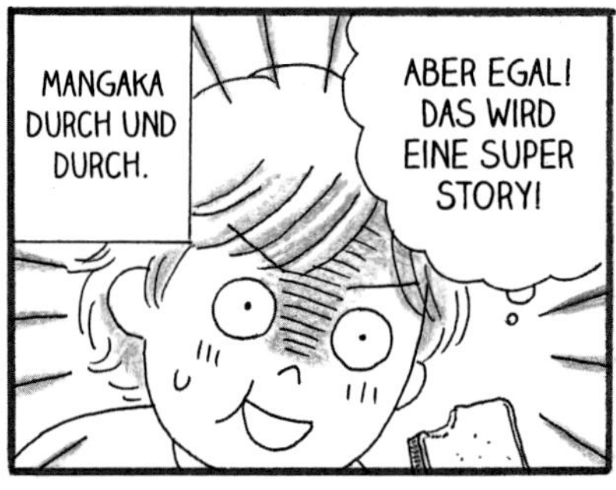

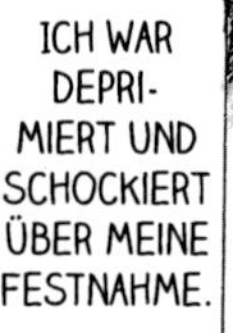

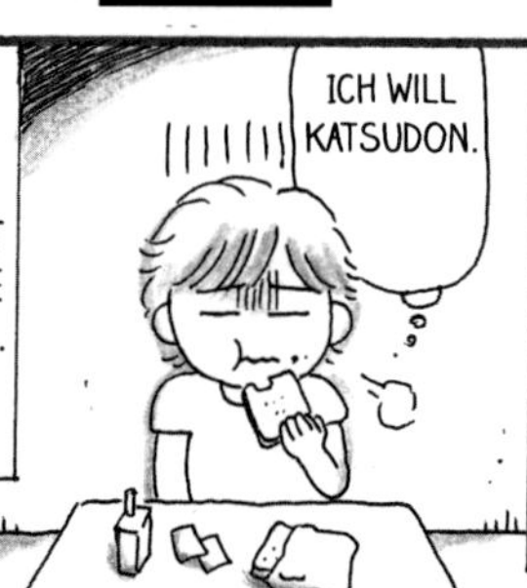

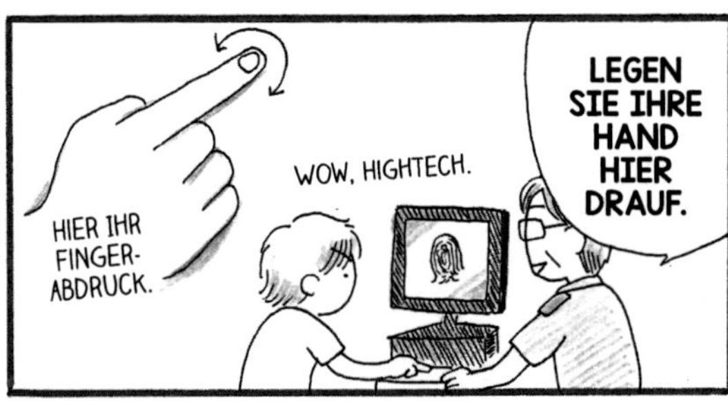

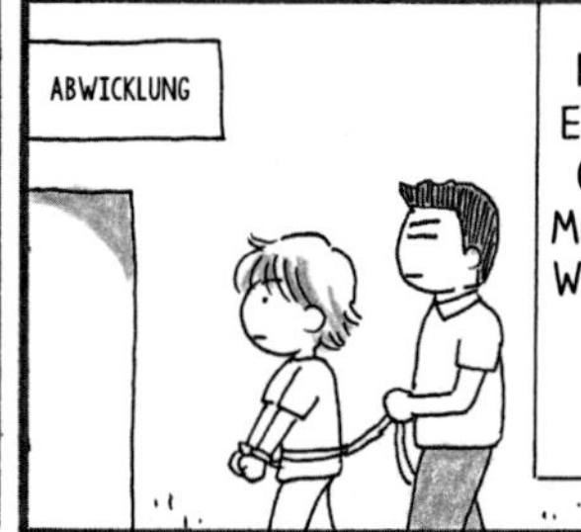

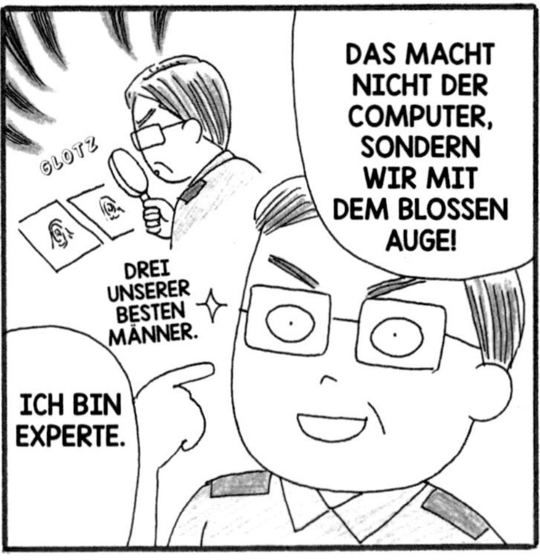

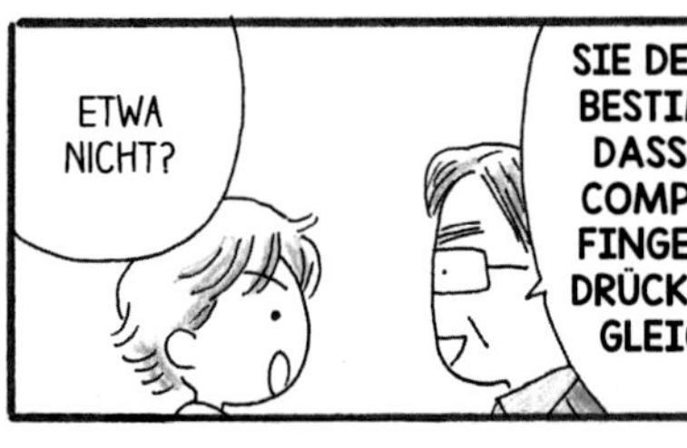

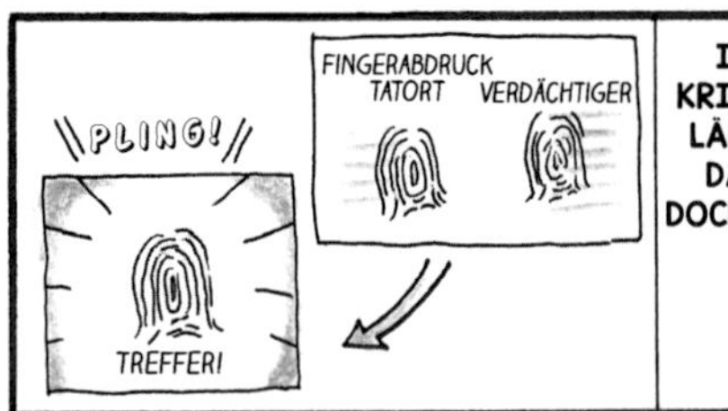

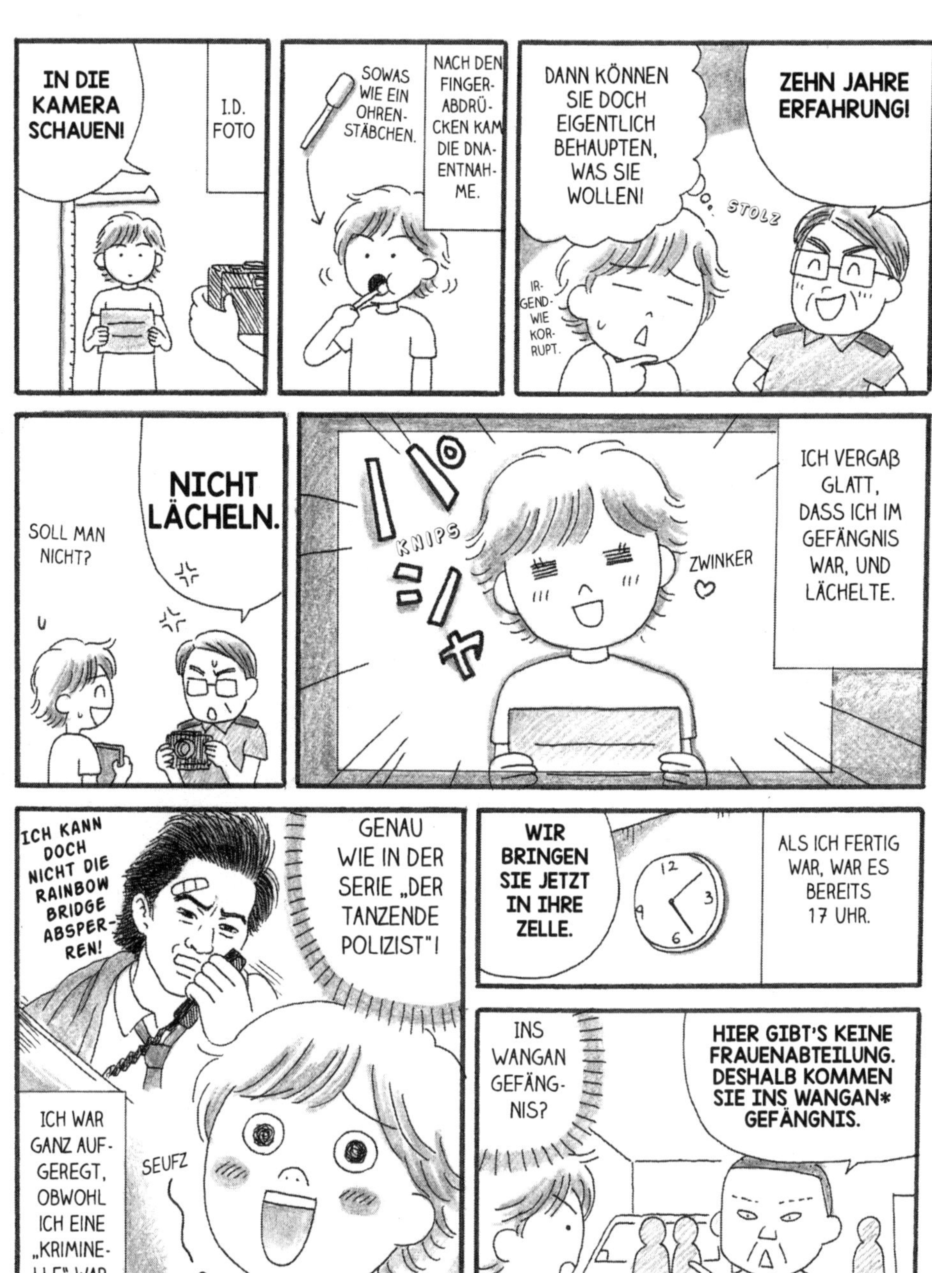

*WANGAN: JAPANISCH FÜR BUCHT, AUCH DER DREHORT EINER BERÜHMTEN JAPANISCHEN UNDERCOVER-SERIE.

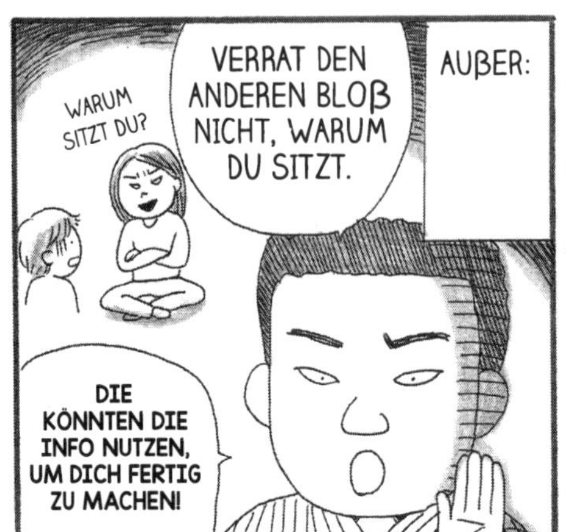
VERRAT DEN ANDEREN BLOẞ NICHT, WARUM DU SITZT.
WARUM SITZT DU?
DIE KÖNNTEN DIE INFO NUTZEN, UM DICH FERTIG ZU MACHEN!
AUẞER:

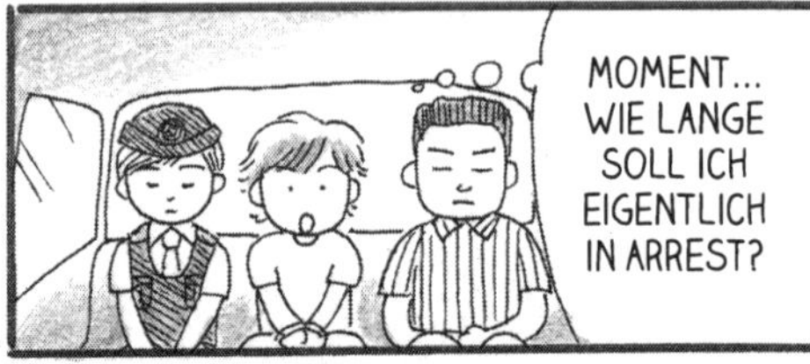
MOMENT... WIE LANGE SOLL ICH EIGENTLICH IN ARREST?

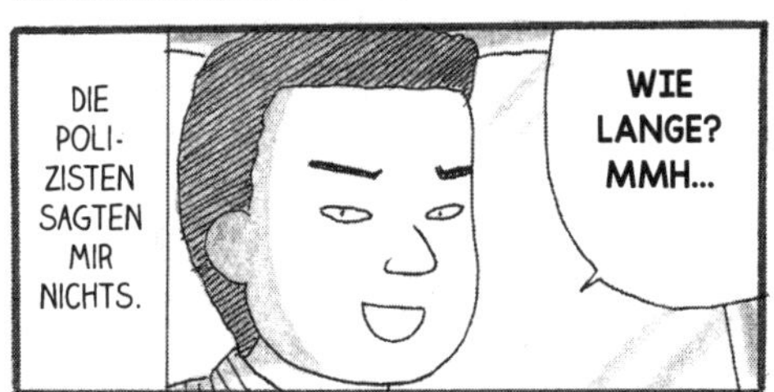
DIE POLIZISTEN SAGTEN MIR NICHTS.
WIE LANGE? MMH...

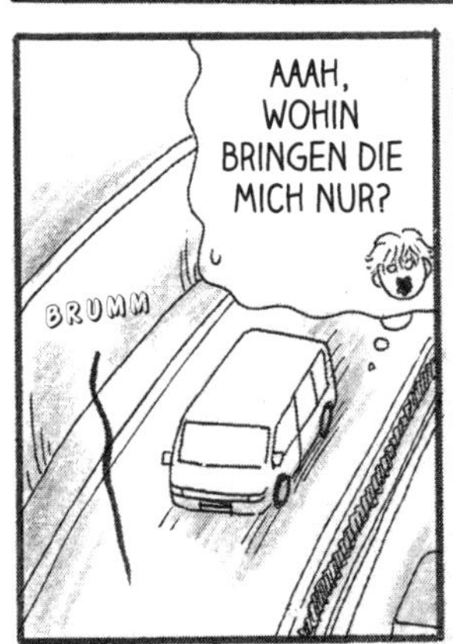
AAAH, WOHIN BRINGEN DIE MICH NUR?
BRUMM

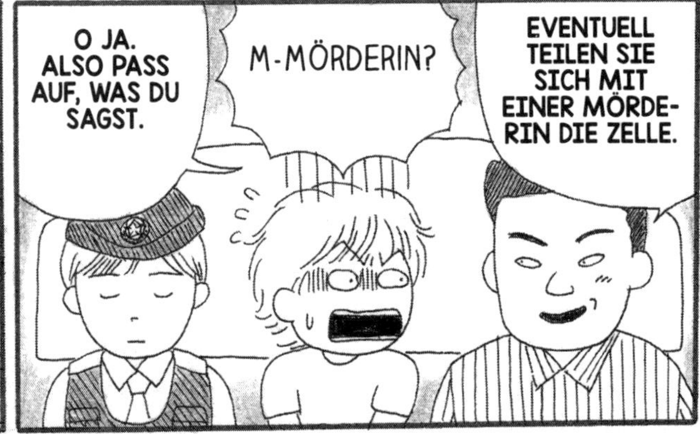
O JA. ALSO PASS AUF, WAS DU SAGST.
M-MÖRDERIN?
EVENTUELL TEILEN SIE SICH MIT EINER MÖRDERIN DIE ZELLE.

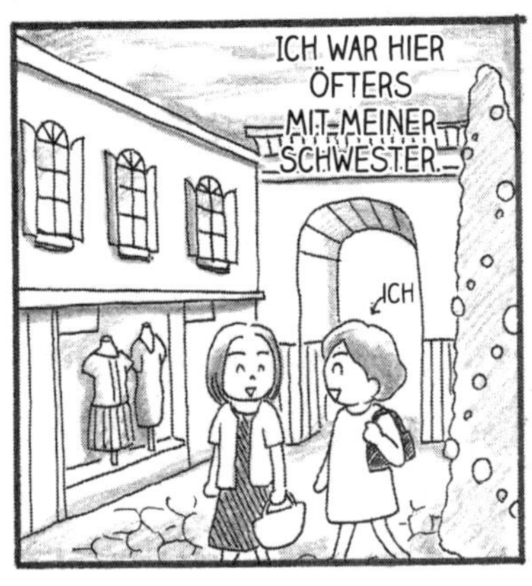
ICH WAR HIER ÖFTERS MIT MEINER SCHWESTER.
ICH

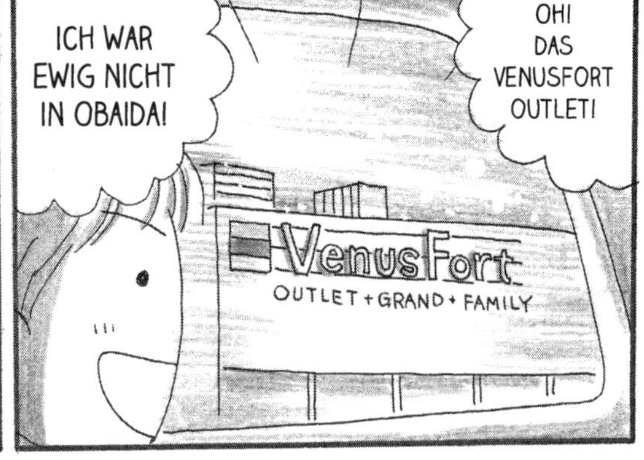
ICH WAR EWIG NICHT IN OBAIDA!
OH! DAS VENUSFORT OUTLET!
VenusFort
OUTLET + GRAND + FAMILY

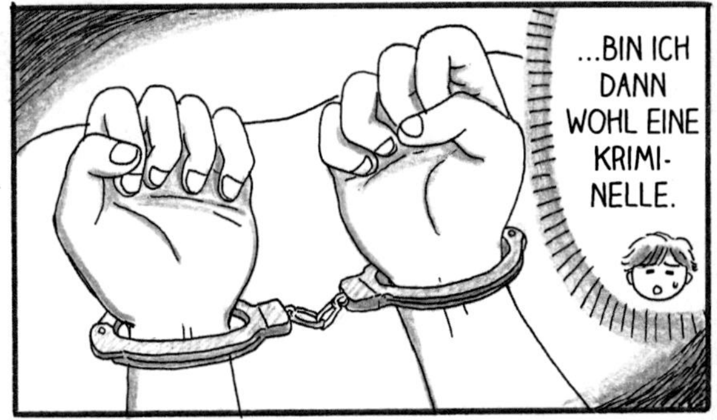
...BIN ICH DANN WOHL EINE KRIMI-NELLE.

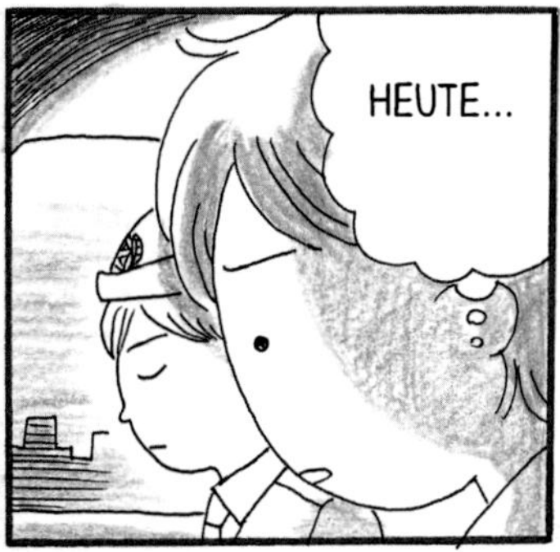
HEUTE...

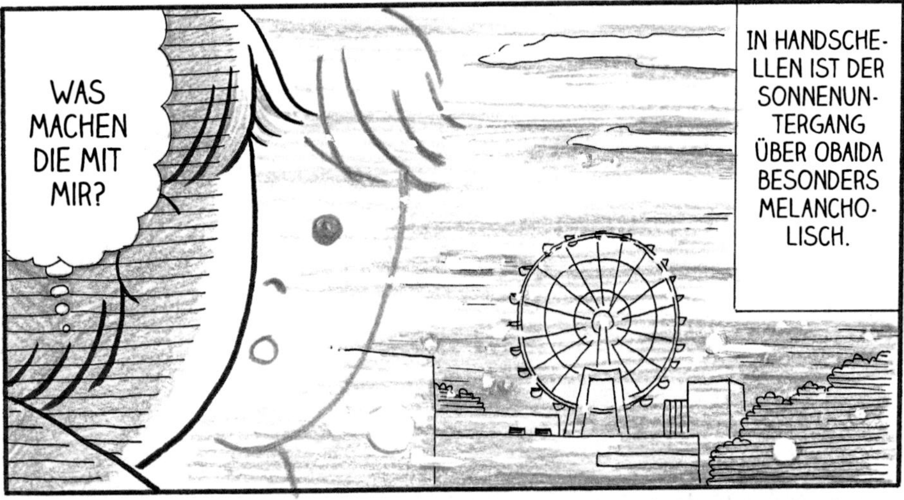
IN HANDSCHE-LLEN IST DER SONNENUN-TERGANG ÜBER OBAIDA BESONDERS MELANCHO-LISCH.
WAS MACHEN DIE MIT MIR?

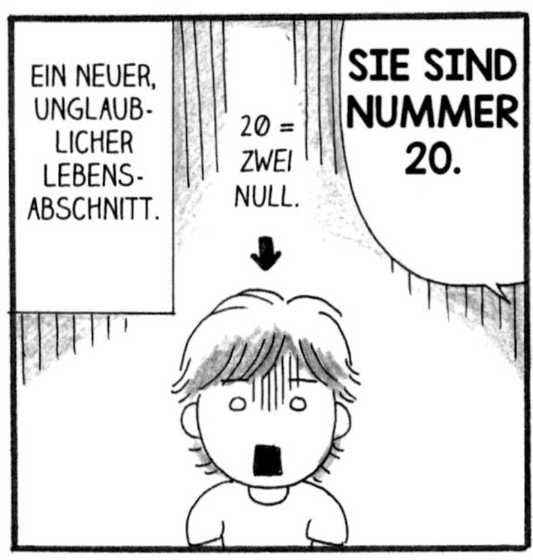
SIE SIND NUMMER 20.
20 = ZWEI NULL.
EIN NEUER, UNGLAUB-LICHER LEBENS-ABSCHNITT.

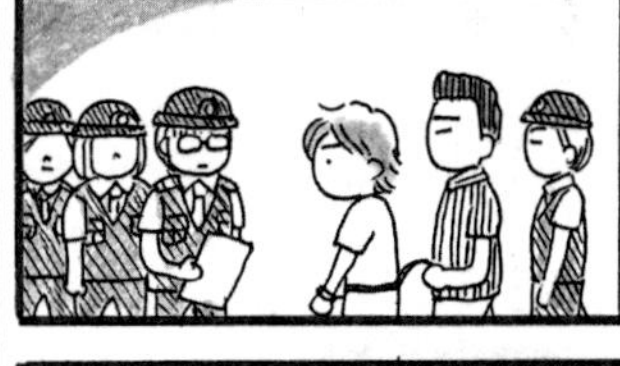
ICH WURDE ZUR FRAUENSTATION VON WANGAN GEBRACHT.

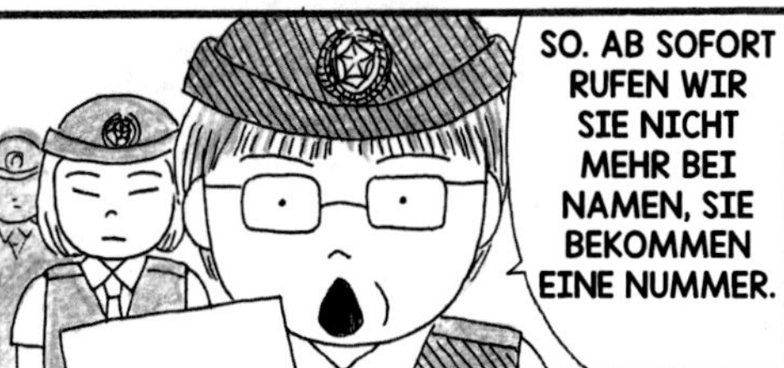
SO. AB SOFORT RUFEN WIR SIE NICHT MEHR BEI NAMEN, SIE BEKOMMEN EINE NUMMER.

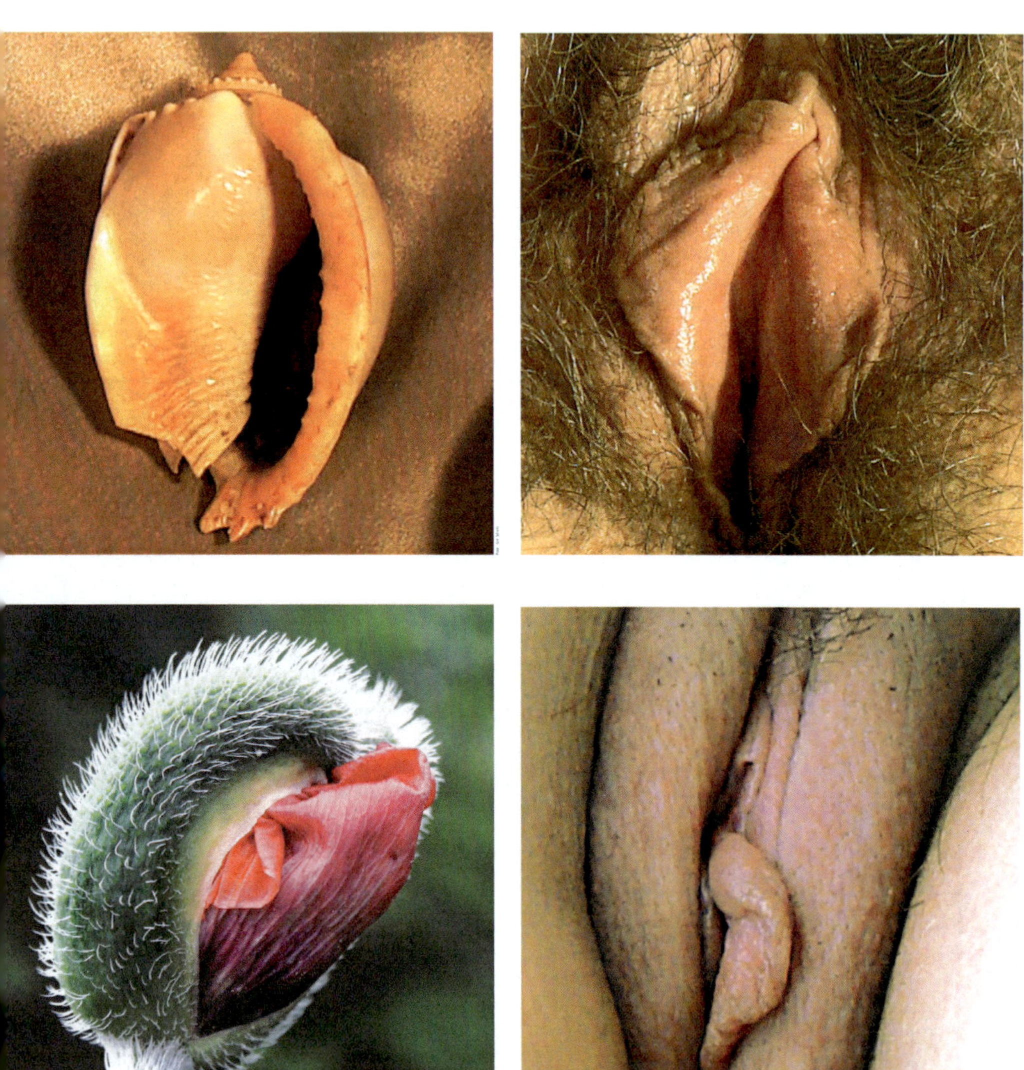

Bilder aus dem Buch *Das Tor ins Leben* © Grit Scholz,

lebensgut-verlag.de/buecher/das-tor-ins-leben-yoni/

Bildband „Das Tor ins Leben“

Hintergrund meines Buchprojektes war vor allem die Aufklärung und Bewusstwerdung auf mehreren Ebenen. Nachdem ich viele Jahre meinen eigenen Heilungsweg gegangen war, wollte ich meine Erkenntnisse teilen und die Frauen ermutigen, in ihre eigenen Prozesse einzusteigen. Weshalb auch viele TherapeutInnen sehr erfolgreich mit meinem Buch arbeiten (mit erklärendem Text in dt., engl., frz., poln., russ., span., ital., türk.).

Ich hatte 2007 in zahlreichen Workshops über 60 Frauen im Alter von 18–75 Jahren fotografiert. Es ging mir darum, die Schönheit, Vielfalt und Einzigartigkeit der ***Yoni*** (Vulva) zu zeigen – denn da gibt es keine Norm.

Gleichzeitig vermisste ich in unserer Kultur und Gesellschaft eine liebevolle und wertschätzende Sichtweise auf die ***Yoni***, weg von Scham und Schande, oder Sexismus, hin zu Faszination und Achtung vor der Schöpfung. Denn die Vulva ist „das Tor ins Leben“!

Konflikte mit der eigenen ***Yoni*** sind oft unbewusst, weil der Zusammenhang gar nicht hergestellt werden kann. Doch haben wir es hier mit einem Wurzelthema zu tun, denn wenn eine Frau sich in ihrem eigenen Körper nicht wirklich zu Hause fühlt und unbewusst ihren Schoßraum ablehnt, sich ekelt und keinen Zugang findet, die Selbstheilung zu beginnen, wirkt sich das in den Bereichen Selbstwert und Selbstverwirklichung, Sexualität, Beziehungen, Mutterschaft und Gesundheit negativ aus.

Die Vulva war Jahrhunderte lang ein Tabuthema und die Unwissenheit hatte meiner Meinung nach ein ungesundes Ausmaß erreicht, dem ich entgegenwirken wollte, neue Sichtweisen erlauben und erkennen, dass alles in der Natur FORM und FARBE ist. Deshalb stellte ich den Yonifotos immer ein Bild aus der Natur gegenüber.

Grit Scholz, siehe auch: *akademie-der-weiblichkeit.de*

Was ist obszön?

WIE ICH EINE SOGENANNTE KÜNSTLERIN WURDE

VON ROKUDENASHIKO

MANKO-CHAN

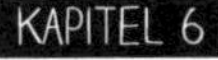

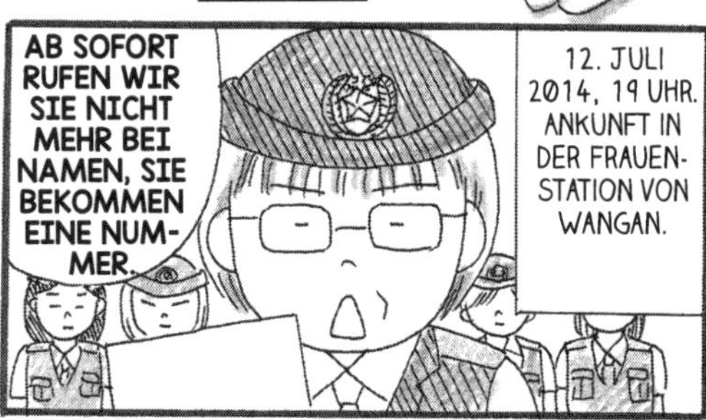

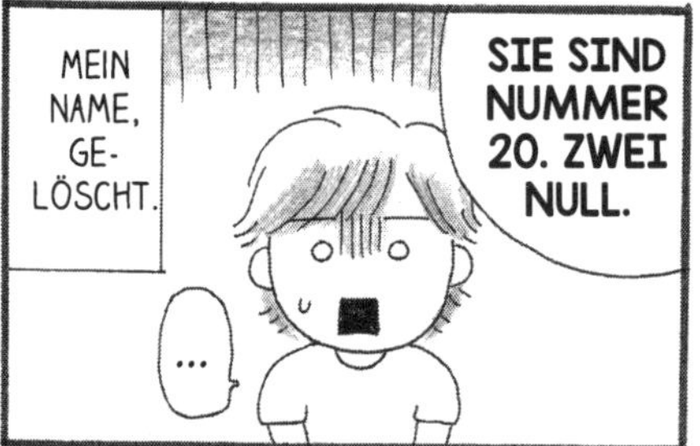

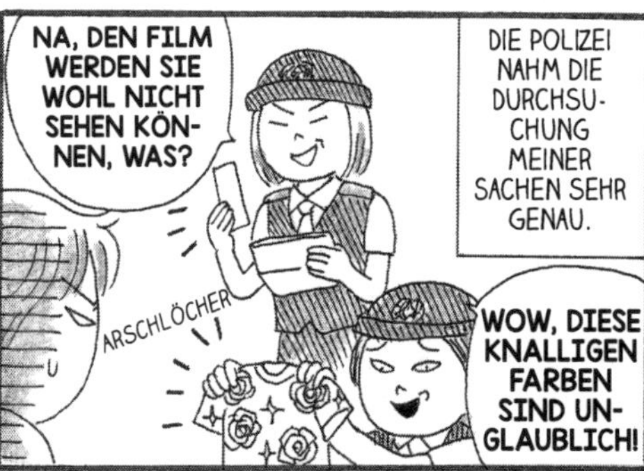

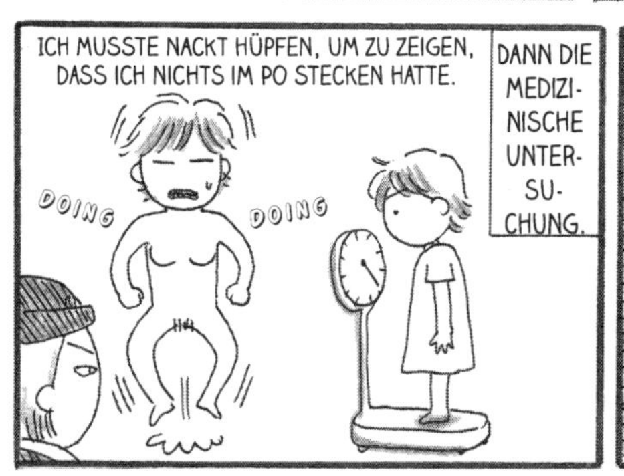

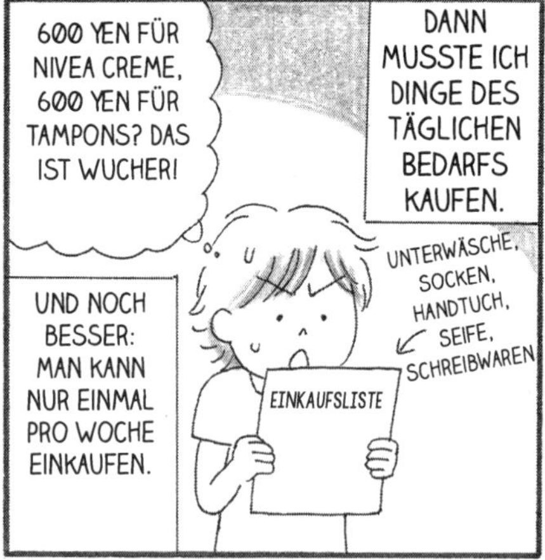

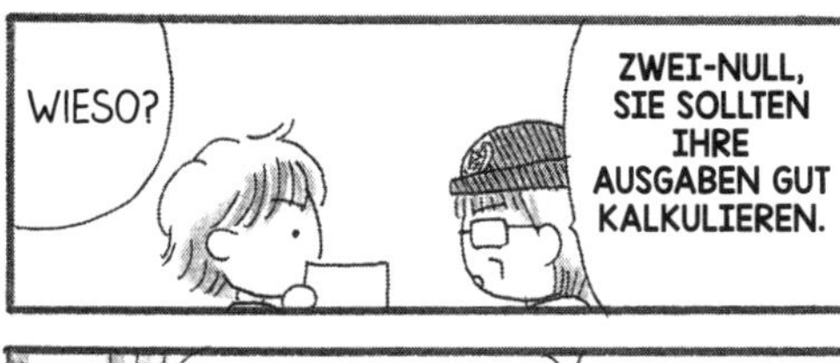

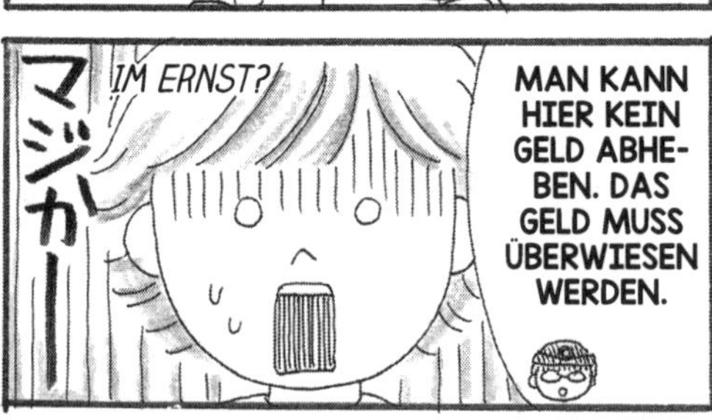

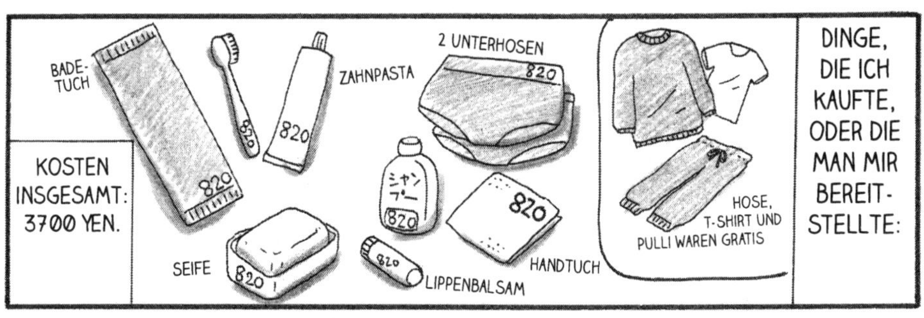
DINGE, DIE ICH KAUFTE, ODER DIE MAN MIR BEREITSTELLTE:
HOSE, T-SHIRT UND PULLI WAREN GRATIS
2 UNTERHOSEN
ZAHNPASTA
BADETUCH
HANDTUCH
LIPPENBALSAM
SEIFE
KOSTEN INSGESAMT: 3700 YEN.

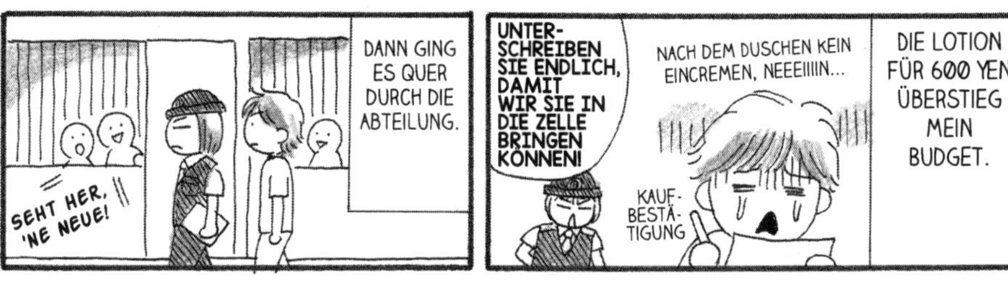
DIE LOTION FÜR 600 YEN ÜBERSTIEG MEIN BUDGET.
NACH DEM DUSCHEN KEIN EINCREMEN, NEEEIIIIN...
UNTERSCHREIBEN SIE ENDLICH, DAMIT WIR SIE IN DIE ZELLE BRINGEN KÖNNEN!
KAUFBESTÄTIGUNG
DANN GING ES QUER DURCH DIE ABTEILUNG.
SEHT HER, 'NE NEUE!

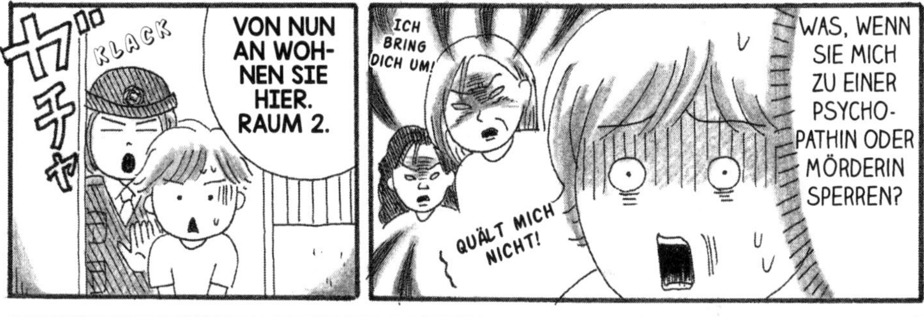
WAS, WENN SIE MICH ZU EINER PSYCHOPATHIN ODER MÖRDERIN SPERREN?
ICH BRING DICH UM!
QUÄLT MICH NICHT!
VON NUN AN WOHNEN SIE HIER. RAUM 2.
KLACK

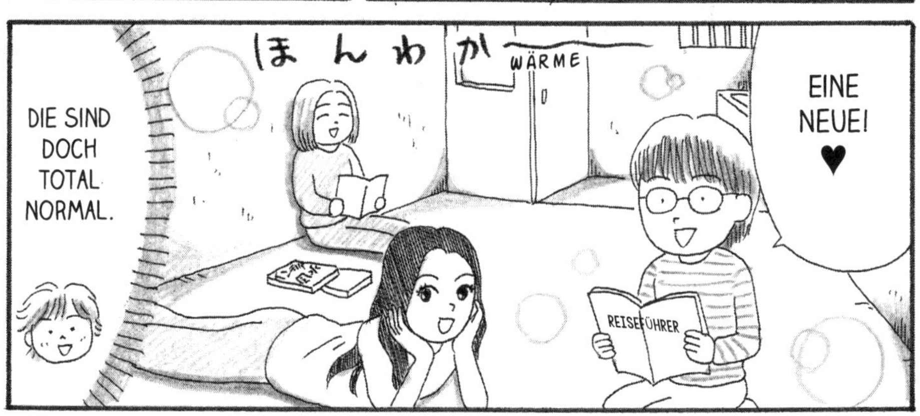
ほんわか
WÄRME
EINE NEUE! ♥
REISEFÜHRER
DIE SIND DOCH TOTAL NORMAL.

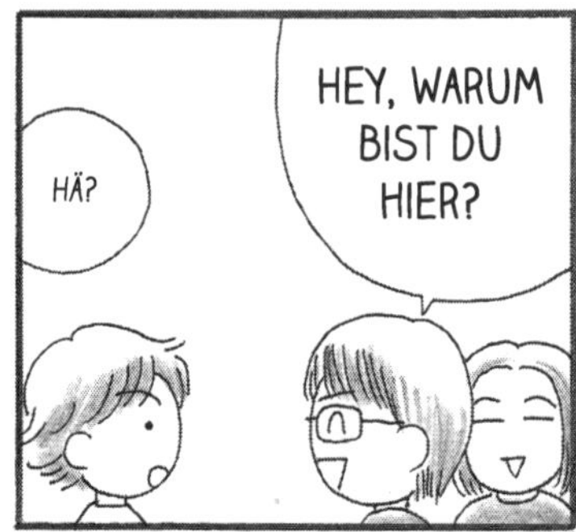
HEY, WARUM BIST DU HIER?
HÄ?

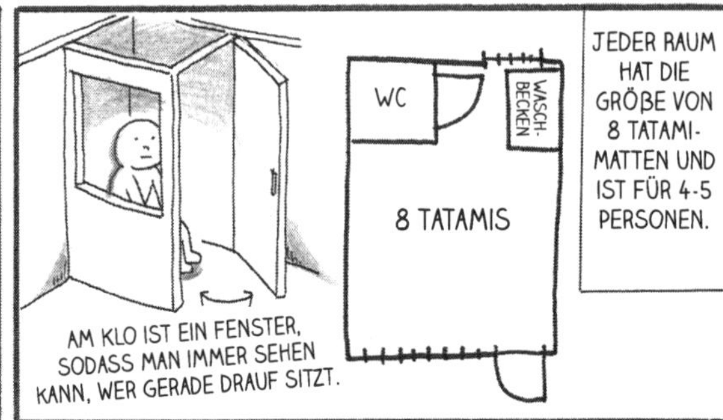
AM KLO IST EIN FENSTER, SODASS MAN IMMER SEHEN KANN, WER GERADE DRAUF SITZT.
WC
WASCH-BECKEN
8 TATAMIS
JEDER RAUM HAT DIE GRÖßE VON 8 TATAMI-MATTEN UND IST FÜR 4-5 PERSONEN.

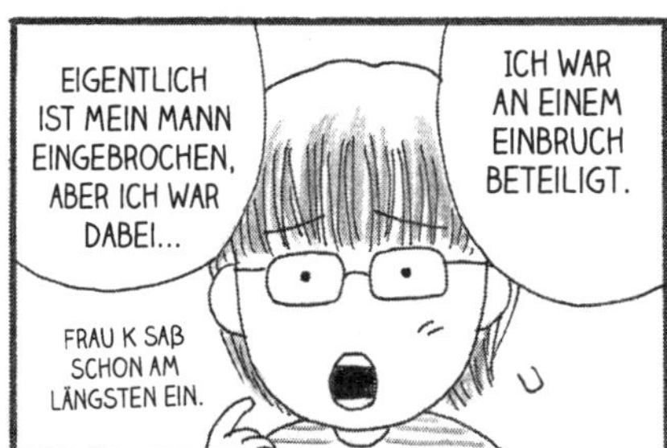
ICH WAR AN EINEM EINBRUCH BETEILIGT.
EIGENTLICH IST MEIN MANN EINGEBROCHEN, ABER ICH WAR DABEI...
FRAU K SAß SCHON AM LÄNGSTEN EIN.

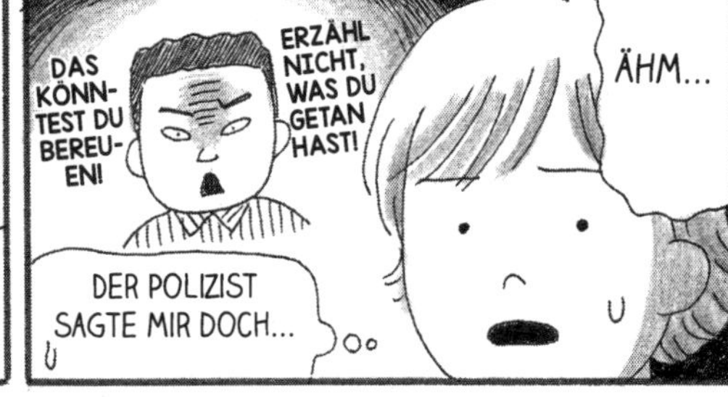
ÄHM...
ERZÄHL NICHT, WAS DU GETAN HAST!
DAS KÖNN-TEST DU BEREU-EN!
DER POLIZIST SAGTE MIR DOCH...

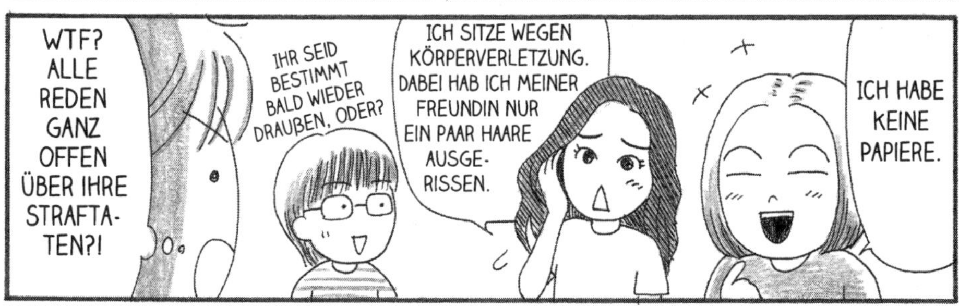
ICH HABE KEINE PAPIERE.
ICH SITZE WEGEN KÖRPERVERLETZUNG. DABEI HAB ICH MEINER FREUNDIN NUR EIN PAAR HAARE AUSGE-RISSEN.
IHR SEID BESTIMMT BALD WIEDER DRAUßEN, ODER?
WTF? ALLE REDEN GANZ OFFEN ÜBER IHRE STRAFTA-TEN?!

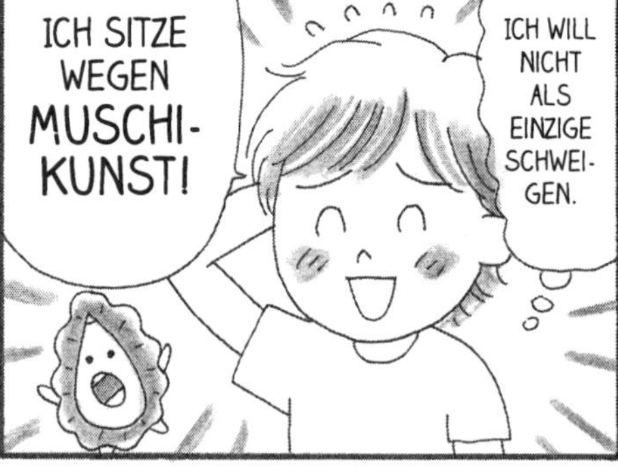
ICH WILL NICHT ALS EINZIGE SCHWEI-GEN.
ICH SITZE WEGEN MUSCHI-KUNST!

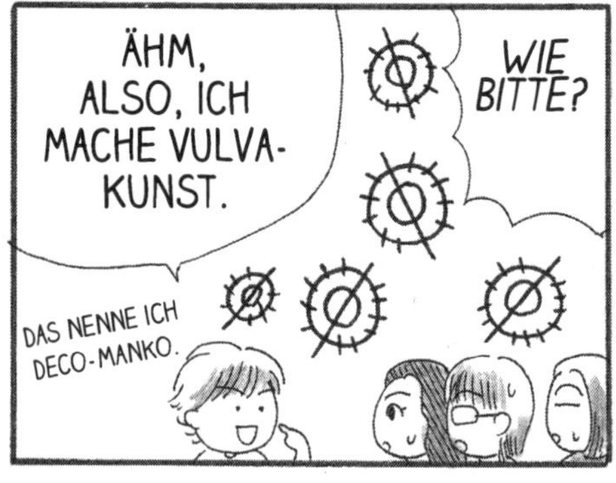
WIE BITTE?
ÄHM, ALSO, ICH MACHE VULVA-KUNST.
DAS NENNE ICH DECO-MANKO.

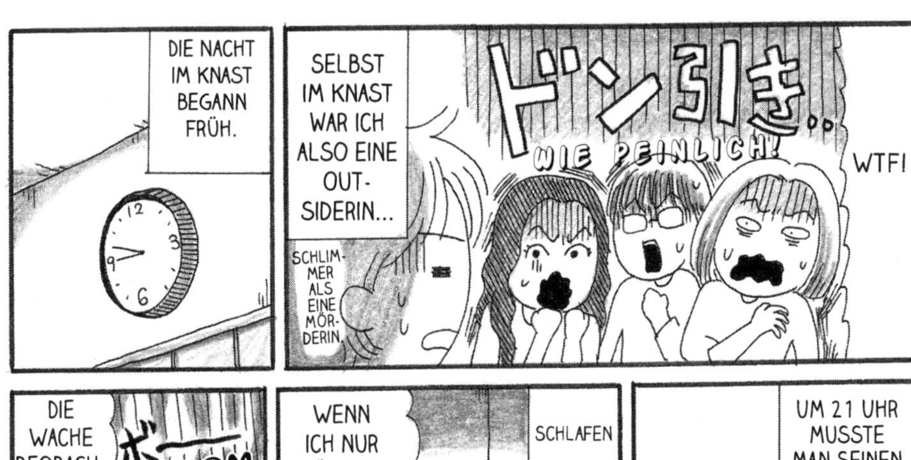

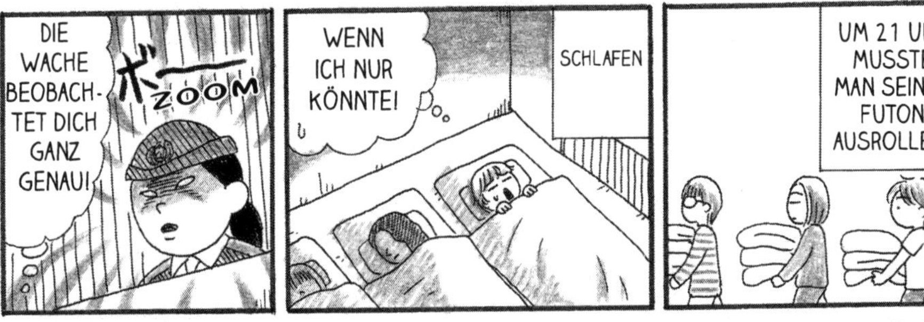

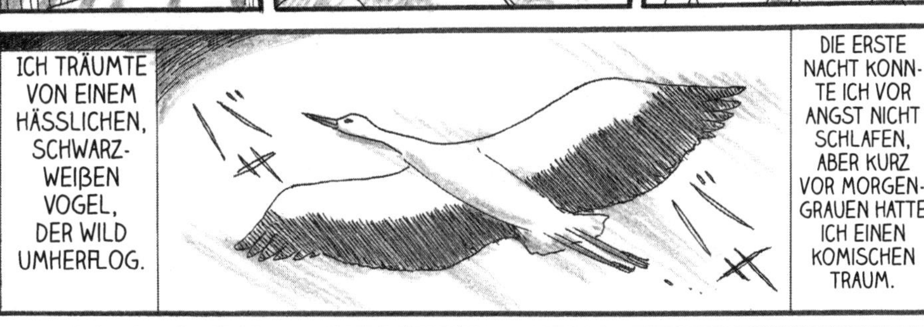

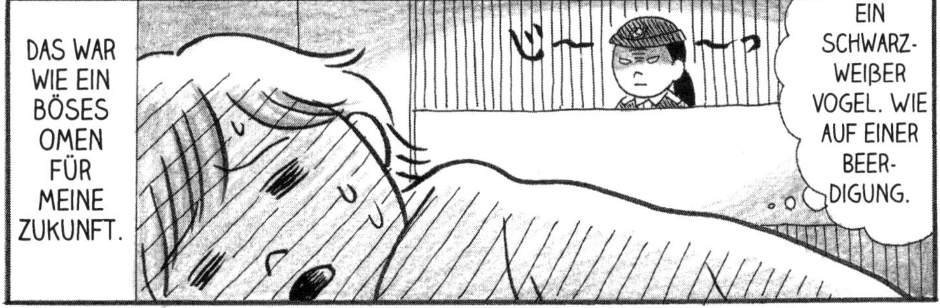

EINE WAHRSAGERIN SAGTE MIR NACH MEINER ENTLASSUNG: „DER SCHWARZ-WEIßE VOGEL IST EIN STORCH UND BEDEUTET „FREIHEIT“ ODER „FLUG“. ALSO EINE VORAHNUNG FÜR DEINE FREILASSUNG.“

Das Vulva Spaceship

Ein Symbol für mehr Geschlechtergerechtigkeit im gesamten Universum

Dieses Projekt war nicht nur für mich persönlich als Künstlerin und Aktivistin ein großer Spaß, sondern auch ein wunderbarer Erfolg: Das ***Vulva Spaceship*** sorgte im Frühjahr 2022 in 110 Ländern für Schlagzeilen und so bei rund einer halben Milliarde Menschen für Gesprächsstoff. Ich durfte im BBC Radio ein Interview geben, das Spaceship wurde in einer US-amerikanischen Late-Night-Show vorgestellt und viele Social Media-Aktive besprachen das besondere Raumschiff auf ihren Kanälen.

Die Idee zu einem aerodynamisch-ovalen Spaceship, das durch die Atmosphäre gleitet, schwirrte schon lange im Universum herum. In vielen futuristischen Geschichten wird bei Raumschiff-Modellen von der zurzeit noch traditionell-phallischen Raketenform abgewichen. Die Skizzen zu dem ersten expliziten ***Vulva Spaceship*** waren schnell gemacht.

Meine feministisch geprägten Recherchen gaben mir den letzten Anstoß zu dem Projekt. Es gibt tatsächlich noch nicht mal im Weltraum Geschlechtergerechtigkeit. Alle sexistischen Probleme, die wir auf der Erde haben, verstärken sich in der Raumfahrt: von den Bedingungen in der Ausbildung bis hin zur Besetzung von begehrten Positionen. So sind z.B. von den rund 600 Menschen, die bis dato im Weltraum waren, nur 12 % weiblich. Und das obwohl unser Ziel am Ende angeblich ist, als Menschheit fremde Planeten zu besiedeln?

Um auf das Spaceship aufmerksam zu machen, starteten wir eine Petition und baten die Öffentlichkeit um Unterschriften, legten aber den Fokus auf die Medienberichterstattung. Nicht alle, die von dem ***Vulva Spaceship***-Konzept erfuhren, erkannten direkt, dass es sich hierbei um eine Verknüpfung von Aktivismus und Kunst handelt, so dass ich viele fassungslose Kommentare und eine Reihe von Nachrichten - ausschließlich von Männern - erhielt, die mir mal wohlwollend, mal herablassend technische Details zur Verbesserung von unserem Vorhaben zu erklären suchten. Für mich als feministische Aktivistin keine große Überraschung. Kunst darf und soll Fragezeichen kreieren. Ich bin sehr stolz, dass ich mit dem Projekt zu mehr Fragezeichen in diesem Universum beitragen konnte.

Jasmin Mittag, Aktivistin und Künstlerin, Gründerin von *Wer braucht Femnismus?* und *WHAT IS FEMINISM today? - www.whatisfeminism.today -*

Bild © Jasmin Mittag

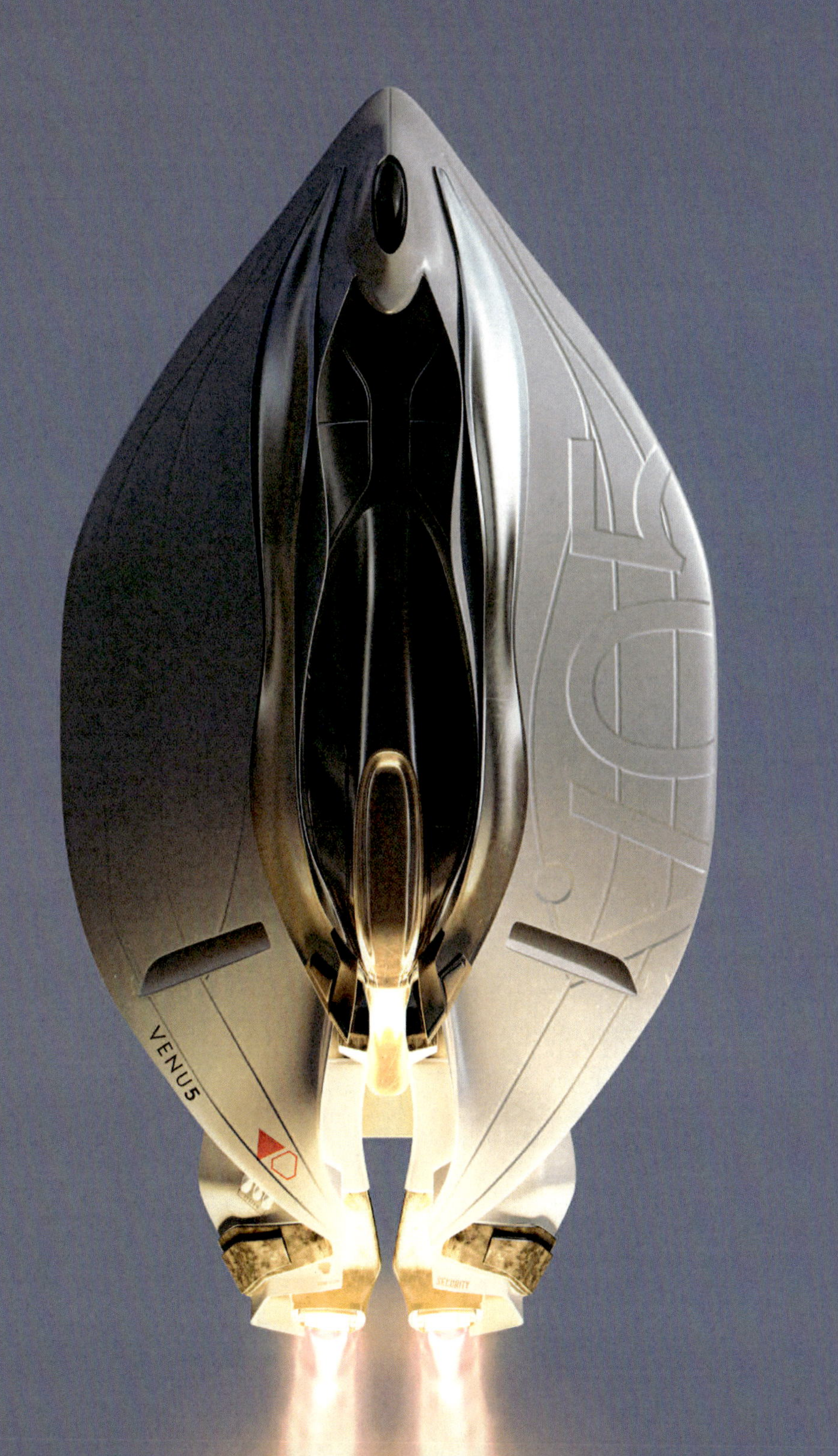
VENU5
SECURITY

Was ist obszön?

WIE ICH EINE SOGENANNTE KÜNSTLERIN WURDE

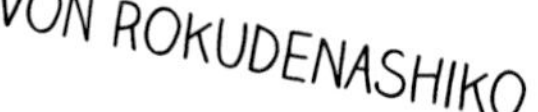

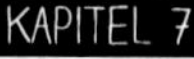

KOIWA KNAST-WÄCHTERIN FÜR EINEN TAG, FRL. MANKO.

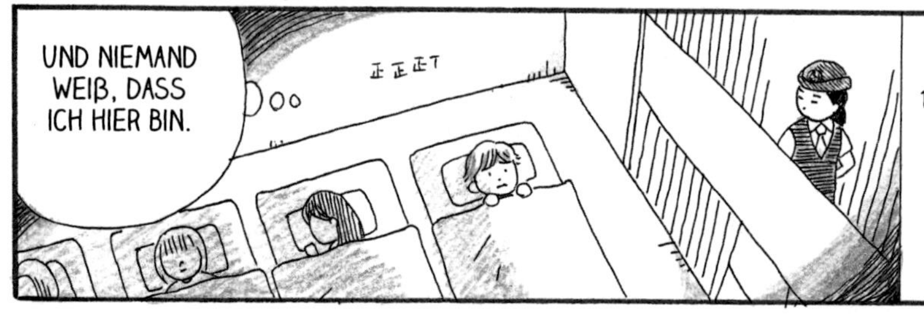

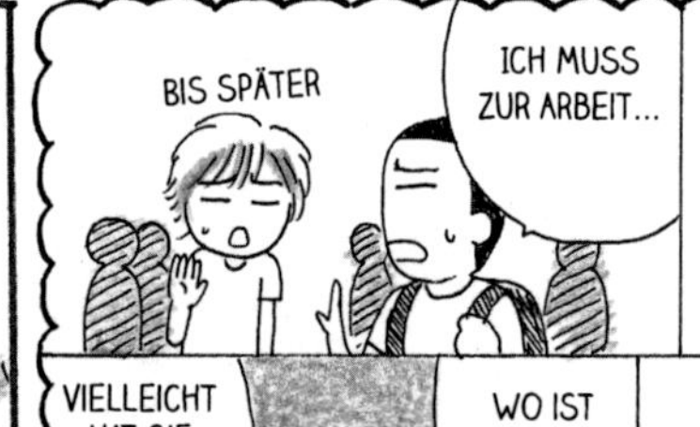

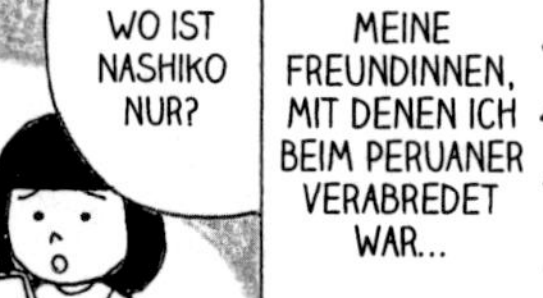

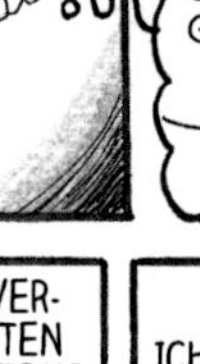

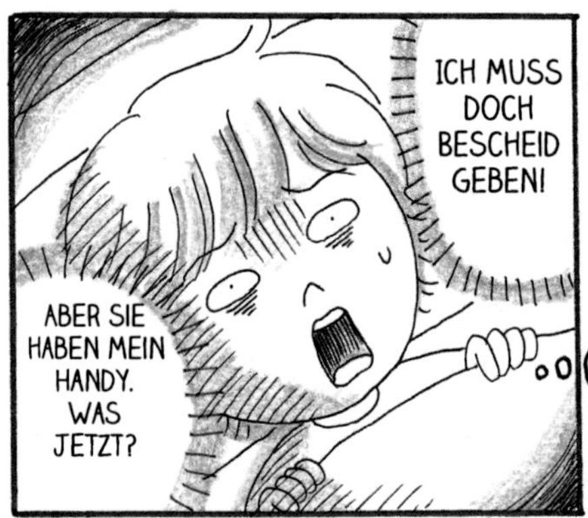

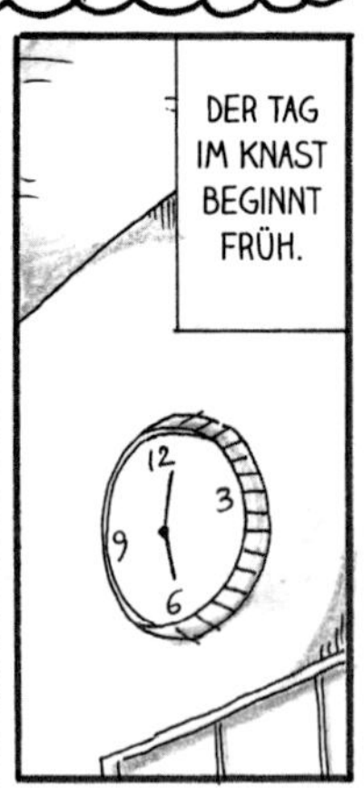

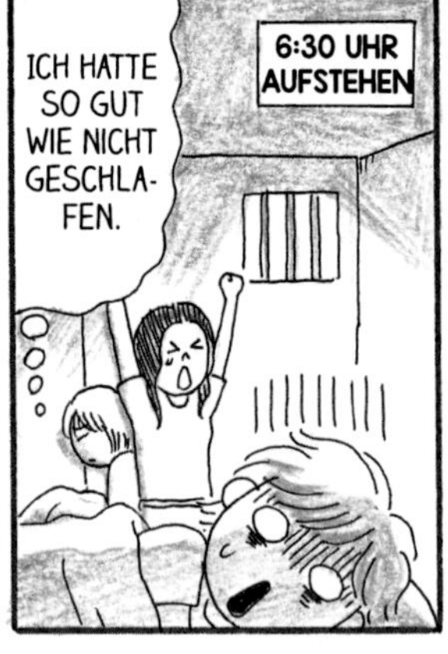

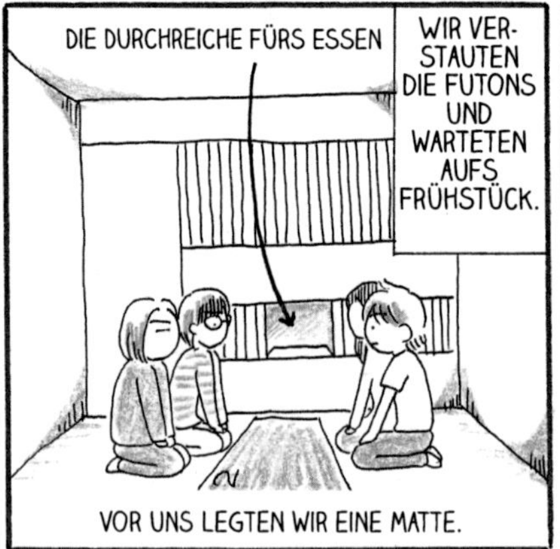

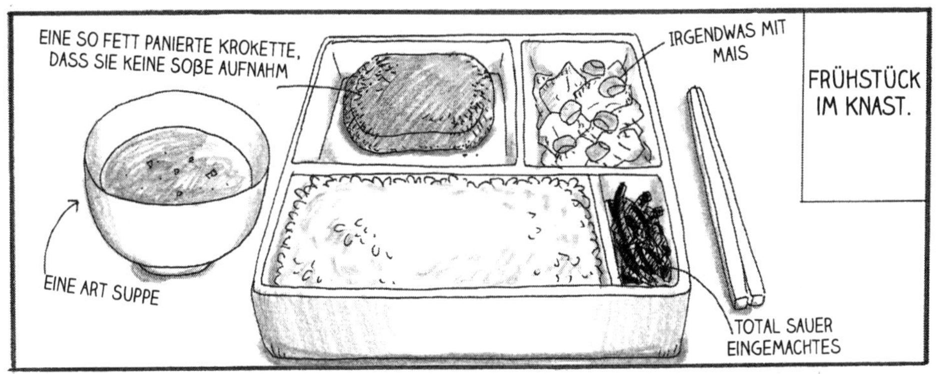
FRÜHSTÜCK IM KNAST.
EINE SO FETT PANIERTE KROKETTE, DASS SIE KEINE SOßE AUFNAHM
IRGENDWAS MIT MAIS
EINE ART SUPPE
TOTAL SAUER EINGEMACHTES

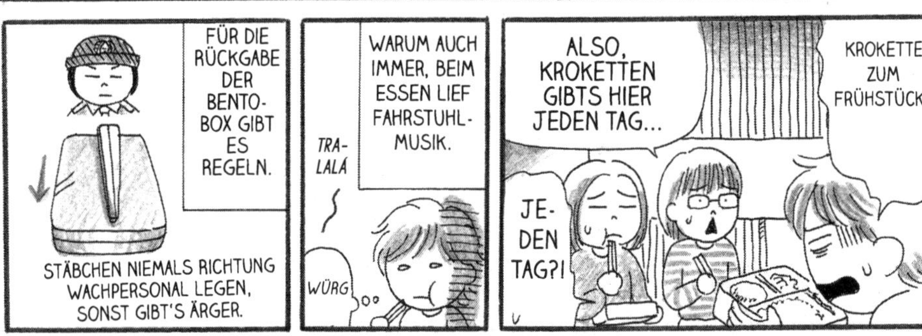
FÜR DIE RÜCKGABE DER BENTO-BOX GIBT ES REGELN.
STÄBCHEN NIEMALS RICHTUNG WACHPERSONAL LEGEN, SONST GIBT'S ÄRGER.
WARUM AUCH IMMER, BEIM ESSEN LIEF FAHRSTUHL-MUSIK.
TRA-LALÁ
WÜRG
KROKETTE ZUM FRÜHSTÜCK?
ALSO, KROKETTEN GIBTS HIER JEDEN TAG...
JE-DEN TAG?!

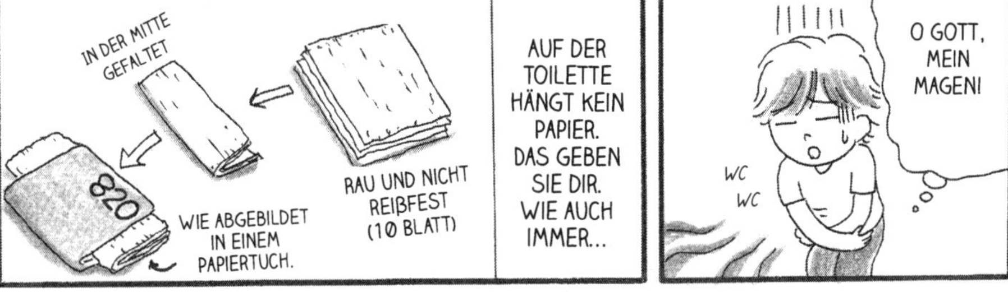
AUF DER TOILETTE HÄNGT KEIN PAPIER. DAS GEBEN SIE DIR. WIE AUCH IMMER...
RAU UND NICHT REIßFEST (10 BLATT)
IN DER MITTE GEFALTET
820
WIE ABGEBILDET IN EINEM PAPIERTUCH.
O GOTT, MEIN MAGEN!
WC
WC

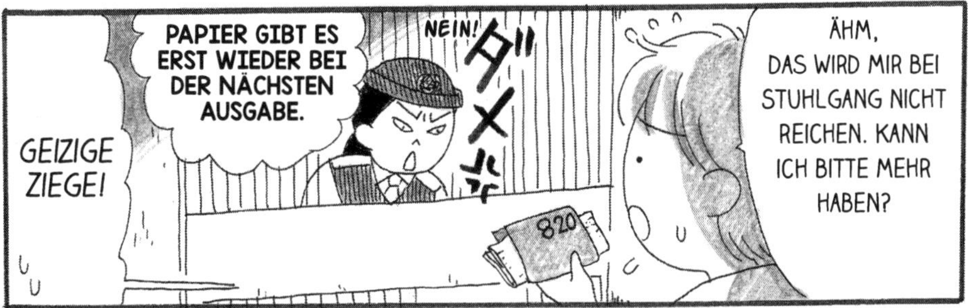
ÄHM, DAS WIRD MIR BEI STUHLGANG NICHT REICHEN. KANN ICH BITTE MEHR HABEN?
820
NEIN!
PAPIER GIBT ES ERST WIEDER BEI DER NÄCHSTEN AUSGABE.
GEIZIGE ZIEGE!

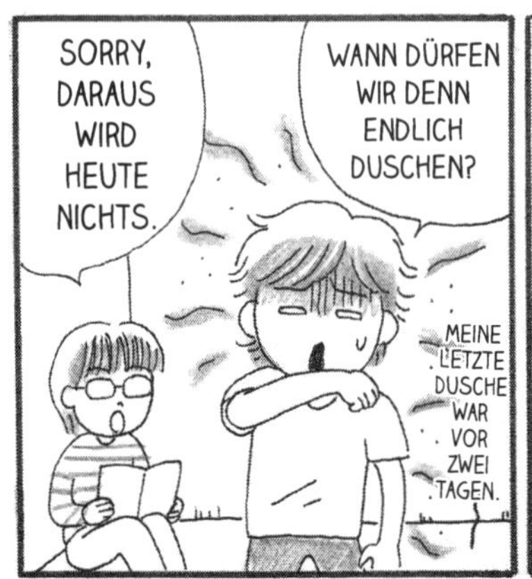

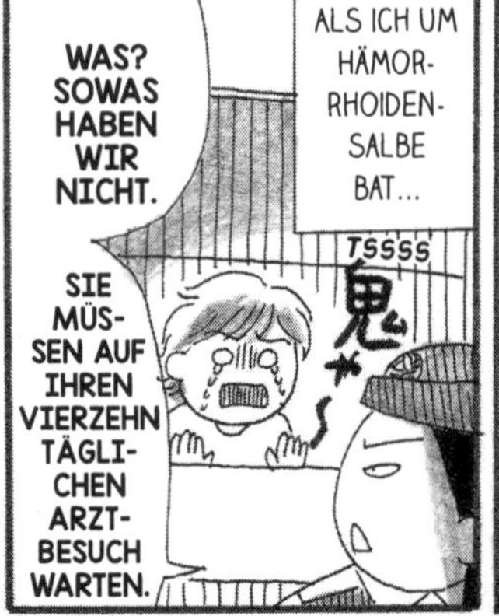

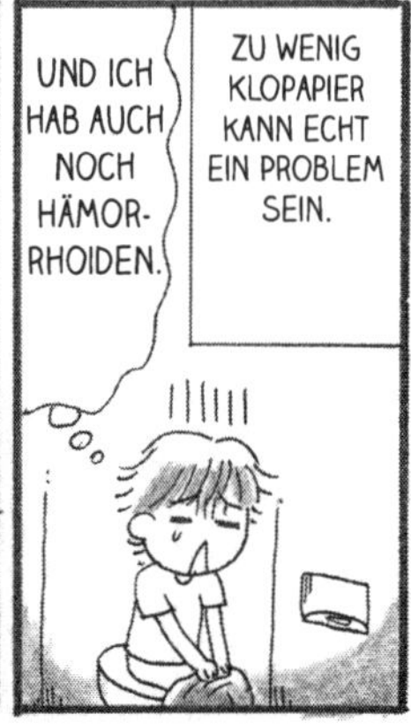

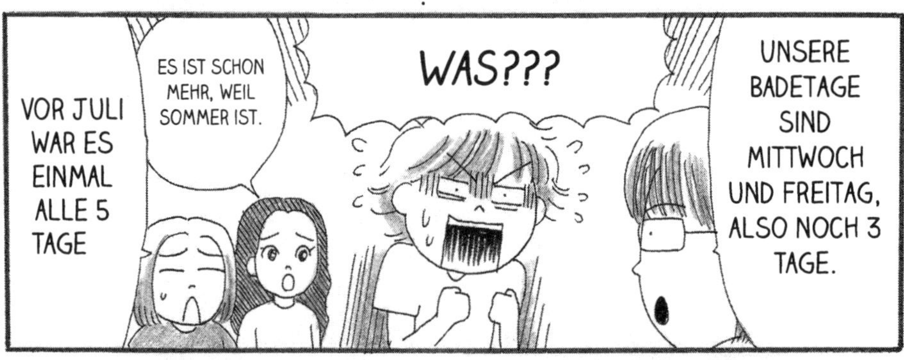

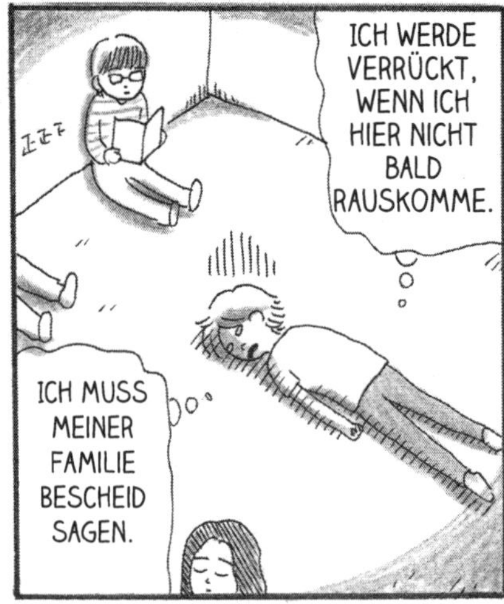

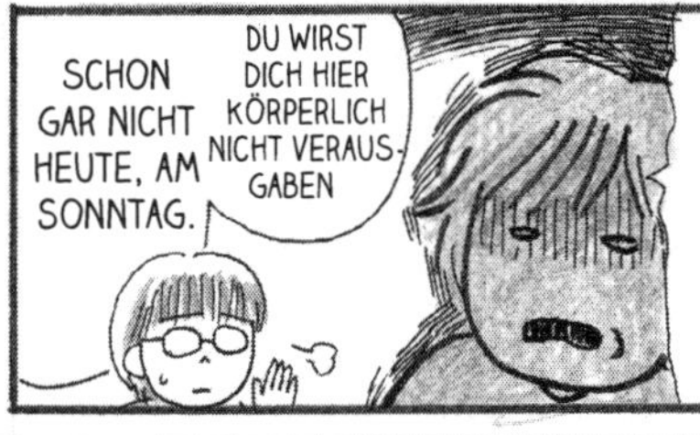

ALLES, WAS MAN IM KNAST SCHREIBEN DARF, SIND BRIEFE.

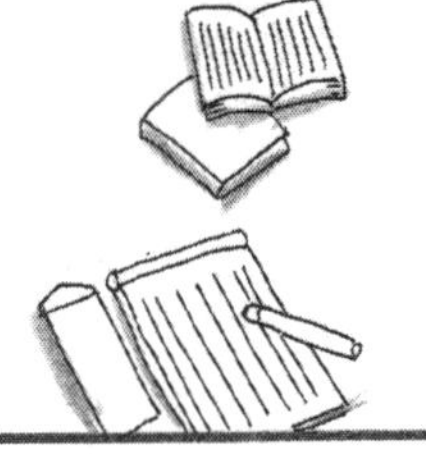

AN WOCHEN-ENDEN IST SELBST DAS VERBOTEN, UND ES GIBT KEINE BESUCHE.

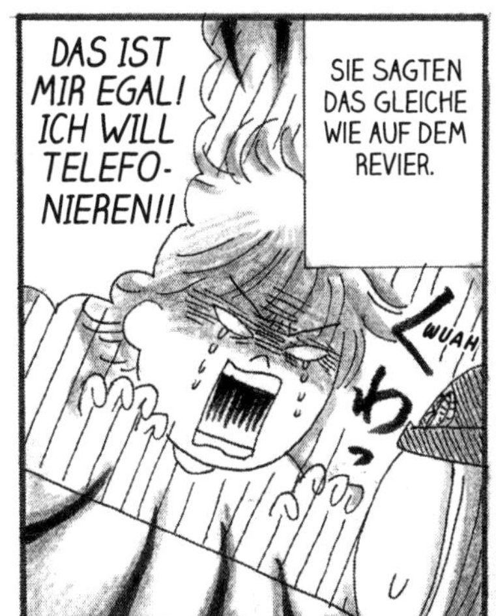
SIE SAGTEN DAS GLEICHE WIE AUF DEM REVIER.
DAS IST MIR EGAL! ICH WILL TELEFO-NIEREN!!
WUAH
くわっ

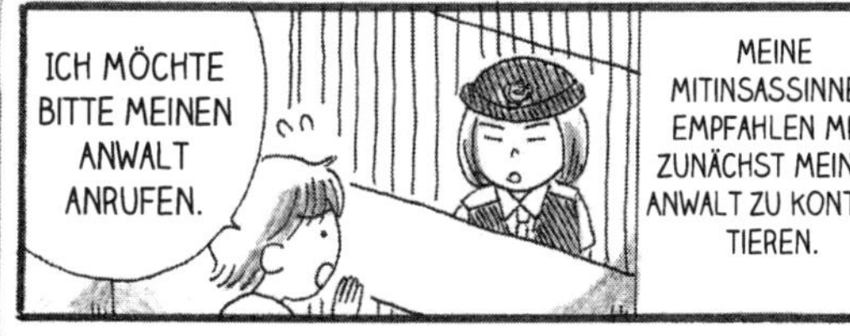
MEINE MITINSASSINNEN EMPFAHLEN MIR, ZUNÄCHST MEINEN ANWALT ZU KONTAK-TIEREN.
ICH MÖCHTE BITTE MEINEN ANWALT ANRUFEN.

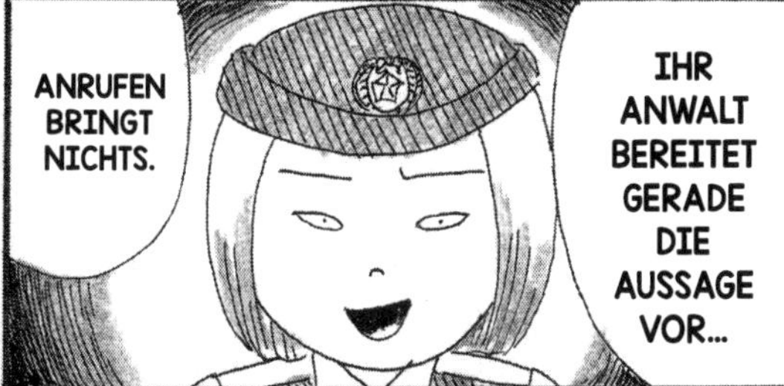
IHR ANWALT BEREITET GERADE DIE AUSSAGE VOR...
ANRUFEN BRINGT NICHTS.

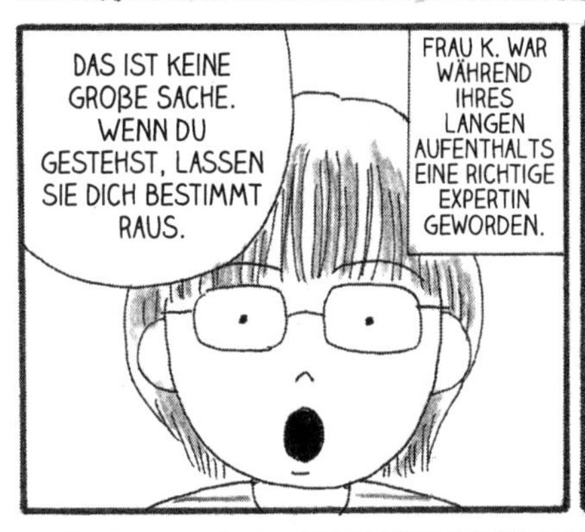
FRAU K. WAR WÄHREND IHRES LANGEN AUFENTHALTS EINE RICHTIGE EXPERTIN GEWORDEN.
DAS IST KEINE GROßE SACHE. WENN DU GESTEHST, LASSEN SIE DICH BESTIMMT RAUS.

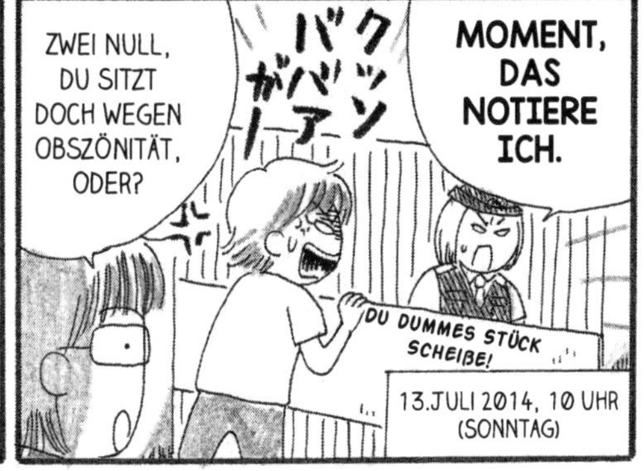
MOMENT, DAS NOTIERE ICH.
バク
ガバッ
ZWEI NULL, DU SITZT DOCH WEGEN OBSZÖNITÄT, ODER?
DU DUMMES STÜCK SCHEIßE!
13.JULI 2014, 10 UHR (SONNTAG)

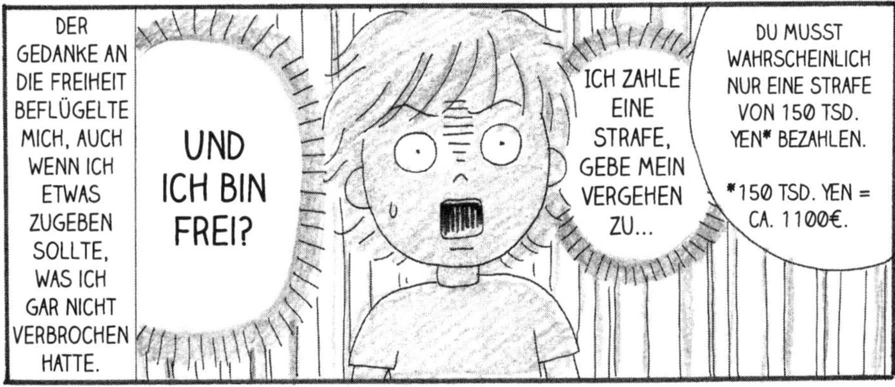
DU MUSST WAHRSCHEINLICH NUR EINE STRAFE VON 150 TSD. YEN* BEZAHLEN.
*150 TSD. YEN = CA. 1100€.
ICH ZAHLE EINE STRAFE, GEBE MEIN VERGEHEN ZU...
UND ICH BIN FREI?
DER GEDANKE AN DIE FREIHEIT BEFLÜGELTE MICH, AUCH WENN ICH ETWAS ZUGEBEN SOLLTE, WAS ICH GAR NICHT VERBROCHEN HATTE.

Roboter Osé

Nicht nur in unseren Umgang mit den sozialen Medien sind die gesellschaftlichen Normen und Werte hineinprogrammiert, sondern auch in die Art und Weise, wer wie wo alleine zum Höhepunkt kommen darf.

Ein Unternehmen, das sich Höhepunkte zum Ziel gesetzt hat, ist Lora DiCarlo. 2019 hatte die Gründerin und Geschäftsführerin Lora Haddock die Chance dazu, ihre revolutionäre Erfindung vor großem Publikum zu präsentieren, zumindest sah es für kurze Zeit danach aus. **Osé** („gewagt" auf Französisch) heißt der kleine Roboter, der erfunden wurde, um bei Menschen mit Vulva und Vagina einen doppelten Orgasmus auszulösen. Das funktioniert, indem er sich an die Anatomie der Nutzerin anpasst und zeitgleich Klitoris und G-Punkt stimuliert, wobei er auf die menschlichen Bewegungen eingeht oder besser: auf sie reagiert. Damit „performt" er gewissermaßen etwas, was Menschen beim Sex zu zweit nicht zustande kriegen, zumindest nicht ohne Hilfsmittel. Die innovative Technik, die in **Osé** steckt, und die Annahme, dass zwei simultane Orgasmen doppelt so gut sind wie einer, hat das Team von Haddock dazu veranlasst, sich für einen der weltweit renommiertesten Tech- und Innovations-Awards, den CES-Award (Consumer Electronics Show) zu bewerben. Vorangegangene Preisträger waren etwa monumentale Erfindungen wie der Videorekorder (1970), der Camcoder (1981) und Tetris (1988).

Wenige Wochen nach der Einreichung erhält Haddock eine E-Mail von der CTA (Consumer Technology Association), die den CES-Award vergibt: Roboter **Osé** hat gewonnen. Die Jury, bestehend aus einem Ingenieur:innen-Team (wobei nie öffentlich gemacht wurde, wie das Geschlechterverhältnis der Jury aussah), hatte die Technologie in **Osé** untersucht, die Patente unter die Lupe genommen und befunden, dass das Team von Lora DiCarlo tatsächlich das Rad neu erfunden, das heißt dank revolutionärer Technik den doppelten Orgasmus möglich gemacht hat. Die Freude ist riesig, doch sie währt nicht lange, denn eine Woche später wird **Osé** der Preis wieder aberkannt. In der E-Mail an Haddock heißt es, **Osé** verstoße gegen die Richtlinien der CTA, da Produkte, die „unmoralisch, obszön oder profan" seien, „nicht mit dem Image von CTA vereinbar wären". Daher habe man sich nach erneuter eingängiger Betrachtung des Produktes das Recht vorbehalten, es zu disqualifizieren. Weiter heißt es, man habe „die Natur des vorgestellten Produkts nicht verstanden, als man ihm den Preis verlieh." Man darf sich schon wundern, wie es den Juror:innen bei der ersten Evaluation der Technologie entgangen sein soll, wofür ***Osé*** erfunden wurde, zumal schon im ersten Satz der Bewerbung steht: „***Osé*** ist ein Roboter, der einen doppelten Orgasmus der Klitoris und des G-Punktes stimuliert."

Nehmen wir im Sinne der Erörterung einmal an, dass die Jury die innovative Technologie beeindruckend und preiswürdig fand, ohne dass sich ihnen der tatsächliche Zweck von ***Osé*** erschloss. Das würde bedeuten: Von einer professionellen, objektiven Tech-Seite, vom Know-how her, hätten Haddock und Team den Preis verdient. Aberkannt wurde er ihnen demnach, weil der weibliche Orgasmus als Ziel von so viel innovativer Technik als nicht preiswürdig erachtet wurde.

Nehmen wir weiter an, dass sich die CTA als eine privatwirtschaftliche Organisation, die die Entscheidungsmacht darüber hat, wer auf ihrer Messe ausstellen darf und wer sich für Preise qualifiziert, dafür entscheidet, grundsätzlich keine Technologie zuzulassen, die irgendetwas mit Sex zu tun hat. Gründe dafür könnten sein: Angst vor einem Schmuddelimage, religiöse Gründe oder einfach, dass es potenziell prüde Aussteller:innen vergrätzen könnte. Formal wäre das in Ordnung, auch wenn es eine Verkennung der Tech-Industrie-Geschichte ist. Denn Sex (vor allem die Pornoindustrie) ist der Hauptinnovationsmotor, seit die Erfindung der Videokassette vor fast 50 Jahren den Pornokonsum in die eigenen vier Wände geholt hat. Aber sei's drum: Behandeln wir CTA als sexfreie Zone. Da bliebe immer noch die Frage, warum das bei der ersten Produktbewertung nicht aufgefallen ist.

Die Antwort lautet: weil es nichts mit Sex zu tun hat, zumindest nicht mit Sex per se. Es hat vielmehr damit zu tun, dass ***Osé*** explizit für die weibliche Lust, genauer gesagt für Menschen ohne Penis designt wurde. Denn 2018, nur ein Jahr zuvor, wurde auf der CES der Sexroboter Harmony vorgestellt. Harmony ist ein menschengroßes Roboter-Skelett in einer weißen, weichen Silikonhaut. Es verfügt über verschiedene Langhaarperücken, eine vollständig auswaschbare Mund- und Genitalpartie sowie über programmierbare Charakterzüge wie „unterwürfig" oder „schüchtern". Außerdem kann es, wenn gewünscht, „Ich liebe dich" sagen. Entscheidender Unterschied zu ***Osé*** ist die Zielgruppe: zahlungskräftige Männer. Harmony harmonierte damals perfekt mit den Richtlinien der CTA. Videos mit detaillierter Produktpräsentation befinden sich immer noch auf der Webseite des Veranstalters.

Auszug aus dem Buch *Patriarchat der Dinge: Warum die Welt Frauen nicht passt* (2021) von Rebecca Endler. Abdruck mit freundlicher Genehmigung der Autorin und des Verlags (DuMont).

Was ist obszön?

WIE ICH EINE SOGENANNTE KÜNSTLERIN WURDE.

VON ROKUDENASHIKO

MANKO-CHAN

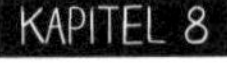

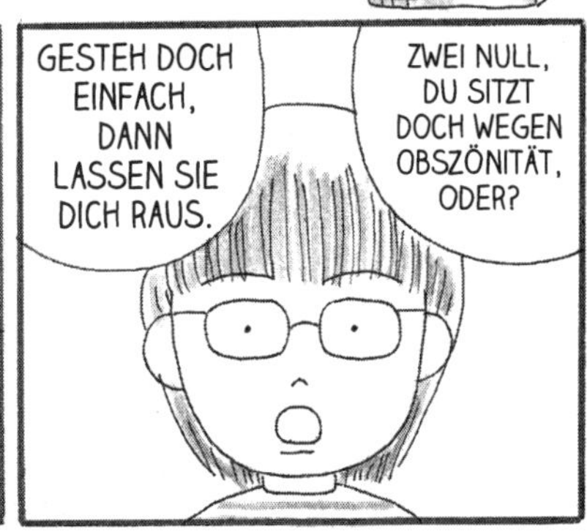

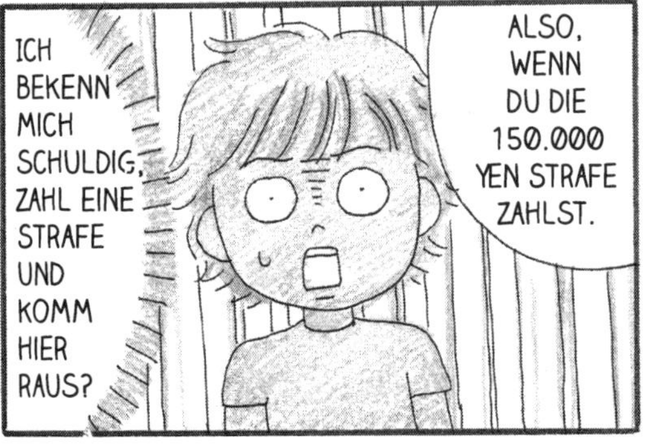

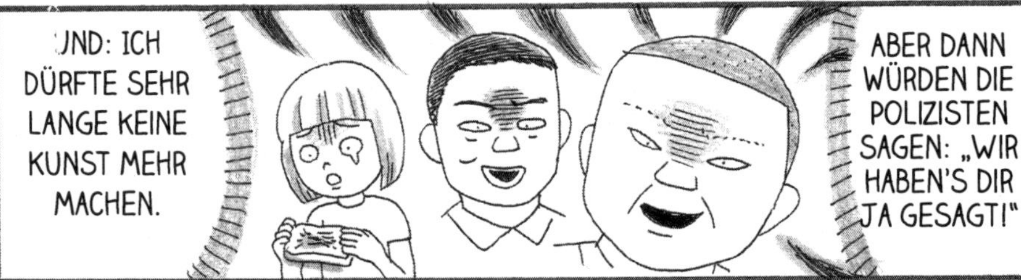

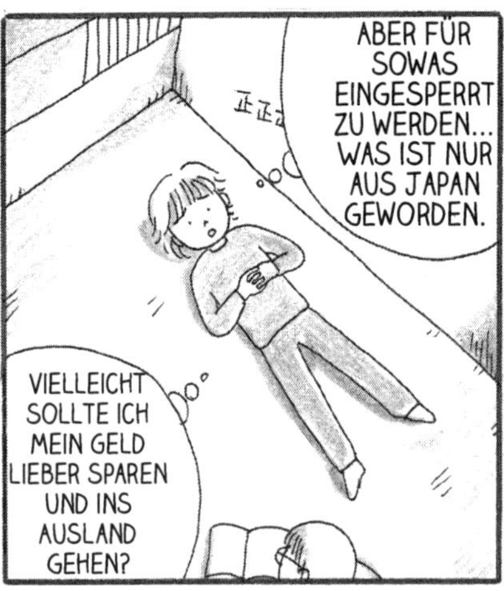

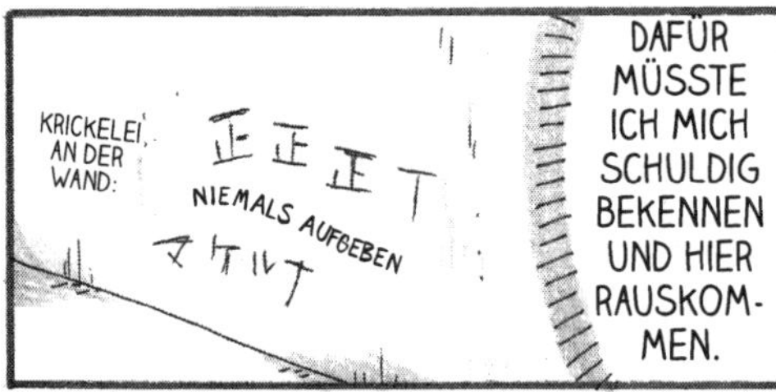

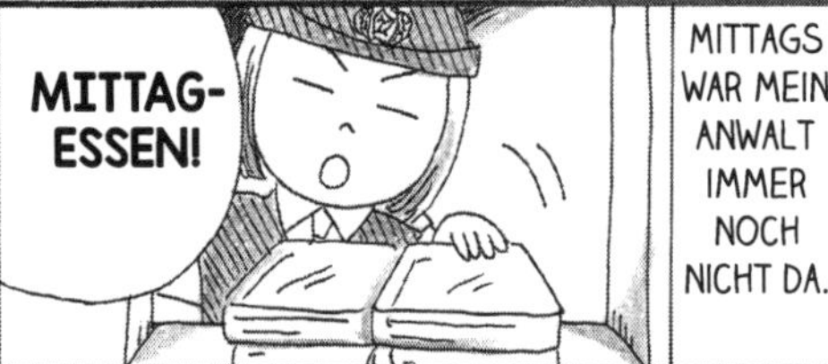

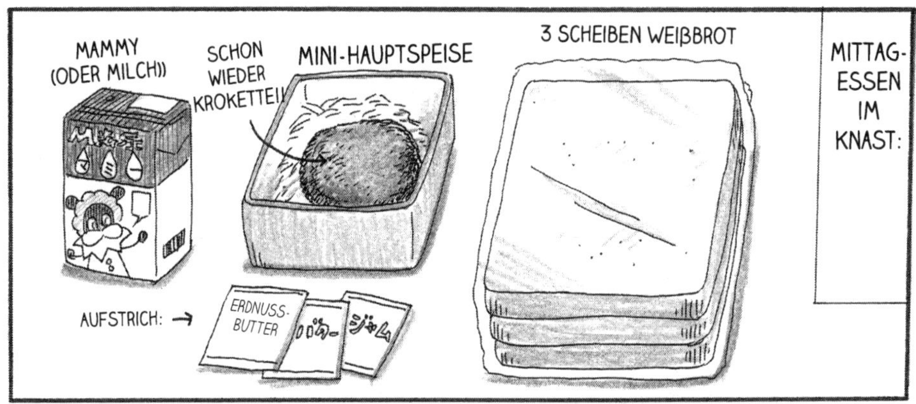
MITTAG-
ESSEN
IM
KNAST:
3 SCHEIBEN WEIẞBROT
MINI-HAUPTSPEISE
SCHON
WIEDER
KROKETTE!
MAMMY
(ODER MILCH))
AUFSTRICH: →
ERDNUSS-
BUTTER

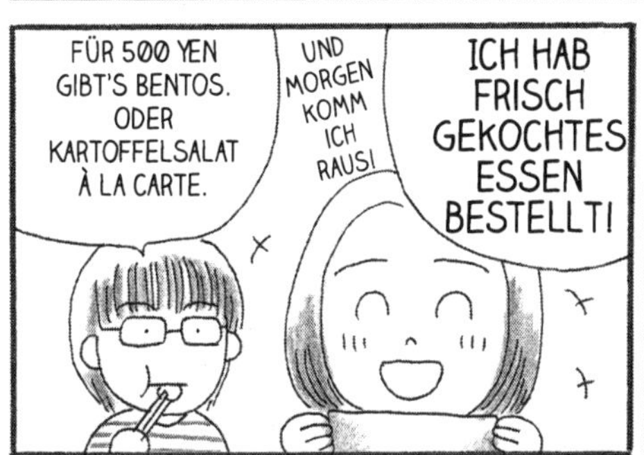
ICH HAB
FRISCH
GEKOCHTES
ESSEN
BESTELLT!
UND
MORGEN
KOMM
ICH
RAUS!
FÜR 500 YEN
GIBT'S BENTOS.
ODER
KARTOFFELSALAT
À LA CARTE.

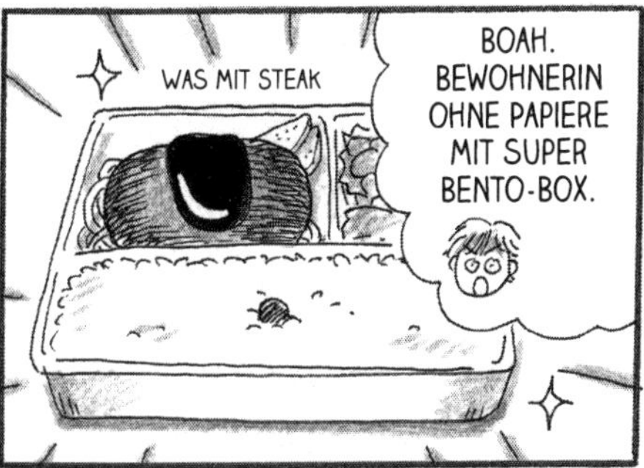
BOAH.
BEWOHNERIN
OHNE PAPIERE
MIT SUPER
BENTO-BOX.
WAS MIT STEAK

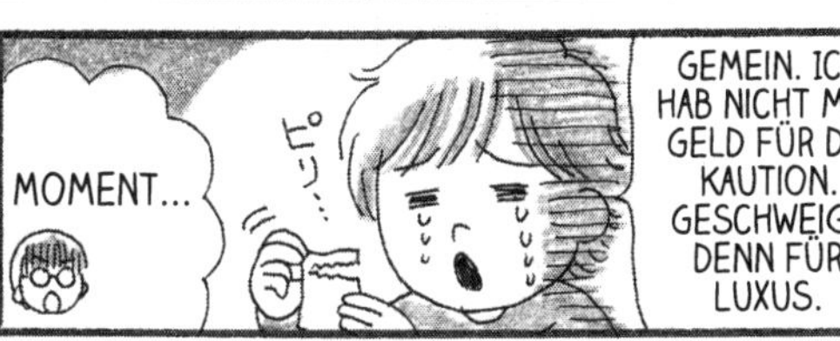
GEMEIN. ICH
HAB NICHT MAL
GELD FÜR DIE
KAUTION.
GESCHWEIGE
DENN FÜR
LUXUS.
MOMENT...

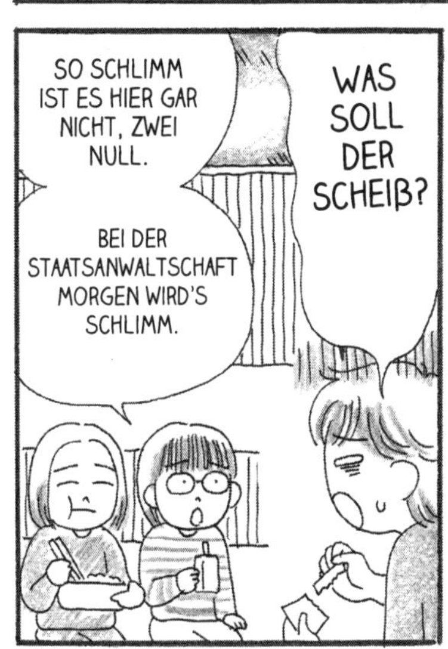
WAS
SOLL
DER
SCHEIẞ?
SO SCHLIMM
IST ES HIER GAR
NICHT, ZWEI
NULL.
BEI DER
STAATSANWALTSCHAFT
MORGEN WIRD'S
SCHLIMM.

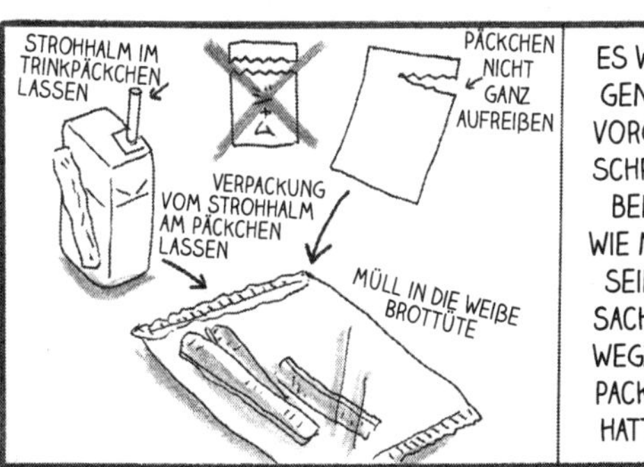
ES WAR
GENAU
VORGE-
SCHRIE-
BEN,
WIE MAN
SEINE
SACHEN
WEGZU-
PACKEN
HATTE.
PÄCKCHEN
NICHT
GANZ
AUFREIẞEN
STROHHALM IM
TRINKPÄCKCHEN
LASSEN
VERPACKUNG
VOM STROHHALM
AM PÄCKCHEN
LASSEN
MÜLL IN DIE WEIẞE
BROTTÜTE

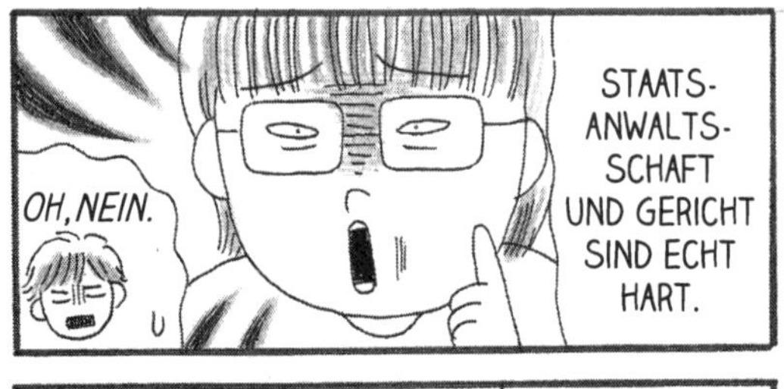
STAATS-
ANWALTS-
SCHAFT
UND GERICHT
SIND ECHT
HART.
OH, NEIN.

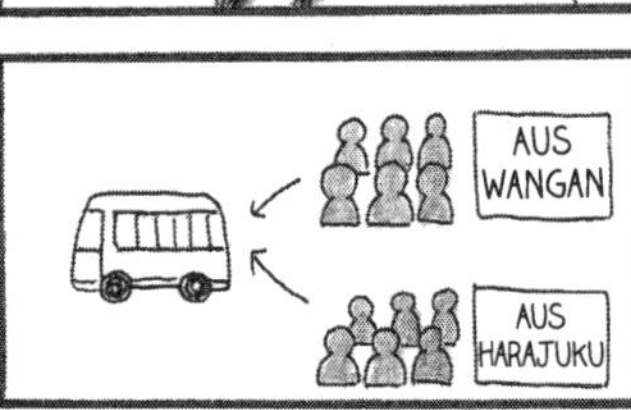
INSASSEN AUS
WANGAN UND
HARAJUKU WERDEN
ZUSAMMEN DORTHIN
GEBRACHT
(CA. 20 LEUTE).
AUS
WANGAN
AUS
HARAJUKU

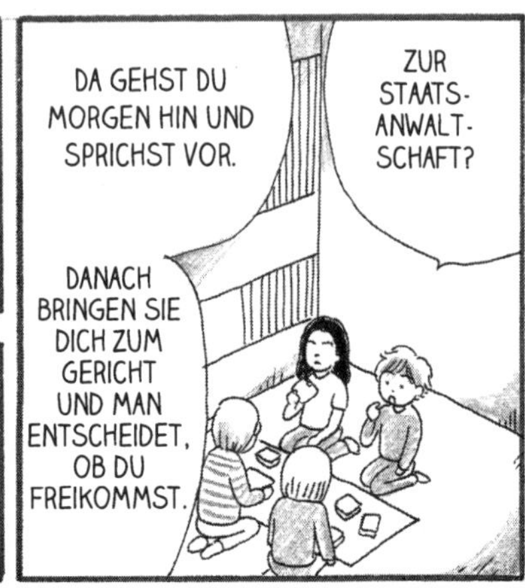
ZUR
STAATS-
ANWALT-
SCHAFT?
DA GEHST DU
MORGEN HIN UND
SPRICHST VOR.
DANACH
BRINGEN SIE
DICH ZUM
GERICHT
UND MAN
ENTSCHEIDET,
OB DU
FREIKOMMST.

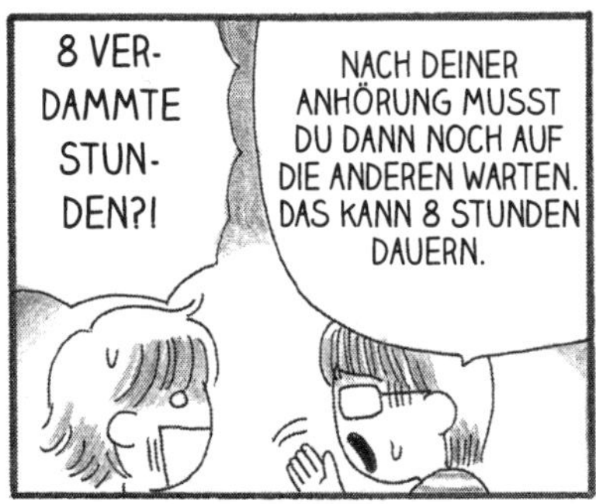
NACH DEINER
ANHÖRUNG MUSST
DU DANN NOCH AUF
DIE ANDEREN WARTEN.
DAS KANN 8 STUNDEN
DAUERN.
8 VER-
DAMMTE
STUN-
DEN?!

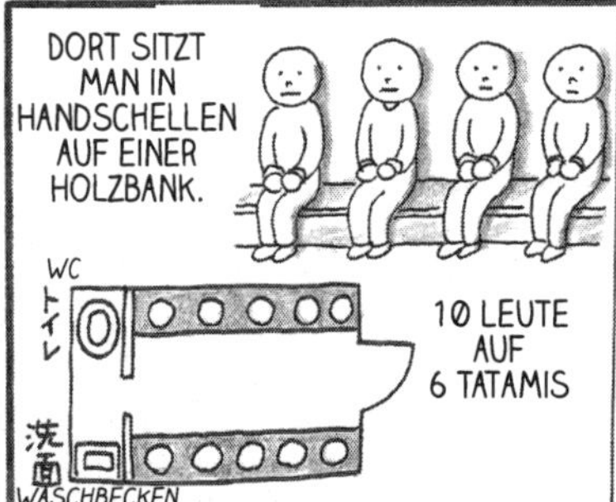
SIE
QUET-
SCHEN
EUCH IN
EINEN
TOTAL
KLEINEN
RAUM.
DORT SITZT
MAN IN
HANDSCHELLEN
AUF EINER
HOLZBANK.
WC
トイレ
10 LEUTE
AUF
6 TATAMIS
洗面
WASCHBECKEN

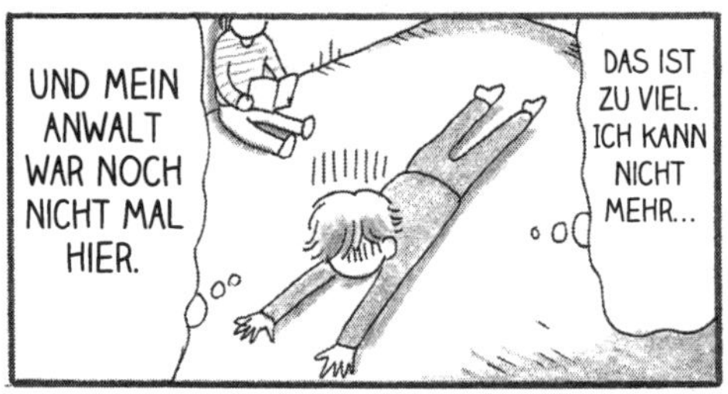
DAS IST
ZU VIEL.
ICH KANN
NICHT
MEHR...
UND MEIN
ANWALT
WAR NOCH
NICHT MAL
HIER.

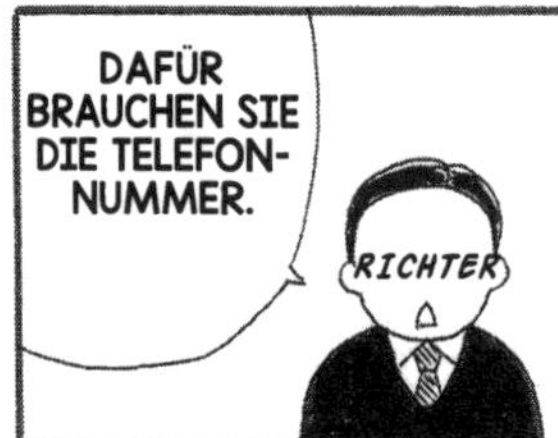
SELBST WENN ICH
MEINEN PFLICHT-
VERTEIDIGER NICHT
ERREICHE, DARF ICH IM
SCHLIMMSTEN FALL
ÜBER DAS GERICHT
JEMANDEN ANRUFEN,
DER IHN DANN KON-
TAKTIERT.
DAFÜR
BRAUCHEN SIE
DIE TELEFON-
NUMMER.
RICHTER

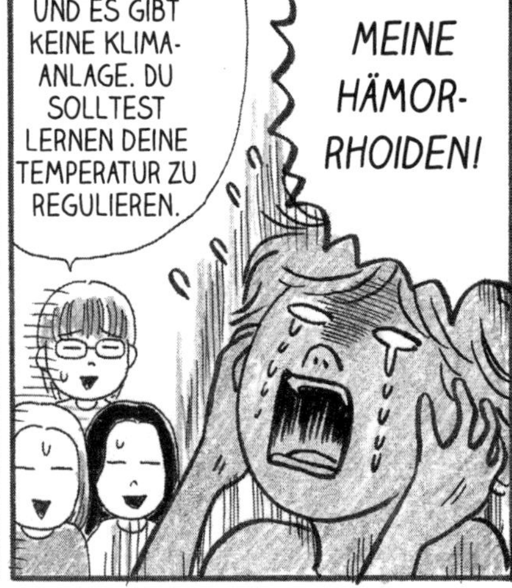
MEINE
HÄMOR-
RHOIDEN!
UND ES GIBT
KEINE KLIMA-
ANLAGE. DU
SOLLTEST
LERNEN DEINE
TEMPERATUR ZU
REGULIEREN.

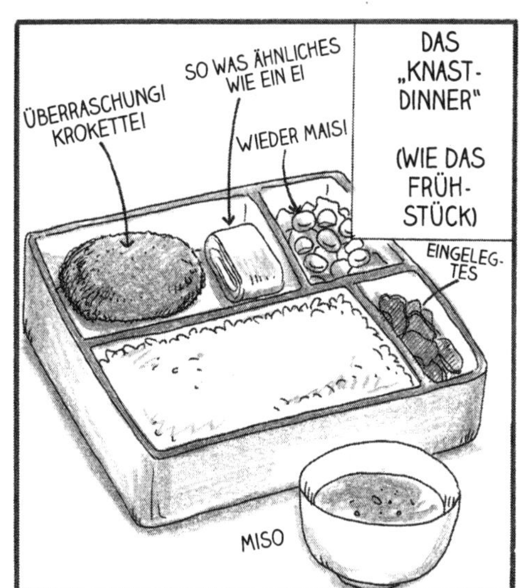
DAS „KNAST-DINNER"
(WIE DAS FRÜHSTÜCK)
ÜBERRASCHUNG! KROKETTE!
SO WAS ÄHNLICHES WIE EIN EI
WIEDER MAIS!
EINGELEGTES
MISO
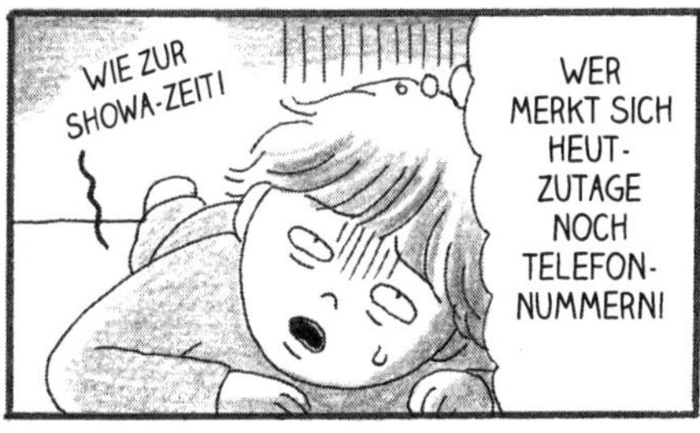
WER MERKT SICH HEUTZUTAGE NOCH TELEFONNUMMERN!
WIE ZUR SHOWA-ZEIT!
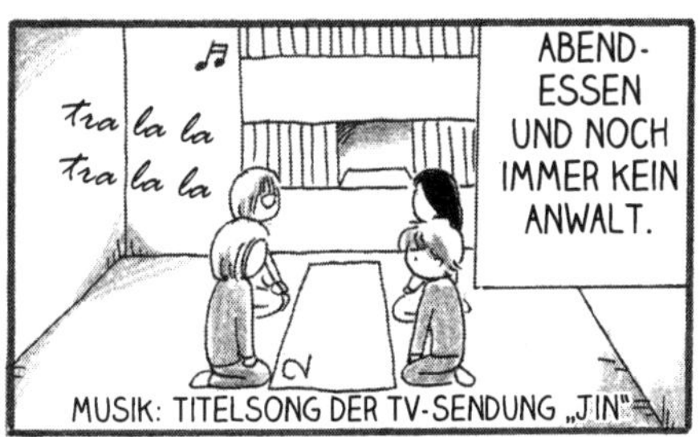
ABENDESSEN UND NOCH IMMER KEIN ANWALT.
tra la la
tra la la
MUSIK: TITELSONG DER TV-SENDUNG „JIN"
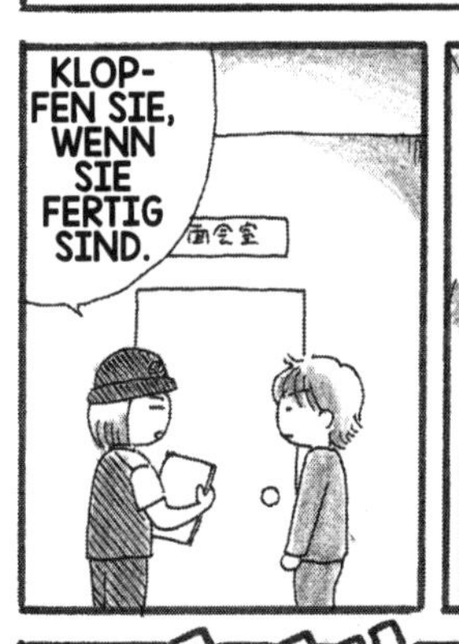
KLOPFEN SIE, WENN SIE FERTIG SIND.
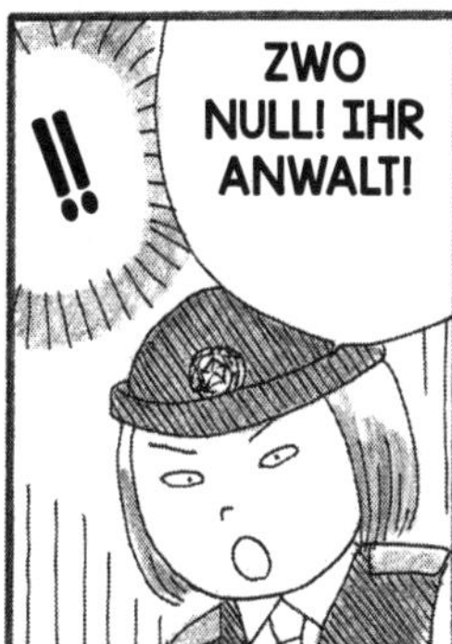
ZWO NULL! IHR ANWALT!
!!
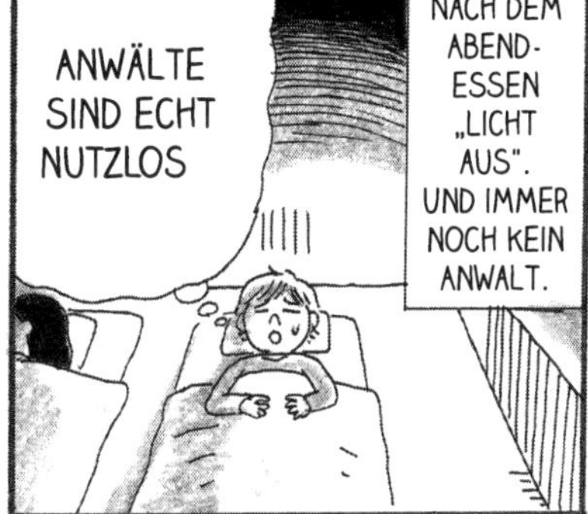
NACH DEM ABENDESSEN „LICHT AUS". UND IMMER NOCH KEIN ANWALT.
ANWÄLTE SIND ECHT NUTZLOS
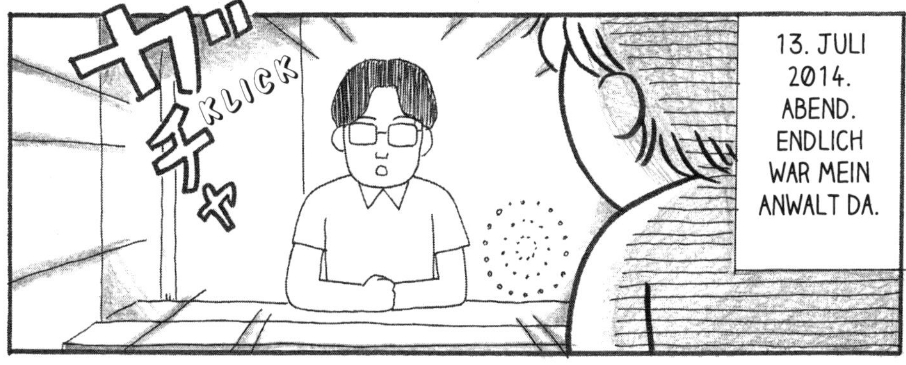
13. JULI 2014. ABEND. ENDLICH WAR MEIN ANWALT DA.
KLICK

Judy Chicago, The Dinner Party

Die ***Dinner Party*** besteht aus einem in der Mitte offenen, dreieckigen Tisch, dessen Seitenlänge jeweils etwas mehr als vierzehn Meter beträgt. Er ist mit feinen, goldumsäumten, weißen Tüchern bedeckt und umfasst 39 Gedecke, 13 an jeder Seite. Zu jedem Gedeck gehört ein individuell gestalteter, handbemalter Porzellanteller mit einem Durchmesser von 35,5 cm, der sowohl eine Epoche der abendländischen Zivilisation als auch jene mythologische Gestalt oder Frau darstellt, die diese Epoche verkörpert, des Weiteren ein Tafelbesteck und einen Pokal, beides aus Keramik sowie eine Serviette mit goldbestickten Enden. Diese Gegenstände stehen auf einem über Vorder- und Rückseite des Tisches hängenden Läufer, der in Handarbeitsstil und -techniken jener Epoche bestickt ist, in der die jeweils dargestellte Frau lebte. Ihr Name ist auf der Vorderseite des Läufers eingestickt. Der Tisch steht auf einem dreieckigen Fundament aus 2300 handgemachten Porzellankacheln, die in Goldschrift weitere 999 Namen von mythisch oder historisch bedeutsamen Frauen tragen.

Nach fünfjähriger Arbeit, an der mehr als 400 Menschen meist ehrenamtlich beteiligt waren, wurde die ***Dinner Party*** 1979 erstmalig im San Francisco Museum of Modern Art gezeigt.

Als die ***Dinner Party*** 1987 in der Kunsthalle Frankfurt gezeigt wurde, begann die Journalistin Gisela Brackert die Eröffnungsrede mit einer Reflektion darüber, was Kunst ist. Denn die etablierte Kunstszene hatte erklärt, dass Judy Chicagos Arbeit kein Kunstwerk sei. Brackert erklärte, dass im Wesentlichen die Entscheidungskompetenz und auch die Definitionsmacht darüber, was ausstellungswerte Kunst sei, in männlicher Hand liege.

1990 schenkte Judy Chicago ihr Werk der University of the District of Columbia. Die geplante Ausstellung in der früheren Carnegie-Bibliothek kam nicht zustande, weil Kongressabgeordnete sich im Fernsehen gegen die in ihren Augen pornografische und beleidigende Installation aussprachen und die Washington Times fälschlich berichtete, das Werk sei von mehreren Kunstgalerien im ganzen Land verboten worden, weil es weibliche Genitalien auf den Tellern darstelle. Seit 2007 ist die ***Dinner Party*** in der ständigen Sammlung des Brooklyn Museums beheimatet.

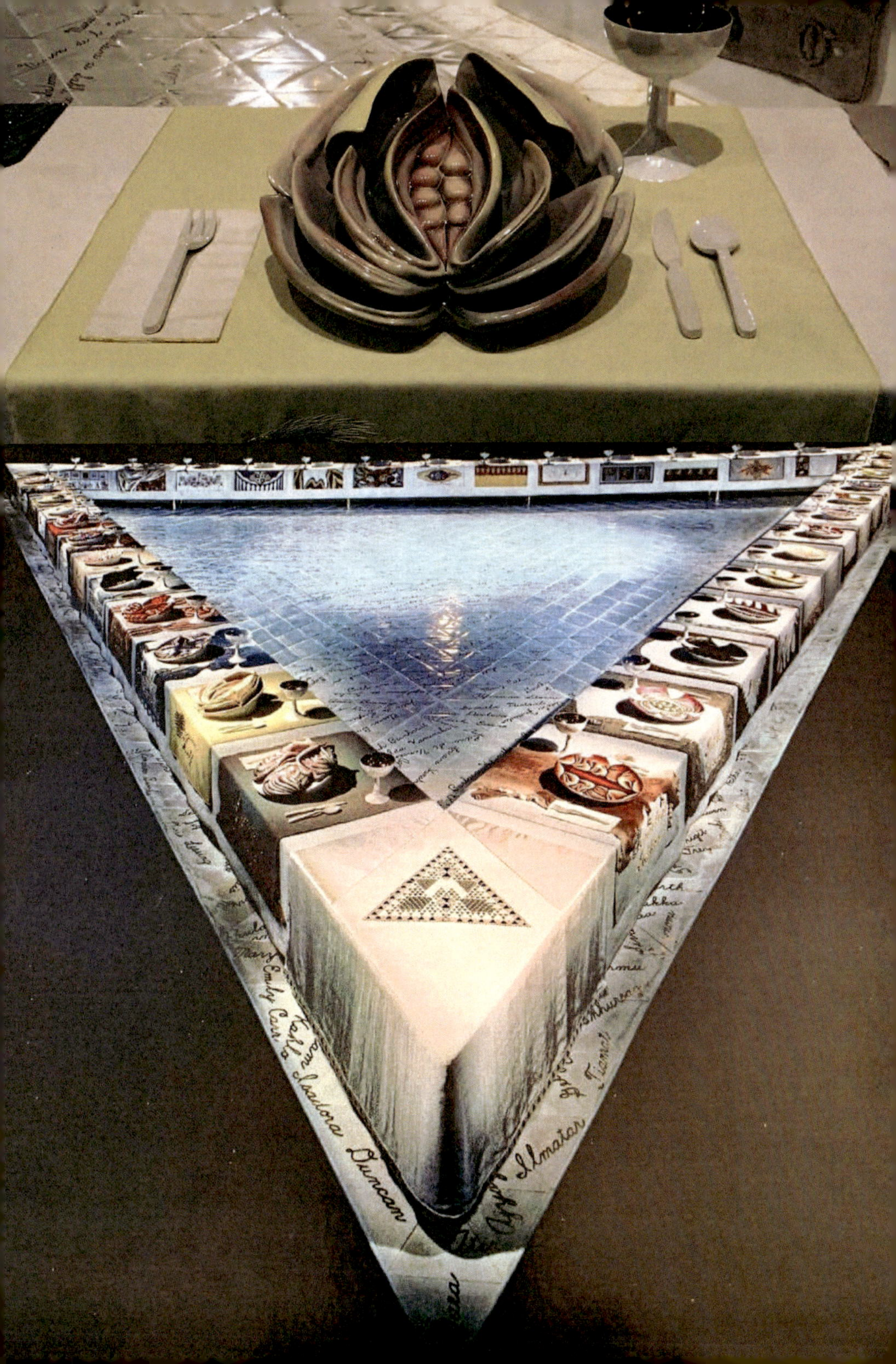

Emily Carr
Isadora Duncan
Ilmatar

Was ist obszön?

WIE ICH EINE SOGENANNTE KÜNSTLERIN WURDE.

FRÄULEIN MANKO

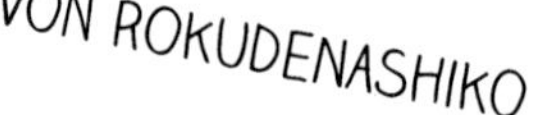

KAPITEL 9

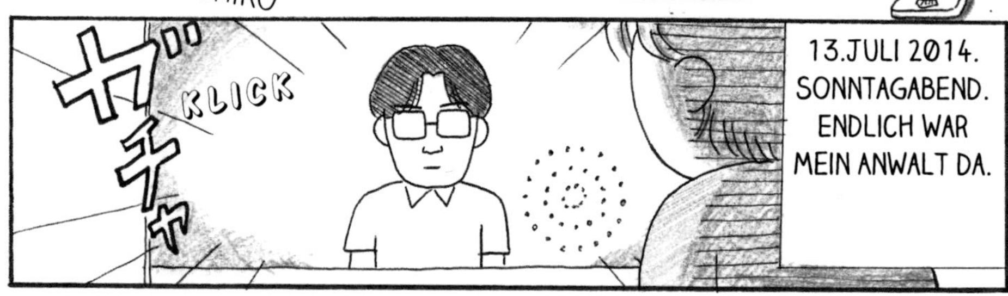

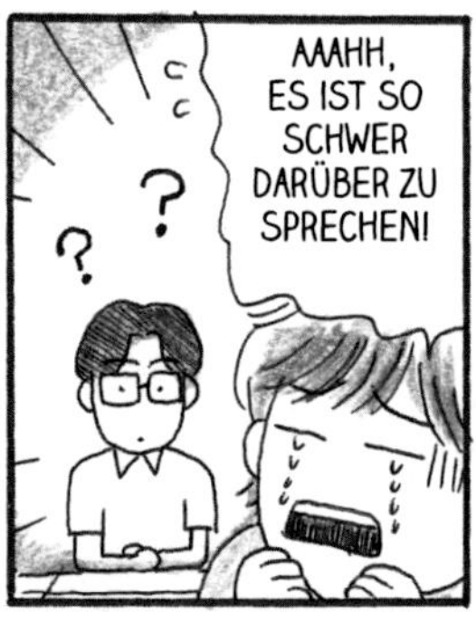

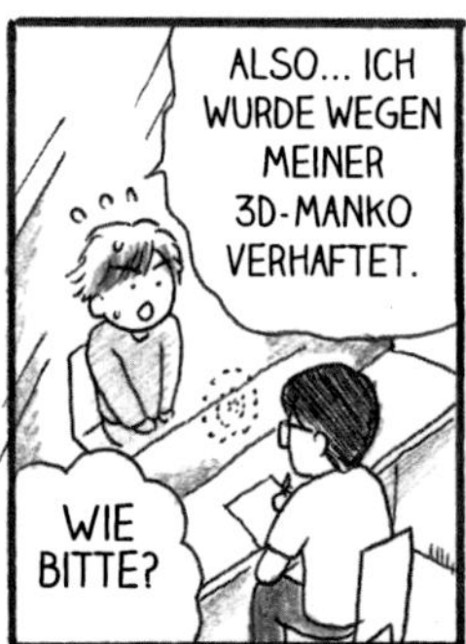

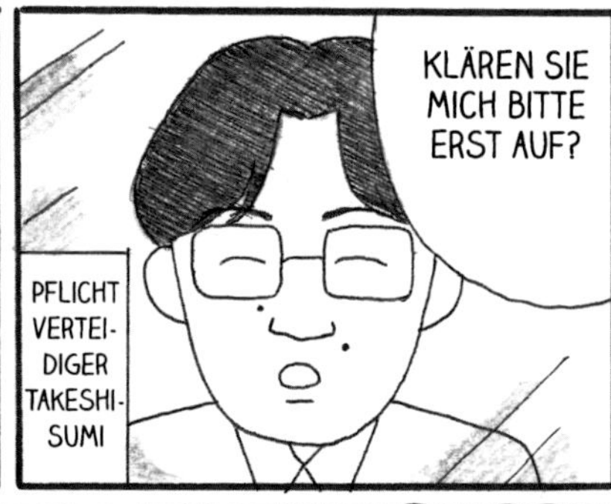

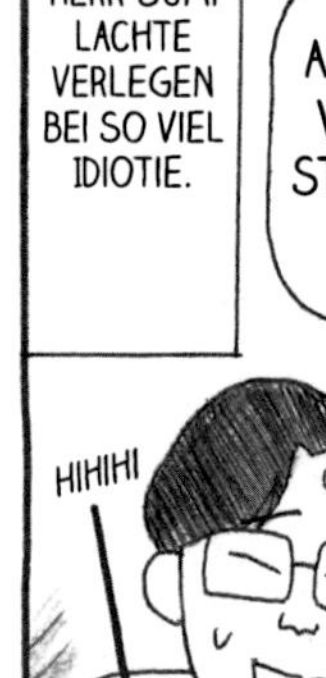

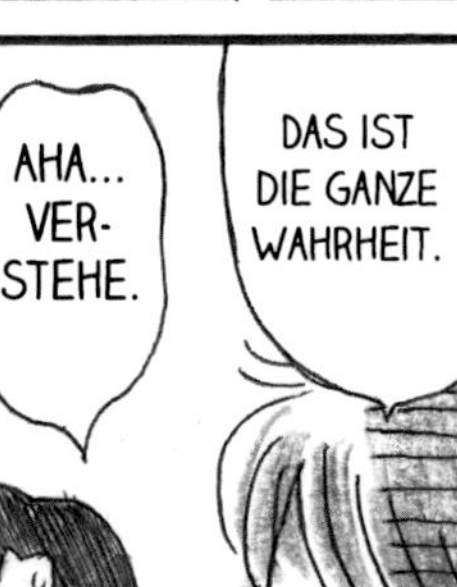

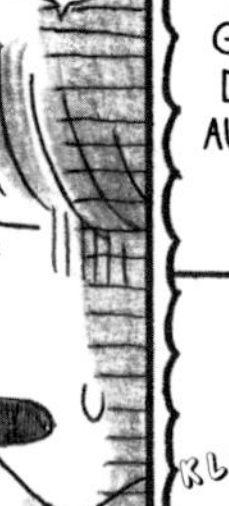

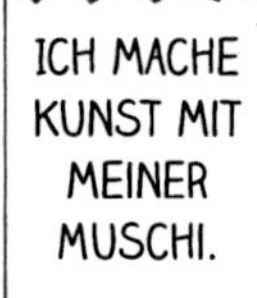

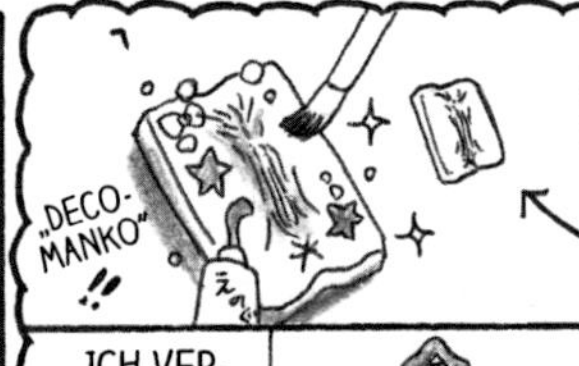

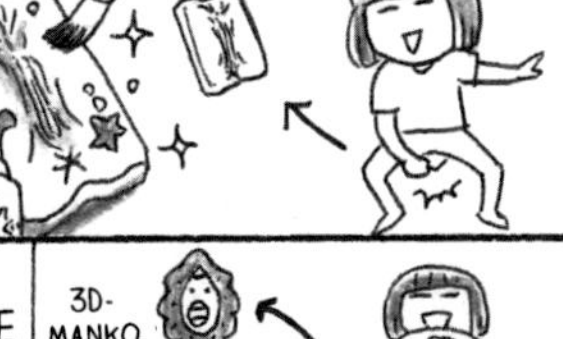

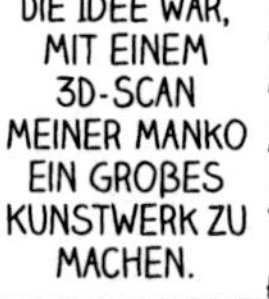

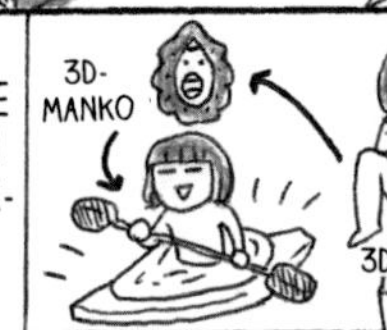

ICH VERGRÖßERTE DIE DATEN AUF KAJAK-MAßE.

ICH GAB DIE DATEI FÜR DIEJENIGEN FREI, DIE MEIN BOOT MITFINANZIERTEN.

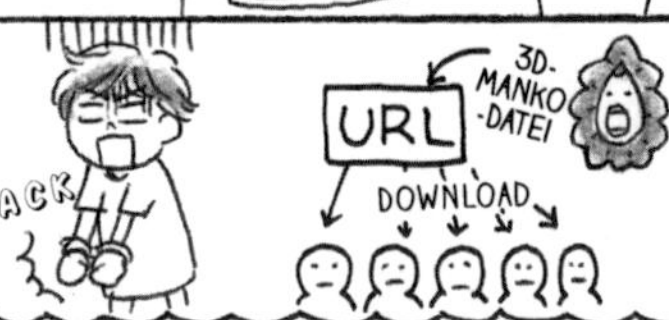

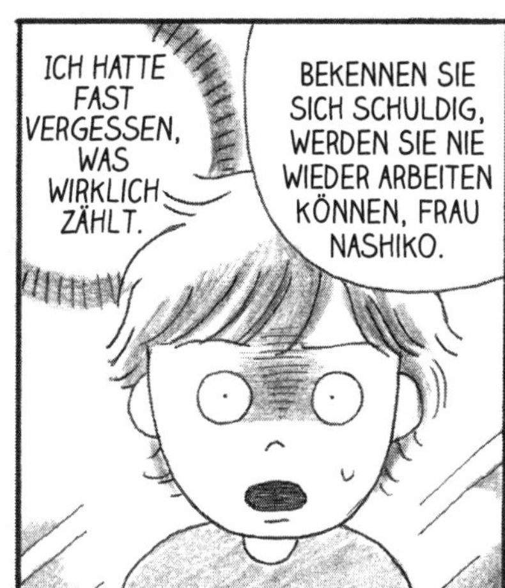
BEKENNEN SIE SICH SCHULDIG, WERDEN SIE NIE WIEDER ARBEITEN KÖNNEN, FRAU NASHIKO.
ICH HATTE FAST VERGESSEN, WAS WIRKLICH ZÄHLT.
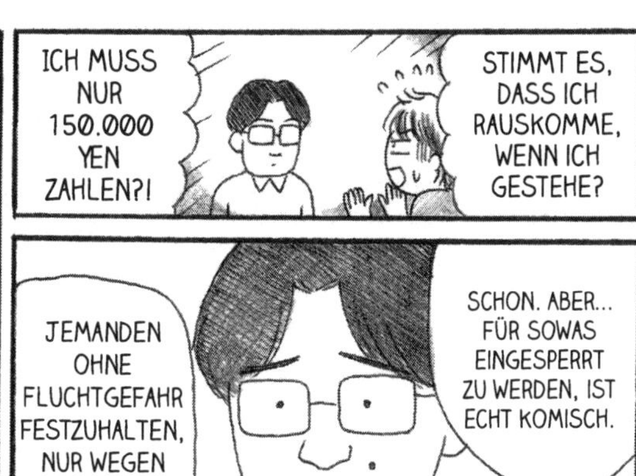
STIMMT ES, DASS ICH RAUSKOMME, WENN ICH GESTEHE?
ICH MUSS NUR 150.000 YEN ZAHLEN?!
SCHON. ABER... FÜR SOWAS EINGESPERRT ZU WERDEN, IST ECHT KOMISCH.
JEMANDEN OHNE FLUCHTGEFAHR FESTZUHALTEN, NUR WEGEN EINER ONLINE-VERBREITUNG...
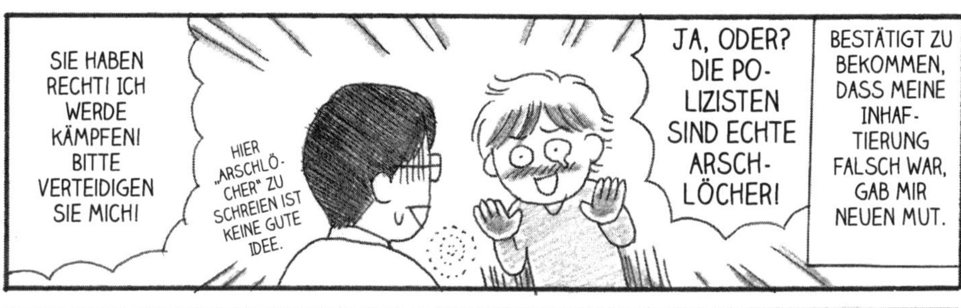
BESTÄTIGT ZU BEKOMMEN, DASS MEINE INHAF-TIERUNG FALSCH WAR, GAB MIR NEUEN MUT.
JA, ODER? DIE PO-LIZISTEN SIND ECHTE ARSCH-LÖCHER!
HIER „ARSCHLÖ-CHER" ZU SCHREIEN IST KEINE GUTE IDEE.
SIE HABEN RECHT! ICH WERDE KÄMPFEN! BITTE VERTEIDIGEN SIE MICH!
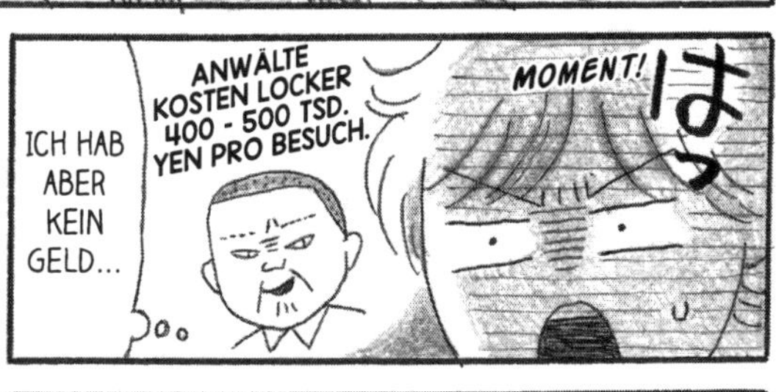
MOMENT!
は
ANWÄLTE KOSTEN LOCKER 400 - 500 TSD. YEN PRO BESUCH.
ICH HAB ABER KEIN GELD...
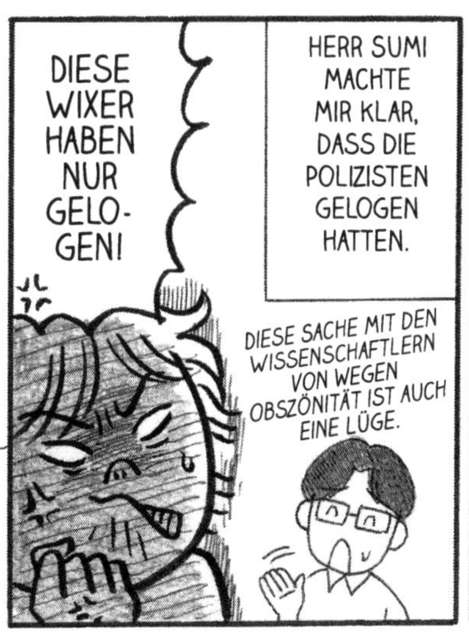
HERR SUMI MACHTE MIR KLAR, DASS DIE POLIZISTEN GELOGEN HATTEN.
DIESE WIXER HABEN NUR GELO-GEN!
DIESE SACHE MIT DEN WISSENSCHAFTLERN VON WEGEN OBSZÖNITÄT IST AUCH EINE LÜGE.
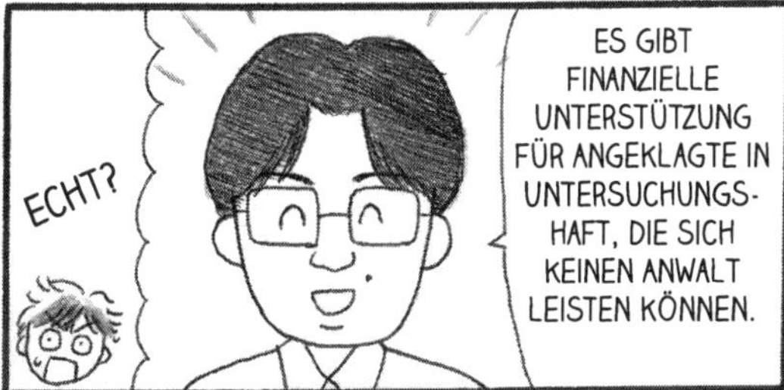
ES GIBT FINANZIELLE UNTERSTÜTZUNG FÜR ANGEKLAGTE IN UNTERSUCHUNGS-HAFT, DIE SICH KEINEN ANWALT LEISTEN KÖNNEN.
ECHT?

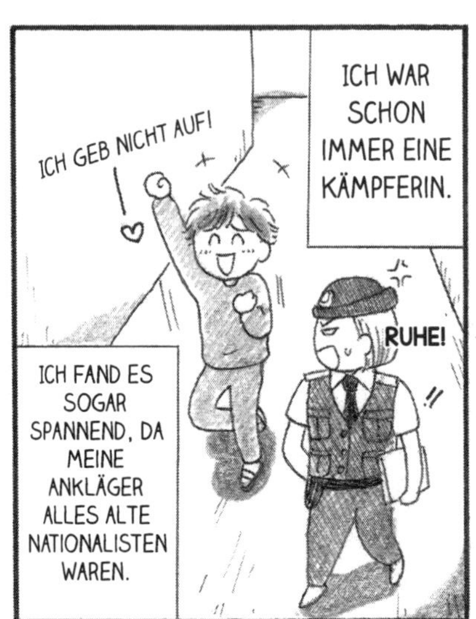
ICH WAR SCHON IMMER EINE KÄMPFERIN.
ICH GEB NICHT AUF!
RUHE!
ICH FAND ES SOGAR SPANNEND, DA MEINE ANKLÄGER ALLES ALTE NATIONALISTEN WAREN.

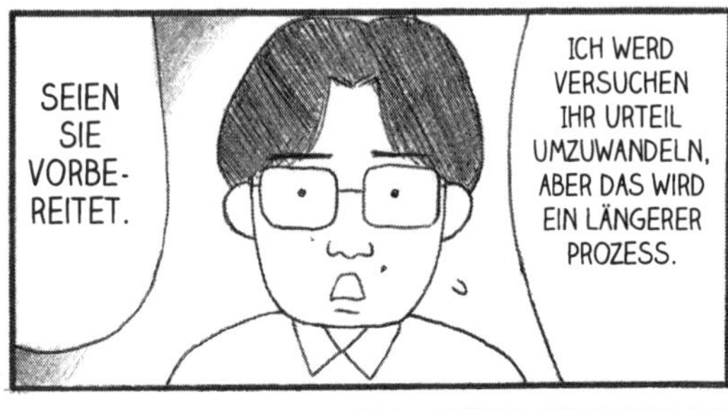
SEIEN SIE VORBE-REITET.
ICH WERD VERSUCHEN IHR URTEIL UMZUWANDELN, ABER DAS WIRD EIN LÄNGERER PROZESS.

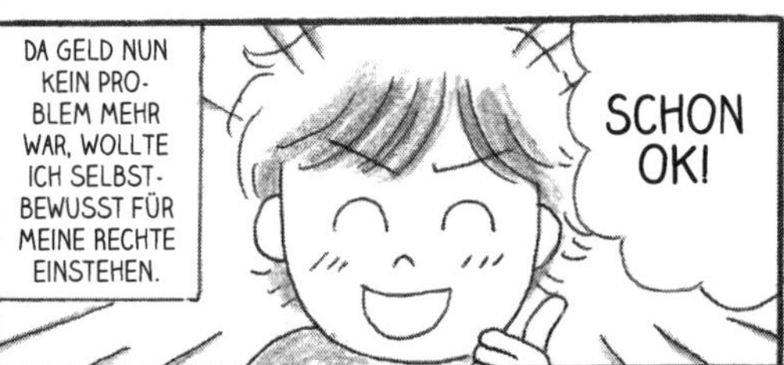
DA GELD NUN KEIN PRO-BLEM MEHR WAR, WOLLTE ICH SELBST-BEWUSST FÜR MEINE RECHTE EINSTEHEN.
SCHON OK!

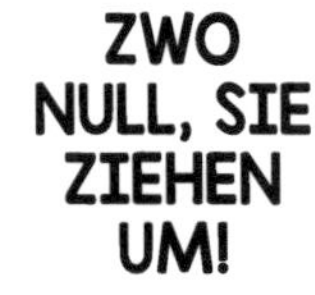
ZWO NULL, SIE ZIEHEN UM!

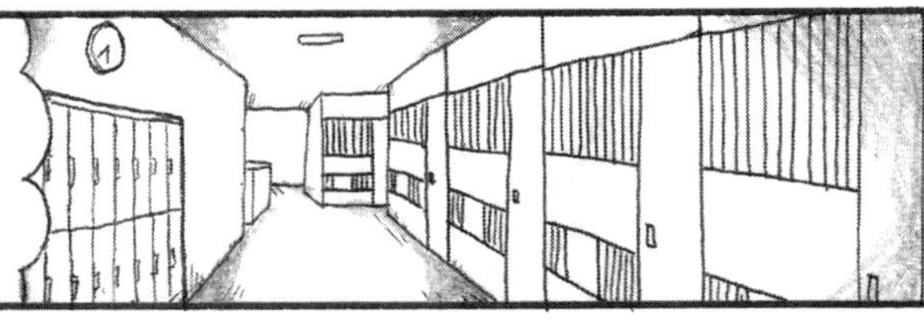
MONTAG, 14. JULI 2014, 8:30 UHR MORGENS.

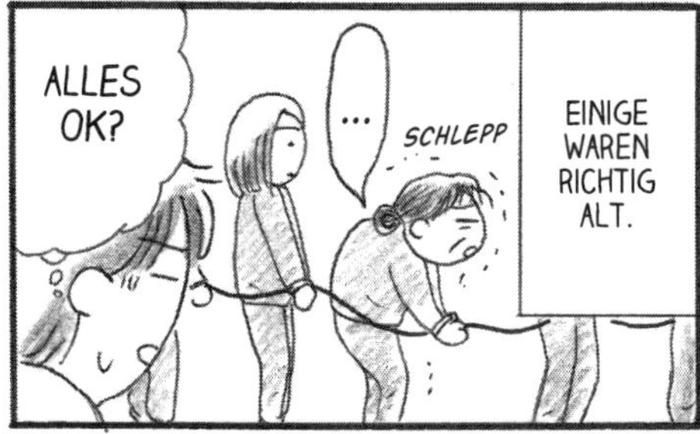
ALLES OK?
...
SCHLEPP
EINIGE WAREN RICHTIG ALT.

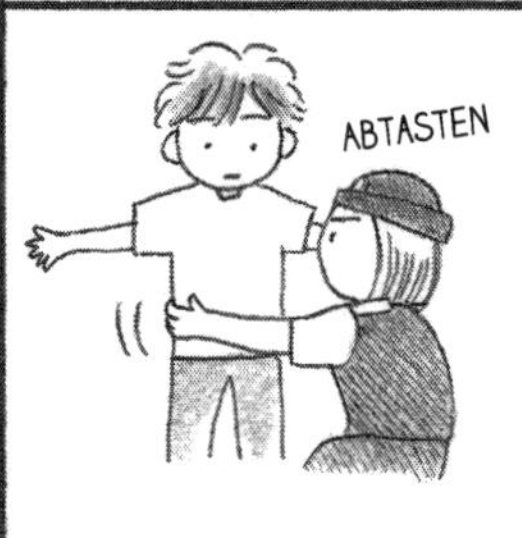
ABTASTEN
DER „UMZUG" GING INS GERICHTS-GEBÄUDE MIT ANDEREN INSASSEN.

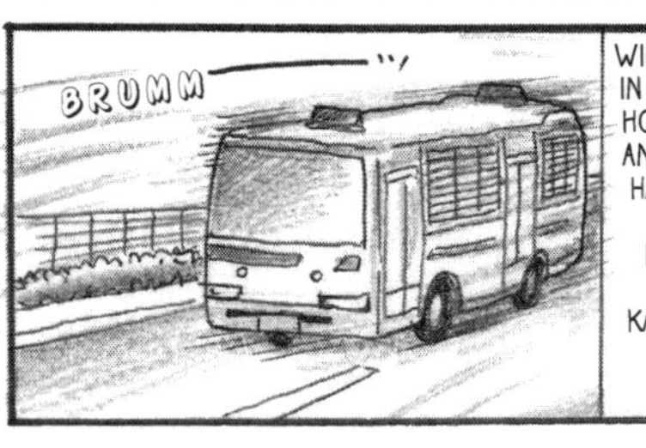
BRUMM
WIR STIEGEN IN DEN BUS, HOLTEN DIE ANDEREN IN HARAJUKU AB UND FUHREN NACH KASUMIGA-SEKI.

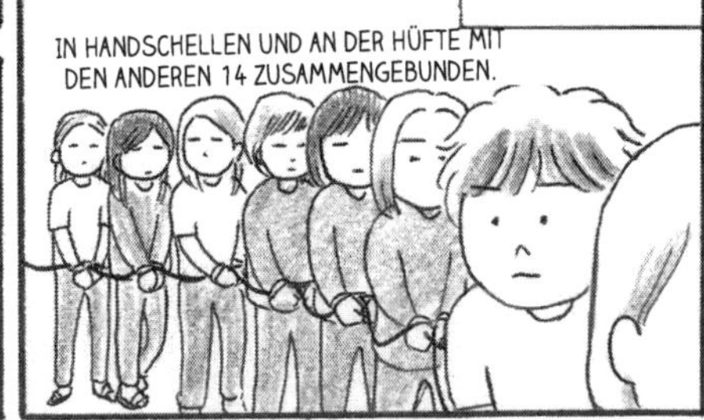
IN HANDSCHELLEN UND AN DER HÜFTE MIT DEN ANDEREN 14 ZUSAMMENGEBUNDEN.

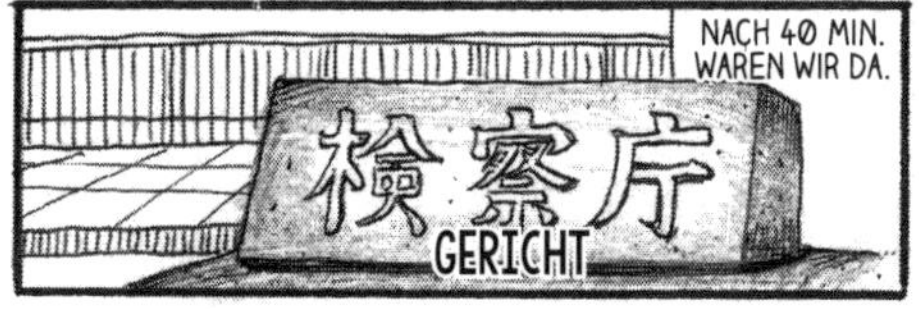
NACH 40 MIN. WAREN WIR DA.
検察庁
GERICHT

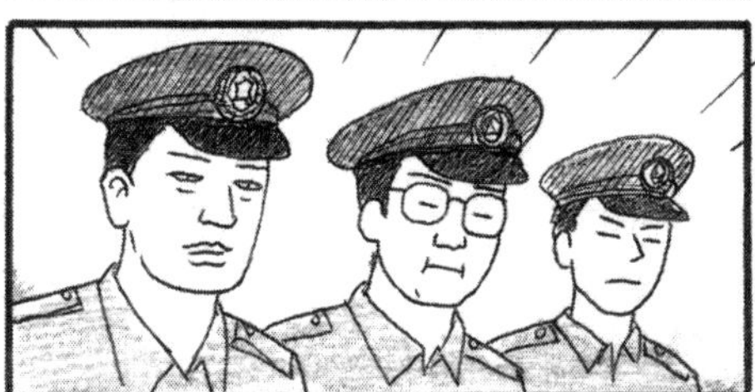

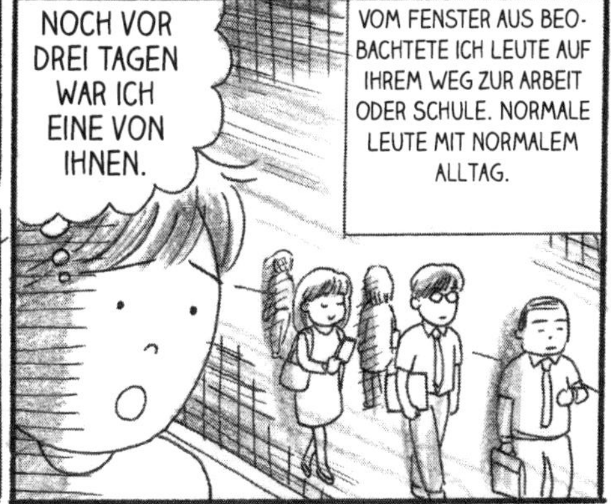
VOM FENSTER AUS BEOBACHTETE ICH LEUTE AUF IHREM WEG ZUR ARBEIT ODER SCHULE. NORMALE LEUTE MIT NORMALEM ALLTAG.
NOCH VOR DREI TAGEN WAR ICH EINE VON IHNEN.

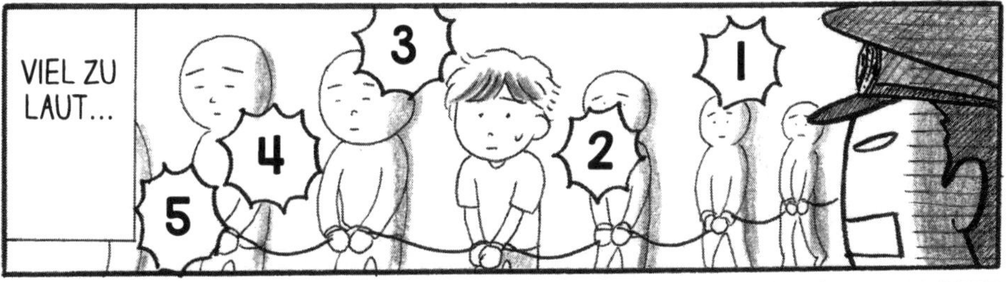
VIEL ZU LAUT...
1
2
3
4
5

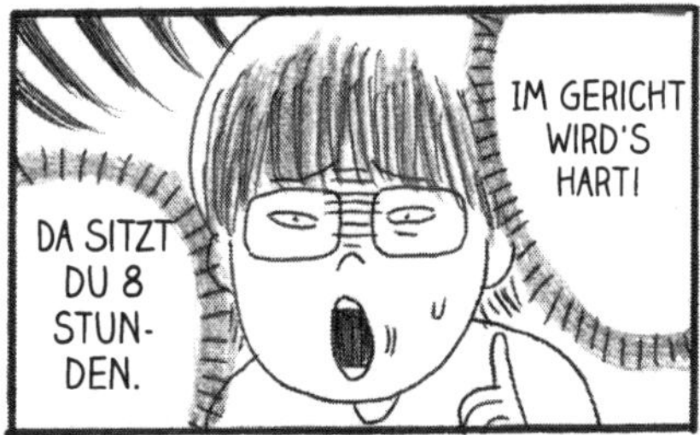
IM GERICHT WIRD'S HART!
DA SITZT DU 8 STUNDEN.

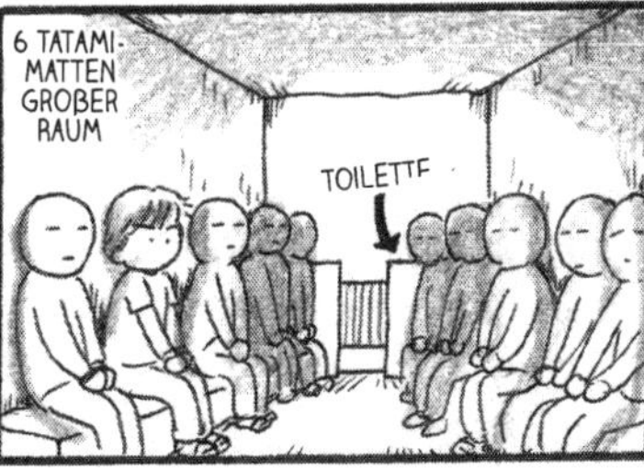
TATVERDÄCHTIGE AUF DEM WEG ZU GERICHT ODER INS GEFÄNGNIS WURDEN ALLE IN EINEM KLEINEN RAUM ZUSAMMENGEPFERCHT.
6 TATAMI-MATTEN GROßER RAUM
TOILETTE

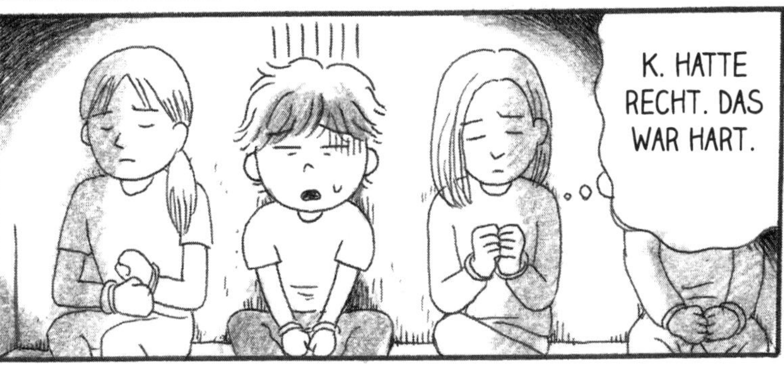
K. HATTE RECHT. DAS WAR HART.
NACH 5 STUNDEN WURDE ICH AUFGERUFEN... DAS SCHLIMMSTE LAG NOCH VOR MIR.

Niki de Saint Phalle, HON

Hon – en katedral (auf deutsch: Sie – eine Kathedrale) ist eine der monumentalen Skulpturen der französisch-amerikanischen Künstlerin Niki de Saint Phalle. Sie war 1966 eine temporäre Installation im *Moderna Museet Stockholm*. **Hon** war 25m lang und 9m breit und wog ca. 6 Tonnen. Ein Team von 8 Leuten haben 40 Tage an der Installation gearbeitet. Aus Metall wurde ein Rahmen gebaut, der zuerst mit Kaninchendraht bedeckt und dann mit Stoff beklebt wurde. ***Hon*** wurde innen schwarz und außen bunt angemalt.

Die Besucher konnten die Figur durch die Vulva betreten. Im Inneren befand sich ein „Vergnügungspark“ mit einem Liebessofa, einem Planetarium, einer Gallerie mit „falscher“ Kunst, ein Kino, ein Aquarium, eine Milchbar (in einer der Brüste), ein Fischteich, ein Münztelefon und ein Automat, an dem man belegte Brote kaufen konnte. Außerdem konnte man im Innern ein mechanisches Gehirn bewundern, eine Kunstinstallation und einen frühen Greta Garbo Film. Für die Kinder war eine Rutsche eingebaut.

Hon hatte sich aus den ***Nanas*** entwickelt, die die Künstlerin erschaffen hatte, und die gleichermaßen kindlich und monströs waren, archetypisch und verspielt. Die ***Nanas*** waren aggressiv und witzig, sie widersetzten sich der mythischen und romantischen Fantasien des *Male Gaze*. Mit ihrer Kunst machte Saint Phalle den weiblichen Körper, der zu lange Objekt voyeuristischer Betrachtung war, wieder zu einem Ort der taktilen Freude. ***Hon*** war eine farbenfrohe und spielerische Hommage an die Frau als Ernährerin und eine kraftvolle Entmythologisierung männlicher Romantik des Frauenkörpers als „unbekannter Kontinent“ und unbegreifbare Realität. Niki de Saint Phalle präsentierte Frauenkörper im Widerspruch zur damals gängigen Ästhetik der Pop-Art-Ära.

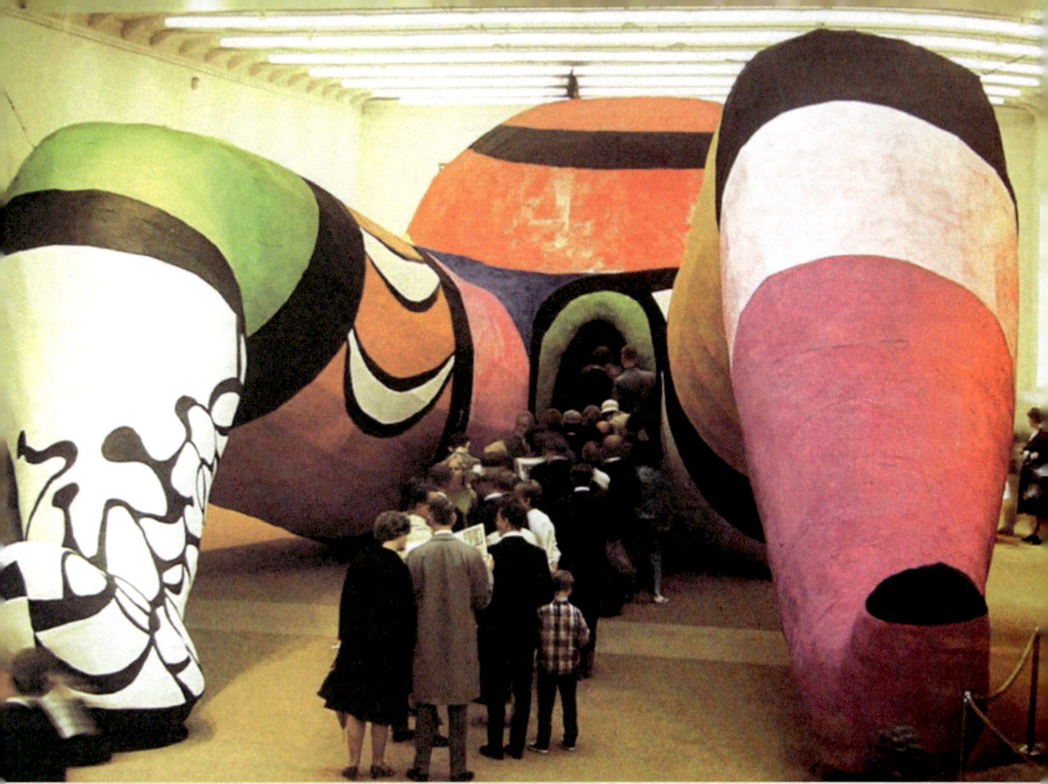

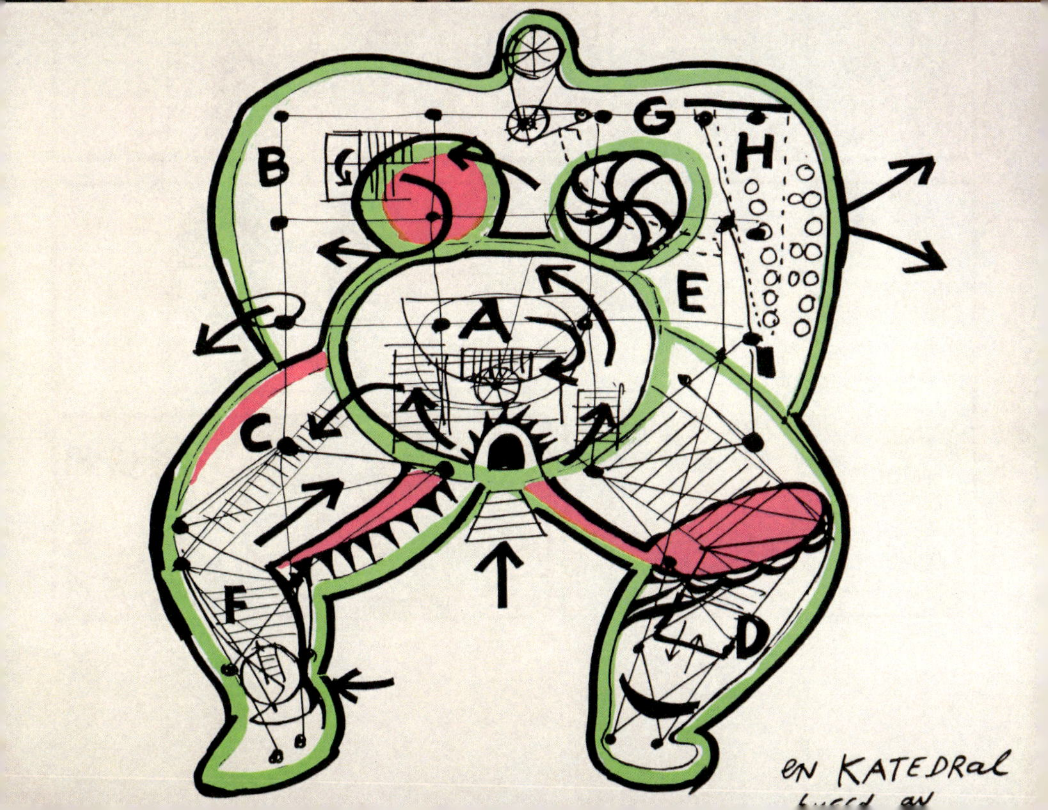

en KATEDRAL

Was ist obszön?

WIE ICH EINE SOGENANNTE KÜNSTLERIN WURDE

VON ROKUDENASHIKO

MANKO-CHAN

KAPITEL 10

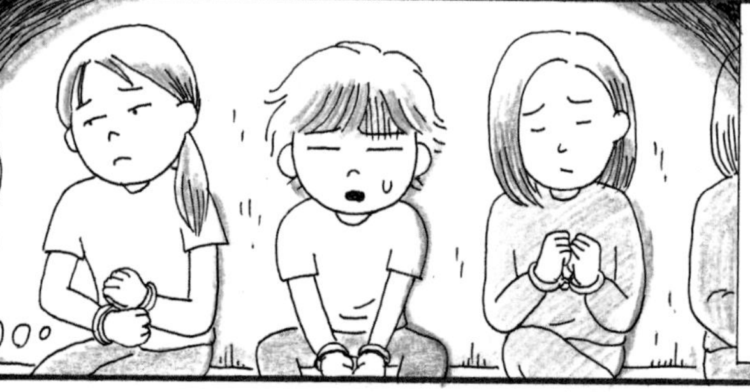

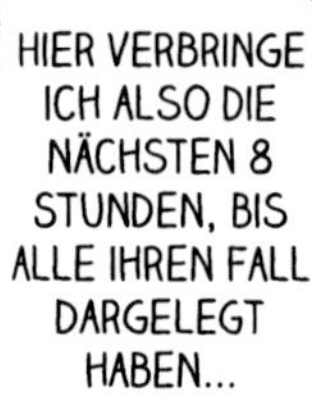

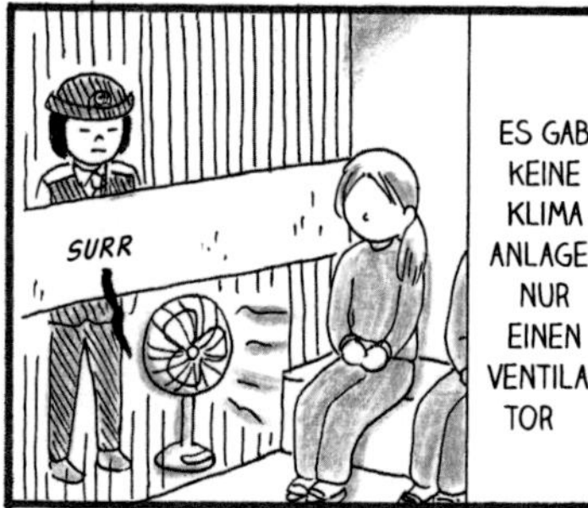

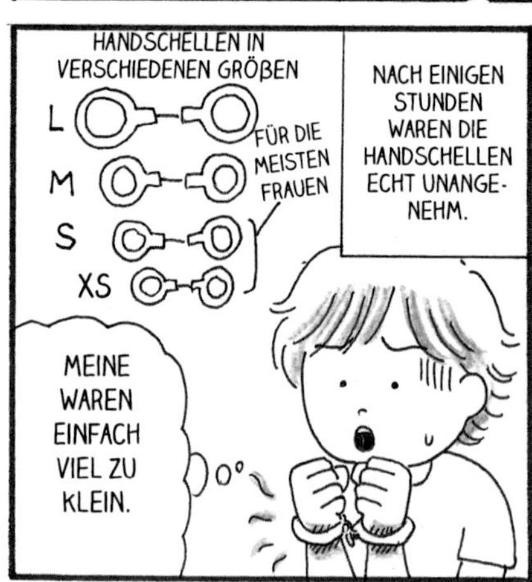

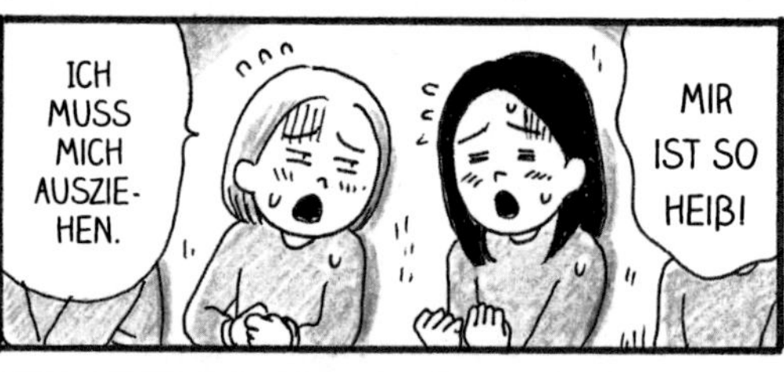

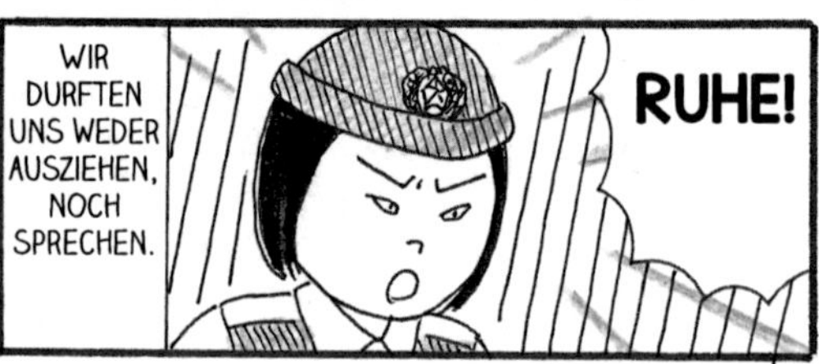

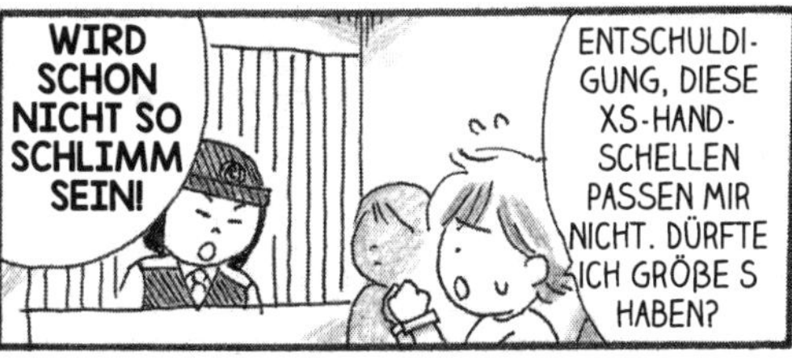

ENTSCHULDIGUNG, DIESE XS-HANDSCHELLEN PASSEN MIR NICHT. DÜRFTE ICH GRÖßERE HABEN?
WIRD SCHON NICHT SO SCHLIMM SEIN!

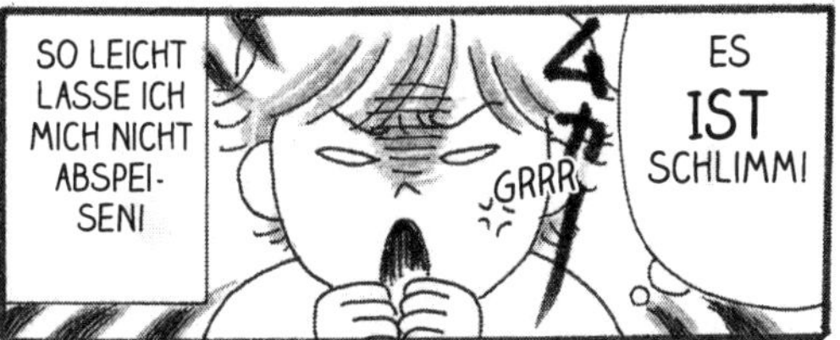

ES IST SCHLIMM!
GRRR
SO LEICHT LASSE ICH MICH NICHT ABSPEISEN!

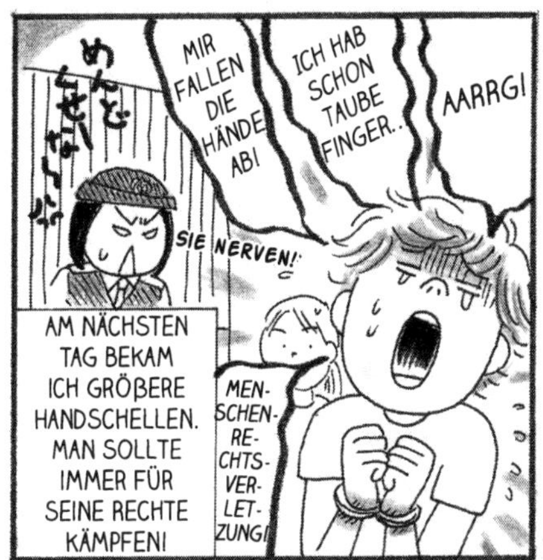

AARRG!
ICH HAB SCHON TAUBE FINGER...
MIR FALLEN DIE HÄNDE AB!
SIE NERVEN!
MENSCHENRECHTSVERLETZUNG!
AM NÄCHSTEN TAG BEKAM ICH GRÖßERE HANDSCHELLEN. MAN SOLLTE IMMER FÜR SEINE RECHTE KÄMPFEN!

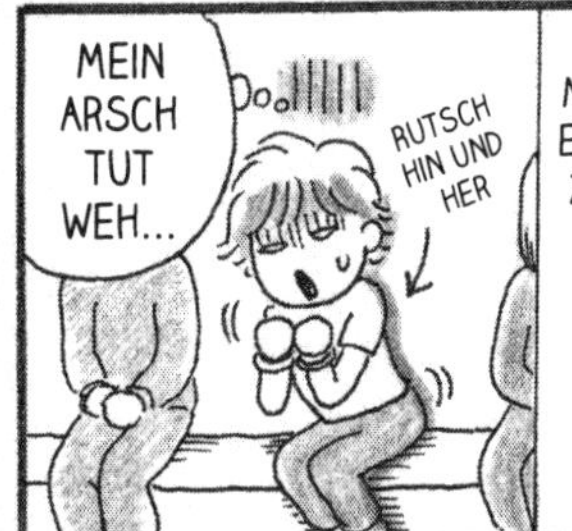

ICH HATTE MICH DARAUF EINGESTELLT ZU WARTEN. ABER ICH WURDE EINFACH NICHT AUFGERUFEN.
RUTSCH HIN UND HER
MEIN ARSCH TUT WEH...

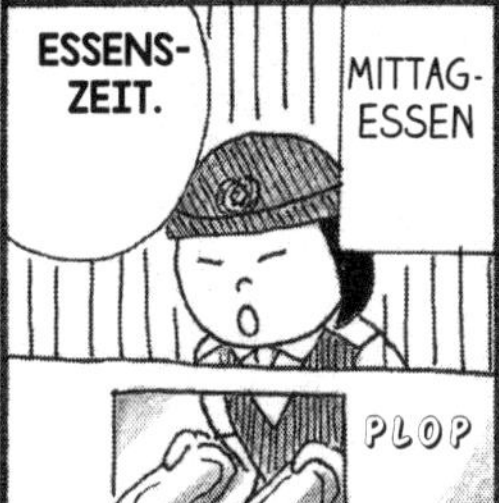

MITTAGESSEN
ESSENSZEIT.
PLOP

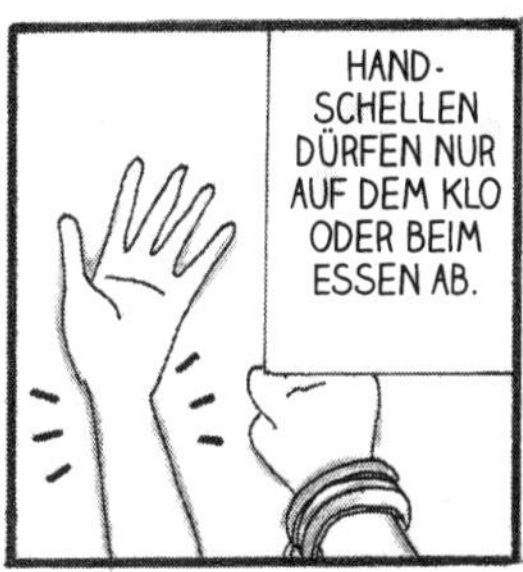

HANDSCHELLEN DÜRFEN NUR AUF DEM KLO ODER BEIM ESSEN AB.

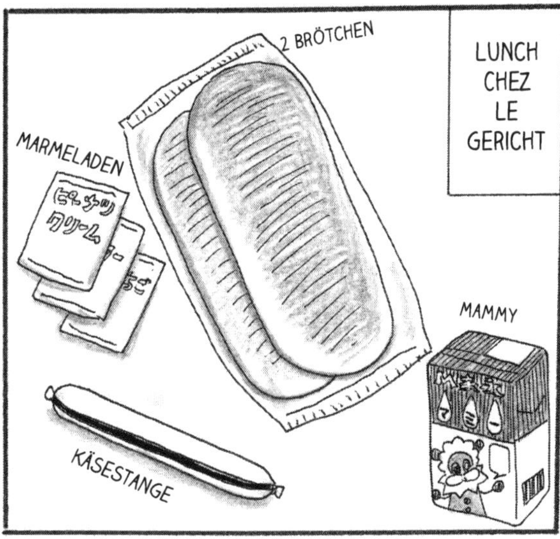

LUNCH CHEZ LE GERICHT
2 BRÖTCHEN
MARMELADEN
MAMMY
KÄSESTANGE

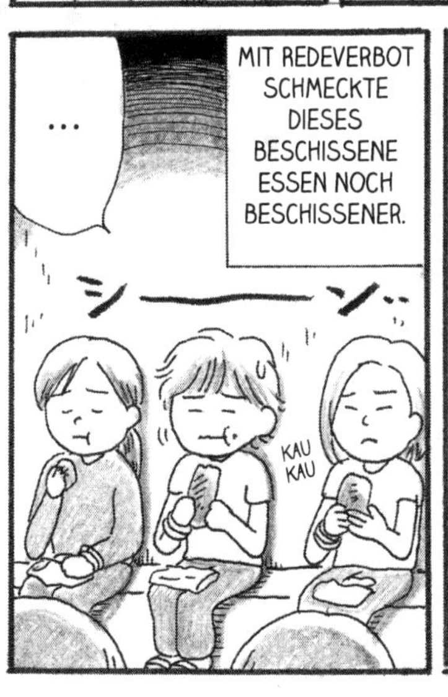

MIT REDEVERBOT SCHMECKTE DIESES BESCHISSENE ESSEN NOCH BESCHISSENER.
...
KAU KAU

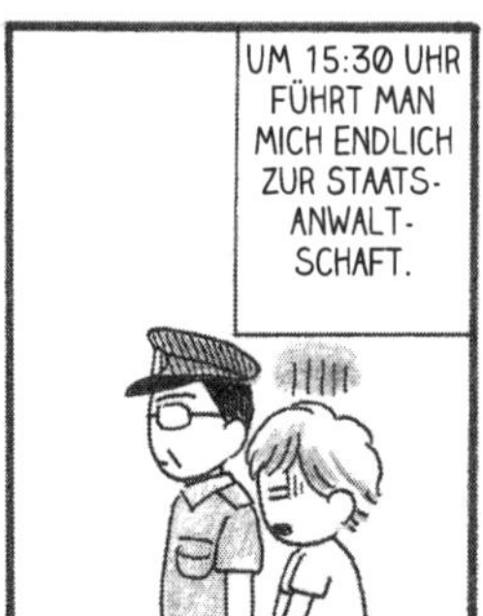
UM 15:30 UHR FÜHRT MAN MICH ENDLICH ZUR STAATS-ANWALT-SCHAFT.

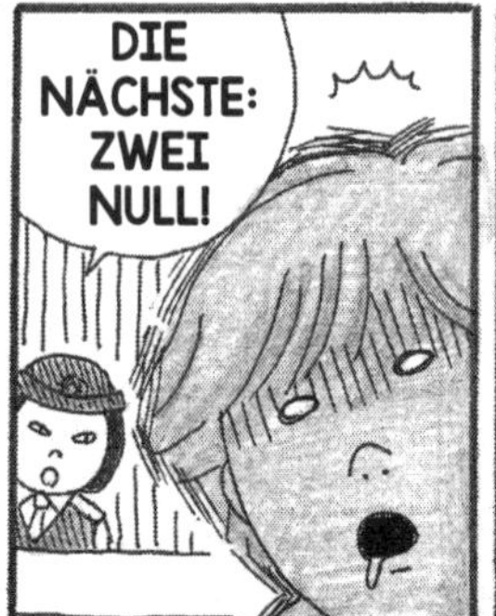
DIE NÄCHSTE: ZWEI NULL!

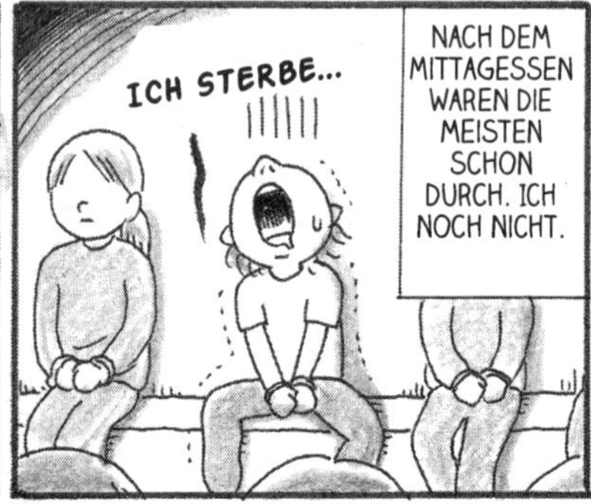
NACH DEM MITTAGESSEN WAREN DIE MEISTEN SCHON DURCH. ICH NOCH NICHT.
ICH STERBE...

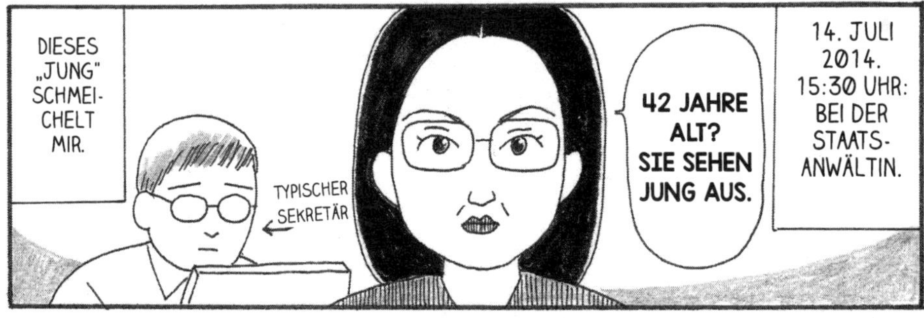
14. JULI 2014. 15:30 UHR: BEI DER STAATS-ANWÄLTIN.
42 JAHRE ALT? SIE SEHEN JUNG AUS.
TYPISCHER SEKRETÄR
DIESES „JUNG" SCHMEI-CHELT MIR.

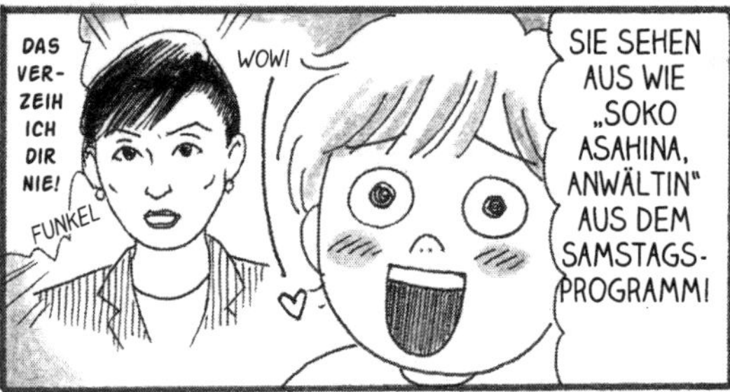
SIE SEHEN AUS WIE „SOKO ASAHINA, ANWÄLTIN" AUS DEM SAMSTAGS-PROGRAMM!
WOW!
DAS VER-ZEIH ICH DIR NIE!
FUNKEL

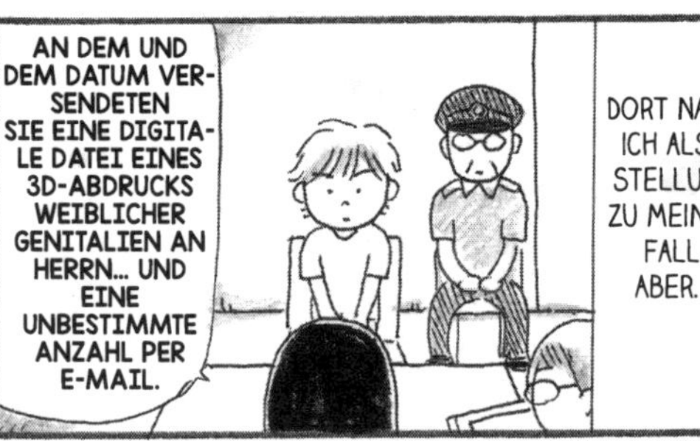
DORT NAHM ICH ALSO STELLUNG ZU MEINEM FALL. ABER...
AN DEM UND DEM DATUM VER-SENDETEN SIE EINE DIGITA-LE DATEI EINES 3D-ABDRUCKS WEIBLICHER GENITALIEN AN HERRN... UND EINE UNBESTIMMTE ANZAHL PER E-MAIL.

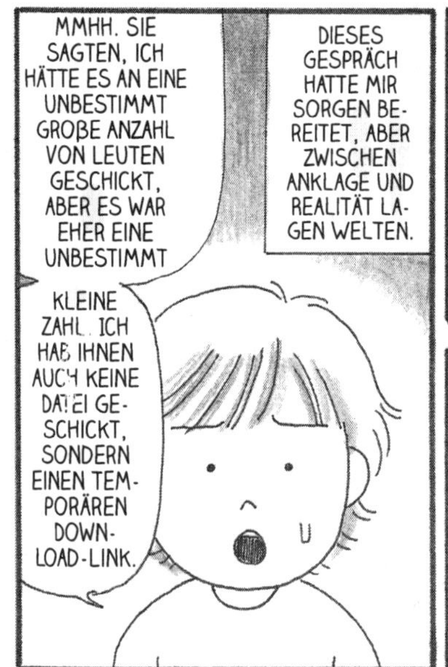
DIESES GESPRÄCH HATTE MIR SORGEN BE-REITET, ABER ZWISCHEN ANKLAGE UND REALITÄT LA-GEN WELTEN.
MMHH. SIE SAGTEN, ICH HÄTTE ES AN EINE UNBESTIMMT GROßE ANZAHL VON LEUTEN GESCHICKT, ABER ES WAR EHER EINE UNBESTIMMT
KLEINE ZAHL. ICH HAB IHNEN AUCH KEINE DATEI GE-SCHICKT, SONDERN EINEN TEM-PORÄREN DOWN-LOAD-LINK.

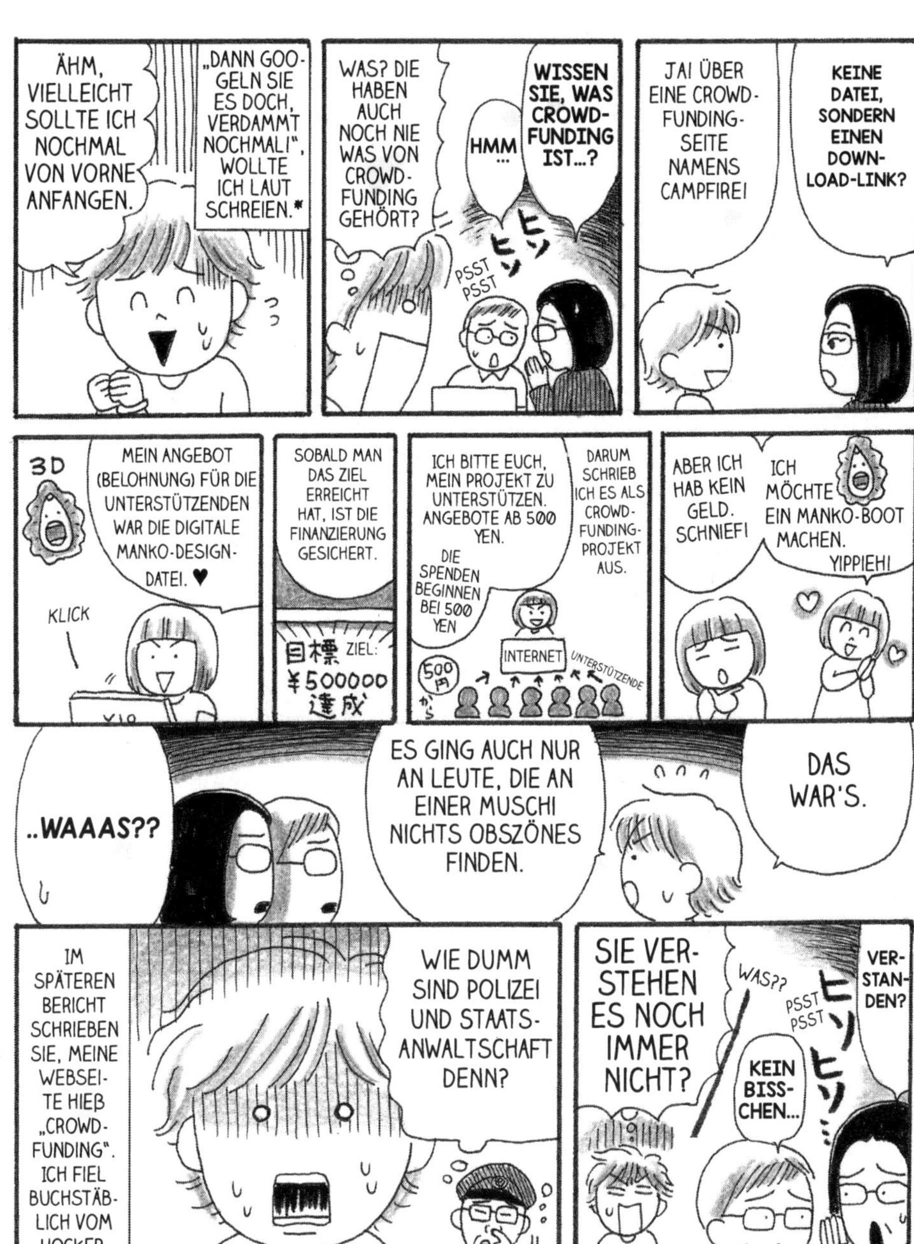
ÄHM, VIELLEICHT SOLLTE ICH NOCHMAL VON VORNE ANFANGEN.
„DANN GOOGELN SIE ES DOCH, VERDAMMT NOCHMAL!", WOLLTE ICH LAUT SCHREIEN.*
WAS? DIE HABEN AUCH NOCH NIE WAS VON CROWDFUNDING GEHÖRT?
HMM …
WISSEN SIE, WAS CROWDFUNDING IST…?
PSST PSST
JA! ÜBER EINE CROWDFUNDING-SEITE NAMENS CAMPFIRE!
KEINE DATEI, SONDERN EINEN DOWNLOAD-LINK?
3D
MEIN ANGEBOT (BELOHNUNG) FÜR DIE UNTERSTÜTZENDEN WAR DIE DIGITALE MANKO-DESIGN-DATEI. ♥
KLICK
SOBALD MAN DAS ZIEL ERREICHT HAT, IST DIE FINANZIERUNG GESICHERT.
目標 ZIEL: ¥500000 達成
ICH BITTE EUCH, MEIN PROJEKT ZU UNTERSTÜTZEN. ANGEBOTE AB 500 YEN.
DARUM SCHRIEB ICH ES ALS CROWDFUNDING-PROJEKT AUS.
DIE SPENDEN BEGINNEN BEI 500 YEN
INTERNET
UNTERSTÜTZENDE
500円から
ABER ICH HAB KEIN GELD. SCHNIEF!
ICH MÖCHTE EIN MANKO-BOOT MACHEN.
YIPPIEH!
..WAAAS??
ES GING AUCH NUR AN LEUTE, DIE AN EINER MUSCHI NICHTS OBSZÖNES FINDEN.
DAS WAR'S.
IM SPÄTEREN BERICHT SCHRIEBEN SIE, MEINE WEBSEITE HIEß „CROWDFUNDING". ICH FIEL BUCHSTÄBLICH VOM HOCKER.
WIE DUMM SIND POLIZEI UND STAATSANWALTSCHAFT DENN?
SIE VERSTEHEN ES NOCH IMMER NICHT?
WAS??
PSST PSST
KEIN BISSCHEN…
VERSTANDEN?
* HAB ICH NICHT.

Yoni Meditation und Yoni Eier

Das Wort „***Yoni***“ ist Sanskrit, stammt also aus dem alten Indien und ist eine – wie ich finde – wundervolle Umschreibung der weiblichen Genitalien: der Vulva, Vagina, Uterus, Eileiter und Eierstöcke. ***Yoni*** bedeutet Ursprung und Quelle oder so viel wie „heiliger Raum“, „heilige Höhle“, „heiliger Tempel“. Ist das nicht eine wunderschöne Beschreibung unseres Schoßraumes und eine besondere Erinnerung, dass wir einen heiligen Tempel in uns tragen? Für mich bedeutet es auch, dass ich - und andere - meinen Körper wie einen heiligen Tempel behandeln.

In meinen Workshops wiederhole ich immer den Ursprung des Wortes ***Yoni***, denn es ist wichtig, einen Begriff zu haben, um über unsere Genitalien zu sprechen, den wir gerne aussprechen. Viele Wörter wie Vagina, Scheide, Muschi, u. ä. klingen entweder klinisch, verniedlichend oder werden als Schimpfwörter benutzt.

Mit welchem Wort beschreibst du gerne deine Yoni?

Zum ersten Mal muss ich das Wort ***Yoni*** wohl in Thailand gehört haben, wo ich 2018 zu einem Yoga-Retreat war. Eigentlich wollte ich nur mehr Yoga machen und meditieren. Dann aber habe ich Einblicke in eine neue Welt erhalten: eine spirituellere, achtsamere und bewusstere Art zu leben und mit meinem Körper umzugehen. Dort wurde viel angestoßen. So sehr, dass ich im Herbst 2018 meinen sicheren und gut bezahlten Job kündigte. Ich wusste nicht wohin, aber ich wusste, an dem Ort war ich nicht mehr richtig. Ich reiste zurück nach Koh Phangan in der Absicht ein 14-tägiges Vipassana (Schweigemeditation) und eine Yoga-Ausbildung zu absolvieren.

Auf dieser zweiten Reise lernte ich Hilary kennen, mittlerweile meine gute Freundin und Mentorin, und lernte von ihr die „tao-tantric feminine embodiment practices“, also Körperübungen aus der Taoistischen und Tantrischen Tradition, mit ***Yoni*** Meditationen, Brustmassagen, Atemübungen und Übungen mit dem ***Yoni*** Ei.

Eine ***Yoni*** Meditation ist wie ein Body Scan, bei dem wir uns nur auf die Besonderheiten des weiblichen Körpers fokussieren: die Brüste und die ***Yoni***. Du kannst beispielsweise eine Hand auf deine Brüste und eine Hand auf deine Gebärmutter oder deine Vulva legen, tief in beide Hände hineinatmen und so mit diesen Bereichen deines Körpers präsent sein. Du kannst dabei deinen Brüsten und deiner ***Yoni*** zulächeln und diesen Körperteilen warme Energie zusenden.

Die ***Yoni*** Meditation ist für mich ein heiliges Ritual und keine ***Yoni*** Ei Praxis geschieht ohne diesen achtsamen Beginn. ***Yoni*** Eier zu benutzen, ist keine neue Modeerscheinung, die durch Gwyneth Paltrow angestoßen wurde, sondern eine über 5.000 Jahre alte ganzheitliche Praxis aus dem chinesischen Taoismus, die schon damals zur Verbesserung des physischen, sexuellen und spirituellen Wohlbefindens von Frauen eingesetzt wurde. Ursprünglich waren ***Yoni*** Eier nur Mitgliedern der königlichen Familie und Konkubinen des Kaisers vorbehalten, weil die Auswirkungen als so mächtig angesehen wurden. Heute erleben sie ein bedeutendes Comeback und verändern das Leben von Millionen von Frauen auf der ganzen Welt!

Mithilfe des ***Yoni*** Eis lernen wir eine Beziehung zu unserer ***Yoni*** aufzubauen, in dem wir ihr unsere Zeit und Aufmerksamkeit schenken. Bevor das Ei eingeführt wird, fühlen wir in sie hinein und fragen sie, ob sie das Ei überhaupt möchte. Dadurch lernen wir unsere Bedürfnisse zu verstehen, auf unseren Körper zu hören und unsere Grenzen zu respektieren. Durch diese Meditationen und Übungen entwickelte ich das erste Mal in meinem Leben eine liebevolle und bewusste Beziehung zu meinem Körper und vor allem zu meinem Schoß. Vor wenigen Jahren wusste ich noch nicht mal, dass es so was gibt oder dass es wichtig wäre.

Mittlerweile weiß ich, dass mein Schoß der Sitz meiner Intuition und meiner Kraft ist. Dort lebt ein weiser Geist, wie eine alte Frau, die meine Schmerzen hält. Schmerzen, die meiner ***Yoni*** zugefügt wurden, seien es unangenehme Erfahrungen mit Männern, Ärzt:innen oder durch andere Grenzüberschreitungen, z.B. von mir selbst. Diese Praxis hat eine neue Lebendigkeit in meinem Leben entfacht, mir Zugang zu meiner kreativen und femininen Seite geschenkt und eine tiefe Verbundenheit zu meinem Wesen geschaffen.

Aurelia Serena Auerbacher
www.aureliaserena.com

Was ist obszön?

WIE ICH EINE SOGENANNTE KÜNSTLERIN WURDE.

VON ROKUDENASHIKO

MANKO-CHAN

KAPITEL 11

MONTAG, 14. JULI 2014. 15:30 UHR: ICH ERLÄUTERE DER STAATSANWÄLTIN MEINEN FALL, ABER...

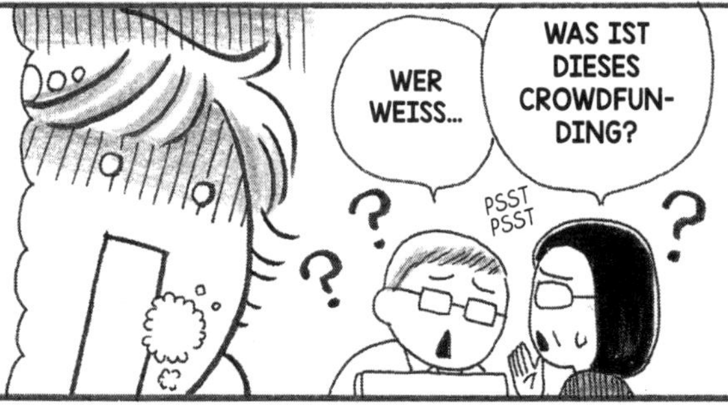

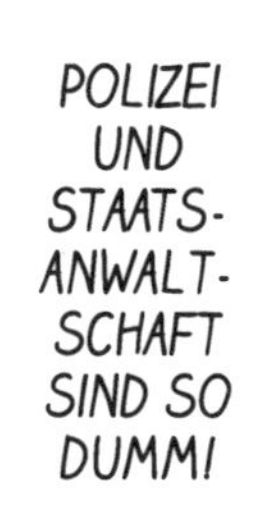

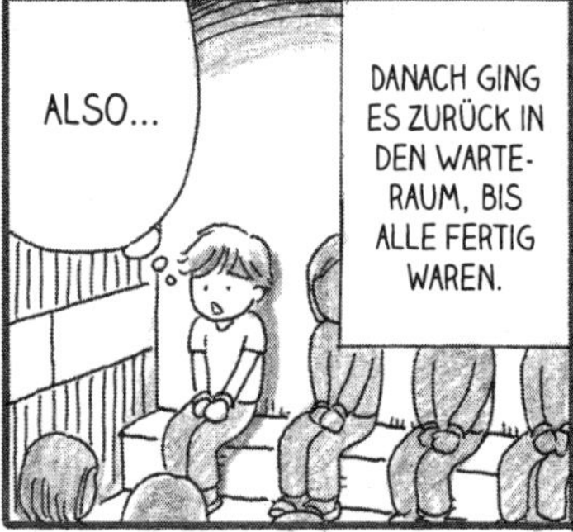

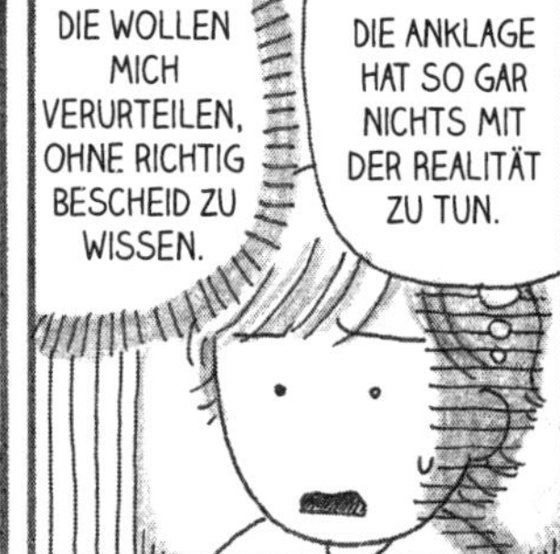

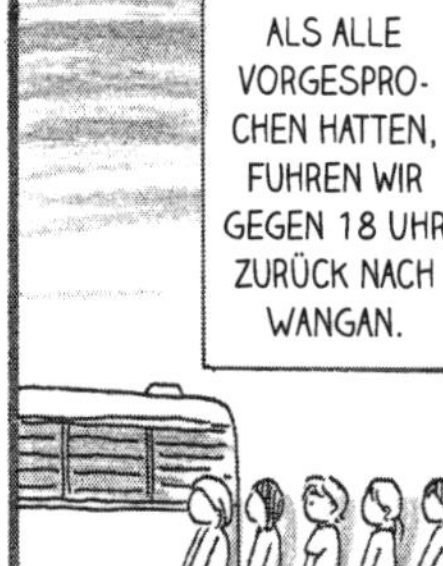

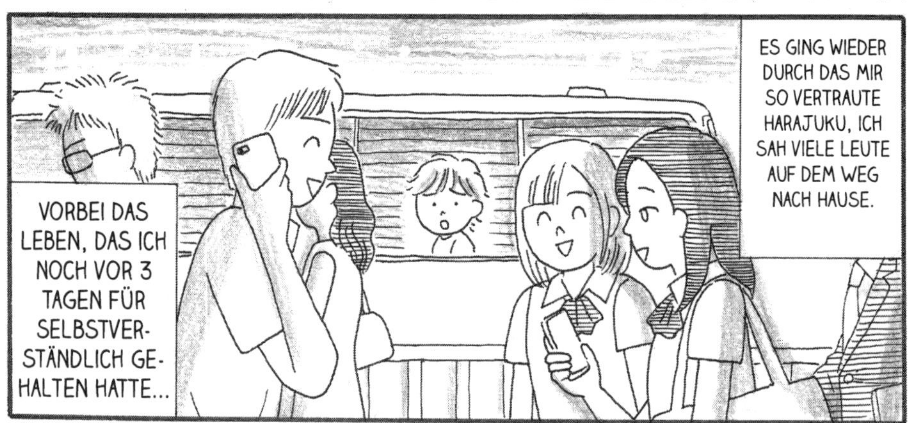

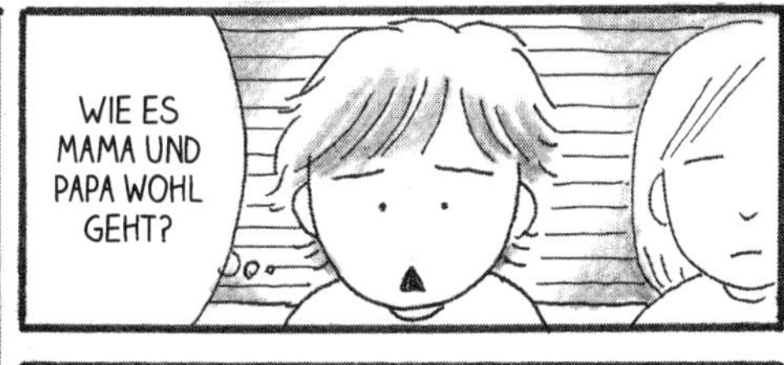
WIE ES MAMA UND PAPA WOHL GEHT?

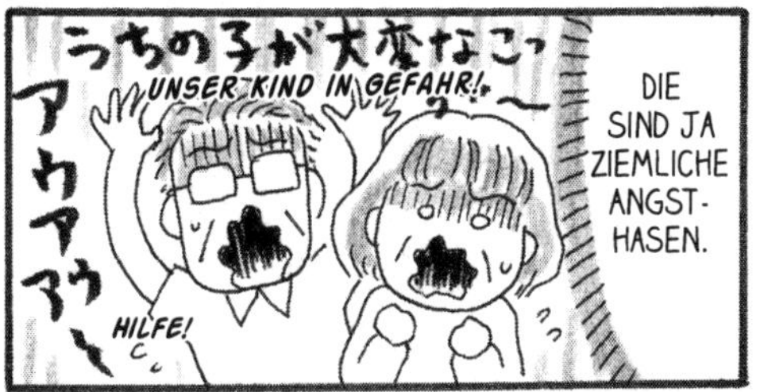
うちの子が大変なこっ
UNSER KIND IN GEFAHR!
DIE SIND JA ZIEMLICHE ANGST-HASEN.
アウアウ〜
HILFE!

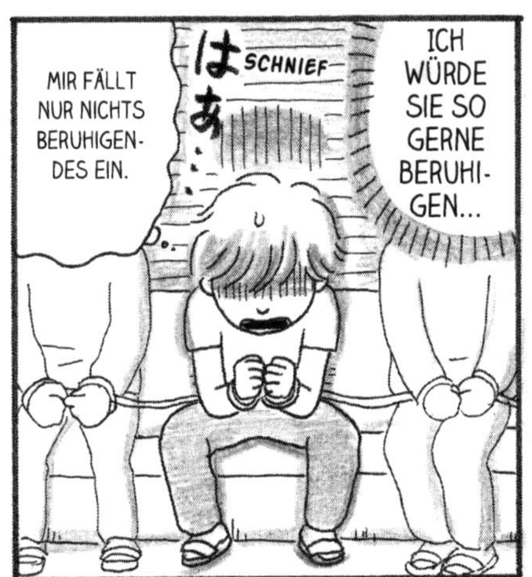
ICH WÜRDE SIE SO GERNE BERUHIGEN...
はあ…
SCHNIEF
MIR FÄLLT NUR NICHTS BERUHIGEN-DES EIN.

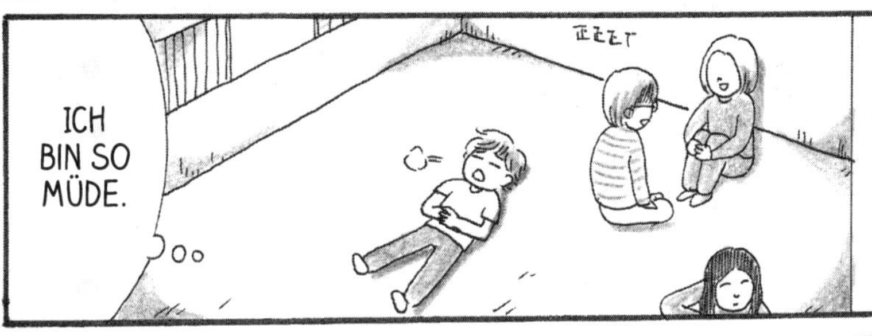
ZURÜCK IM GEFÄNGNIS GIBT'S ESSEN UND UM 19 UHR BIN ICH ZURÜCK IN MEINER ZELLE.
ICH BIN SO MÜDE.

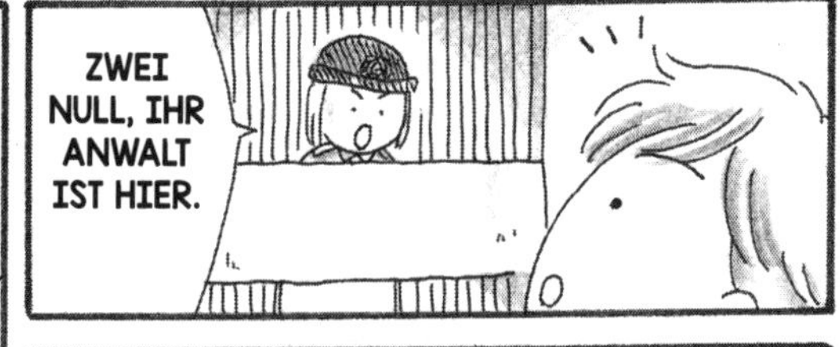
ZWEI NULL, IHR ANWALT IST HIER.

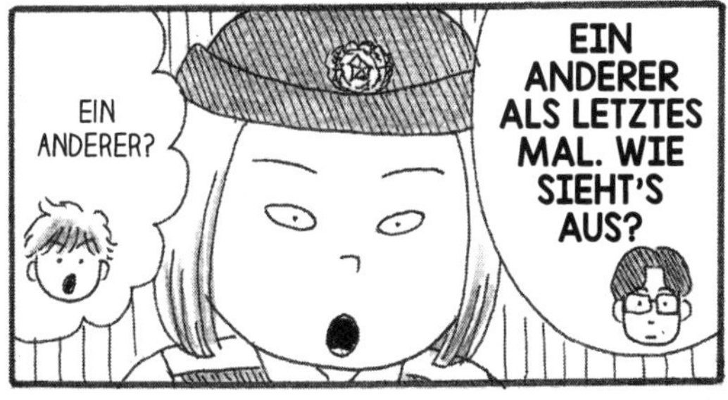
EIN ANDERER ALS LETZTES MAL. WIE SIEHT'S AUS?
EIN ANDERER?

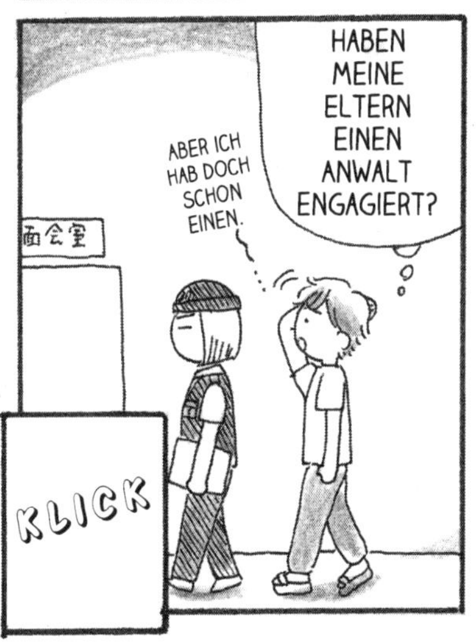
HABEN MEINE ELTERN EINEN ANWALT ENGAGIERT?
ABER ICH HAB DOCH SCHON EINEN.
面会室
KLICK

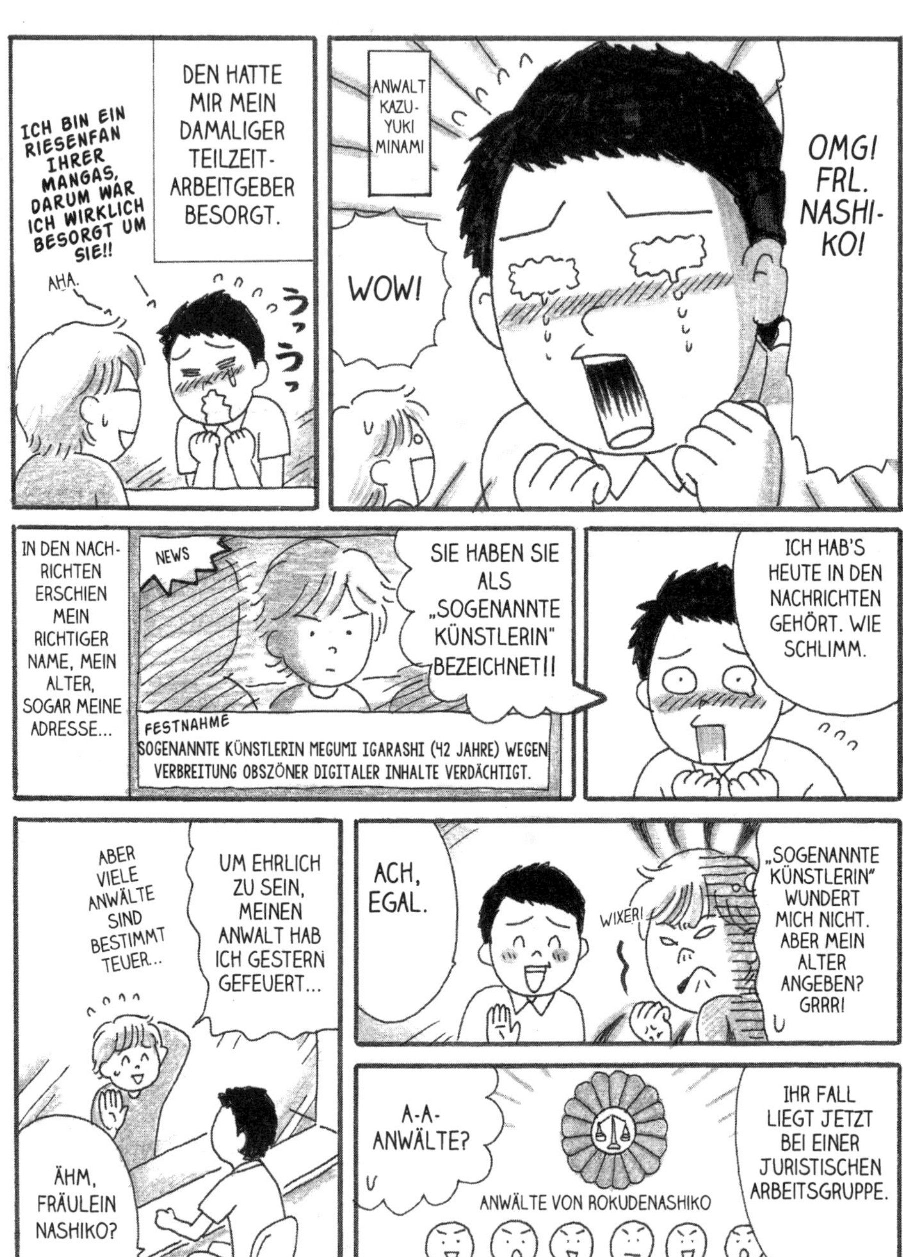
OMG! FRL. NASHIKO!
ANWALT KAZUYUKI MINAMI
WOW!
DEN HATTE MIR MEIN DAMALIGER TEILZEIT-ARBEITGEBER BESORGT.
ICH BIN EIN RIESENFAN IHRER MANGAS, DARUM WAR ICH WIRKLICH BESORGT UM SIE!!
AHA.
ICH HAB'S HEUTE IN DEN NACHRICHTEN GEHÖRT. WIE SCHLIMM.
SIE HABEN SIE ALS „SOGENANNTE KÜNSTLERIN" BEZEICHNET!!
NEWS
FESTNAHME
SOGENANNTE KÜNSTLERIN MEGUMI IGARASHI (42 JAHRE) WEGEN VERBREITUNG OBSZÖNER DIGITALER INHALTE VERDÄCHTIGT.
IN DEN NACHRICHTEN ERSCHIEN MEIN RICHTIGER NAME, MEIN ALTER, SOGAR MEINE ADRESSE...
„SOGENANNTE KÜNSTLERIN" WUNDERT MICH NICHT. ABER MEIN ALTER ANGEBEN? GRRR!
WIXER!
ACH, EGAL.
UM EHRLICH ZU SEIN, MEINEN ANWALT HAB ICH GESTERN GEFEUERT...
ABER VIELE ANWÄLTE SIND BESTIMMT TEUER...
ÄHM, FRÄULEIN NASHIKO?
IHR FALL LIEGT JETZT BEI EINER JURISTISCHEN ARBEITSGRUPPE.
A-A-ANWÄLTE?
ANWÄLTE VON ROKUDENASHIKO

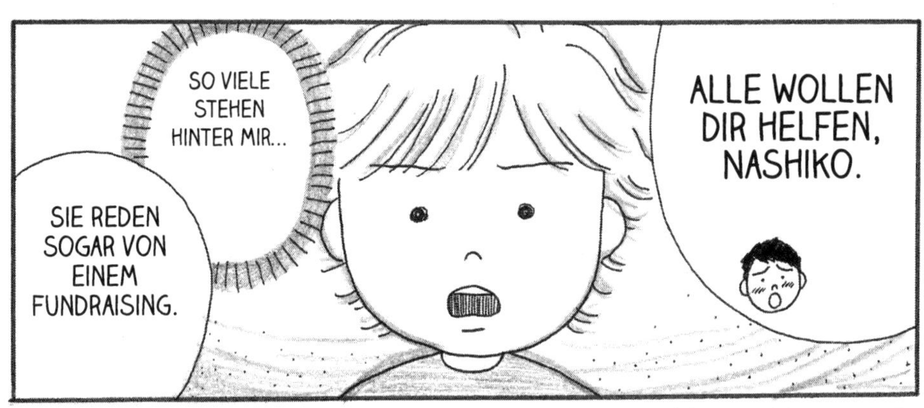
ALLE WOLLEN DIR HELFEN, NASHIKO.
SO VIELE STEHEN HINTER MIR...
SIE REDEN SOGAR VON EINEM FUNDRAISING.

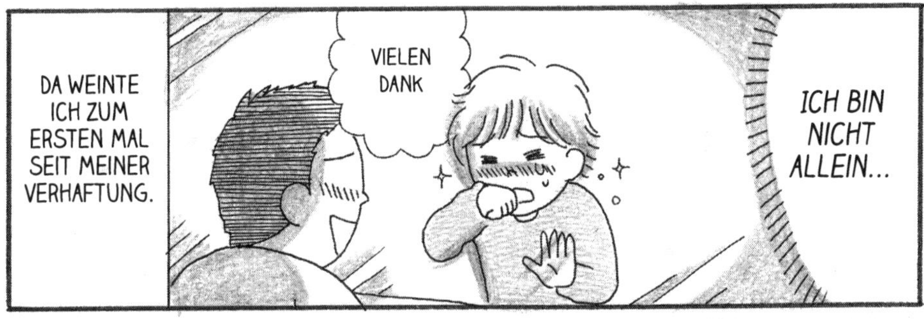
ICH BIN NICHT ALLEIN...
VIELEN DANK
DA WEINTE ICH ZUM ERSTEN MAL SEIT MEINER VERHAFTUNG.

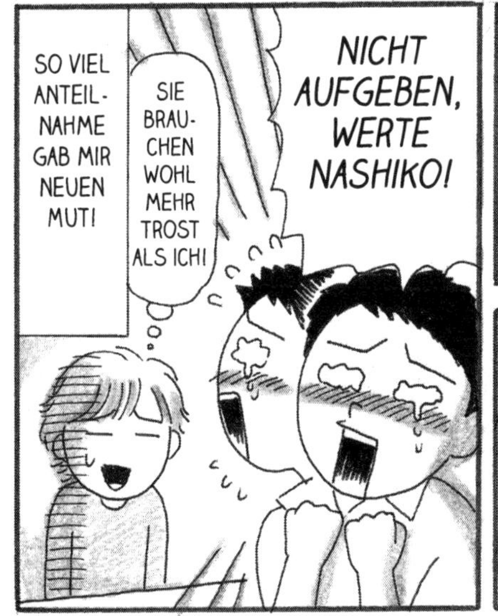
NICHT AUFGEBEN, WERTE NASHIKO!
SIE BRAUCHEN WOHL MEHR TROST ALS ICH!
SO VIEL ANTEILNAHME GAB MIR NEUEN MUT!

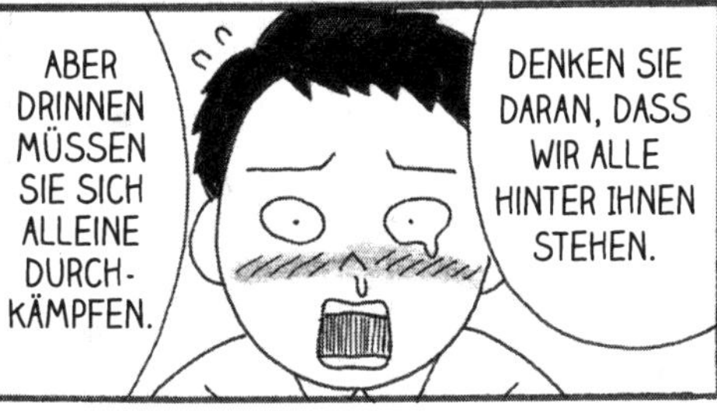
DENKEN SIE DARAN, DASS WIR ALLE HINTER IHNEN STEHEN.
ABER DRINNEN MÜSSEN SIE SICH ALLEINE DURCHKÄMPFEN.

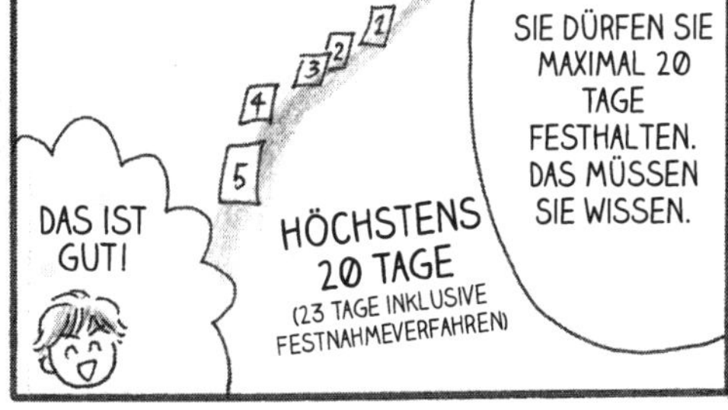
SIE DÜRFEN SIE MAXIMAL 20 TAGE FESTHALTEN. DAS MÜSSEN SIE WISSEN.
1
2
3
4
5
HÖCHSTENS 20 TAGE
(23 TAGE INKLUSIVE FESTNAHMEVERFAHREN)
DAS IST GUT!

Vulvaversity

Es ist eine Herbstnacht des Jahres 2018, wir sitzen in einer der Freiburger Kneipen und sprechen über den Kinofilm, den wir gerade gesehen haben: ***#FEMALE PLEASURE***. Ein Film, der fünf Frauen aus verschiedenen Kulturkreisen porträtiert, die sich gegen patriarchale Strukturen, sexuellen Missbrauch und für Selbstbestimmung und Aufklärung einsetzten. Besonders eine der Protagonistinnen beeindruckt uns: ***Rokudenashiko***. Inspiriert von ihrem Einsatz und Mut, kommt um den Kneipentisch herum der Wunsch auf, einen Beitrag zu leisten, der mit Witz, Leichtigkeit und freundlicher Provokation aufbricht, was beschränkt.

So wurde eine Idee geboren und war nicht mehr zu stoppen: die Idee für einen ***Vulva-Abreißkalender mit 365 Fotos von Vulven – eine Vulva für jeden Tag*** des Jahres, Vielfalt pur für Wohnzimmer, Lieblingsplätze, Gästeklos und WG-Küchen.

Doch wie fängt Mensch an, wenn noch keinerlei Referenzen vorhanden sind und Sensibilität die Grundlage für ein Projekt sein soll?

Mit sich selbst! Also trafen wir uns, zogen uns aus, holten die Kamera raus und kicherten verlegen. Wer fängt an? Zum Glück gab es eine Mutige und dann trauten sich auch wir anderen – eigentlich gar nicht so schwierig.

Schnell war das erste ***Vulva***-Fotoshooting organisiert und danach wussten wir: Die Vulva existiert in so vielen verschiedenen Formen und Farbschattierungen, wie wir es uns nie ausgemalt hatten. Und uns war auch klar, dass die allerwenigsten Menschen (und am allerwenigsten heterosexuelle Frauen) über diese Diversität im Bilde sind.

Das mangelnde Wissen bewirkt, dass sich der Glaube verbreiten konnte, es gäbe eine ‘Normvulva’. Die kulturelle ***Vulva***, wie sie vorwiegend durch die 'Mainstream'-Pornografie reproduziert wird, ist haarlos und hell, die inneren Vulvalippen gut zwischen den äußeren versteckt. So, ohne die Referenz der Diversität, verbreitet sich heimlich und oft unausgesprochen der Zweifel, ob die eigene ***Vulva*** normal ist. Dies führt zu einem drastischen Anstieg plastischer intimchirurgischer Eingriffe an Vulven, die alleine zwischen 2015 und 2019 um 73,3 % gestiegen sind.

Doch was ist normal?

In den letzten Jahren gab es erstmals(!) größere Studien, die sich der Frage widmeten, wie eigentlich eine typische ***Vulva*** aussieht. Zahlreiche Vulven wurden dafür vermessen. Und schließlich stellten die Forscher:innen fest: Die Diversität der ***Vulva*** ist groß und keine ***Vulva*** gleicht der anderen. So variiert die Länge der inneren Vulvalippen beispielsweise zwischen 0,1 cm und 6 cm, wobei die rechte und die linke Vulvalippe häufig verschieden groß sind. Auch die Größe der Klitorisperle, die Länge des Klitorisschafts, die Fülle und Form der Vulvalippen, die Form des Venushügels, die Länge des Perineums, die Färbung der Vulva und die Farbe, Fülle und Struktur der Intimbehaarung variieren stark.
Es lässt sich schließen: Eine Normvulva gibt es nicht und die Realität sieht diverser aus als die allermeisten Menschen es sich vorstellen können.

Wie konnte dieses Unwissen um ein Körperteil entstehen?

[weiter geht's auf Seite 82]

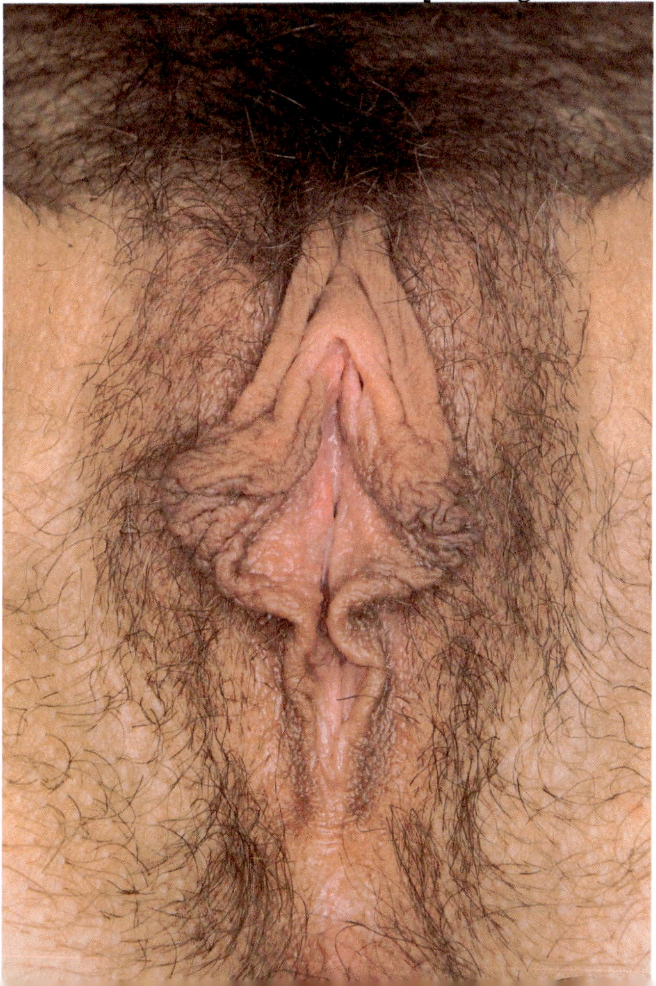

Was ist obszön?

WIE ICH EINE SOGENANNTE KÜNSTLERIN WURDE.

VON ROKUDENASHIKO

MANKO-CHAN

KAPITEL 12

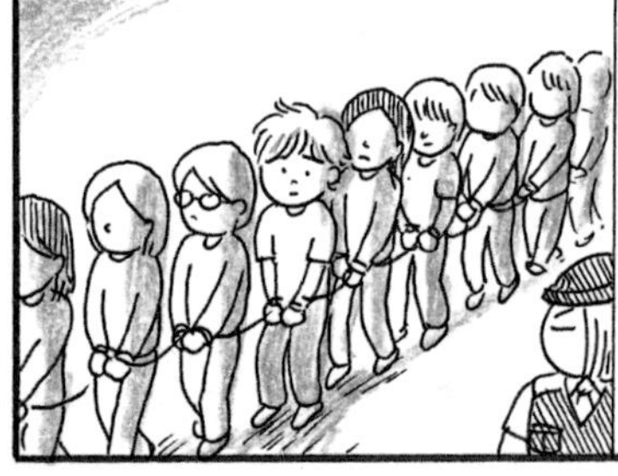

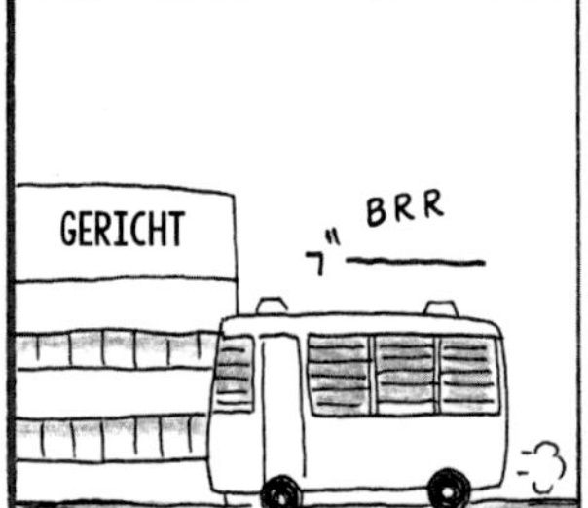

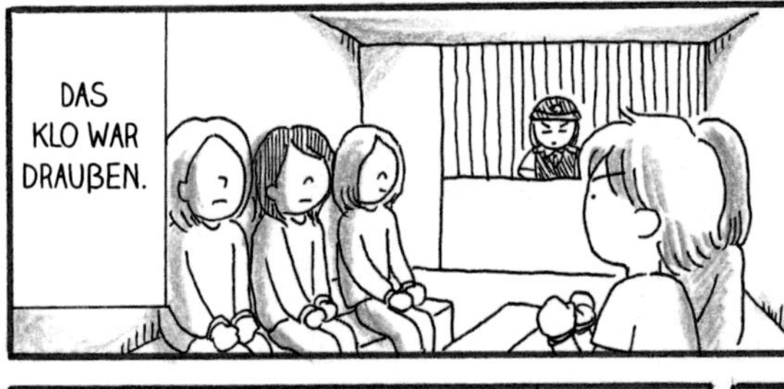

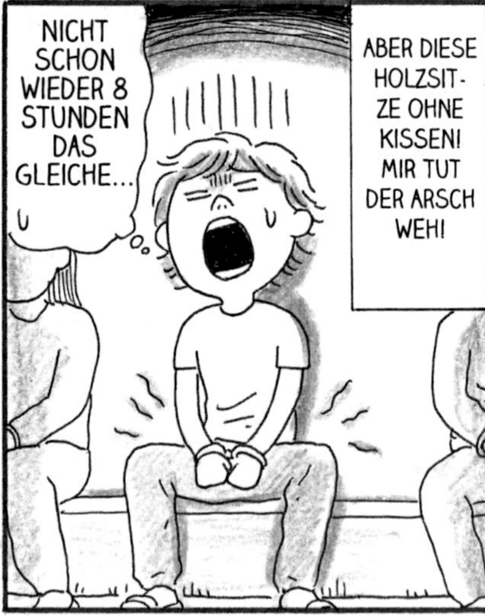

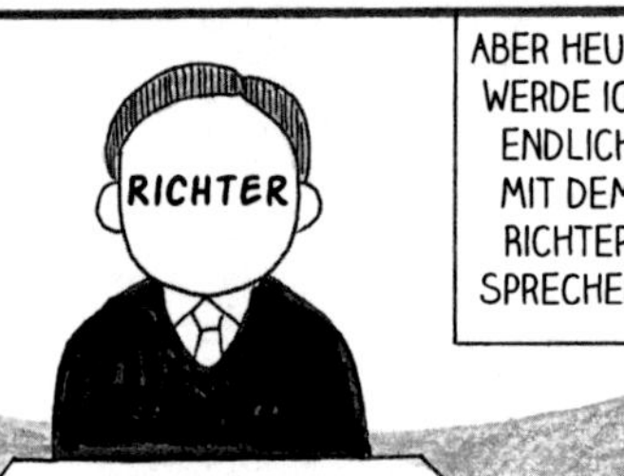

DAS IST MEINE CHANCE, DIE UNGERECHTIGKEIT MEINER VERHAFTUNG AUFZUKLÄREN.

MEINE MANKO IST NICHT OBSZÖN!!

RICHTER

SO LANGE MUSS ICH DIE QUÄLEREI NOCH AUSHALTEN.

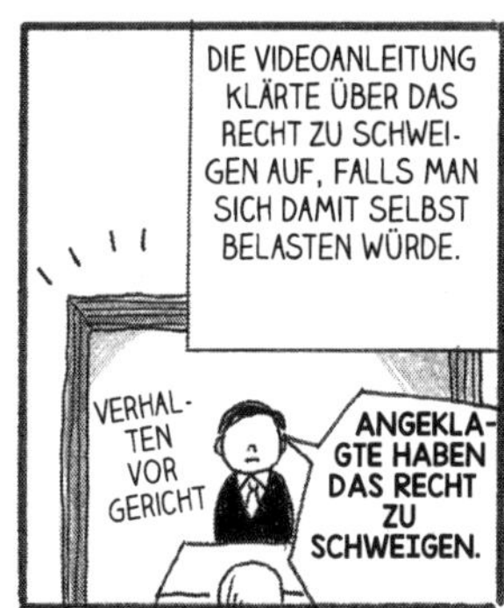

DIE VIDEOANLEITUNG KLÄRTE ÜBER DAS RECHT ZU SCHWEIGEN AUF, FALLS MAN SICH DAMIT SELBST BELASTEN WÜRDE.
VERHALTEN VOR GERICHT
ANGEKLAGTE HABEN DAS RECHT ZU SCHWEIGEN.

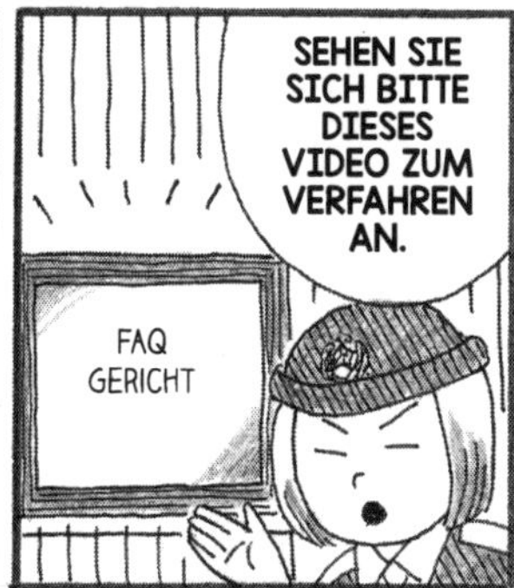

SEHEN SIE SICH BITTE DIESES VIDEO ZUM VERFAHREN AN.
FAQ GERICHT

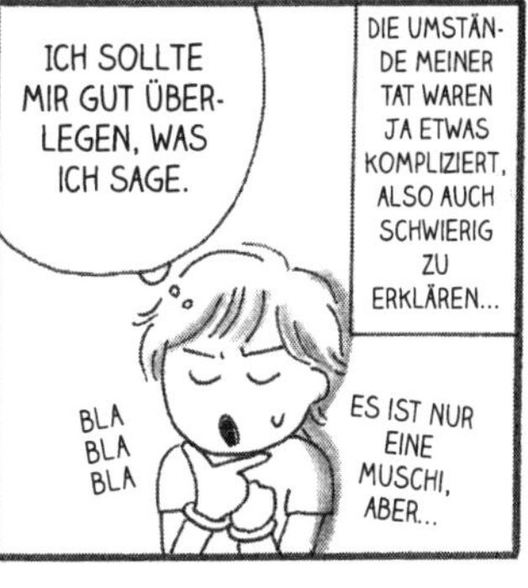

DIE UMSTÄNDE MEINER TAT WAREN JA ETWAS KOMPLIZIERT, ALSO AUCH SCHWIERIG ZU ERKLÄREN...
ICH SOLLTE MIR GUT ÜBERLEGEN, WAS ICH SAGE.
BLA BLA BLA
ES IST NUR EINE MUSCHI, ABER...

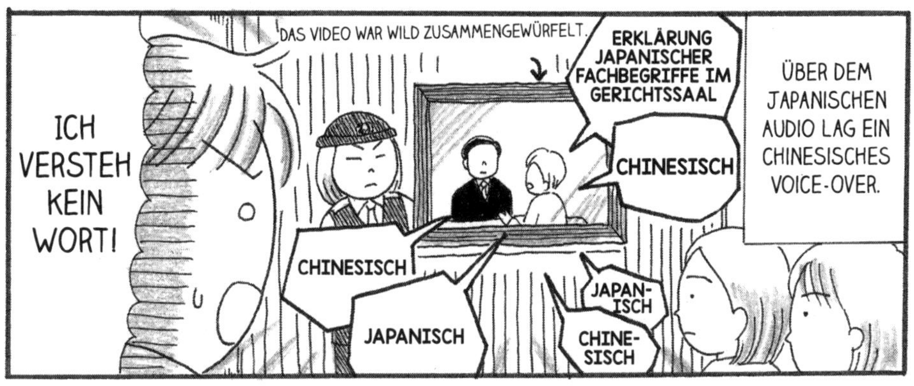

ÜBER DEM JAPANISCHEN AUDIO LAG EIN CHINESISCHES VOICE-OVER.
DAS VIDEO WAR WILD ZUSAMMENGEWÜRFELT.
ERKLÄRUNG JAPANISCHER FACHBEGRIFFE IM GERICHTSSAAL
CHINESISCH
ICH VERSTEH KEIN WORT!
CHINESISCH
JAPANISCH
JAPANISCH
CHINESISCH

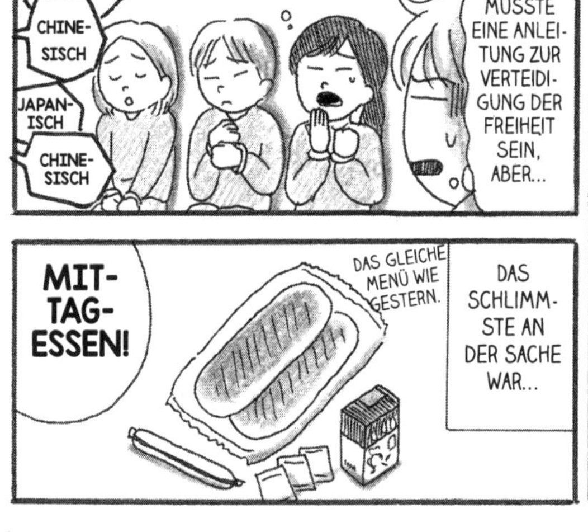

DIESES VIDEO MÜSSTE EINE ANLEITUNG ZUR VERTEIDIGUNG DER FREIHEIT SEIN, ABER...
NIEMAND HÖRTE RICHTIG ZU.
JAPANISCH
CHINESISCH
JAPANISCH
CHINESISCH
DAS SCHLIMMSTE AN DER SACHE WAR...
DAS GLEICHE MENÜ WIE GESTERN.
MITTAGESSEN!

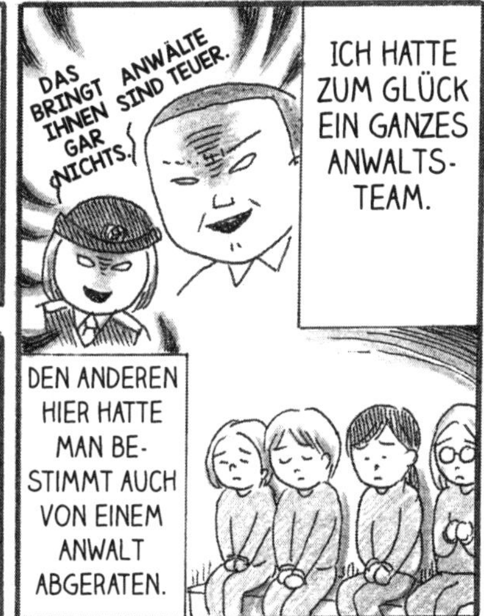

ICH HATTE ZUM GLÜCK EIN GANZES ANWALTSTEAM.
ANWÄLTE SIND TEUER.
DAS BRINGT IHNEN GAR NICHTS.
DEN ANDEREN HIER HATTE MAN BESTIMMT AUCH VON EINEM ANWALT ABGERATEN.

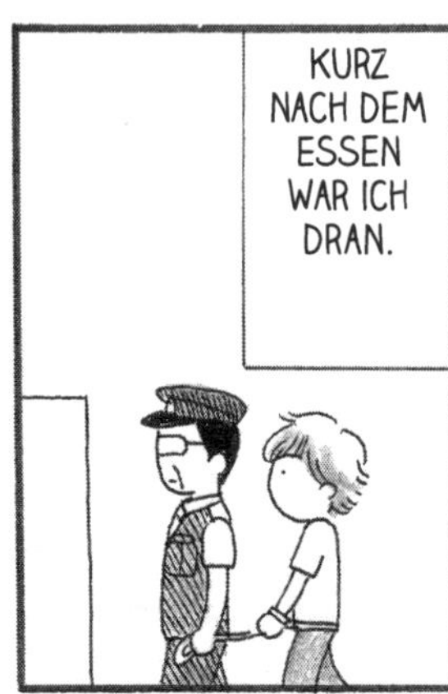
KURZ NACH DEM ESSEN WAR ICH DRAN.

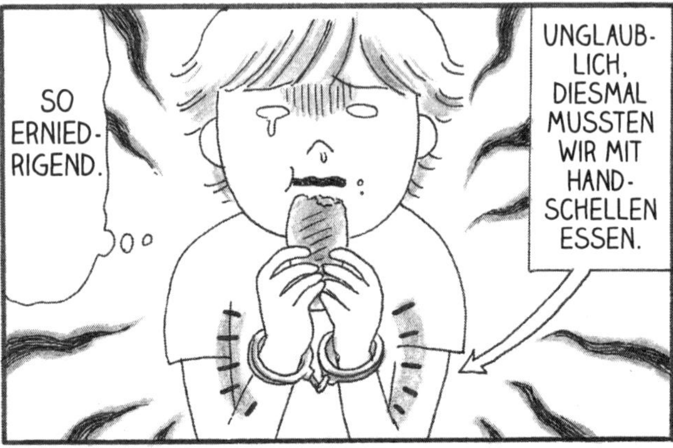
UNGLAUB-LICH, DIESMAL MUSSTEN WIR MIT HAND-SCHELLEN ESSEN.
SO ERNIED-RIGEND.

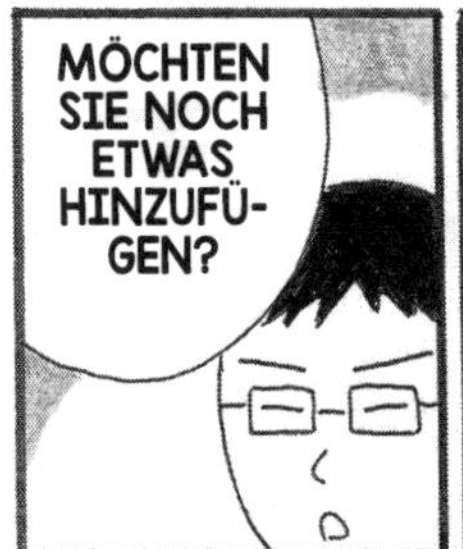
MÖCHTEN SIE NOCH ETWAS HINZUFÜ-GEN?

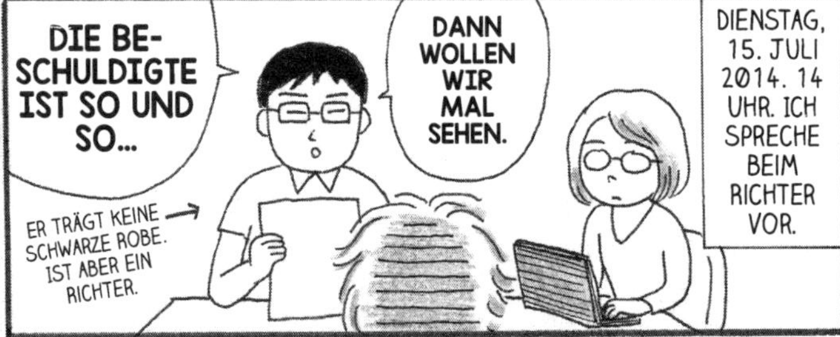
DIENSTAG, 15. JULI 2014. 14 UHR. ICH SPRECHE BEIM RICHTER VOR.
DANN WOLLEN WIR MAL SEHEN.
DIE BE-SCHULDIGTE IST SO UND SO…
ER TRÄGT KEINE SCHWARZE ROBE. IST ABER EIN RICHTER.

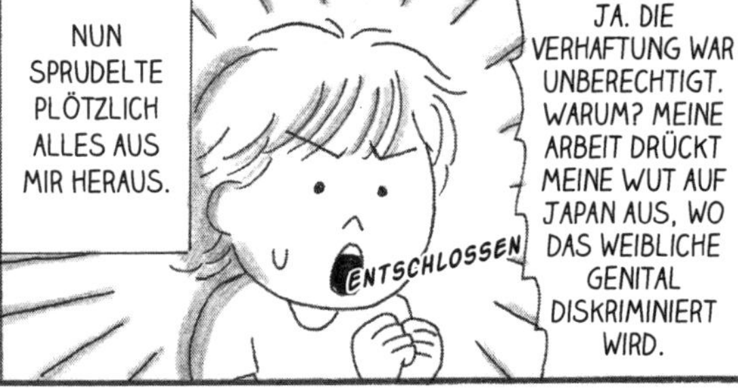
JA. DIE VERHAFTUNG WAR UNBERECHTIGT. WARUM? MEINE ARBEIT DRÜCKT MEINE WUT AUF JAPAN AUS, WO DAS WEIBLICHE GENITAL DISKRIMINIERT WIRD.
NUN SPRUDELTE PLÖTZLICH ALLES AUS MIR HERAUS.
ENTSCHLOSSEN

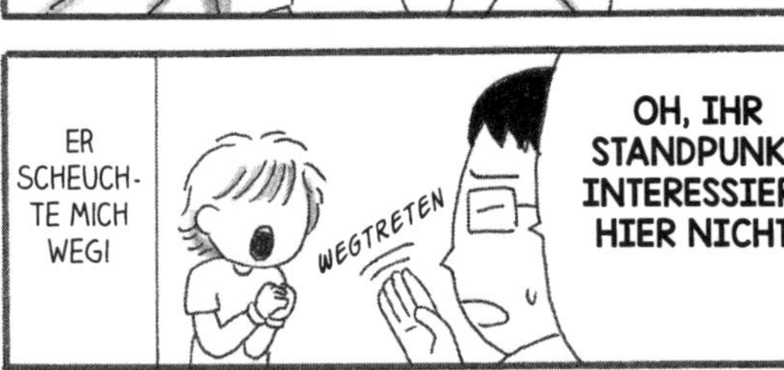
OH, IHR STANDPUNKT INTERESSIERT HIER NICHT.
WEGTRETEN
ER SCHEUCH-TE MICH WEG!

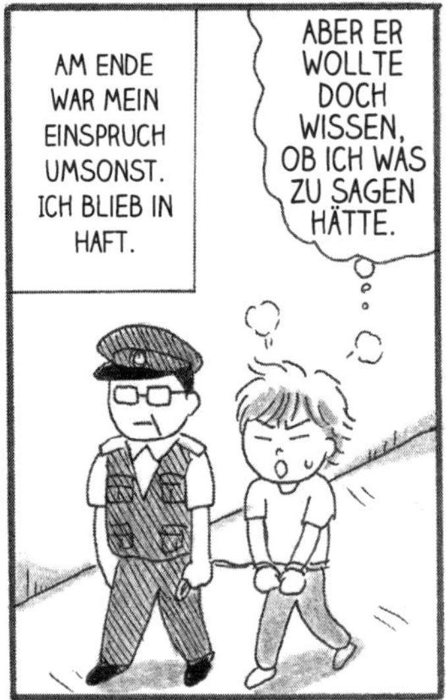
ABER ER WOLLTE DOCH WISSEN, OB ICH WAS ZU SAGEN HÄTTE.
AM ENDE WAR MEIN EINSPRUCH UMSONST. ICH BLIEB IN HAFT.

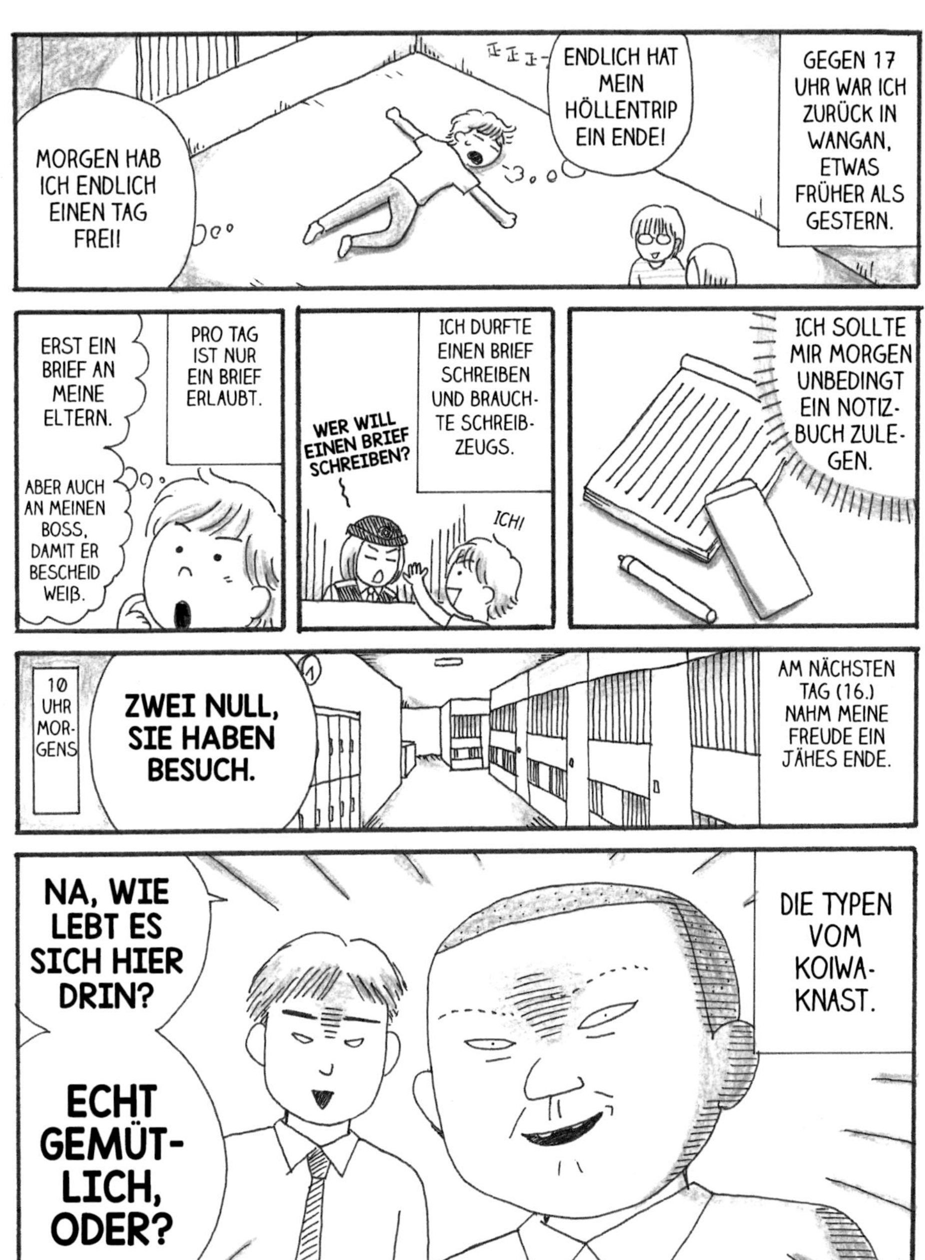
GEGEN 17 UHR WAR ICH ZURÜCK IN WANGAN, ETWAS FRÜHER ALS GESTERN.
ENDLICH HAT MEIN HÖLLENTRIP EIN ENDE!
MORGEN HAB ICH ENDLICH EINEN TAG FREI!
ICH SOLLTE MIR MORGEN UNBEDINGT EIN NOTIZBUCH ZULEGEN.
ICH DURFTE EINEN BRIEF SCHREIBEN UND BRAUCHTE SCHREIBZEUGS.
WER WILL EINEN BRIEF SCHREIBEN?
ICH!
PRO TAG IST NUR EIN BRIEF ERLAUBT.
ERST EIN BRIEF AN MEINE ELTERN.
ABER AUCH AN MEINEN BOSS, DAMIT ER BESCHEID WEIß.
AM NÄCHSTEN TAG (16.) NAHM MEINE FREUDE EIN JÄHES ENDE.
10 UHR MORGENS
ZWEI NULL, SIE HABEN BESUCH.
DIE TYPEN VOM KOIWA-KNAST.
NA, WIE LEBT ES SICH HIER DRIN?
ECHT GEMÜTLICH, ODER?

Die ***Vulva*** blickt auf eine ambivalente Geschichte zwischen Sichtbarkeit und Unsichtbarkeit, Medikalisierung, Diffamierung und Verleumdung zurück, die die gegenwärtige Sicht auf sie prägt.

Mit dem aufgehenden 18. Jahrhundert richtet sich der Blick männlicher Forscher und Mediziner zunehmend auf die Formbarkeit des Körpers durch die Medizin. Hierbei rückt der Körper der Frau besonders in den Fokus. Die Frau wird aus Männersicht als das 'andere Geschlecht' konstruiert und ihr wird, zusammen mit dem Wilden, dem Fremden und schwarzen Menschen, die Stelle des Andersartigen und damit Minderwertigen zugeteilt.

Sexuell war die Rolle der Frau in dieser Zeit in einer Zwickmühle gefangen. Die Frau galt als inferior zu dem Mann, da davon ausgegangen wurde, dass sie keine sexuelle Lust empfinden könne. Erlebte sie allerdings sexuelle Lust, galt sie als abnormal und behandlungsbedürftig.

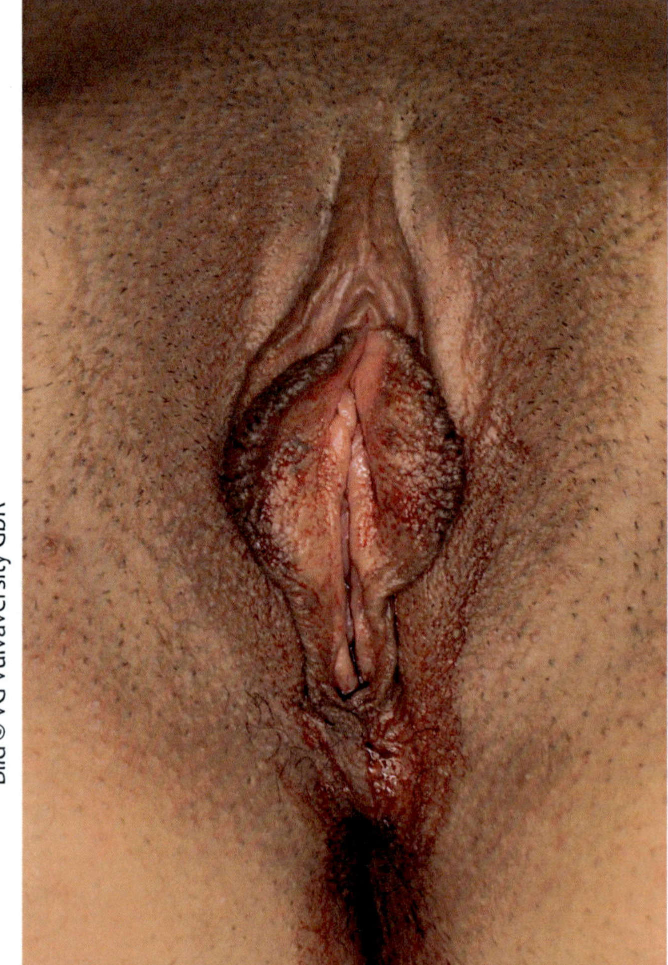

Eine ausgeprägte Klitoris und große innere Vulvalippen galten dabei als Zeichen der Wildheit und des Unzivilisierten. Es wurde davon ausgegangen, dass beides durch einen übermäßigen Sexualtrieb und durch als krankhaft verstandene Masturbation entstand. Die weiße, zivilisierte Frau hatte Sex zu Reproduktionszwecken zu haben und nicht, um Lust zu empfinden und ihre ***Vulva*** hatte möglichst unscheinbar zu sein. So verbreitete sich im 19. Jahrhundert in Europa das Beschneiden und Verätzen der ***Vulva*** als wirkungsvolle Methode gegen sexuelle Lust, ausgeprägte äußere Geschlechtsteile und Masturbation.

Seitdem sind fast zwei Jahrhunderte vergangen und die Gesellschaft hat sich verändert. Frauen haben Rechte bekommen, Gleichberechtigung wird angestrebt und die binäre Unterscheidung zwischen Frau und Mann wird immer unhaltbarer. Und doch ist ein großes kulturelles Erbe geblieben: Nach wie vor, ist die ***Vulva*** eines erwachsenen Menschen kulturell nahezu nicht existent. Nicht dass es keine Bilder der ***Vulva*** im westlichen Kulturraum gibt. Jedoch ist die kulturelle ***Vulva***-Vorstellung die einer Kindervulva. Sie hat keine Haare, keine großen inneren Vulvalippen, keinen ausgeprägten Klitorismantel. Sie blutet nicht und sie ist eng und narbenlos, als hätte sie nie geboren.

Es ist Zeit, der ***Vulva*** einen Weg aus ihrem gesellschaftlichen Exil zu bahnen. Wieder Worte für sie zu finden, Bilder und Vorstellungen, die mit der Realität übereinstimmen. Es ist Zeit, die Aufklärungsbücher neu zu schreiben, mit Abbildungen, die die Klitoris als volles Organ zeigen, die dem Jungfernhäutchen-Mythos entgegenwirken und die ***Vulva*** darstellen. Es ist Zeit, die ***Vulva*** zu feiern, wie sie ist, vielfältig, divers und normfrei.

Und so hoffen wir, mit **Vulvaversity** mehr zu erreichen als Aufklärung. Es geht um Selbstbestimmung, Schamlosigkeit und Normfreiheit und darum einen weiteren Beitrag zu leisten, die Vergangenheit der Verleumdung, Vergewaltigung, Entsagung, Verbrennung und Erniedrigung zu heilen, die das Frausein für viele Jahrhunderte bestimmt hat. Das Sichtbarmachen der ***Vulva***, unverblümt, in all ihrer Vielfalt, ist ein Symbol dafür. Daher werden wir weiter Veranstaltungen zum Thema organisieren, Aufklärungsworkshops anbieten und den ***Vulva Kalender*** und das ***Vulvamuseum – to go*** verlegen.

Viva la Vulva!

www.vulvaversity.de

Was ist obszön?

WIE ICH EINE SOGENANNTE KÜNSTLERIN WURDE.

VON ROKUDENASHIKO

KAPITEL 13

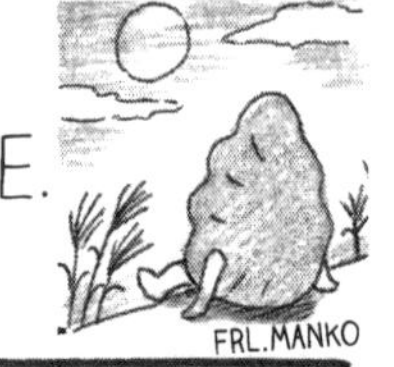

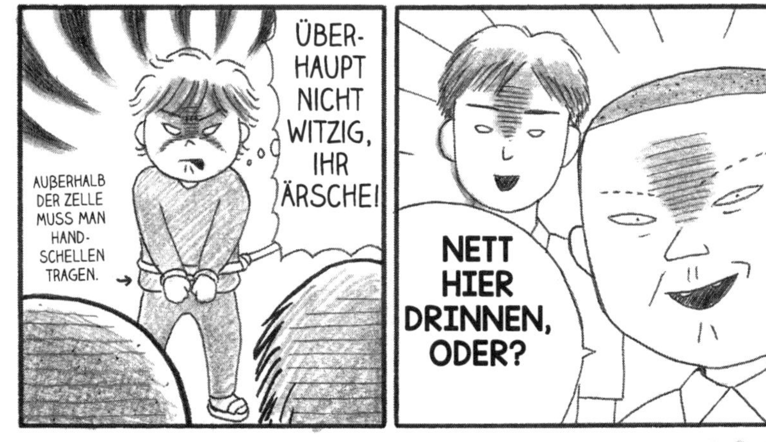

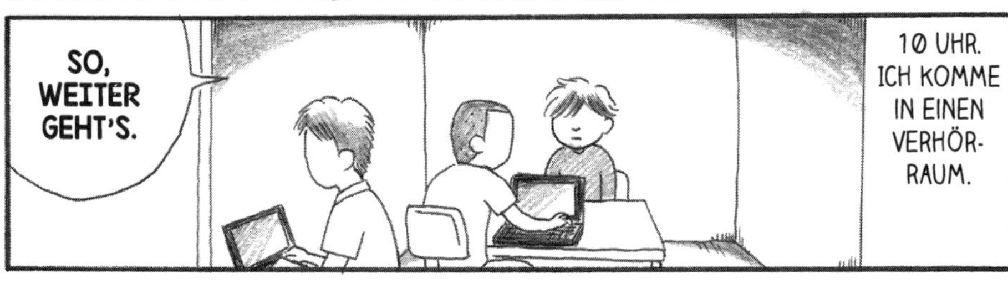

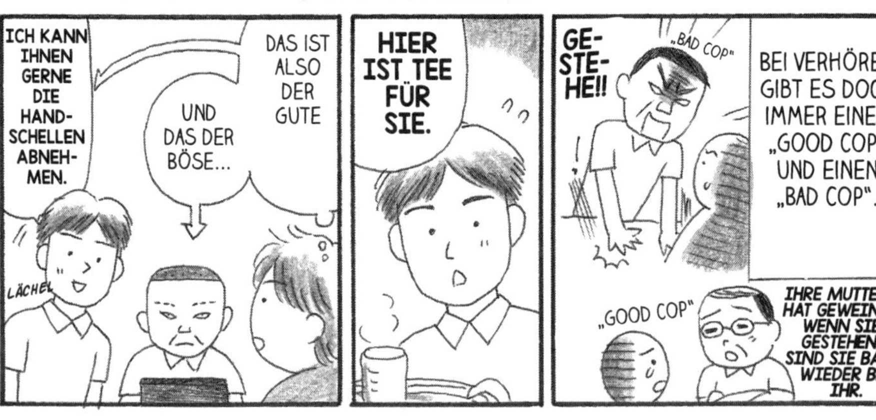

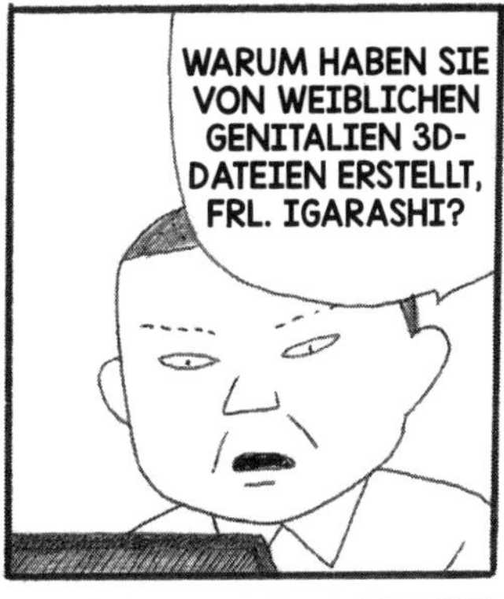
WARUM HABEN SIE VON WEIBLICHEN GENITALIEN 3D-DATEIEN ERSTELLT, FRL. IGARASHI?

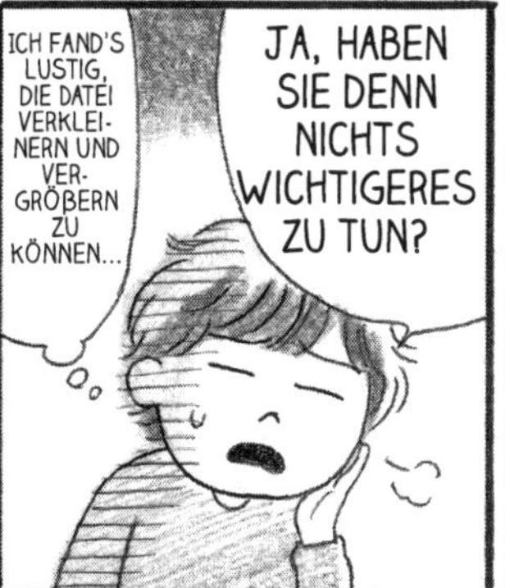
JA, HABEN SIE DENN NICHTS WICHTIGERES ZU TUN?
ICH FAND'S LUSTIG, DIE DATEI VERKLEINERN UND VERGRÖßERN ZU KÖNNEN…

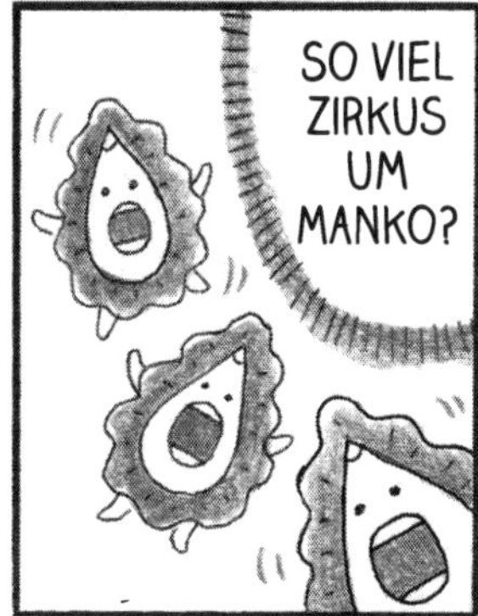
SO VIEL ZIRKUS UM MANKO?

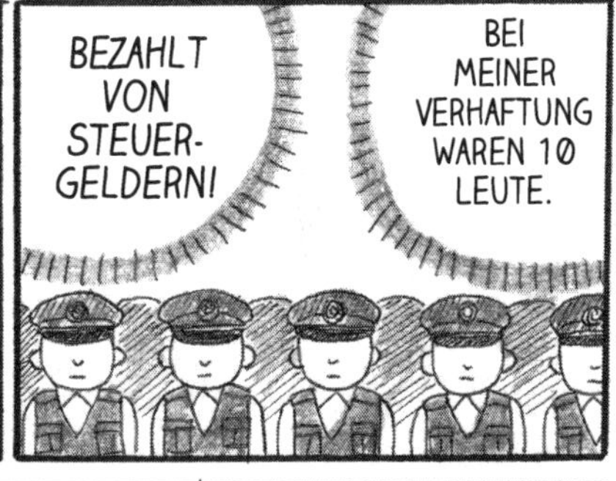
BEI MEINER VERHAFTUNG WAREN 10 LEUTE.
BEZAHLT VON STEUERGELDERN!

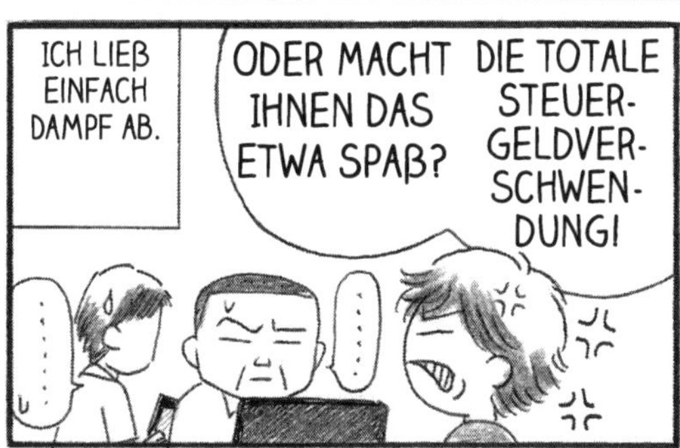
ODER MACHT IHNEN DAS ETWA SPAß?
DIE TOTALE STEUERGELDVERSCHWENDUNG!
ICH LIEß EINFACH DAMPF AB.

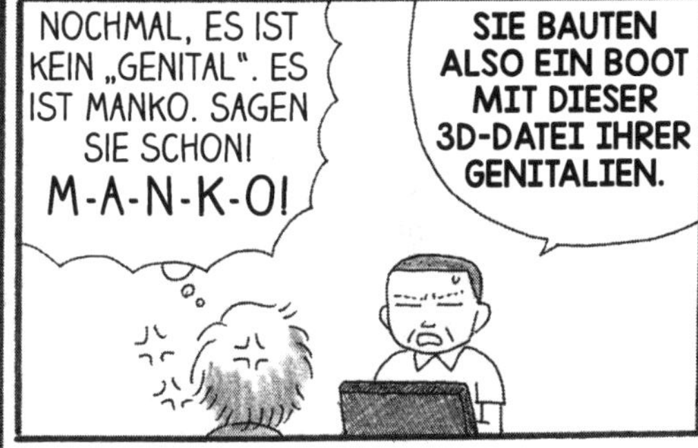
SIE BAUTEN ALSO EIN BOOT MIT DIESER 3D-DATEI IHRER GENITALIEN.
NOCHMAL, ES IST KEIN „GENITAL“. ES IST MANKO. SAGEN SIE SCHON! M-A-N-K-O!

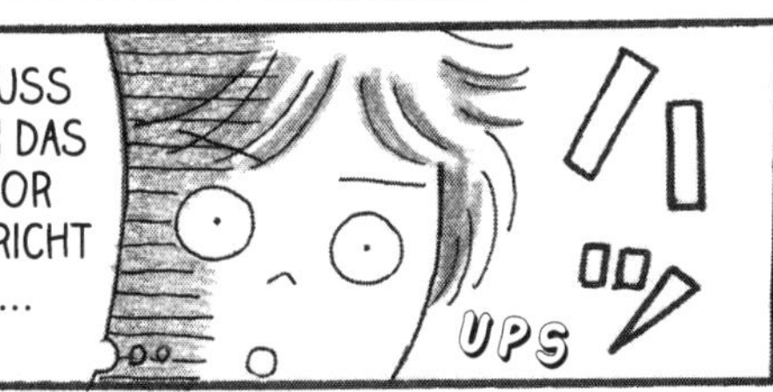
MUSS ICH DAS VOR GERICHT …
UPS

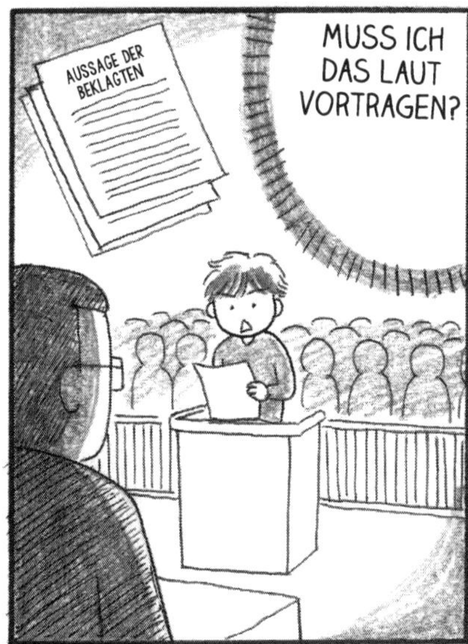
MUSS ICH DAS LAUT VORTRAGEN?
AUSSAGE DER BEKLAGTEN

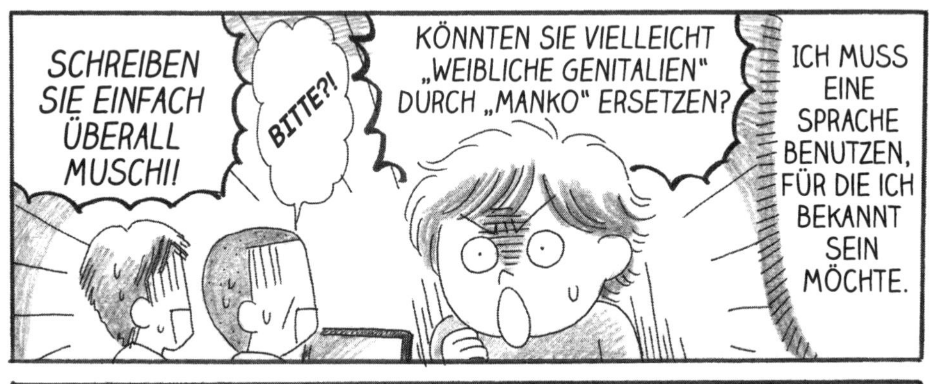

UND SO GAB'S IN MEINER AUSSAGE MEHR MUSCHIS ALS JE ZUVOR.

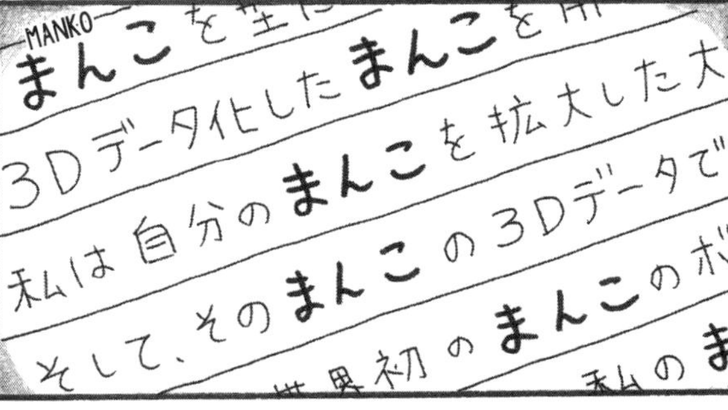

ÜBRIGENS: IM FALLE EINER GERICHTSVERHANDLUNG WÜRDE ICH MEINE AUSSAGE NICHT SELBST VORTRAGEN. EHER EIN JUSTIZBEAMTER. DAS MACHTE ES NOCH INTERESSANTER.

DER PROTOKOLLIERENDE BEAMTE MUSSTE MEINE AUSSAGE NOCHMAL VORLESEN, UM FEHLER AUSZUSCHLIEßEN.

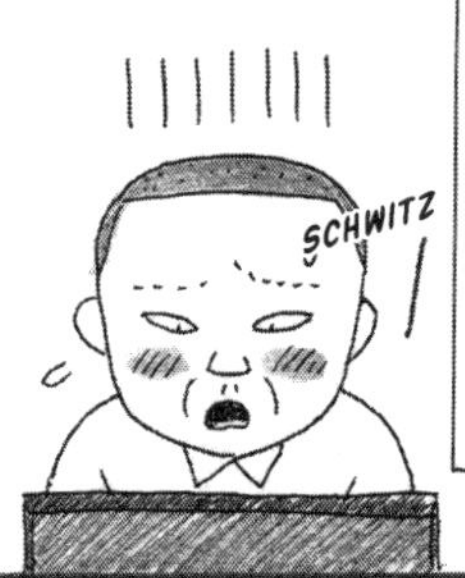

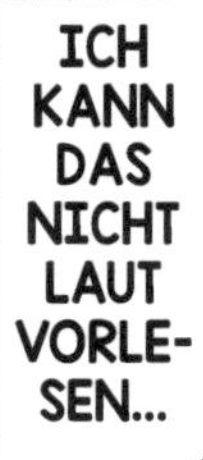

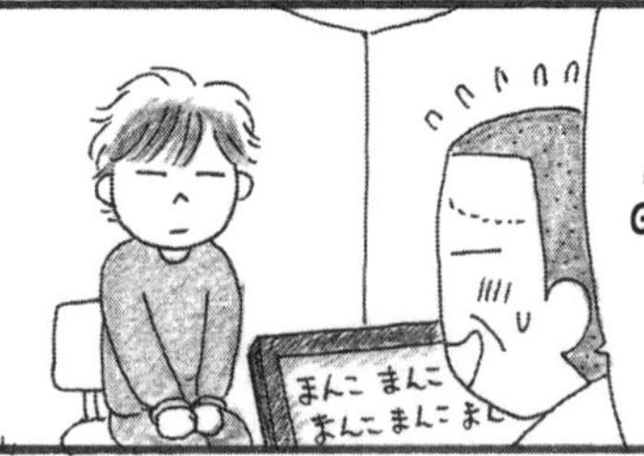

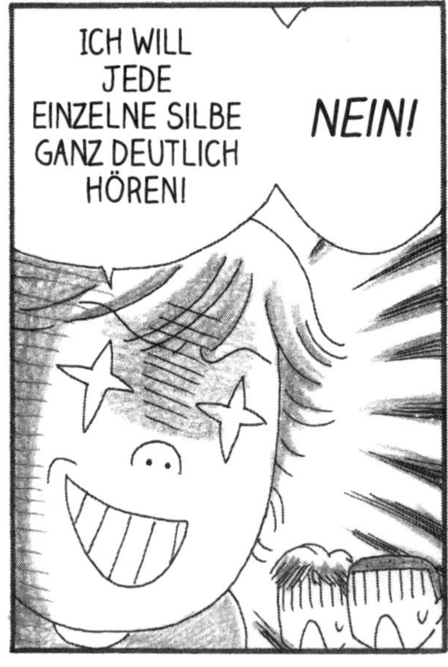

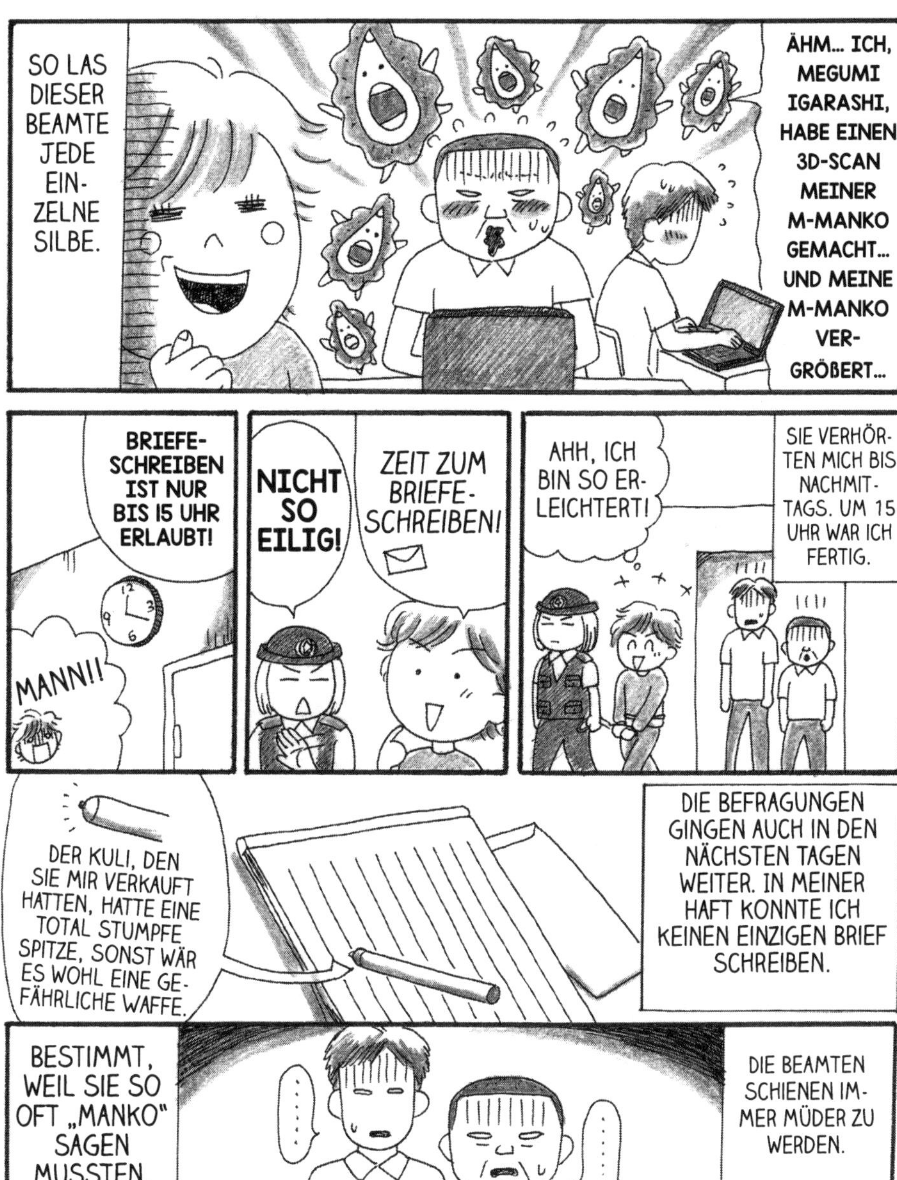
SO LAS DIESER BEAMTE JEDE EIN-ZELNE SILBE.
ÄHM… ICH, MEGUMI IGARASHI, HABE EINEN 3D-SCAN MEINER M-MANKO GEMACHT… UND MEINE M-MANKO VER-GRÖßERT…
SIE VERHÖR-TEN MICH BIS NACHMIT-TAGS. UM 15 UHR WAR ICH FERTIG.
AHH, ICH BIN SO ER-LEICHTERT!
ZEIT ZUM BRIEFE-SCHREIBEN!
NICHT SO EILIG!
BRIEFE-SCHREIBEN IST NUR BIS 15 UHR ERLAUBT!
MANN!!
DIE BEFRAGUNGEN GINGEN AUCH IN DEN NÄCHSTEN TAGEN WEITER. IN MEINER HAFT KONNTE ICH KEINEN EINZIGEN BRIEF SCHREIBEN.
DER KULI, DEN SIE MIR VERKAUFT HATTEN, HATTE EINE TOTAL STUMPFE SPITZE, SONST WÄR ES WOHL EINE GE-FÄHRLICHE WAFFE.
DIE BEAMTEN SCHIENEN IM-MER MÜDER ZU WERDEN.
……
……
BESTIMMT, WEIL SIE SO OFT „MANKO“ SAGEN MUSSTEN.

Rokudenashikos Manga „Was ist obszön?“

beschreibt ihre Verhaftung am 12. Juli 2014. Während ihre Kapitel in der Wochenzeitschrift Shukan Kinyobi erschienen, wurde die Künstlerin ein zweites Mal verhaftet, am 3. Dezember 2014. Festgenommen wurde auch die Galeristin und Mitarbeiterin von Shukan Kinyobi, Minori Kitahara, aufgrund von „obszöner Darstellung“, „digitale Verbreitung von obszönem Material“ und „digitaler Verbreitung von obszönen Medien“.

Bei der ersten Festnahme lag die Chance auf Freilassung gegen Kaution nur bei 1 zu 100. Sieben Monate später wurde ***Rokudenashiko*** erneut verhaftet und über 20 Tage festgesetzt, obwohl es keinen Anlass zur Fluchtgefahr gab und auch kein Risiko, dass Beweise (ihre Kunststücke) zerstört werden würden.

Um die Motivation für die erneute Festnahme zu verstehen, erbaten ihre Anwälte eine Anhörung vor Gericht, die ihnen vom Richter Noriki Ando genehmigt wurde. Bei der Anhörung verlas ***Rokudenashiko*** eine Stellungnahme, die auf der folgenden Seite abgedruckt ist. Vor Gericht las ***Rokudenashiko*** das Wort „manko“ mit lauter Stimme, weshalb der Richter sie bat, ihre Stellungnahme umzuformulieren. Ihr Anwalt, Takashi Yamaguchi, erhob Einspruch dagegen, da es sich um eine Meinungsäußerung handele, aber der Richter ließ diesen Einspruch nicht gelten. ***Rokudenashiko*** sprach weiterhin über „manko“, bis der Richter schließlich entschied, er würde „die Stellungnahme in Gänze zensieren, wenn die Angeklagte nicht kooperiere“. Am Ende ersetzte ***Rokudenashiko*** „manko“ durch „Genital“ und konnte somit ihre Stellungnahme zu Ende bringen. Die Polizei begründete die Festnahme mit „zahlreichen Verdachtsfällen für die Vernichtung von Beweismaterial“ und „zahlreichen Verdachtsfällen für Fluchtgefahr.“ ***Rokudenashiko*** nahm Bezug darauf in ihrer Stellungnahme.

Rokudenashiko wurde vom Gericht in Tokio am 24. Dezember angeklagt. Ihre Anwälte schlugen Freilassung auf Kaution vor und am 26. Dezember wurde dem stattgegeben (die Kaution wurde auf 1,5 Millionen Yen bzw. ca. 11.700 € festgelegt). Die drei zentralen Bestandteile der Anklage waren: ***Rokudenashikos*** Dateien, ihre verschiedenen „Deco-man“ (einschließlich ein Schokoladenkuchen in Mankoform) und Teile, die von anderen Frauen geformt worden waren, die an einem Vulvaformen-Workshop von ***Rokudenashiko*** teilgenommen hatten.

An den Richter des Gerichtshofs von Tokio

Ich widerspreche nicht den Fakten, ich verstehe nur nicht, warum ich festgenommen wurde. Mir wurde gesagt, der Grund sei die Gefahr, dass ich die Beweise meiner Verbrechen zerstören könne, aber ich habe meine Arbeit stark auf meinem Blog, auf Facebook und auf Twitter beworben. Ich habe nicht die Absicht, damit jetzt aufzuhören.

Außerdem werde ich verdächtigt, vor dem Gesetzt fliehen zu wollen, aber ich verstehe das, was ich tue nicht als obszön und genau deshalb bleibe ich hier und erscheine vor Gericht, um diese Anschuldigungen zu widerlegen. Ich habe keinesfalls die Absicht zu „fliehen" oder nachzugeben.

Außerdem ist meine Arbeit motiviert durch meine Besorgnis bezüglich der Frage warum das Wort „***manko***" so problematisch ist. Es ist lediglich ein Teil meines Körpers, aber die bloße Verwendung dieser Silben „***man-ko***" erzeugt Aufregung und Furcht. Das äquivalente Wort für das männliche Genital – chinko (Penis, Schwanz) – wird unverhohlen benutzt, aber eine Prominente, die im Fernsehen „***manko***" sagt, wird zensiert und vom Programm ausgeschlossen. Ich finde das ungerecht. Es macht mich wütend, dass je mehr ***manko*** ich erschaffe, je mehr „Kinder" aus diesem lebenswichtigen Organ, das wir respektieren sollten, hervorkommen, umso mehr wird meine Arbeit gänzlich gegenteilig meiner Absichten wahrgenommen. Indem ich meine Wut als Sprungbrett nutze, erzeuge ich fröhliche, positive ***Manko***kunst.

Genau deshalb mache ich süße dekorative Objekte, behutsam detaillierte Dioramen, iPhone-Hüllen, ein Boot... dies sind alles fröhliche Dinge, die die Leute zum Lächeln bringen. Durch meine Arbeit habe ich viel Unterstützung erfahren, deshalb bin ich total perplex, wieso die Polizei das was ich tue als „***obszön***" bezeichnet. Ich kann dem einfach nicht zustimmen.

Ich wiederhole mich, aber ich habe alle Fakten öffentlich gemacht, so wie sie aufgenommen wurden, und ich habe nicht die Absicht, irgendetwas außer der Bezeichnung „***obszön***" anzufechten. Ich würde niemals die „Beweise" zerstören, noch würde ich fliehen. Das habe ich immer klar geäußert. Ich werde alle Anklagen, die meine Arbeit als „***obszön***" bezeichnen, bis zum Ende bekämpfen.

Und ich bin immer noch in Haft. Ich verstehe das nicht. Heute bitte ich Sie, Euer Ehren, meinen Worten zu glauben, bitte überdenken Sie Ihre Einschätzung. Zum Schluss möchte ich den Leuten danken, die gekommen sind, um meine Stellungnahmen zu bezeugen. Danke, dass Sie sich trotz ihrer engen Terminkalender die Zeit genommen haben, mir zuzuhören. Vielen Dank.

Rokudenashiko, alias Megumi Igarashi, am 22. Dezember 2014

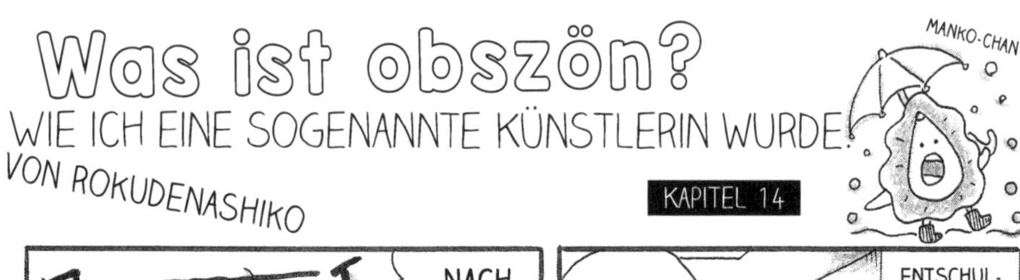

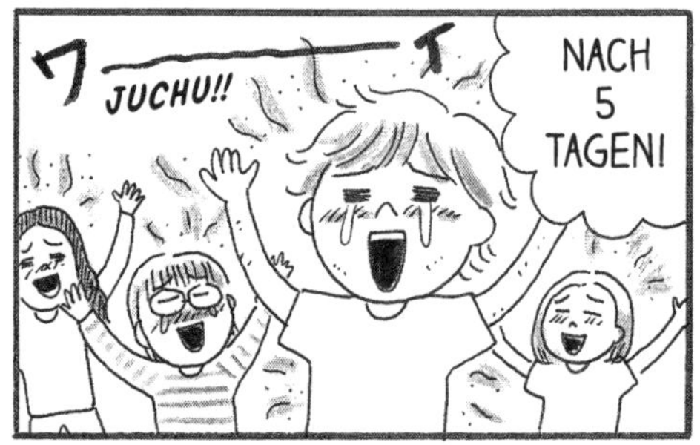

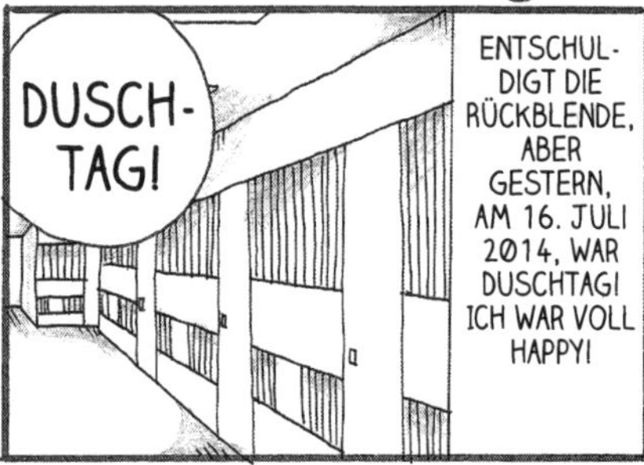

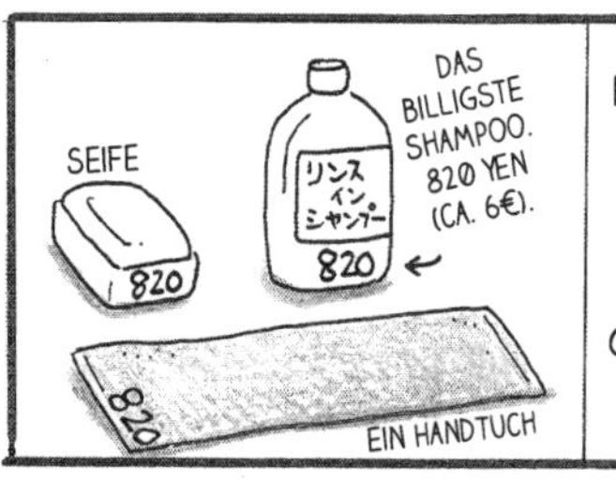

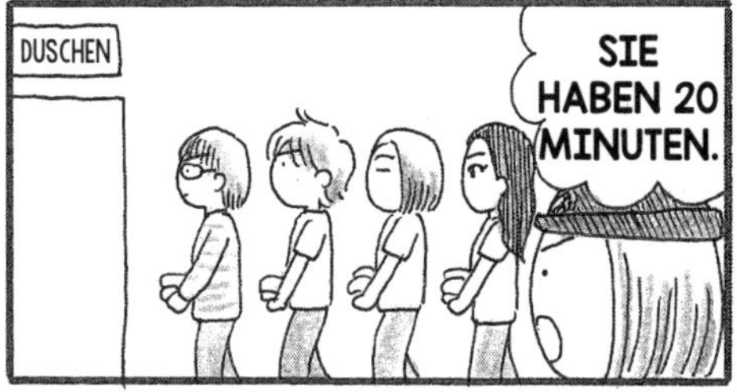

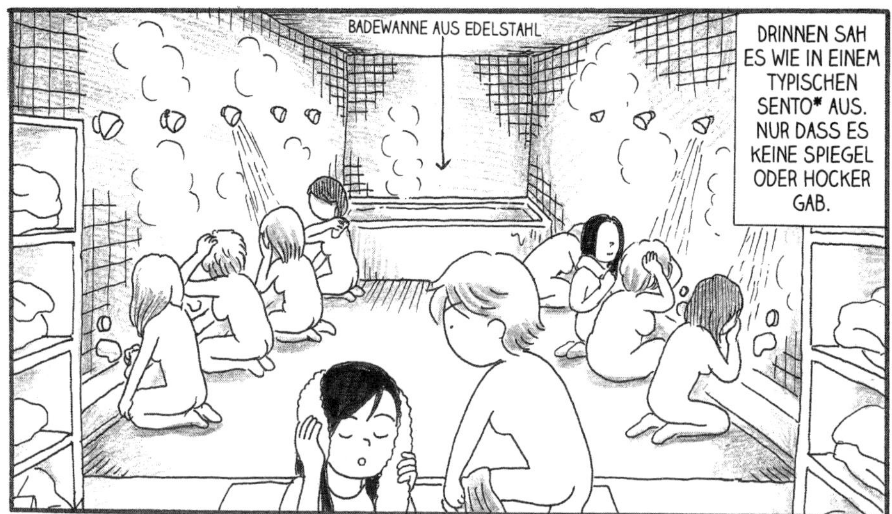

*EIN SENTO IST EIN TRADITIONELLES BADEHAUS IN STÄDTISCHEN WOHNVIERTELN.

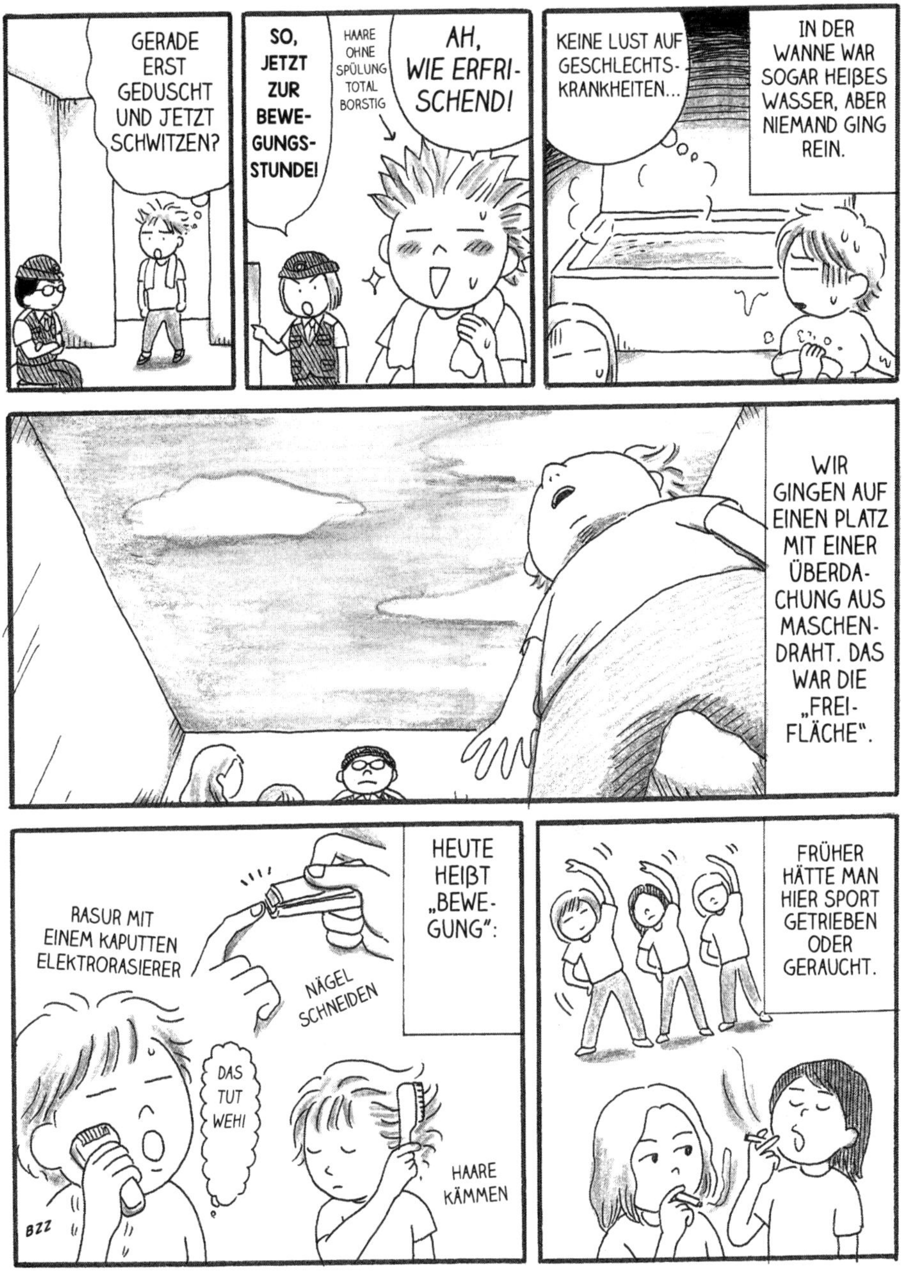

GERADE ERST GEDUSCHT UND JETZT SCHWITZEN?

SO, JETZT ZUR BEWEGUNGSSTUNDE!

HAARE OHNE SPÜLUNG TOTAL BORSTIG

AH, WIE ERFRISCHEND!

IN DER WANNE WAR SOGAR HEIẞES WASSER, ABER NIEMAND GING REIN.

KEINE LUST AUF GESCHLECHTSKRANKHEITEN...

WIR GINGEN AUF EINEN PLATZ MIT EINER ÜBERDACHUNG AUS MASCHENDRAHT. DAS WAR DIE „FREIFLÄCHE".

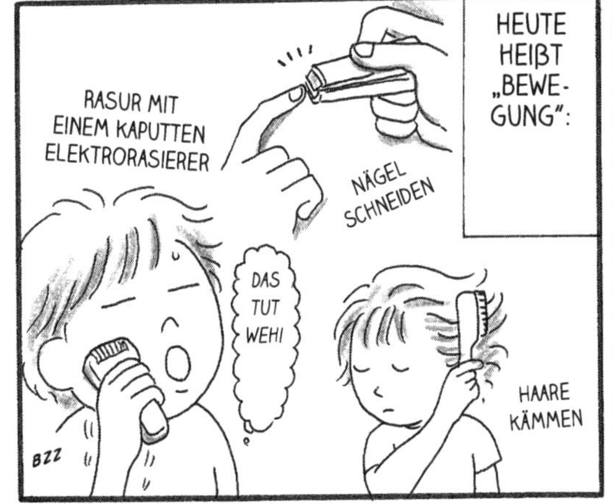

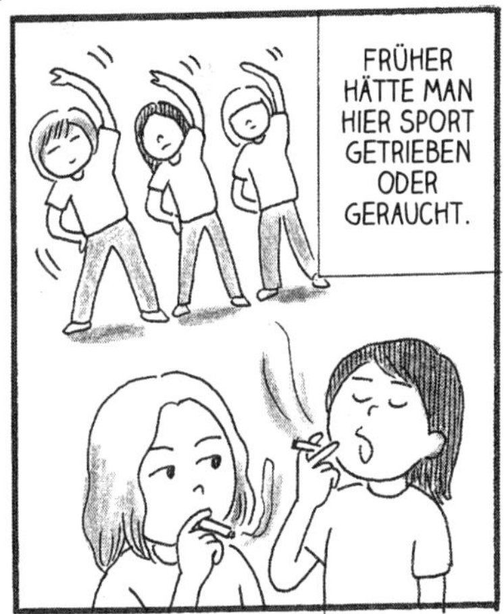

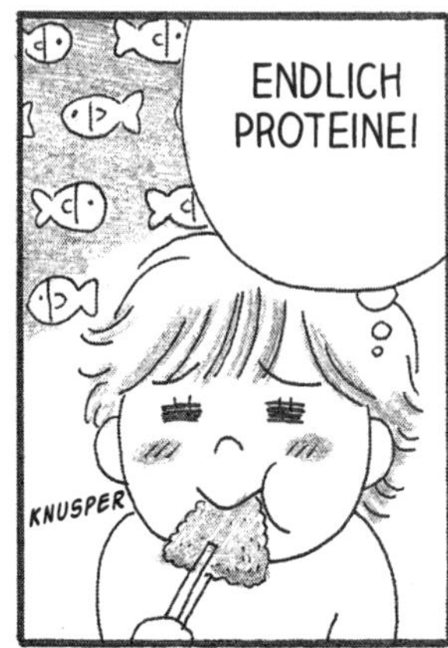
ENDLICH PROTEINE!
KNUSPER

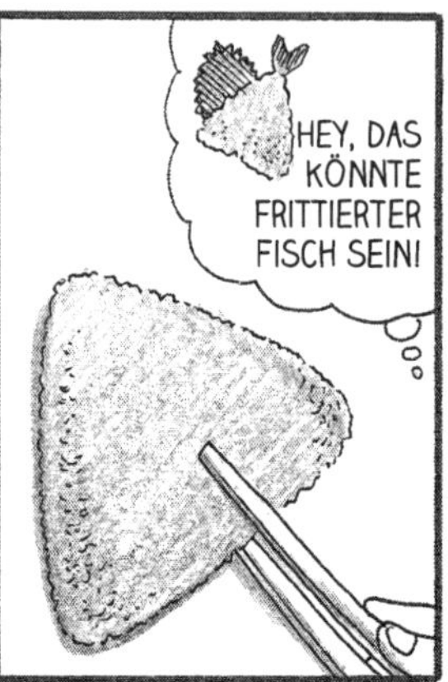
HEY, DAS KÖNNTE FRITTIERTER FISCH SEIN!

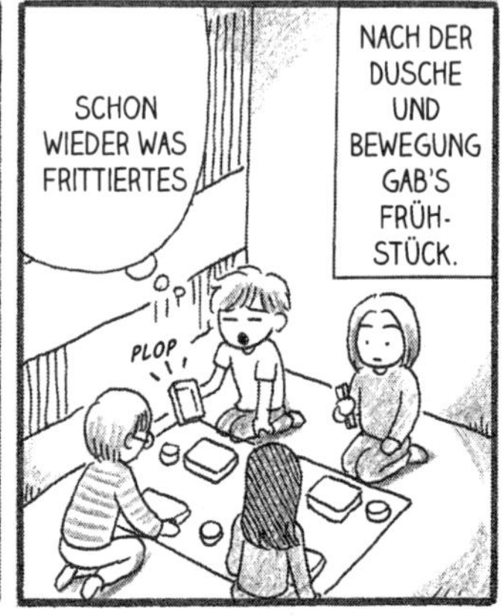
NACH DER DUSCHE UND BEWEGUNG GAB'S FRÜH-STÜCK.
SCHON WIEDER WAS FRITTIERTES
PLOP

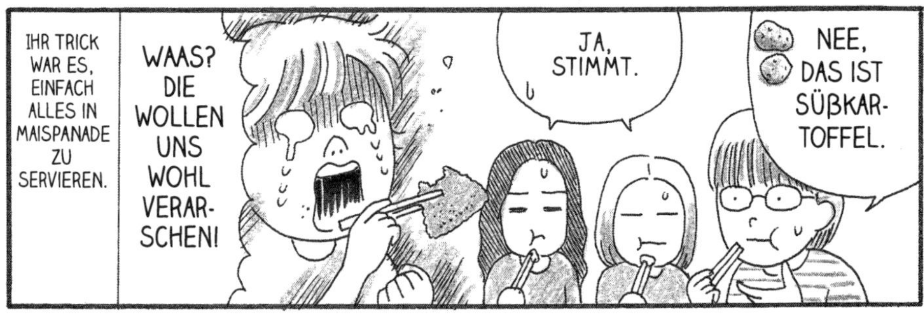
IHR TRICK WAR ES, EINFACH ALLES IN MAISPANADE ZU SERVIEREN.
WAAS? DIE WOLLEN UNS WOHL VERAR-SCHEN!
JA, STIMMT.
NEE, DAS IST SÜßKAR-TOFFEL.

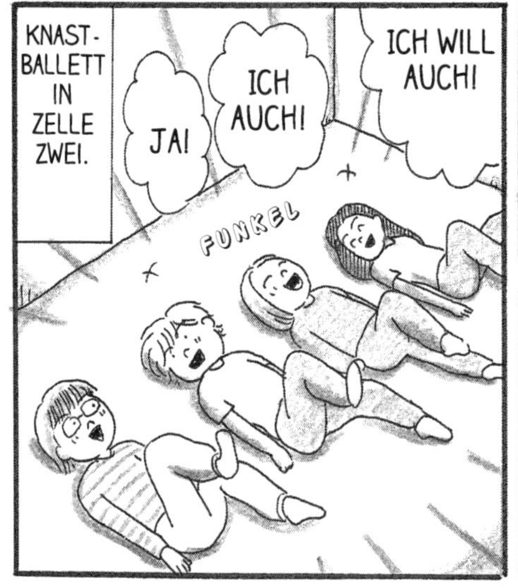
KNAST-BALLETT IN ZELLE ZWEI.
ICH WILL AUCH!
ICH AUCH!
JA!
FUNKEL

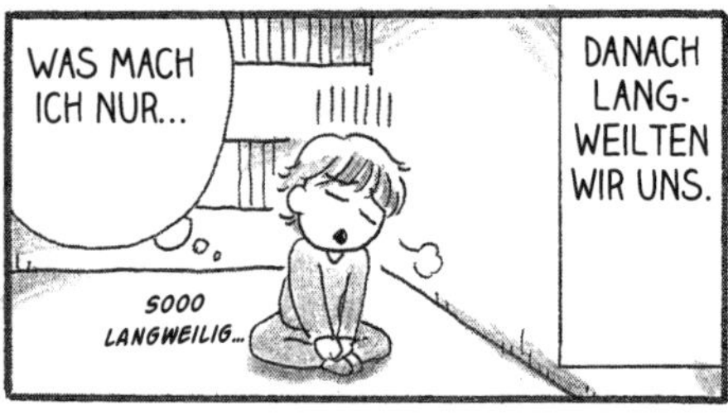
DANACH LANG-WEILTEN WIR UNS.
WAS MACH ICH NUR...
SOOO LANGWEILIG...

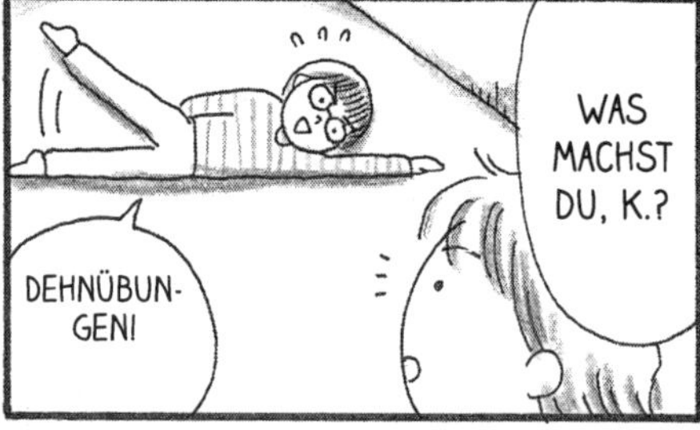
WAS MACHST DU, K.?
DEHNÜBUN-GEN!

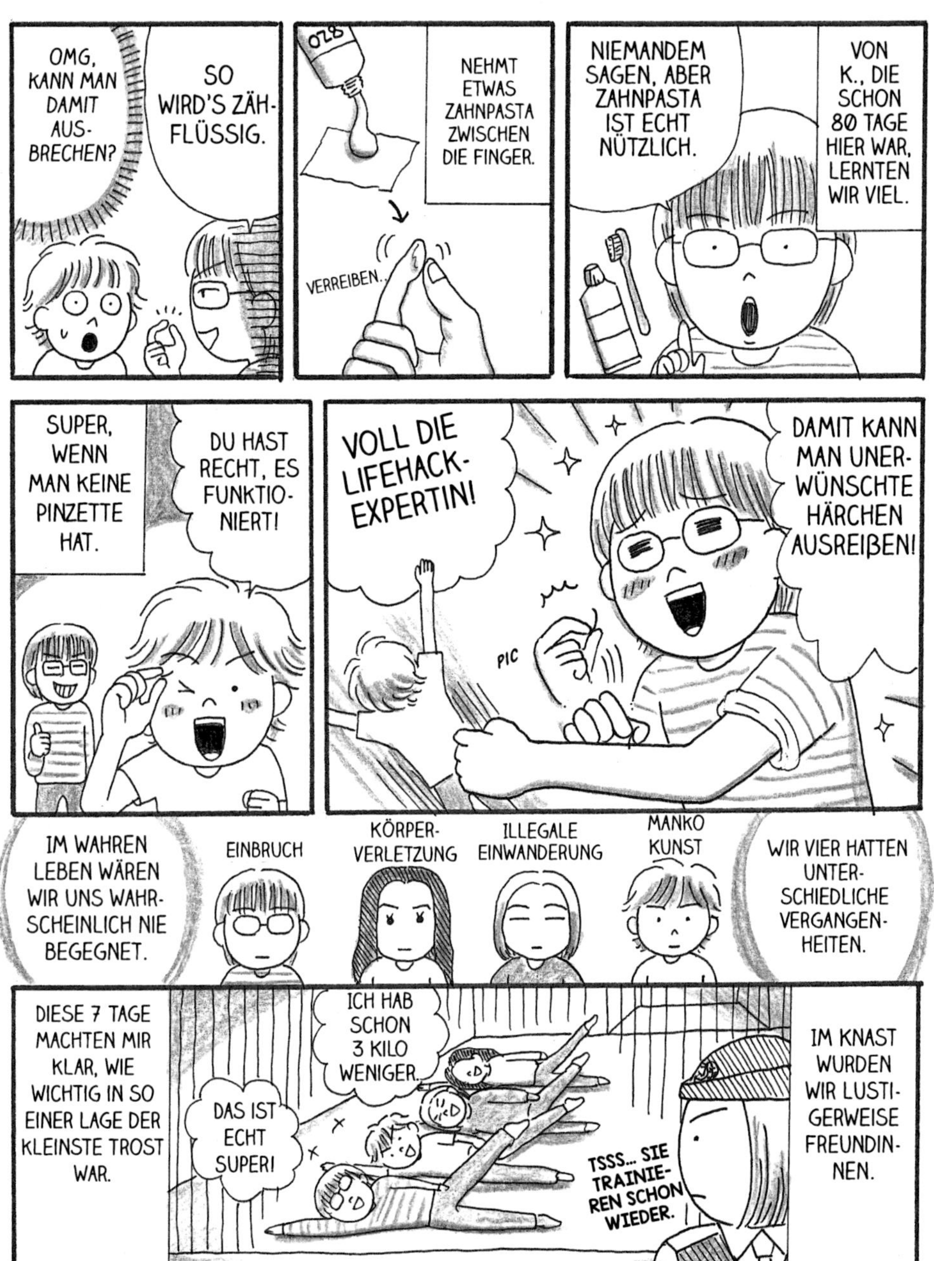
OMG, KANN MAN DAMIT AUS-BRECHEN?
SO WIRD'S ZÄH-FLÜSSIG.
NEHMT ETWAS ZAHNPASTA ZWISCHEN DIE FINGER.
VERREIBEN..
VON K., DIE SCHON 80 TAGE HIER WAR, LERNTEN WIR VIEL.
NIEMANDEM SAGEN, ABER ZAHNPASTA IST ECHT NÜTZLICH.
SUPER, WENN MAN KEINE PINZETTE HAT.
DU HAST RECHT, ES FUNKTIO-NIERT!
VOLL DIE LIFEHACK-EXPERTIN!
DAMIT KANN MAN UNER-WÜNSCHTE HÄRCHEN AUSREIßEN!
PIC
IM WAHREN LEBEN WÄREN WIR UNS WAHR-SCHEINLICH NIE BEGEGNET.
EINBRUCH
KÖRPER-VERLETZUNG
ILLEGALE EINWANDERUNG
MANKO KUNST
WIR VIER HATTEN UNTER-SCHIEDLICHE VERGANGEN-HEITEN.
DIESE 7 TAGE MACHTEN MIR KLAR, WIE WICHTIG IN SO EINER LAGE DER KLEINSTE TROST WAR.
ICH HAB SCHON 3 KILO WENIGER.
DAS IST ECHT SUPER!
TSSS... SIE TRAINIE-REN SCHON WIEDER.
IM KNAST WURDEN WIR LUSTI-GERWEISE FREUNDIN-NEN.

Change.org

Die Change.org-Kampagne für die Freilassung von Rokudenashiko war nicht nur erfolgreich, sondern auch höchst ungewöhnlich, wie Rokudenashikos Anwälte feststellten, die das „Einwerben von Unterschriften“ als relevanten Teil in ihre Verteidigung einbauten. Die online Petition zählte ***über 21.000 Unterschriften*** und stammte von einem Programmierer in Tokio, Takano Masanori, der einfach nur Fan von Rokudenashikos Arbeit war. Die beiden kannten sich vorher nicht, Masanori empfand die Verhaftung als ein Angriff auf die japanische Meinungsfreiheit.

„Hat sie irgendjemandem Schwierigkeiten bereitet? Sie hat ja nicht (irgendwas Obszönes) öffentlich gezeigt wo viele, auch die, die das nicht wollten, es sehen mussten. Ich empfinde ihre Arbeit als Kunst und nicht als obszönes Objekt. Sie hat ihre künstlerischen Absichten schriftlich klar deutlich gemacht und diese sind überhaupt nicht obszön“, sagte Masanori der Zeitung The Japan Times.

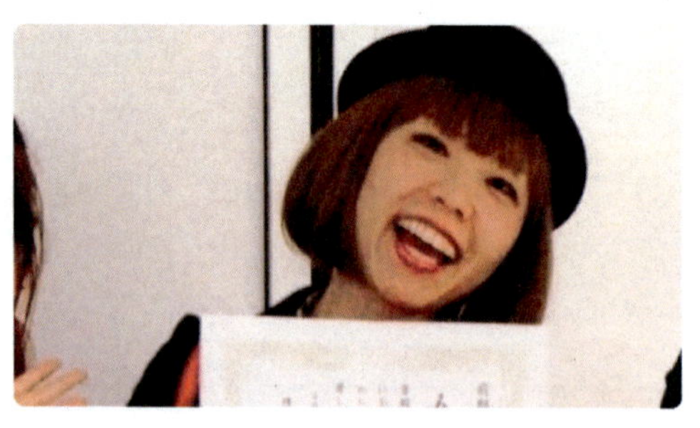

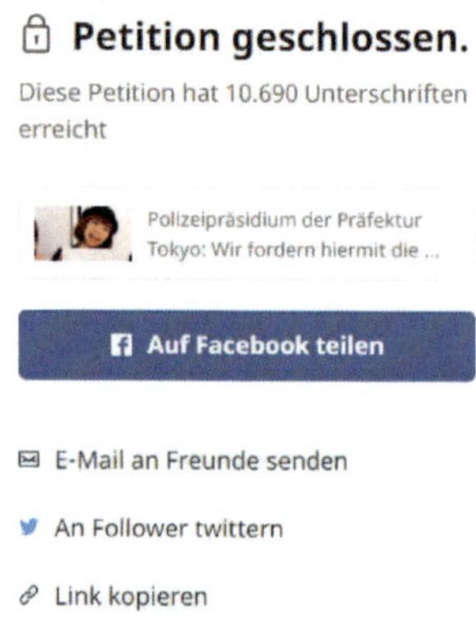

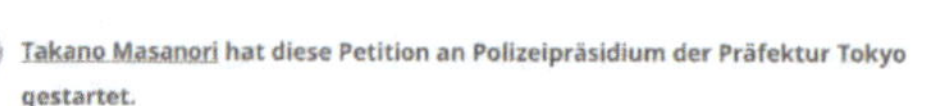

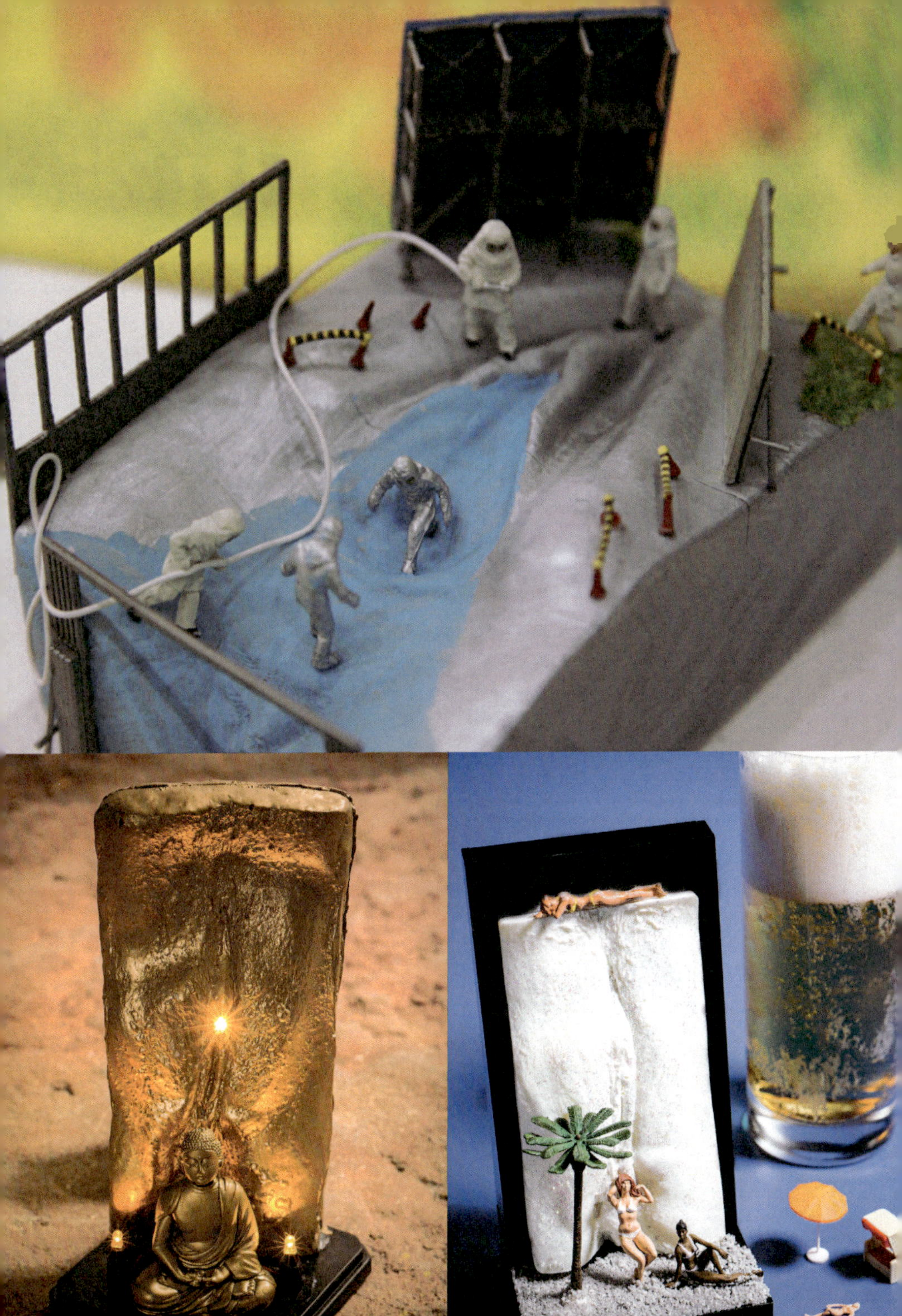

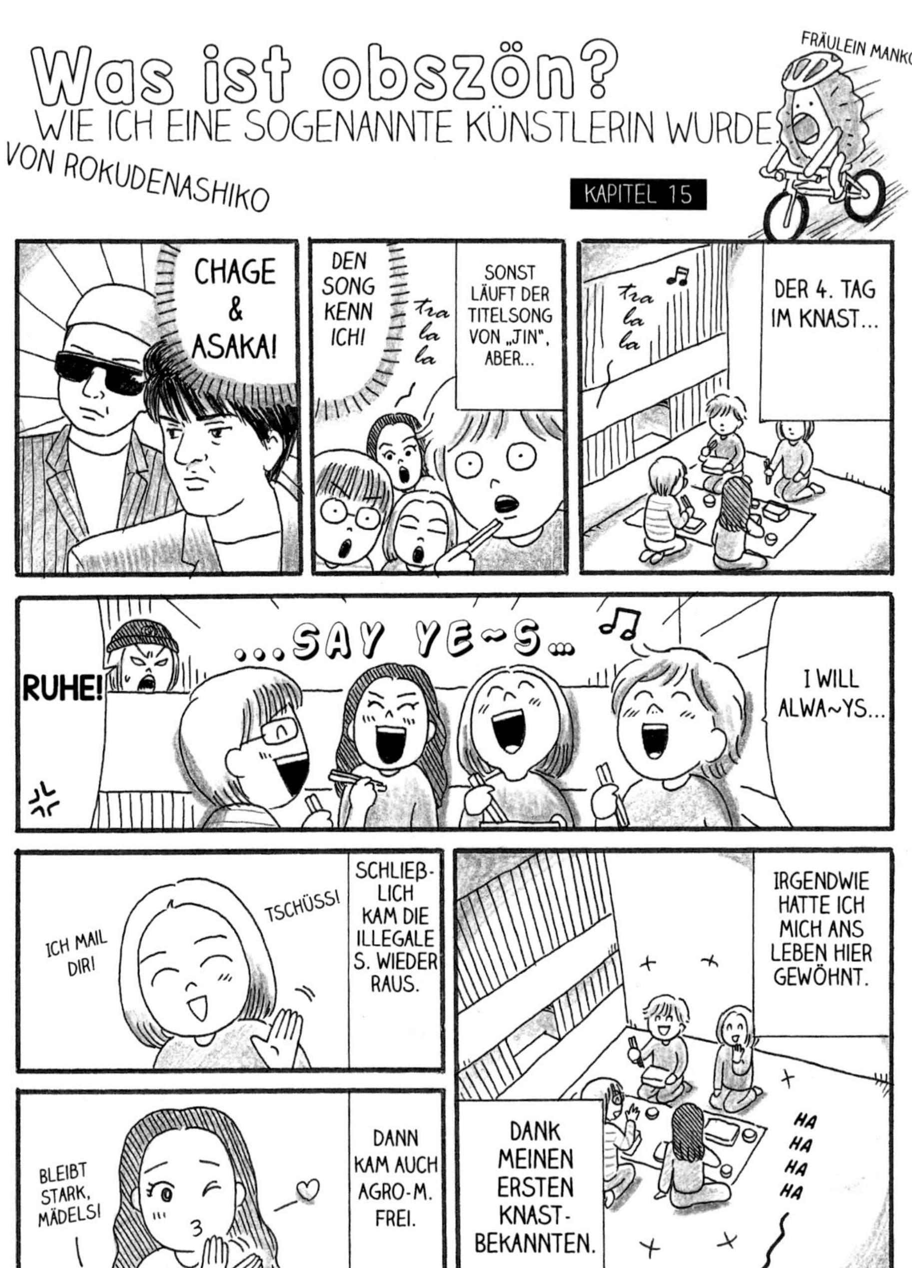

Was ist obszön?
WIE ICH EINE SOGENANNTE KÜNSTLERIN WURDE
VON ROKUDENASHIKO
FRÄULEIN MANKO
KAPITEL 15
CHAGE & ASAKA!
DEN SONG KENN ICH!
tra la la
SONST LÄUFT DER TITELSONG VON „JIN", ABER…
tra la la
DER 4. TAG IM KNAST…
…SAY YE~S…
RUHE!
I WILL ALWA~YS…
ICH MAIL DIR!
TSCHÜSS!
SCHLIEß-LICH KAM DIE ILLEGALE S. WIEDER RAUS.
BLEIBT STARK, MÄDELS!
DANN KAM AUCH AGRO-M. FREI.
IRGENDWIE HATTE ICH MICH ANS LEBEN HIER GEWÖHNT.
HA HA HA HA
DANK MEINEN ERSTEN KNAST-BEKANNTEN.

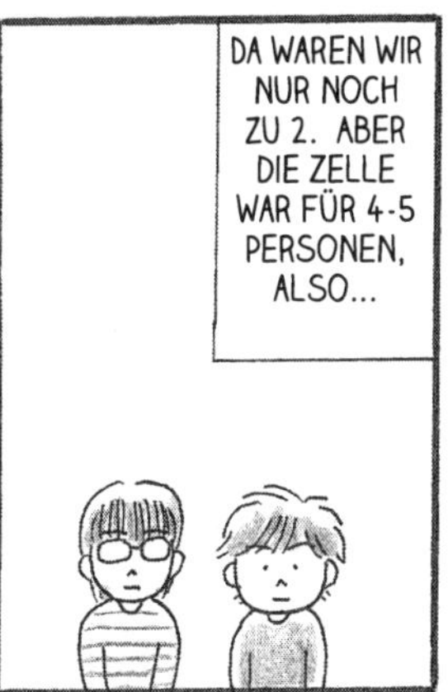
DA WAREN WIR NUR NOCH ZU 2. ABER DIE ZELLE WAR FÜR 4-5 PERSONEN, ALSO...

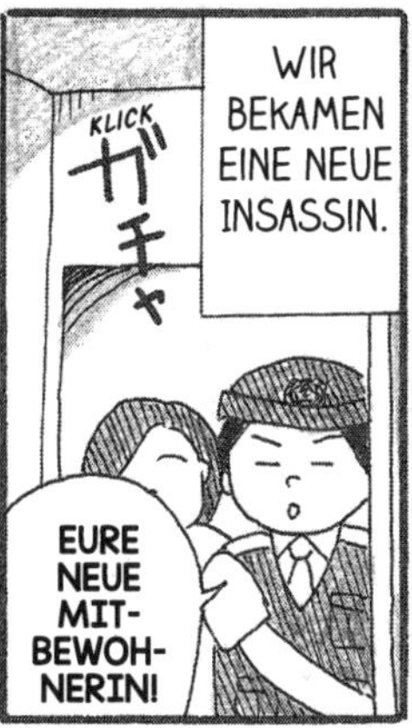
WIR BEKAMEN EINE NEUE INSASSIN.
KLICK
ガチャ
EURE NEUE MIT-BEWOH-NERIN!

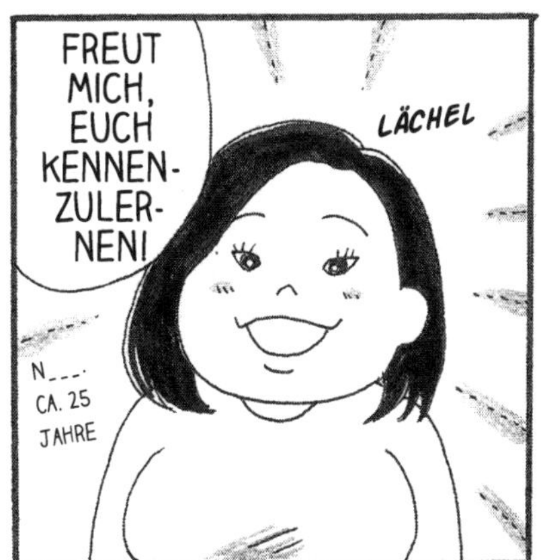
FREUT MICH, EUCH KENNEN-ZULER-NEN!
LÄCHEL
N___. CA. 25 JAHRE

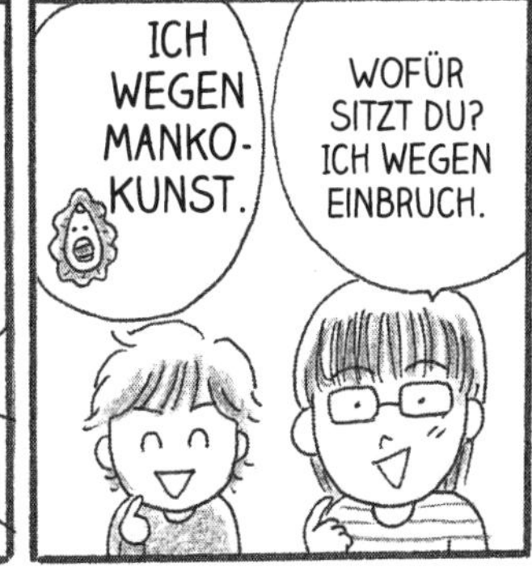
WOFÜR SITZT DU? ICH WEGEN EINBRUCH.
ICH WEGEN MANKO-KUNST.

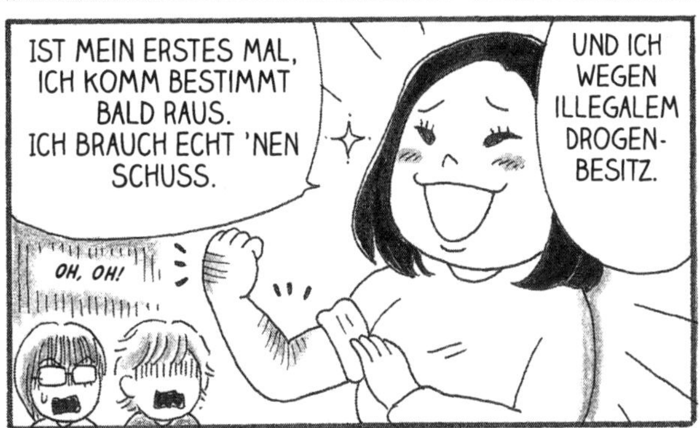
UND ICH WEGEN ILLEGALEM DROGEN-BESITZ.
IST MEIN ERSTES MAL, ICH KOMM BESTIMMT BALD RAUS. ICH BRAUCH ECHT 'NEN SCHUSS.
OH, OH!

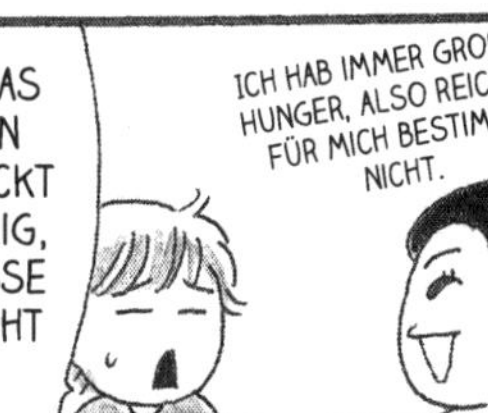
ABER VIEL WICHTIGER: GIBT'S HIER GENUG ZU ESSEN?
ICH HAB IMMER GROßEN HUNGER, ALSO REICHT'S FÜR MICH BESTIMMT NICHT.
UFF, DAS ESSEN SCHMECKT SO EKLIG, DAS ESSE ICH NICHT AUF.

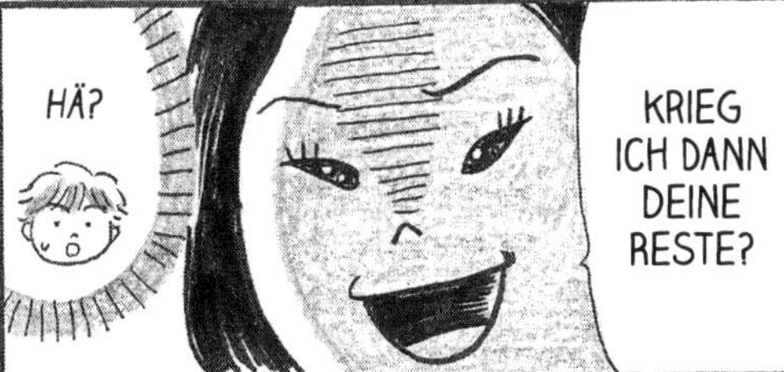
KRIEG ICH DANN DEINE RESTE?
HÄ?

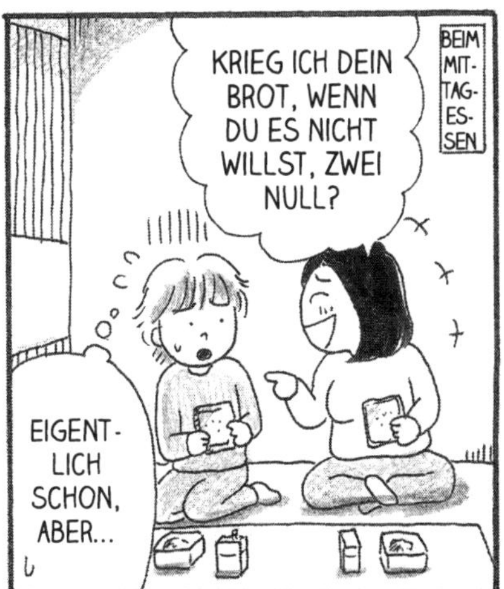
BEIM MIT-TAG-ES-SEN
KRIEG ICH DEIN BROT, WENN DU ES NICHT WILLST, ZWEI NULL?
EIGENT-LICH SCHON, ABER...

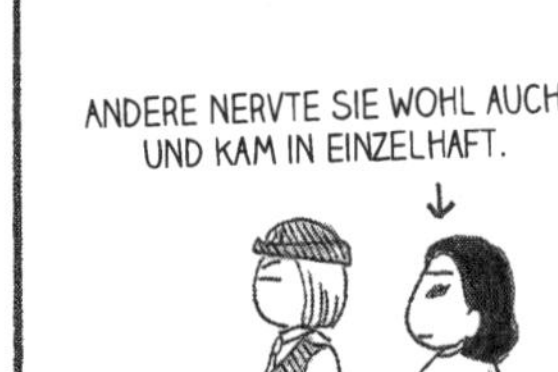

K. VERPETZTE SIE BEI DER WACHE. N. MUSSTE UMZIEHEN.

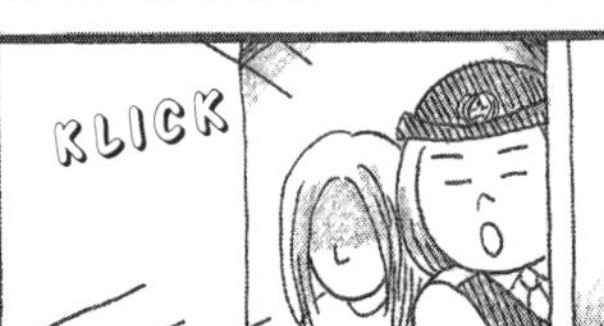

DANN BEKAMEN WIR EINE NEUE.

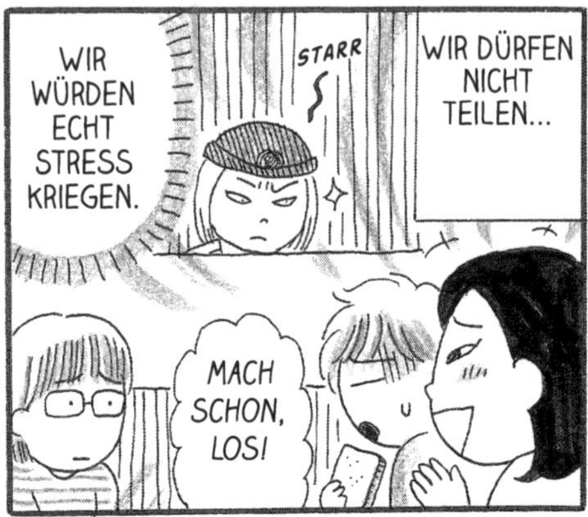

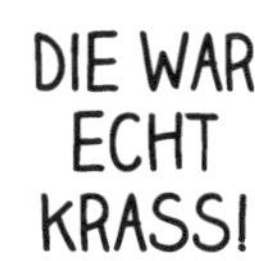

DIE WAR ECHT KRASS!

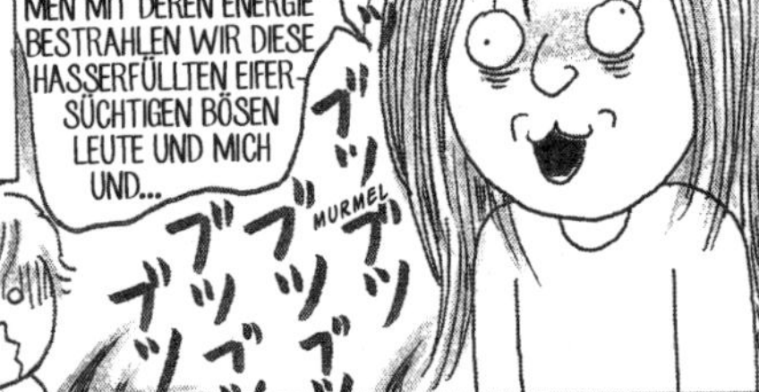

MEINE HAUT IST SO PECHSCHWARZ DIE RADIOAKTIVEN PARTIKEL DIE HAT MAN ÜBER MICH GESCHÜTTET, PECHSCHWARZ VON DER RADIOAKTIVITÄT WARUM SIND DIE HINTER MIR HER SIE SIND BÖSE SIE VERFOLGEN MICH SEIT EINER EWIGKEIT SIE SIND BÖSE VOLLER HASS UND EIFERSUCHT

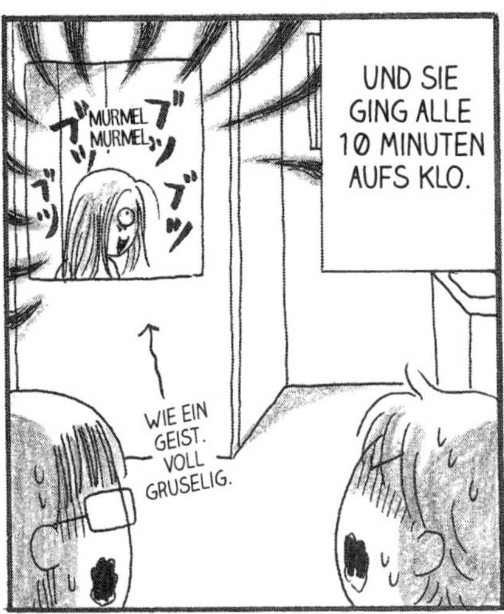

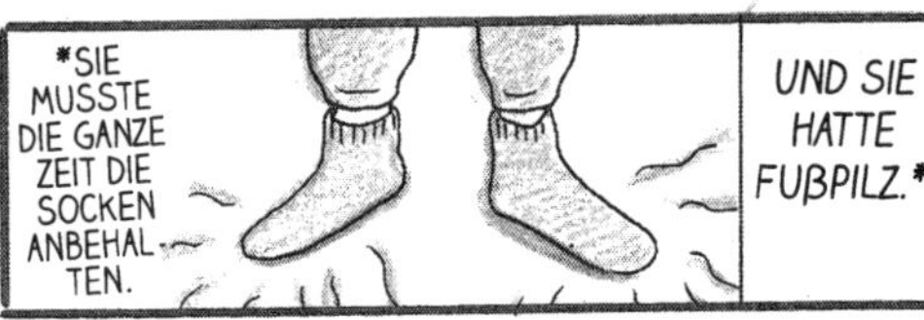

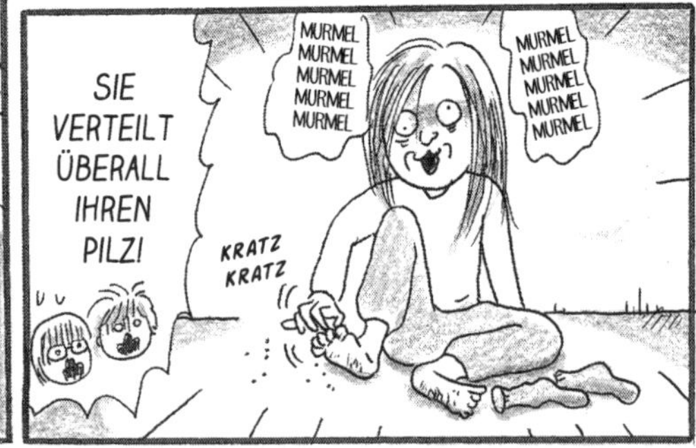

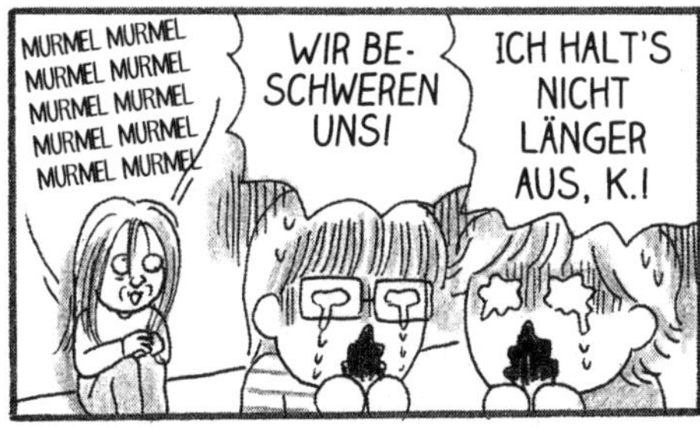
MURMEL MURMEL MURMEL MURMEL MURMEL MURMEL MURMEL MURMEL MURMEL MURMEL
WIR BE-SCHWEREN UNS!
ICH HALT'S NICHT LÄNGER AUS, K.!

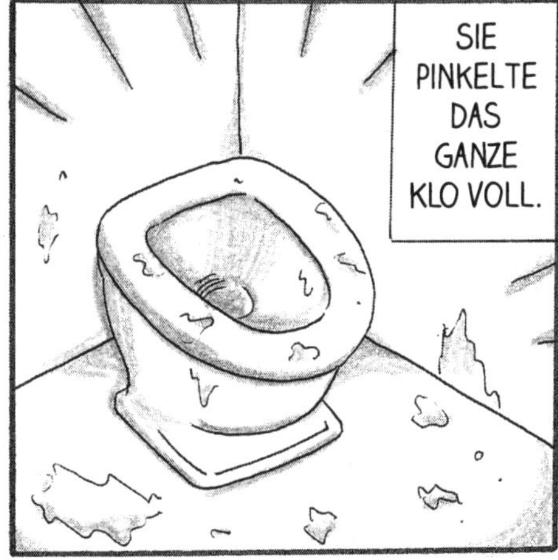
SIE PINKELTE DAS GANZE KLO VOLL.

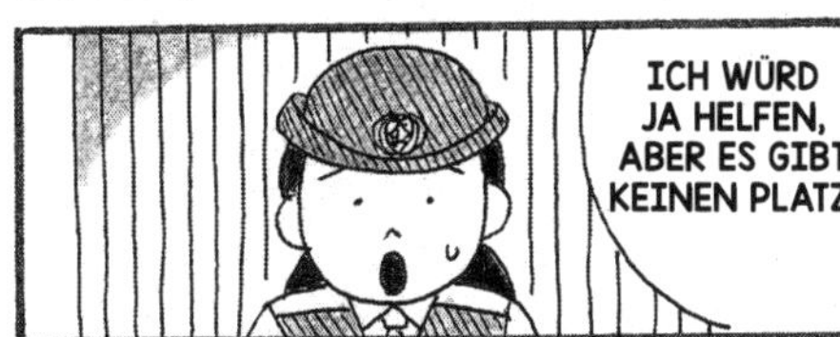
ICH WÜRD JA HELFEN, ABER ES GIBT KEINEN PLATZ.

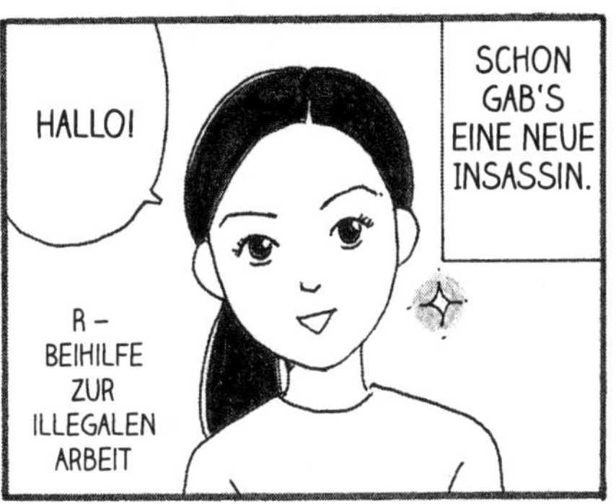
SCHON GAB'S EINE NEUE INSASSIN.
HALLO!
R – BEIHILFE ZUR ILLEGALEN ARBEIT

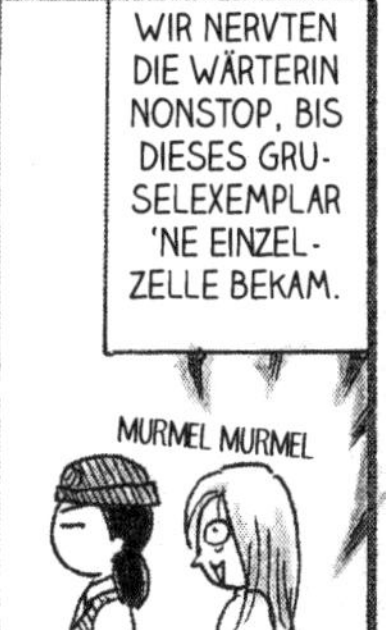
WIR NERVTEN DIE WÄRTERIN NONSTOP, BIS DIESES GRU-SELEXEMPLAR 'NE EINZEL-ZELLE BEKAM.
MURMEL MURMEL

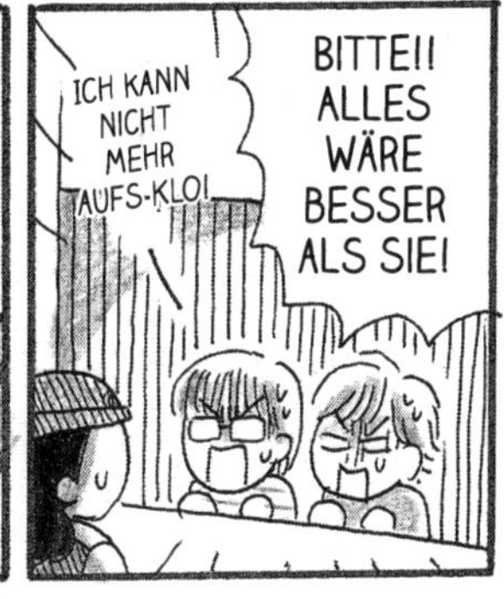
BITTE!! ALLES WÄRE BESSER ALS SIE!
ICH KANN NICHT MEHR AUFS-KLO!

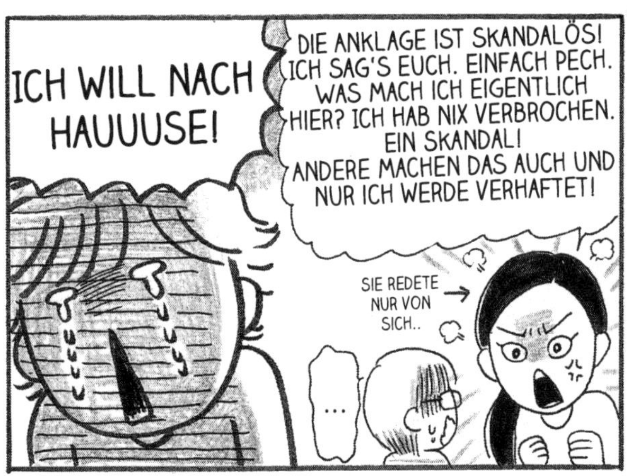
DIE ANKLAGE IST SKANDALÖS! ICH SAG'S EUCH. EINFACH PECH. WAS MACH ICH EIGENTLICH HIER? ICH HAB NIX VERBROCHEN. EIN SKANDAL! ANDERE MACHEN DAS AUCH UND NUR ICH WERDE VERHAFTET!
ICH WILL NACH HAUUUSE!
SIE REDETE NUR VON SICH..
...

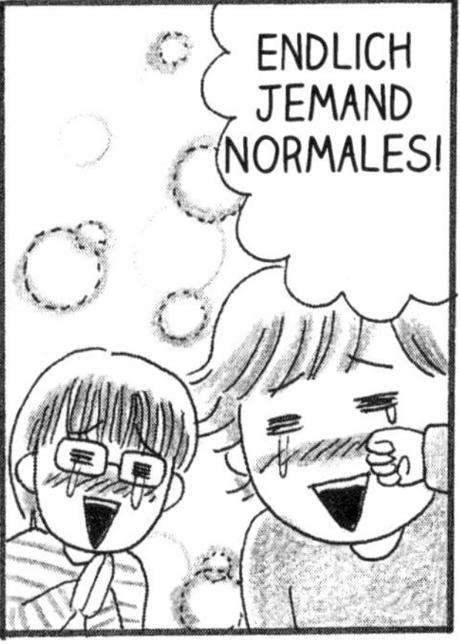
ENDLICH JEMAND NORMALES!

Yoni Mapping

Yoni – Was? Das weibliche Kraftzentrum liegt im Schoß einer Frau. In ihrer Yoni. Yoni kommt aus dem indischen Sanskrit und ist ein heiliges Symbol des weiblichen Geschlechts. Vulva, Vagina, Gebärmutter und Eierstöcke zusammen. Weitere Bedeutungen sind Quelle, Ursprung und Nest.

Yoni Mapping ist eine Achtsamkeitspraxis aus dem Sexological Bodywork. Es ist eine sanfte und respektvolle „guided tour" durch die geheimnisvollste Region - das unglaubliche weibliche Becken bzw. die Yoni. In dieser Sitzung entsteht dabei eine ganz persönliche Landkarte (von englisch „map") von ihr. Ganz ohne Stift und Papier, dafür aber mit achtsamer Berührung.

Das Ziel ist es, die eigene Yoni so richtig kennenzulernen – denn leider bringt uns das niemand bei. Das ***Yoni Mapping*** gibt uns die Möglichkeit, das Potenzial der Yoni zu entdecken und an einen Ort der Ganzheit, der Liebe, des Respekts und der Wertschätzung für sich selbst zu gelangen.

Vertraute und neue lustbringende Bereiche können erspürt und verortet werden. Bereiche, die sich vielleicht noch als wenig lebendig oder fremd anfühlen, als taub oder schmerzhaft, werden bewusst gemacht. Hinfühlen in diese Bereiche weckt sie auf und macht sie lebendig. Seelische Blockaden manifestieren sich in unseren Körperzellen durch Taubheit und Schmerz. Das Aufspüren und Lösen dieser Blockaden kann zu tiefen Heilungsprozessen und einem Wiederverbinden mit den eigenen weiblichen Genitalien als Kraftzentrum und Lustzentrum führen. Dabei kann frau lernen, eine klare Sprache für die eigenen Bedürfnisse zu finden und sich auszudrücken, wenn es um das sexuelle Erleben geht.

Viele der Teilnehmerinnen kommen zu einem ***Yoni Mapping***, weil sie mehr beim Sex spüren möchten und sich mehr Verbindung zu ihrer Yoni wünschen. Einige sind auf ihrer Heilungsreise nach traumatischen sexuellen Erfahrungen, wieder andere sind einfach neugierig.

Nach einer Sitzung fühlen sich viele der Frauen, tief genährt und berührt. „Ich weiß jetzt viel besser, wie ich berührt werden möchte", „Mein Körper hat 'Nein' gesagt und es flossen viele Tränen" und „Ich habe viel Neues gespürt" sind nur einige Stimmen nach dem ***Yoni Mapping***. Viele beschreiben es so, dass sie ein Stück weit zu sich nach Hause gekommen sind.

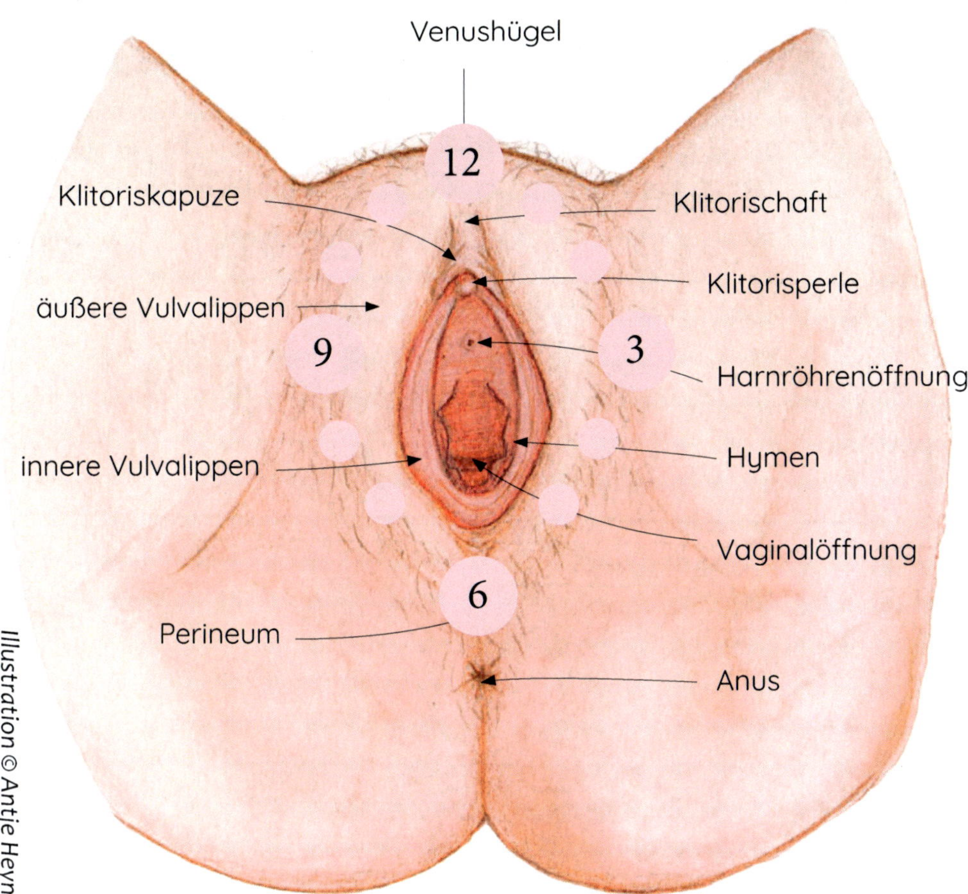

Die Zahlen auf der Illustration stehen für ein Ziffernblatt und dienen der Orientierung in der Vagina. Das ***Yoni Mapping*** geht entlang dieser Zahlen im Uhrzeigersinn. Damit können Empfindungen besser verortet werden und frau bekommt ein klares (mentales) Bild von ihrer Yoni.

Das ***Yoni Mapping*** wird in 1:1 Sitzungen angeboten sowie im beliebten Online Workshop mit ausgeschalteten Bildschirmen.

Antje Heymann
ist ausgebildete Architektin und hat sich nach einem Lebenswandel 2016 auf die Körperarbeit mit Frauen spezialisiert. Das Bewusstsein für das Weibliche in der Welt zu stärken ist seither ihre Mission. Mehr Infos zu ihrem Wirken gibts auf *www.antjeheymann.com*

Was ist obszön?

WIE ICH EINE SOGENANNTE KÜNSTLERIN WURDE

VON ROKUDENASHIKO

KAPITEL 16

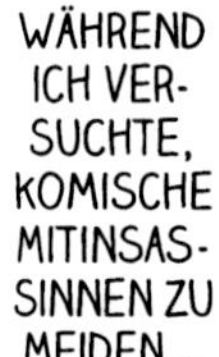

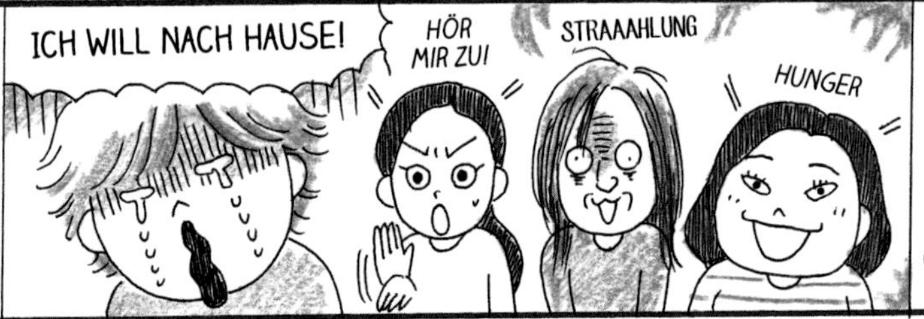

NACH 7 TAGEN IM KNAST HATTE ICH GENUG.

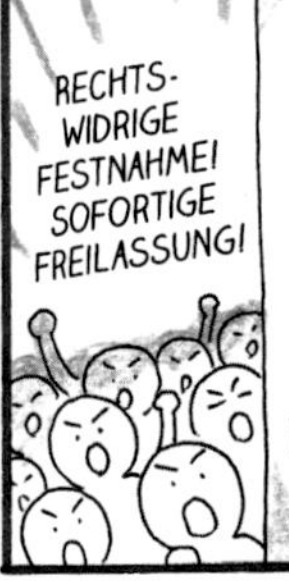

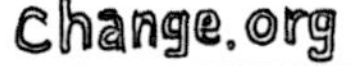

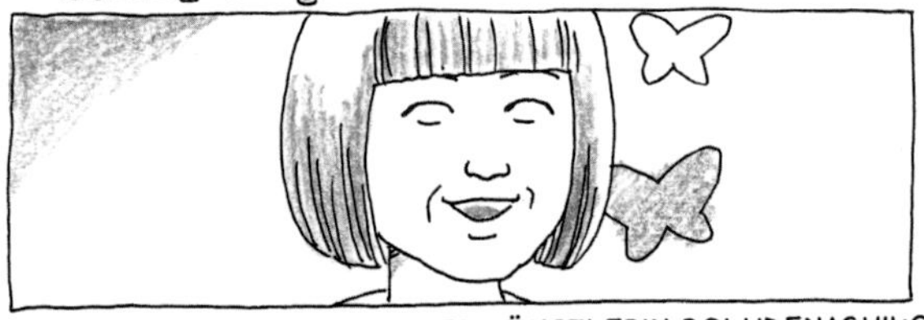

PETITION ZUR FREILASSUNG DER KÜNSTLERIN ROKUDENASHIKO (AKA MEGUMI IGARASHI) 21.183 UNTERSCHRIFTEN

… HATTEN FREMDE EINE ONLINE-PETITION FÜR MEINE FREILASSUNG GESTARTET, MIT ÜBER 20 TSD. UNTERSCHRIFTEN.

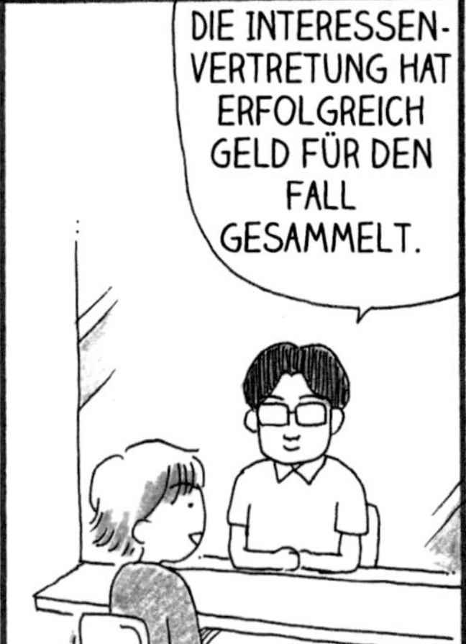

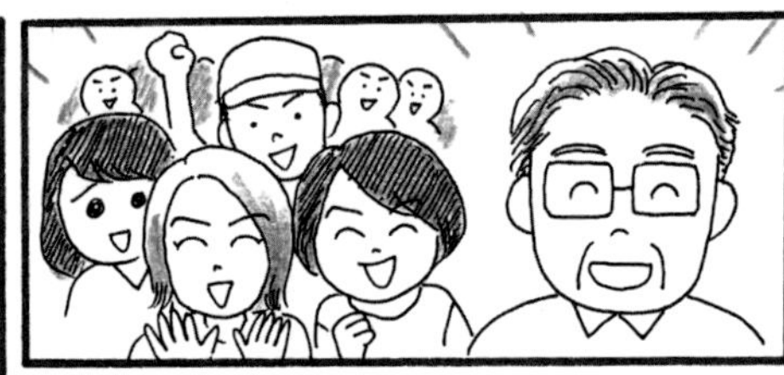

FREUNDE UND FAMILIE UNTERSTÜTZTEN MICH.

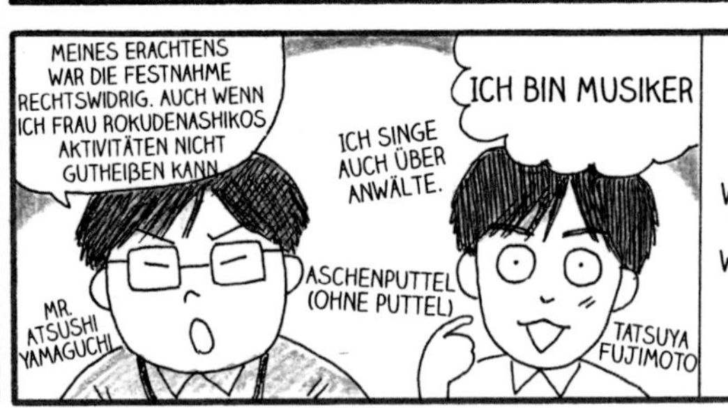

MEIN ANWALTSTEAM WUCHS.

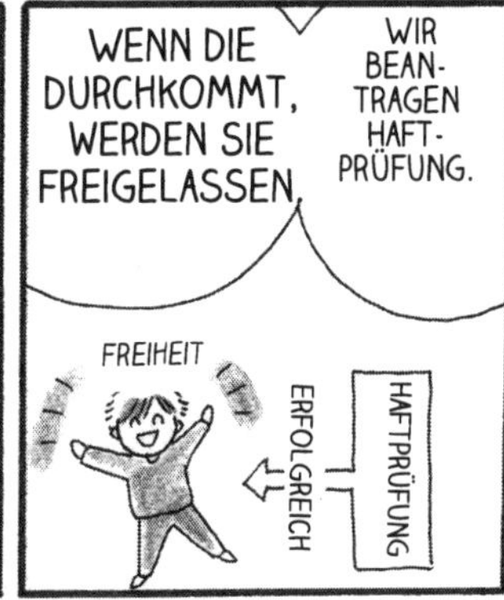
WIR BEANTRAGEN HAFTPRÜFUNG.
WENN DIE DURCHKOMMT, WERDEN SIE FREIGELASSEN,
HAFTPRÜFUNG
ERFOLGREICH
FREIHEIT

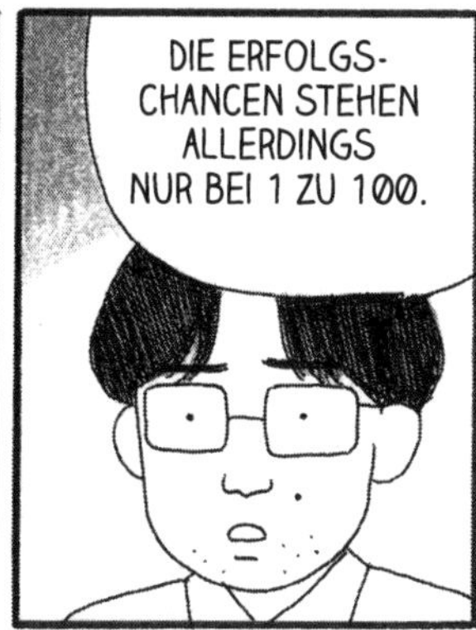
DIE ERFOLGSCHANCEN STEHEN ALLERDINGS NUR BEI 1 ZU 100.

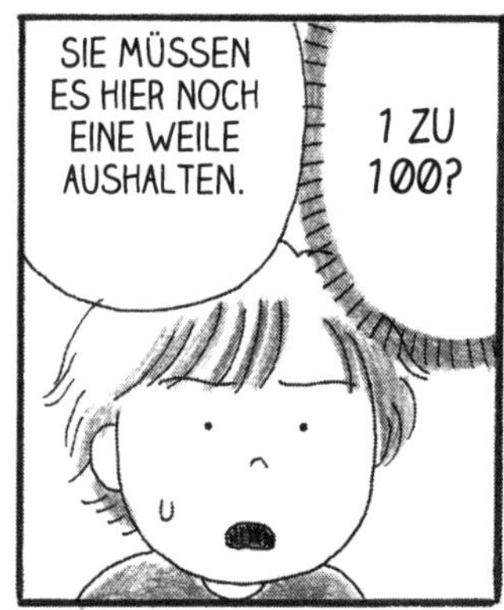
1 ZU 100?
SIE MÜSSEN ES HIER NOCH EINE WEILE AUSHALTEN.

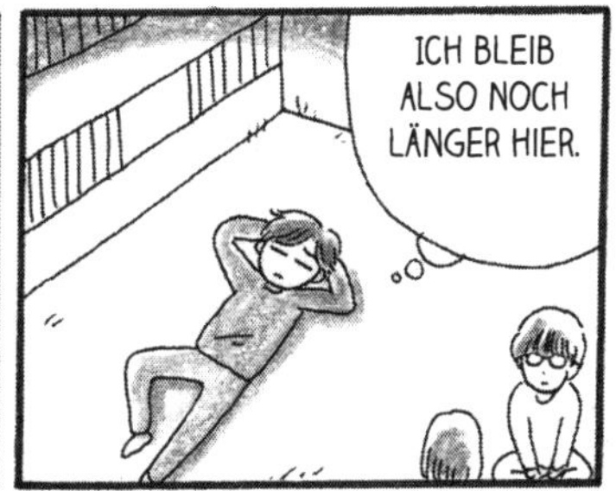
ICH BLEIB ALSO NOCH LÄNGER HIER.

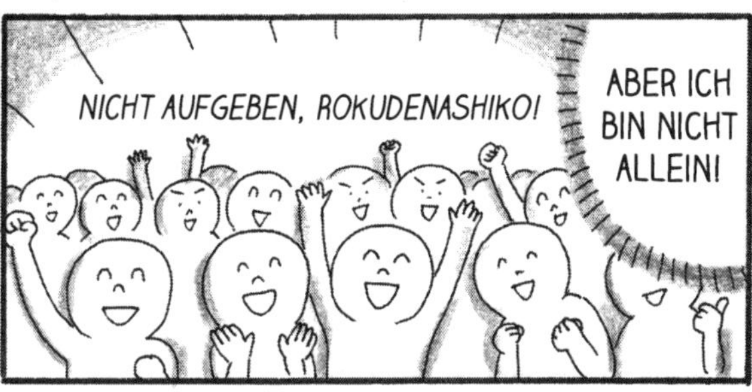
ABER ICH BIN NICHT ALLEIN!
NICHT AUFGEBEN, ROKUDENASHIKO!

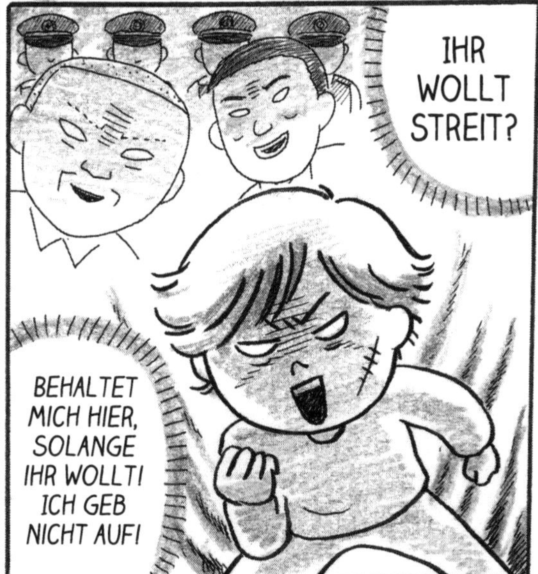
IHR WOLLT STREIT?
BEHALTET MICH HIER, SOLANGE IHR WOLLT! ICH GEB NICHT AUF!

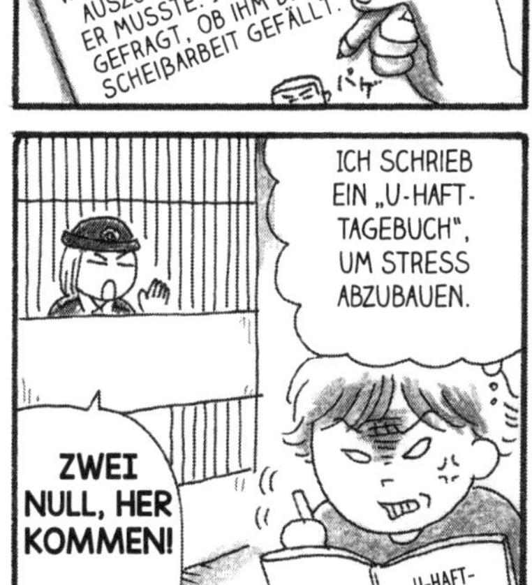
KRITZEL KRATZEL
GESTERN WOLLTE DER DUMME BEAMTE SICH WEIGERN, „DIESES WORT" AUSZUSPRECHEN. ABER ER MUSSTE. ICH HAB IHN GEFRAGT, OB IHM DIESE SCHEIẞARBEIT GEFÄLLT.
ICH SCHRIEB EIN „U-HAFT-TAGEBUCH", UM STRESS ABZUBAUEN.
ZWEI NULL, HER KOMMEN!
U-HAFT-TAGEBUCH

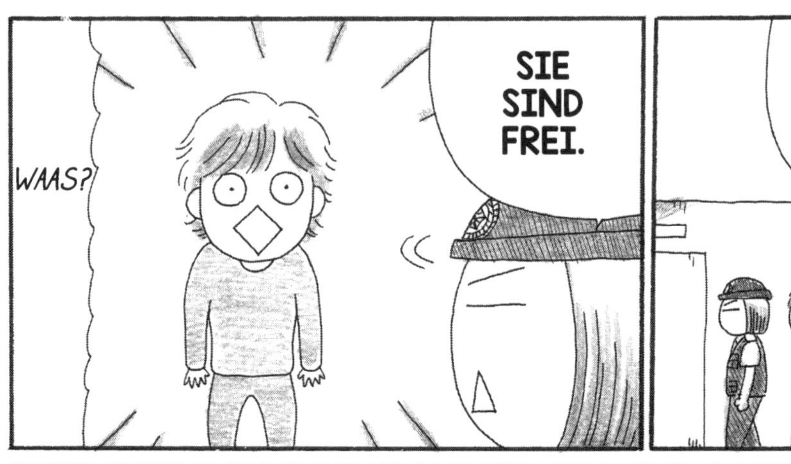
SIE SIND FREI.
WAAS?
WOHIN GEHT'S DENN JETZT...?

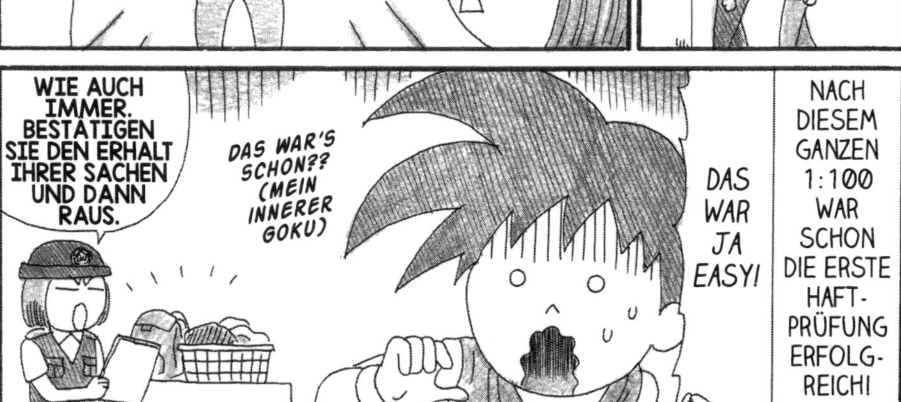
NACH DIESEM GANZEN 1:100 WAR SCHON DIE ERSTE HAFT-PRÜFUNG ERFOLG-REICH!
DAS WAR JA EASY!
DAS WAR'S SCHON?? (MEIN INNERER GOKU)
WIE AUCH IMMER. BESTÄTIGEN SIE DEN ERHALT IHRER SACHEN UND DANN RAUS.

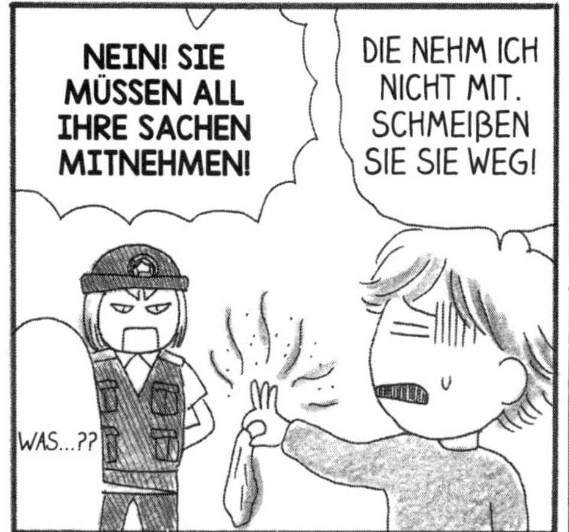
DIE NEHM ICH NICHT MIT. SCHMEIẞEN SIE SIE WEG!
NEIN! SIE MÜSSEN ALL IHRE SACHEN MITNEHMEN!
WAS...??

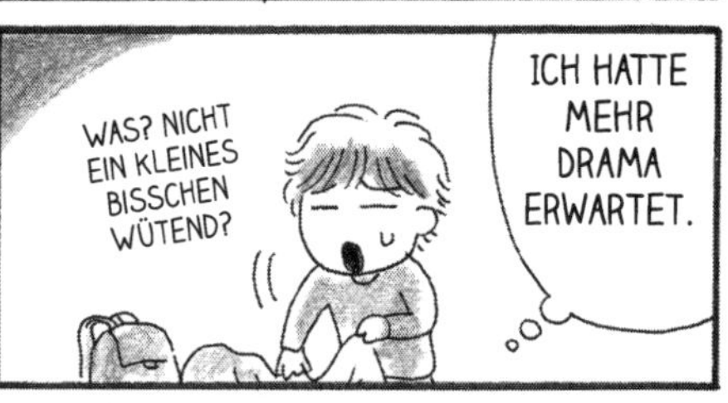
ICH HATTE MEHR DRAMA ERWARTET.
WAS? NICHT EIN KLEINES BISSCHEN WÜTEND?

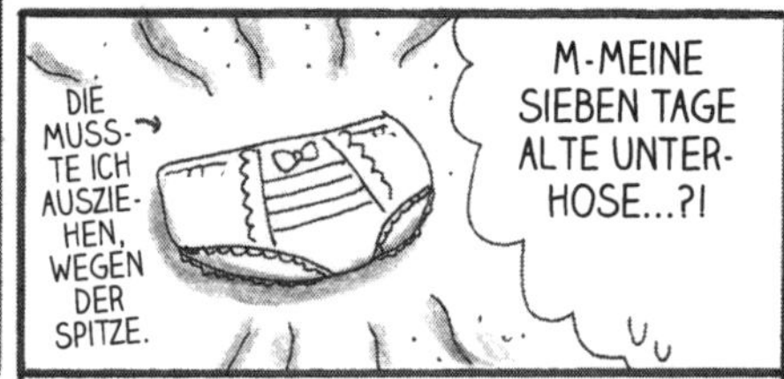
M-MEINE SIEBEN TAGE ALTE UNTER-HOSE...?!
DIE MUSS-TE ICH AUSZIE-HEN, WEGEN DER SPITZE.

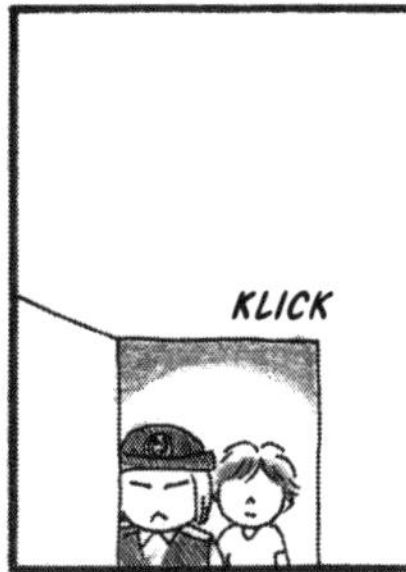
KLICK

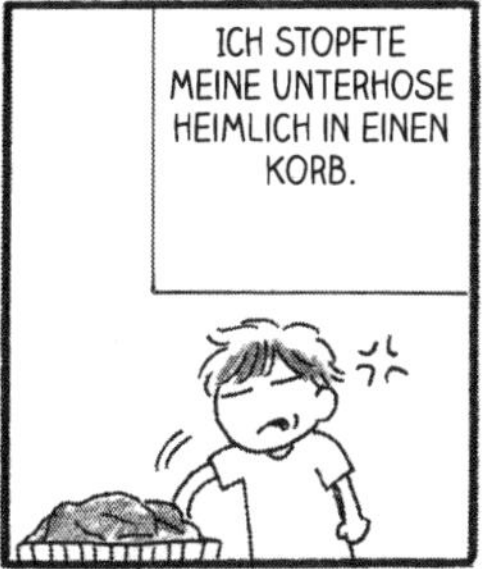
ICH STOPFTE MEINE UNTERHOSE HEIMLICH IN EINEN KORB.

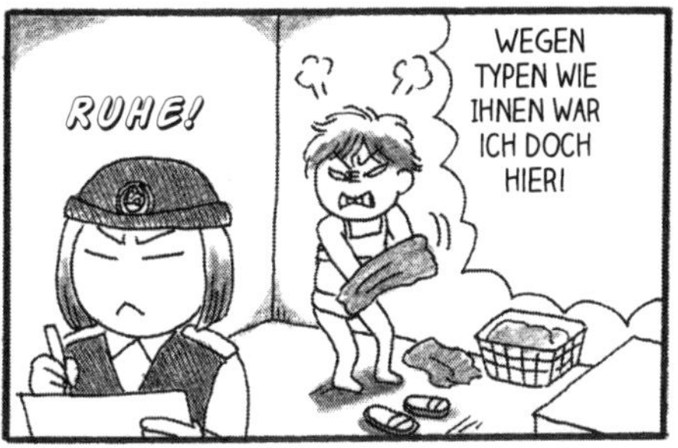
RUHE!
WEGEN TYPEN WIE IHNEN WAR ICH DOCH HIER!

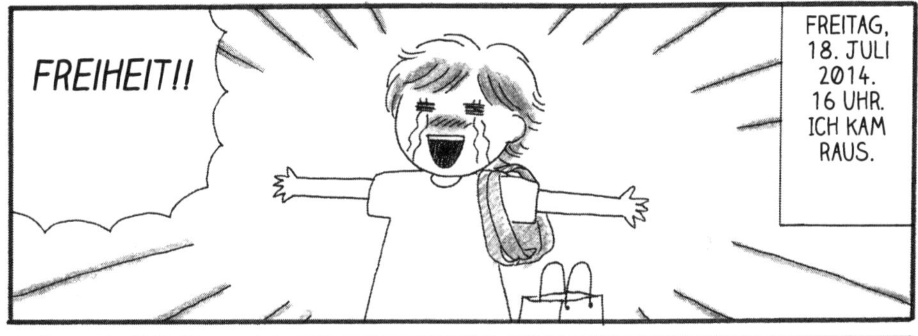
FREIHEIT!!
FREITAG, 18. JULI 2014. 16 UHR. ICH KAM RAUS.

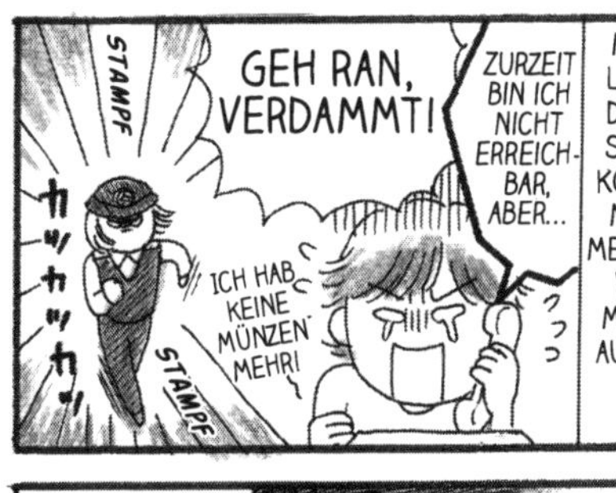
MEIN HANDY LAG NOCH IN DER POLIZEI-STATION VON KOIWA, DARUM MUSSTE ICH MEINEN ANWALT VON EINEM MÜNZAPPARAT AUS ANRUFEN.
ZURZEIT BIN ICH NICHT ERREICH-BAR, ABER...
GEH RAN, VERDAMMT!
ICH HAB KEINE MÜNZEN MEHR!
STAMPF
STAMPF

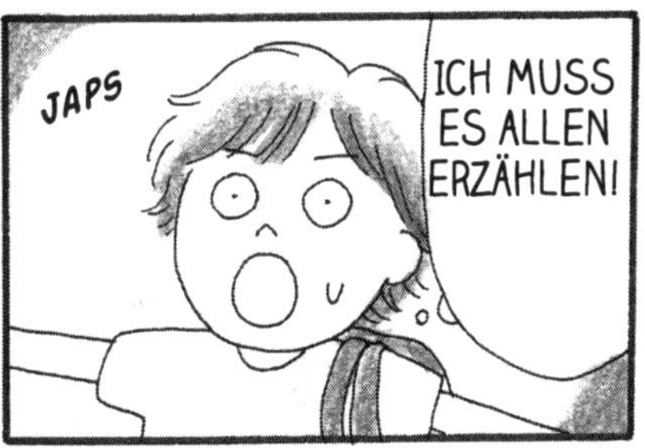
ICH MUSS ES ALLEN ERZÄHLEN!
JAPS

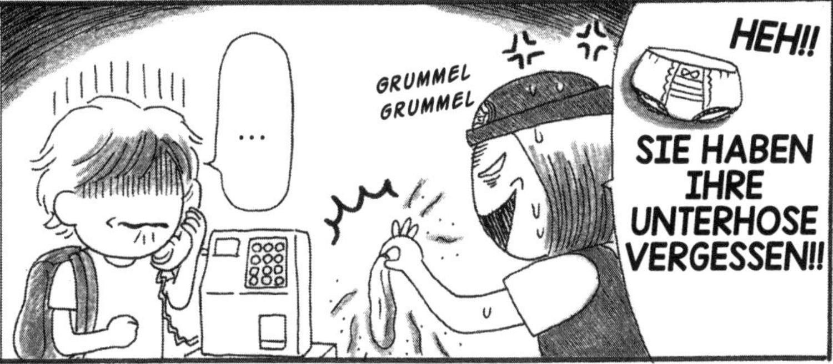
PSYCHO-TERROR BIS ZUR LETZTEN MINUTE!
...
GRUMMEL GRUMMEL
HEH!!
SIE HABEN IHRE UNTERHOSE VERGESSEN!!

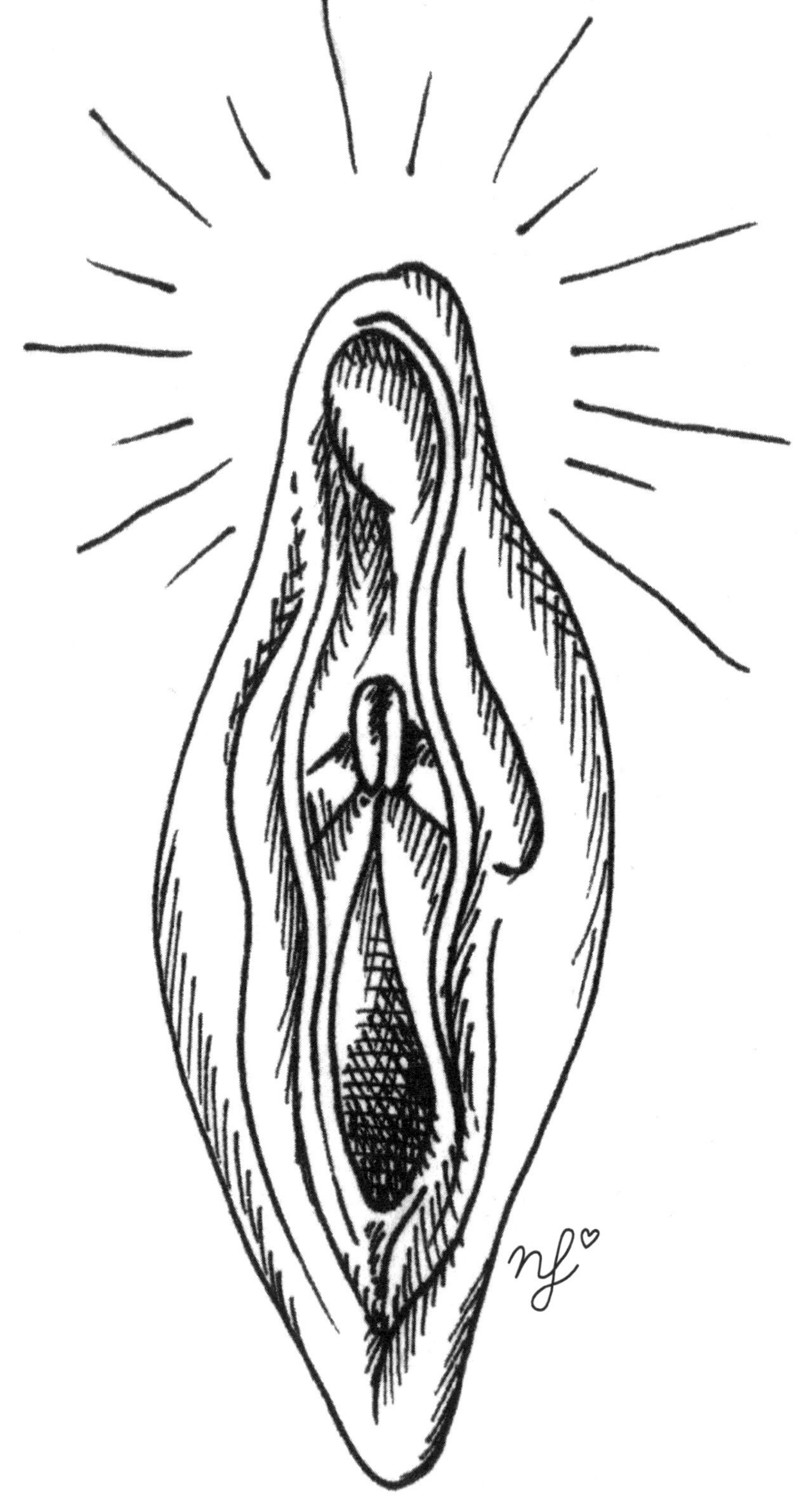

Holy MAMA

Ursprünglich als Weihnachtskarte mit Augenzwinkern gedacht, verselbständigte sich die Heilige Maria im Internet und auf den städtischen Wänden in Form von Stickern. Das war lange überfällig, denn erst der zweite Blick auf das Bild verrät worum es hier geht: das weibliche Geschlechtsorgan zeichnet sich in der Form einer erleuchteten und betenden Frau ab.

Während man im Alltag wohl an jeder Ecke einen Phallus entdecken kann, ist der weibliche Gegenpart immer noch tabuisiert. Hier kam die Idee für die Heilige Vulva - Mutter aller Dinge.

Penisse im Überfluss,
mehr Tribute an die Weiblichkeit!

Nathalie Friedrich, Dipl-Designerin
www.nathaliefriedrich.de

Was ist obszön?

WIE ICH EINE SOGENANNTE KÜNSTLERIN WURDE

VON ROKUDENASHIKO

MANKO-CHAN

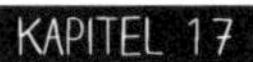

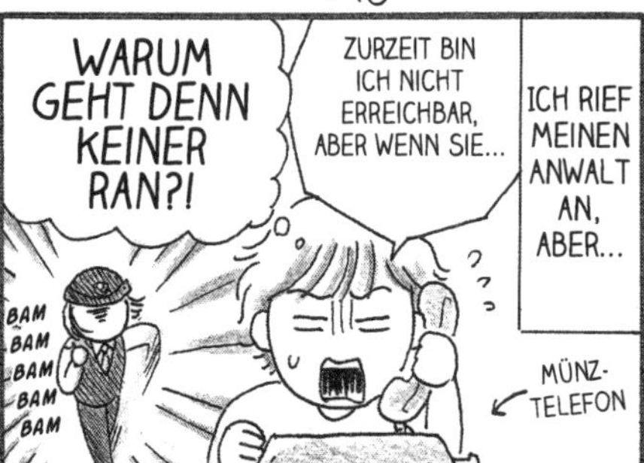

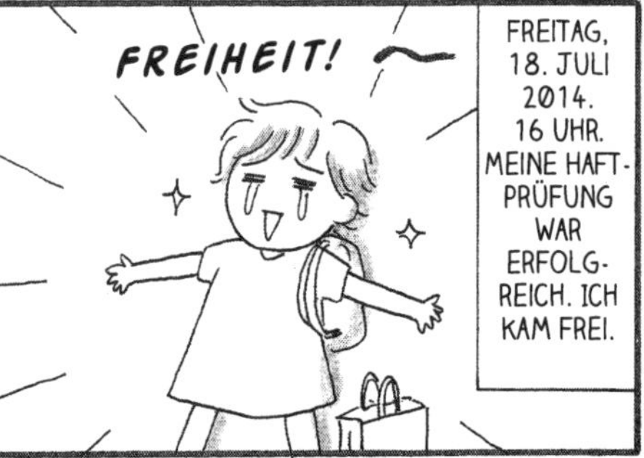

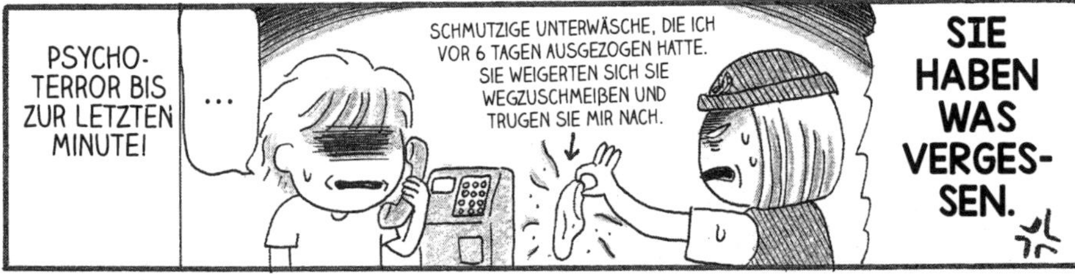

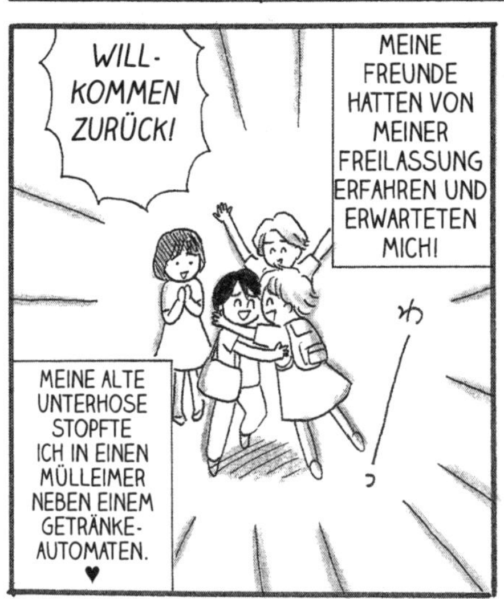

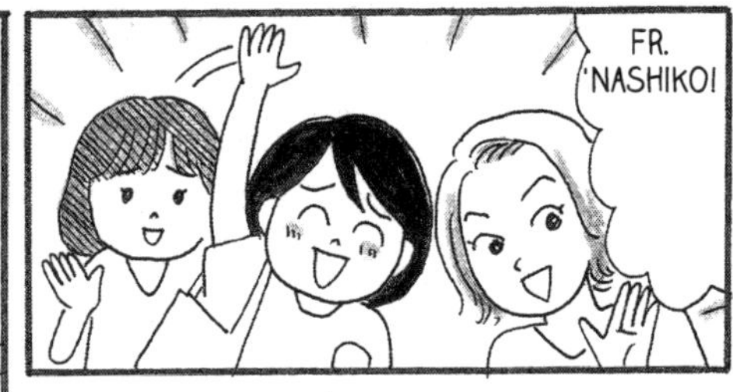

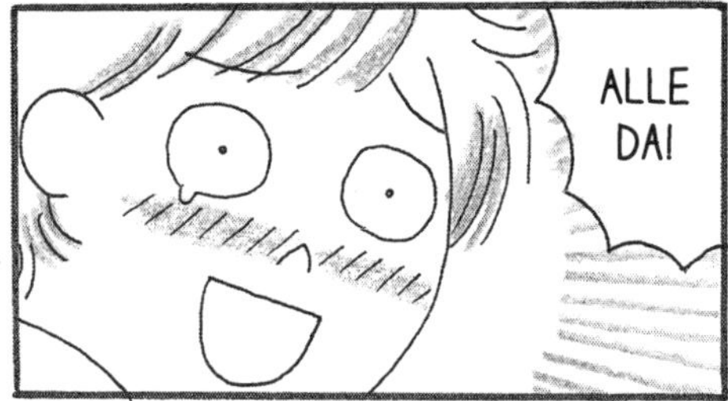

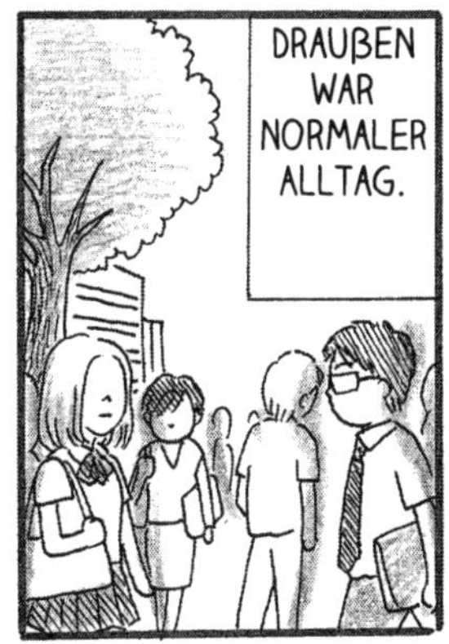
DRAUßEN WAR NORMALER ALLTAG.

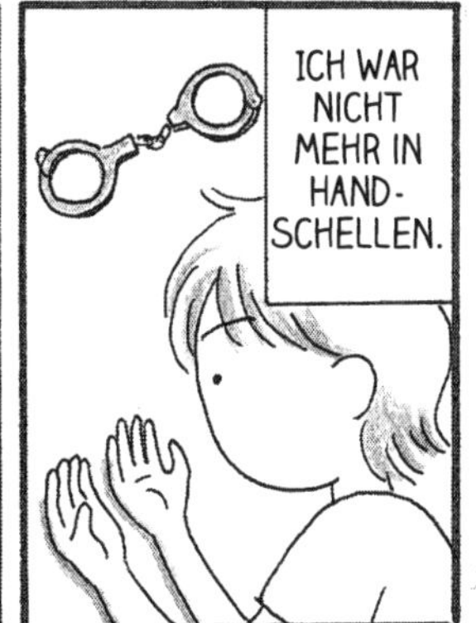
ICH WAR NICHT MEHR IN HAND-SCHELLEN.

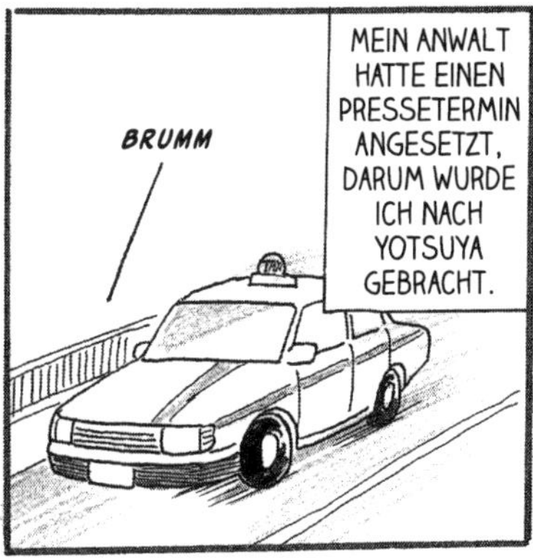
MEIN ANWALT HATTE EINEN PRESSETERMIN ANGESETZT, DARUM WURDE ICH NACH YOTSUYA GEBRACHT.
BRUMM

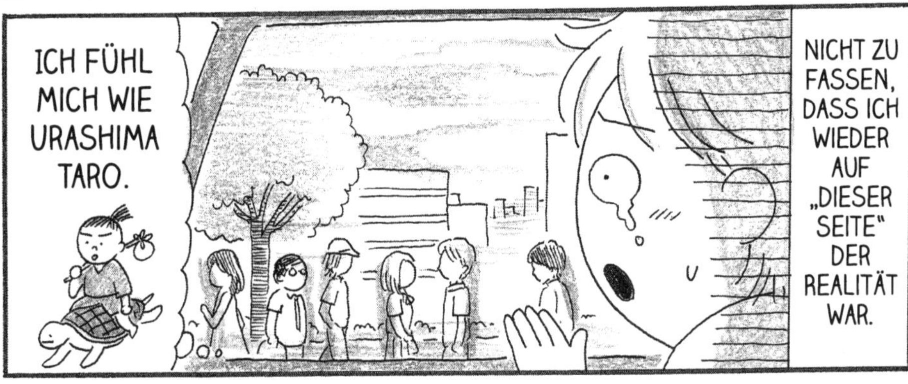
NICHT ZU FASSEN, DASS ICH WIEDER AUF „DIESER SEITE" DER REALITÄT WAR.
ICH FÜHL MICH WIE URASHIMA TARO.

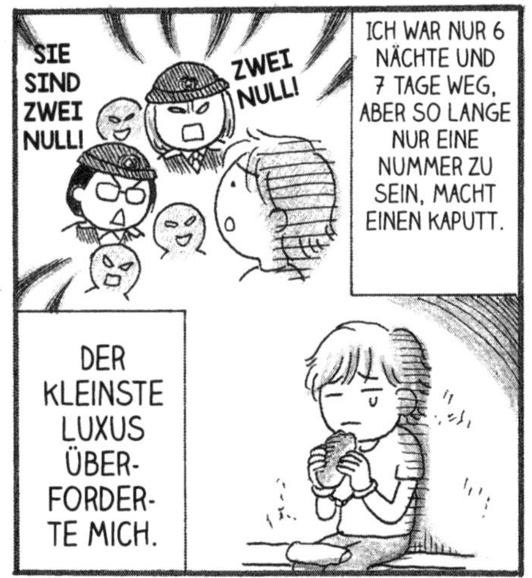
ICH WAR NUR 6 NÄCHTE UND 7 TAGE WEG, ABER SO LANGE NUR EINE NUMMER ZU SEIN, MACHT EINEN KAPUTT.
ZWEI NULL!
SIE SIND ZWEI NULL!
DER KLEINSTE LUXUS ÜBER-FORDER-TE MICH.

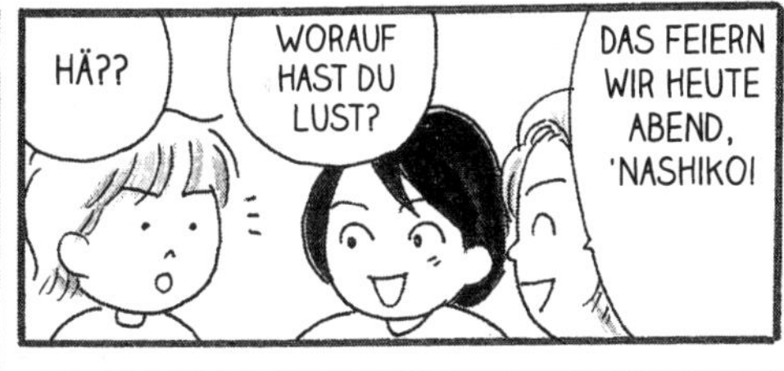
DAS FEIERN WIR HEUTE ABEND, 'NASHIKO!
WORAUF HAST DU LUST?
HÄ??

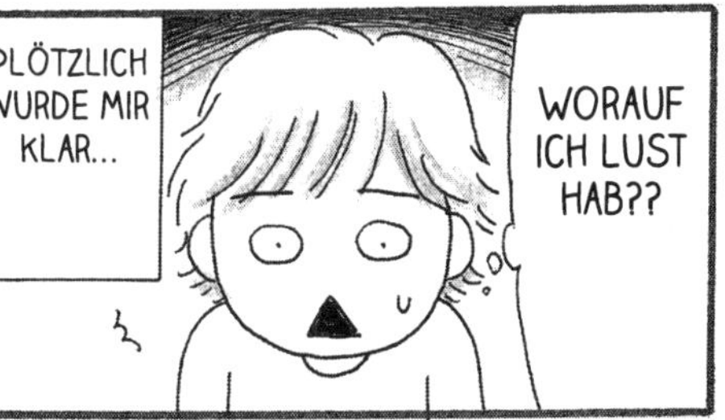
WORAUF ICH LUST HAB??
PLÖTZLICH WURDE MIR KLAR...

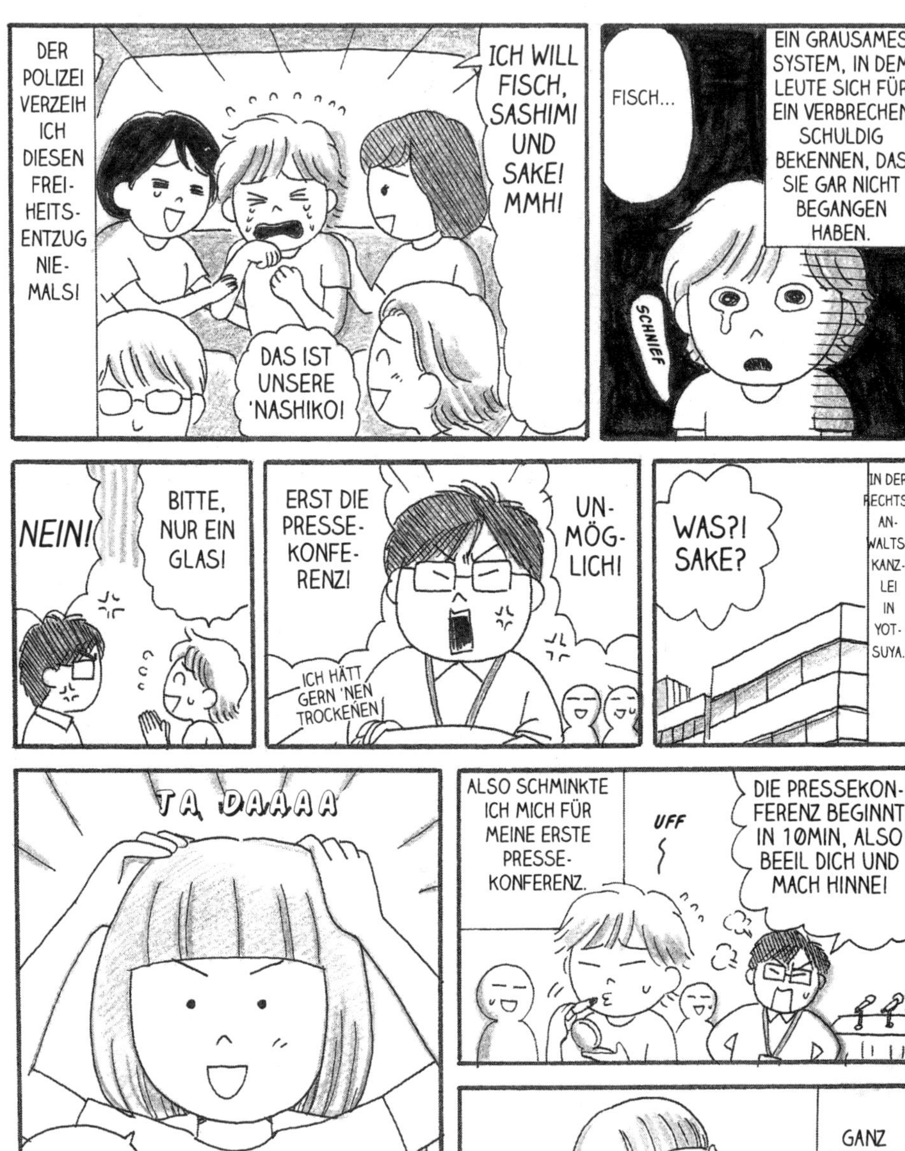
DER POLIZEI VERZEIH ICH DIESEN FREI-HEITS-ENTZUG NIE-MALS!
ICH WILL FISCH, SASHIMI UND SAKE! MMH!
DAS IST UNSERE 'NASHIKO!
EIN GRAUSAMES SYSTEM, IN DEM LEUTE SICH FÜR EIN VERBRECHEN SCHULDIG BEKENNEN, DAS SIE GAR NICHT BEGANGEN HABEN.
FISCH...
SCHNIEF
IN DER RECHTS-AN-WALTS-KANZ-LEI IN YOT-SUYA.
WAS?! SAKE?
UN-MÖG-LICH!
ERST DIE PRESSE-KONFE-RENZ!
ICH HÄTT GERN 'NEN TROCKENEN
BITTE, NUR EIN GLAS!
NEIN!
TA DAAAA
HIER BIN ICH WIEDER!
ALSO SCHMINKTE ICH MICH FÜR MEINE ERSTE PRESSE-KONFERENZ.
DIE PRESSEKON-FERENZ BEGINNT IN 10MIN, ALSO BEEIL DICH UND MACH HINNE!
UFF
GANZ WICHTIG ...

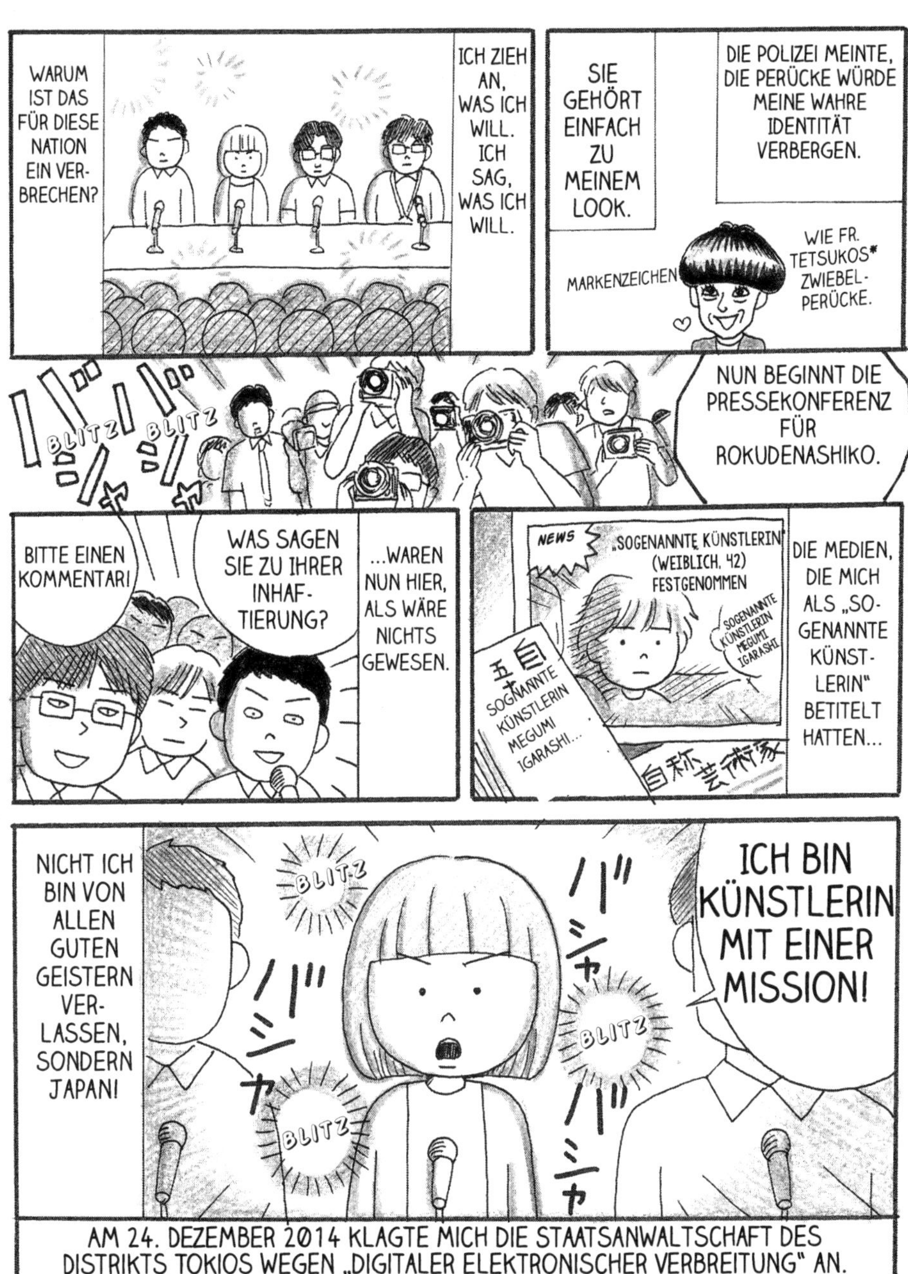

AM 24. DEZEMBER 2014 KLAGTE MICH DIE STAATSANWALTSCHAFT DES DISTRIKTS TOKIOS WEGEN „DIGITALER ELEKTRONISCHER VERBREITUNG" AN.

*TETSUKO KUROYANAGI IST EINE SCHAUSPIELERIN, TV-MODERATORIN UND UNICEF SONDERBEAUFTRAGTE.

Kanamara Matsuri

Das Shinto Kanamara Matsuri (das Fest des stählernen Penis) wird jedes Jahr im Frühling, am ersten Sonntag im April, im japanischen Kawasaki gefeiert.

Der Penis - als zentrales Thema der Veranstaltung - wird auf Plakaten, in Form von Süßigkeiten, geschnitztem Gemüse und Dekorationen dargestellt. Zu den Festivitäten gehört der Umzug, die Mikoshi Parade. Ein Mikoshi ist eine heilige religiöse Sänfte. Shinto-Anhänger sehen sie als Transportmittel einer Gottheit wenn sie während eines Festes zwischen dem Hauptschrein und einem temporären Schrein hin- und hergeht.

Beim Kanamara Fest gibt es drei tragbare Schreine: Kanamara Mikoshi überdacht einen hölzernen Penis, es ist die älteste der drei Sänften; Kanamara Boat Mikoshi in Form eines Bootes überdacht einen glänzenden schwarzen Eisenpenis und Elizabeth Mikoshi ist eine Sänfte ohne Bedachung für einen rosafarbenen Penis.

Die Festivitäten finden statt zu Ehren des Gottes Kanayama-hiko und der Göttin Kanayama-hime, beides Gött:innen der Schmiedekunst bzw. des Schmiedehandwerks. Beide werden auch für eine leichte Geburt, eheliche Harmonie und den Schutz vor übertragbaren Krankheiten angebetet.

Bild links oben aus dem Film #FEMALEPLEASURE, mit freundl. Genehmigung der Regisseurin, die anderen beiden Bilder © Guilhem Vellut

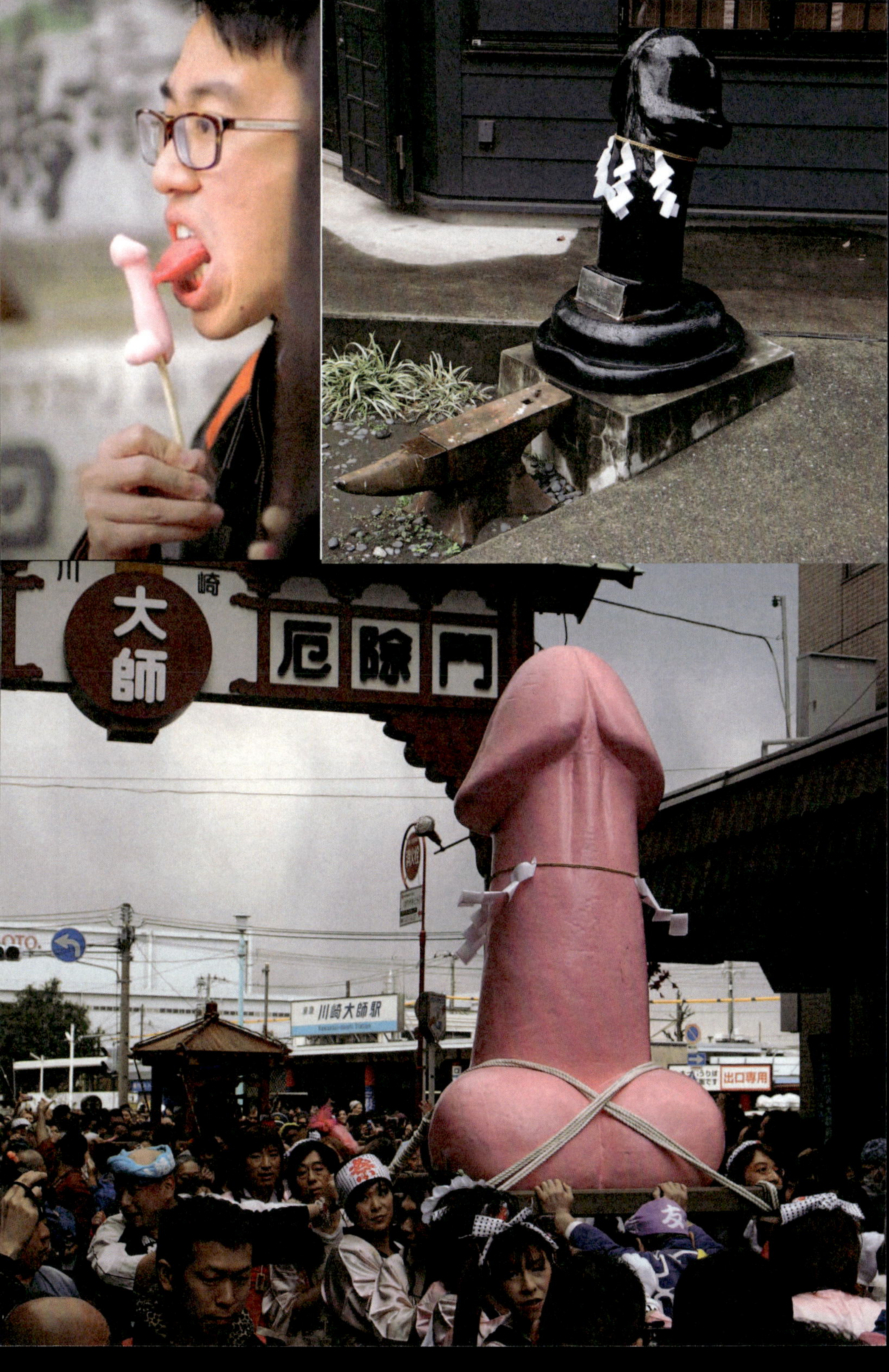
川
崎
大
師
厄除門
川崎大師駅
出口専用
祭
友

Was ist obszön?

WIE ICH EINE SOGENANNTE KÜNSTLERIN WURDE.

VON ROKUDENASHIKO

LETZTES KAPITEL

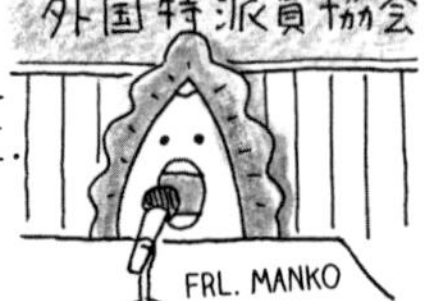

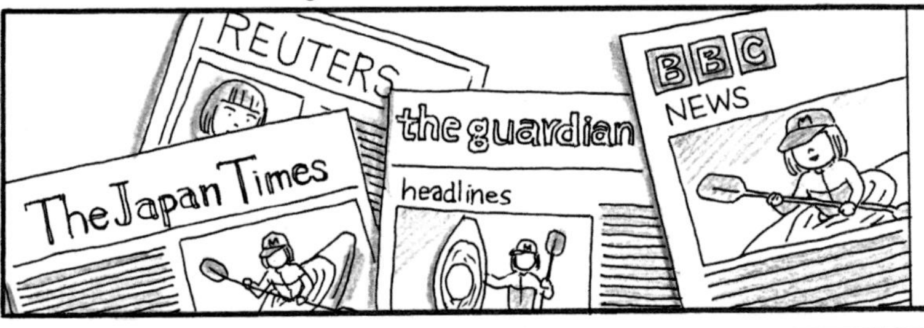

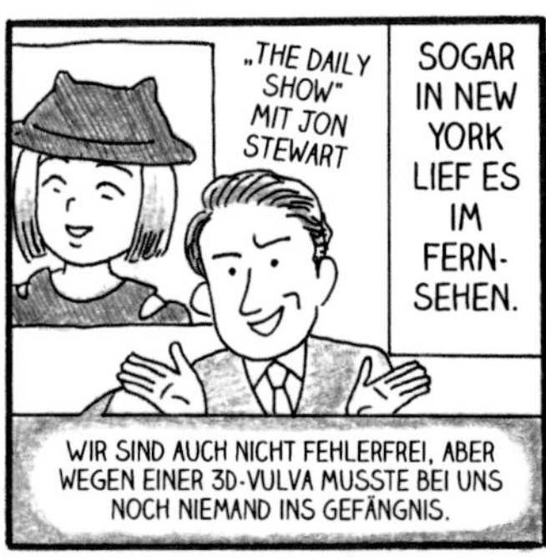

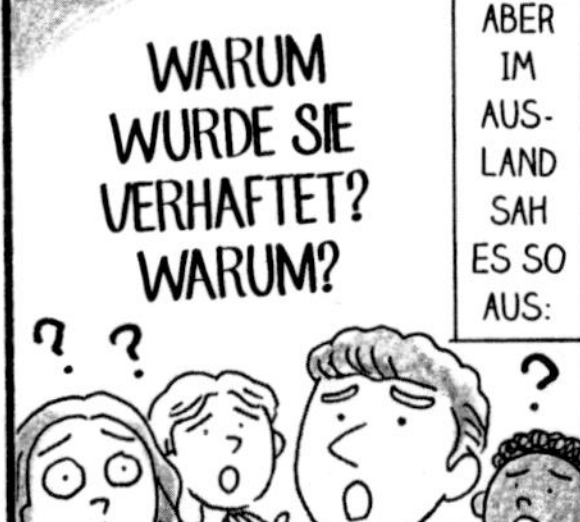

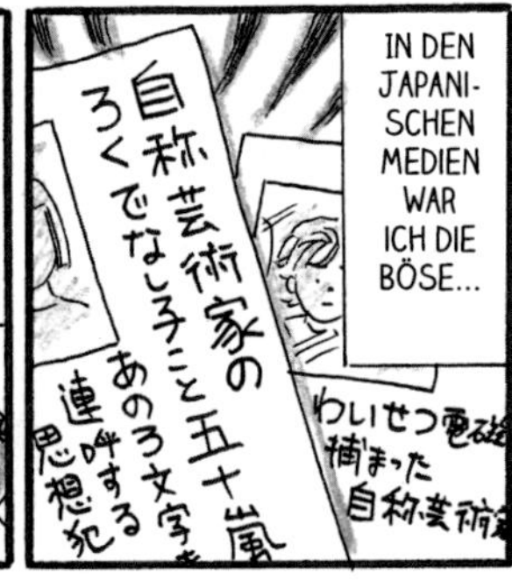

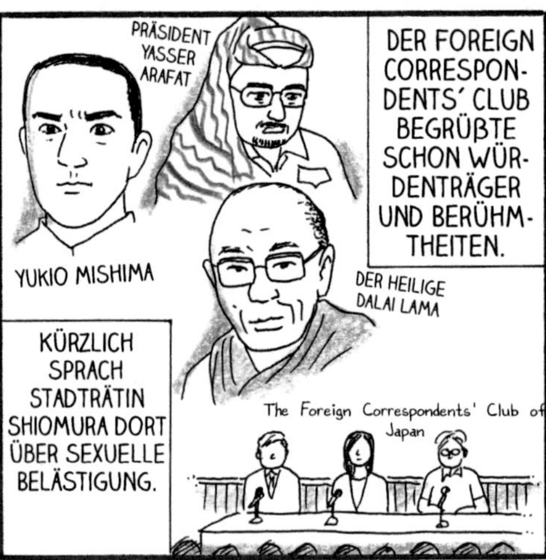

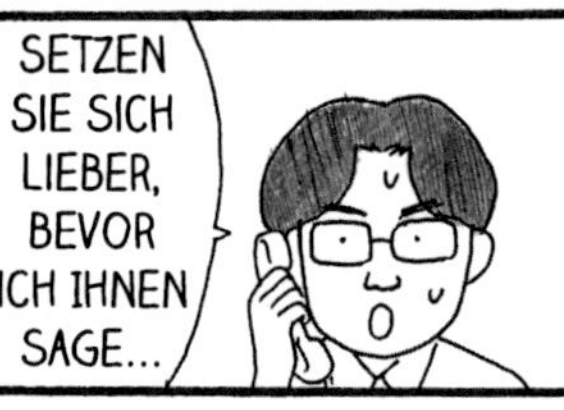

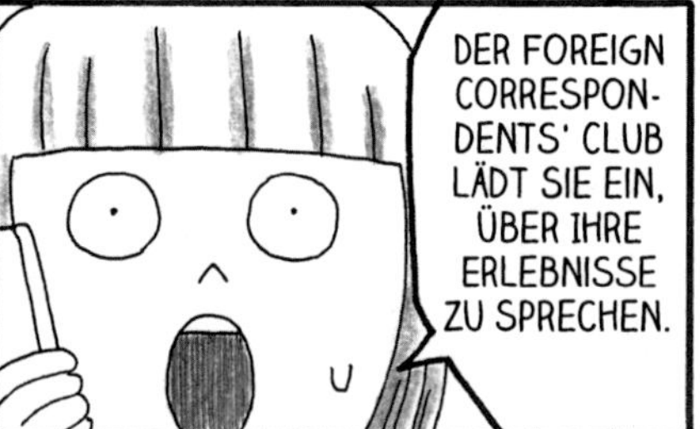

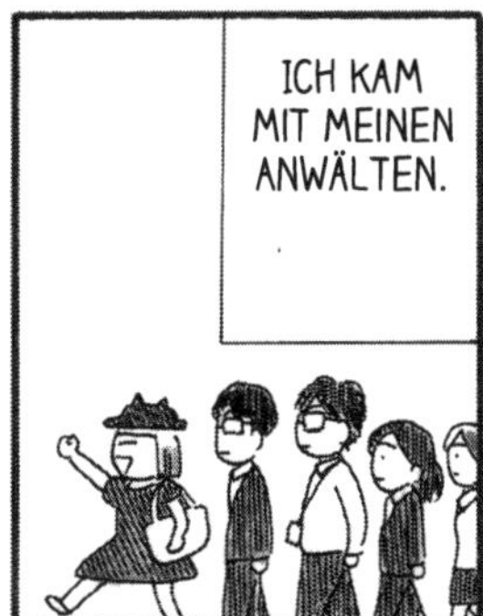
ICH KAM MIT MEINEN ANWÄLTEN.

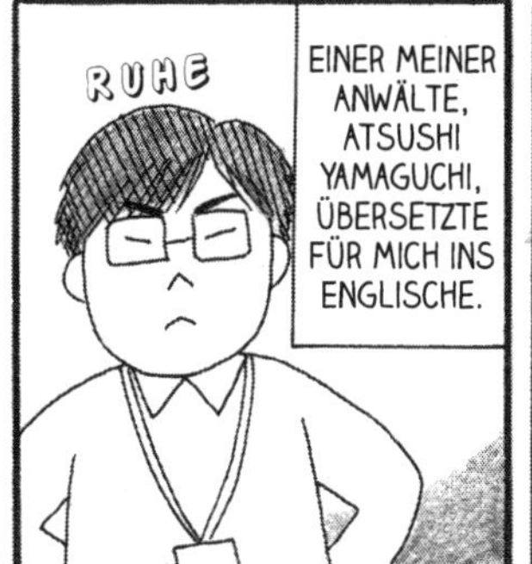
RUHE
EINER MEINER ANWÄLTE, ATSUSHI YAMAGUCHI, ÜBERSETZTE FÜR MICH INS ENGLISCHE.

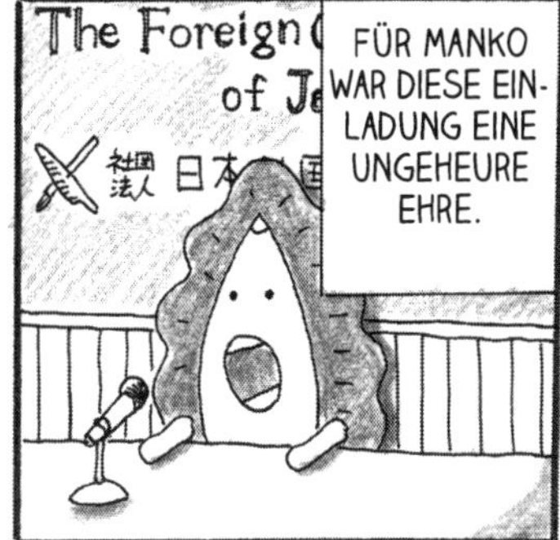
FÜR MANKO WAR DIESE EINLADUNG EINE UNGEHEURE EHRE.

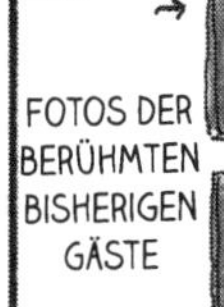
FOTOS DER BERÜHMTEN BISHERIGEN GÄSTE

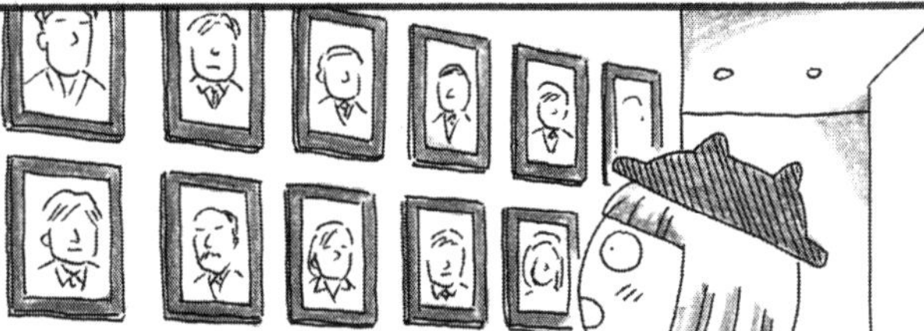
24. JULI 2014. DONNERSTAG. 20. ETAGE DES YURAKUCHO DENKI BUILDINGS, FOREIGN CORRESPONDENTS' CLUB.

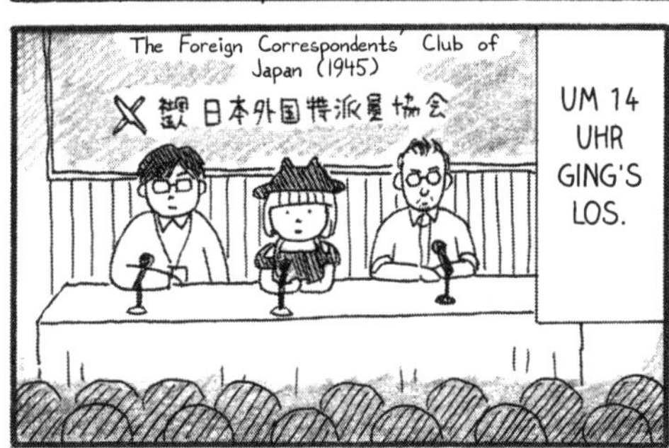
The Foreign Correspondents' Club of Japan (1945)
日本外国特派員協会
UM 14 UHR GING'S LOS.

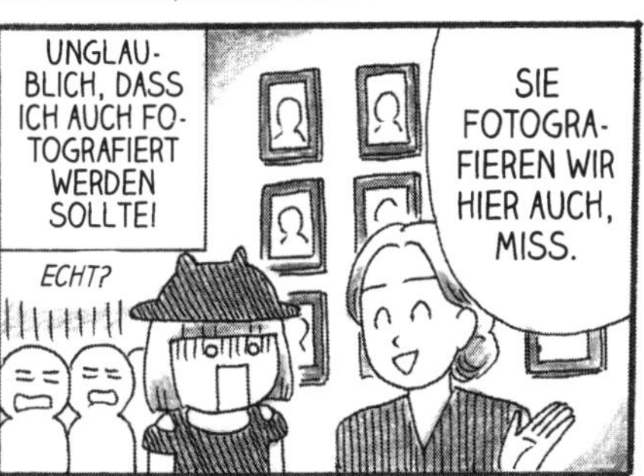
UNGLAUBLICH, DASS ICH AUCH FOTOGRAFIERT WERDEN SOLLTE!
ECHT?
SIE FOTOGRAFIEREN WIR HIER AUCH, MISS.

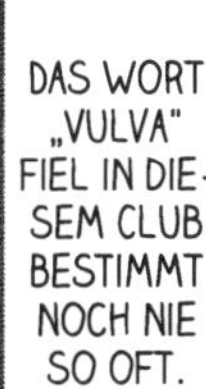
DAS WORT „VULVA" FIEL IN DIESEM CLUB BESTIMMT NOCH NIE SO OFT.

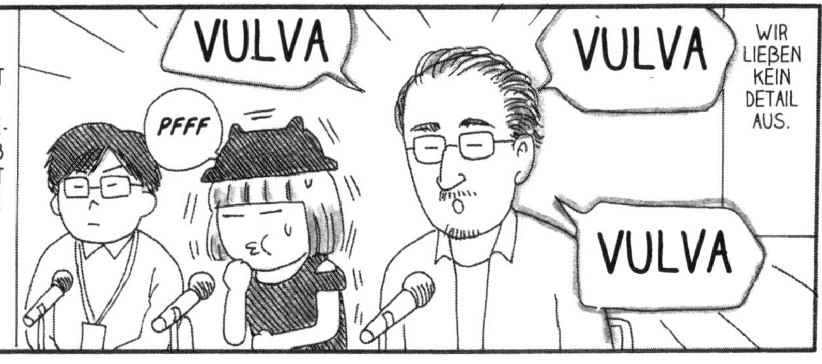
VULVA
PFFF
VULVA
WIR LIEßEN KEIN DETAIL AUS.
VULVA

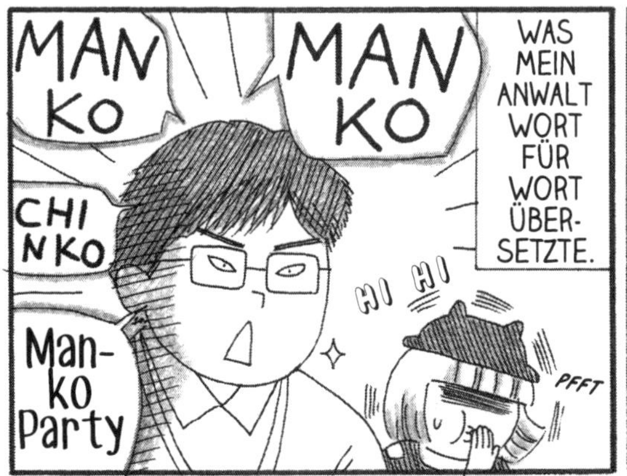

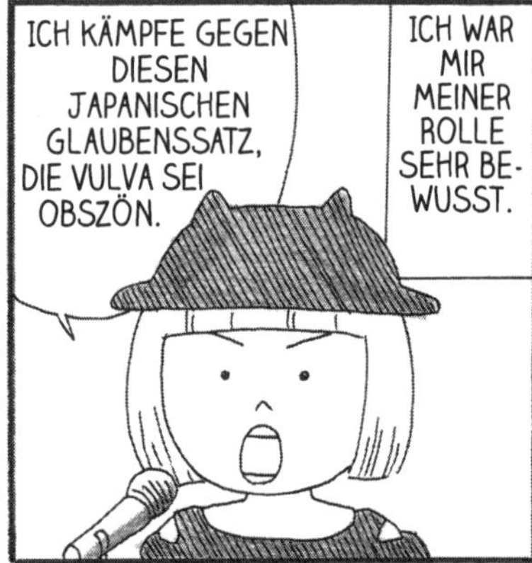

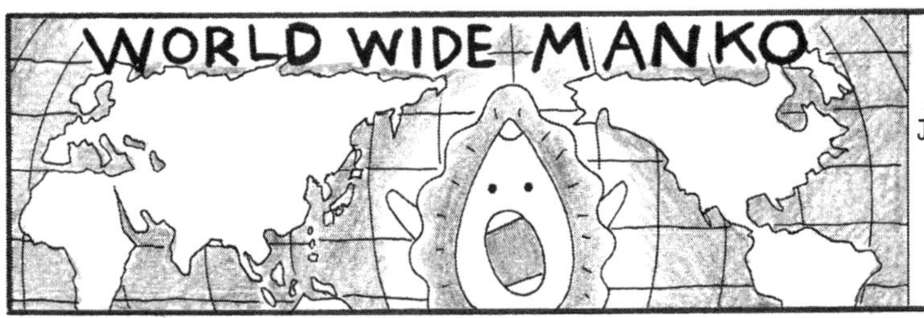

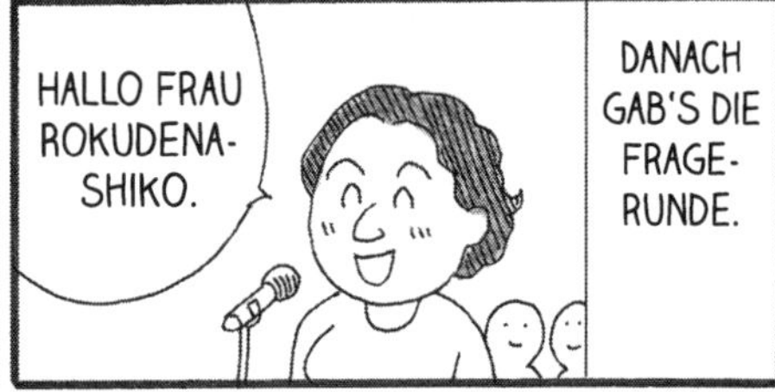

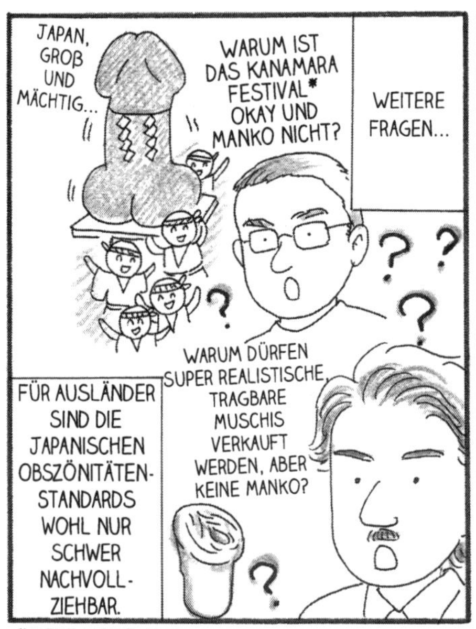

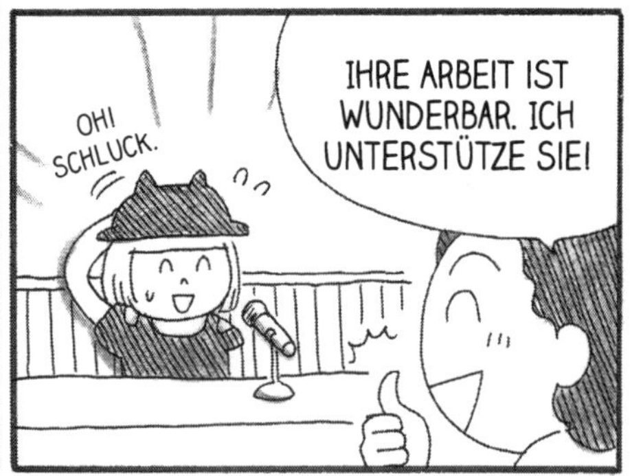

*SIEHE SEITE 112

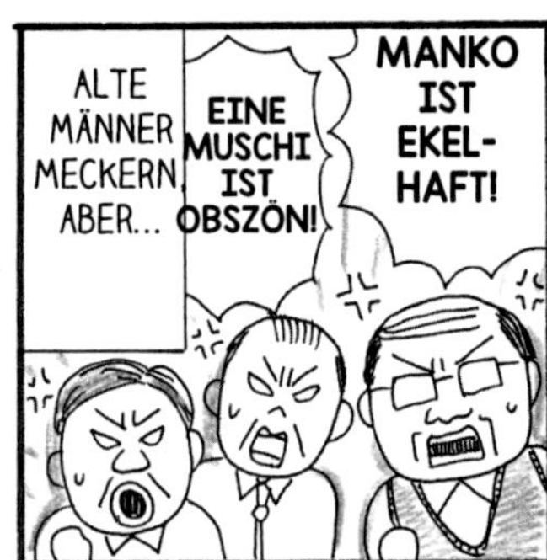
ALTE MÄNNER MECKERN, ABER...
EINE MUSCHI IST OBSZÖN!
MANKO IST EKEL-HAFT!

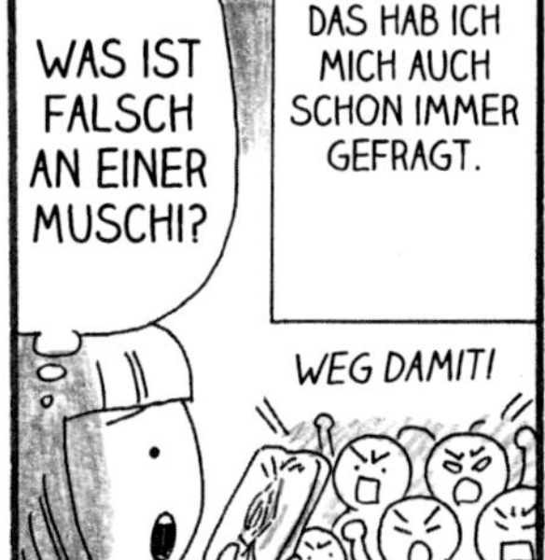
WAS IST FALSCH AN EINER MUSCHI?
DAS HAB ICH MICH AUCH SCHON IMMER GEFRAGT.
WEG DAMIT!

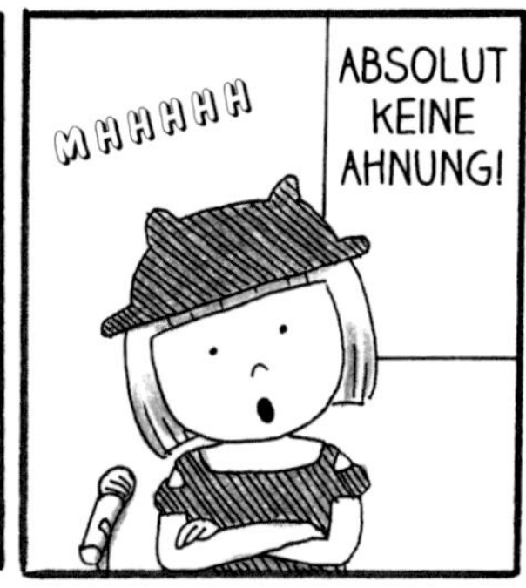
MHHHHH
ABSOLUT KEINE AHNUNG!

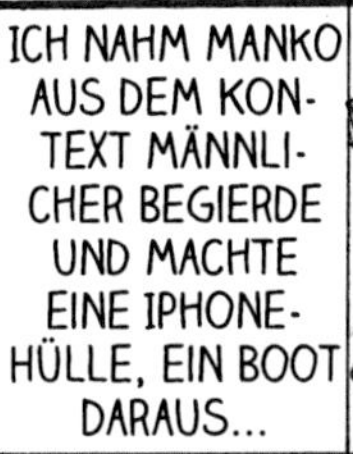
ICH NAHM MANKO AUS DEM KON-TEXT MÄNNLI-CHER BEGIERDE UND MACHTE EINE IPHONE-HÜLLE, EIN BOOT DARAUS...

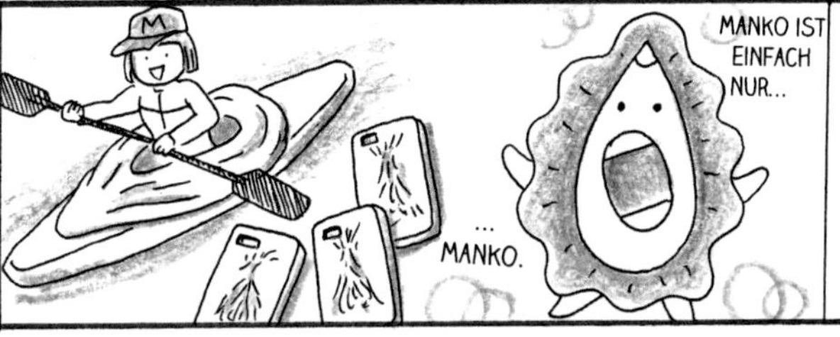
M
MANKO IST EINFACH NUR...
... MANKO.
WAS SIE OBSZÖN NENNEN, IST TEIL MEINES KÖRPERS!

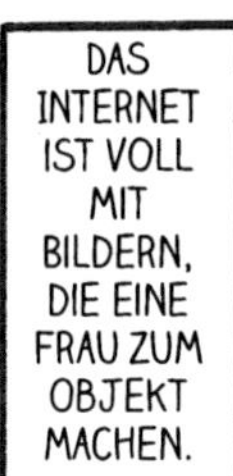
DAS INTERNET IST VOLL MIT BILDERN, DIE EINE FRAU ZUM OBJEKT MACHEN.

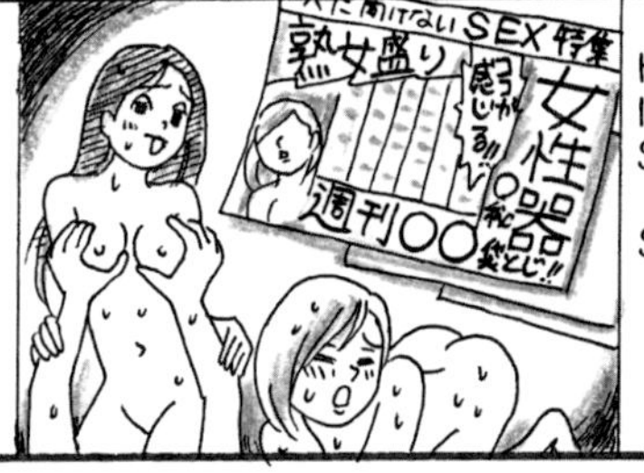
SEX
熟女盛り
女性器
週刊〇〇
ERST HEUTE HAB ICH IM ZUG SCHMUTZI-GE ZEIT-SCHRIFTEN RUMLIE-GEN SEHEN.

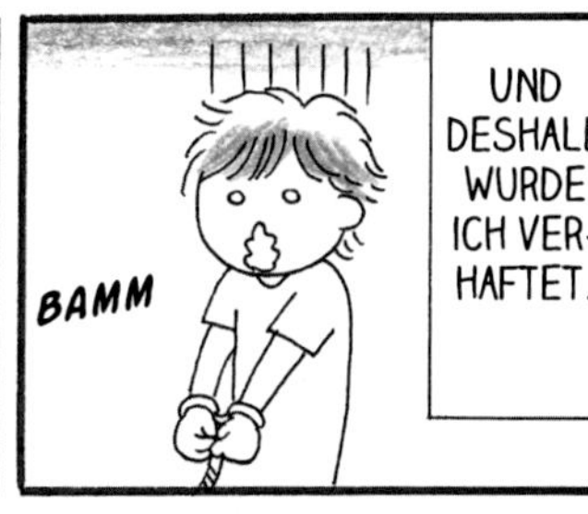
BAMM
UND DESHALB WURDE ICH VER-HAFTET.

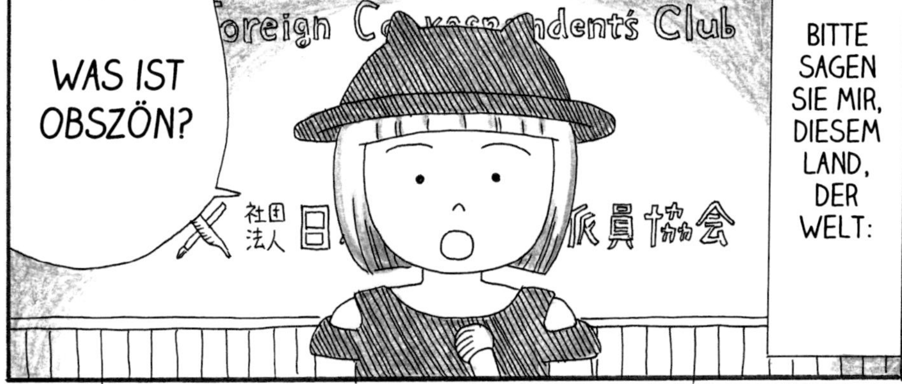
oreign Correspondent's Club
WAS IST OBSZÖN?
BITTE SAGEN SIE MIR, DIESEM LAND, DER WELT:

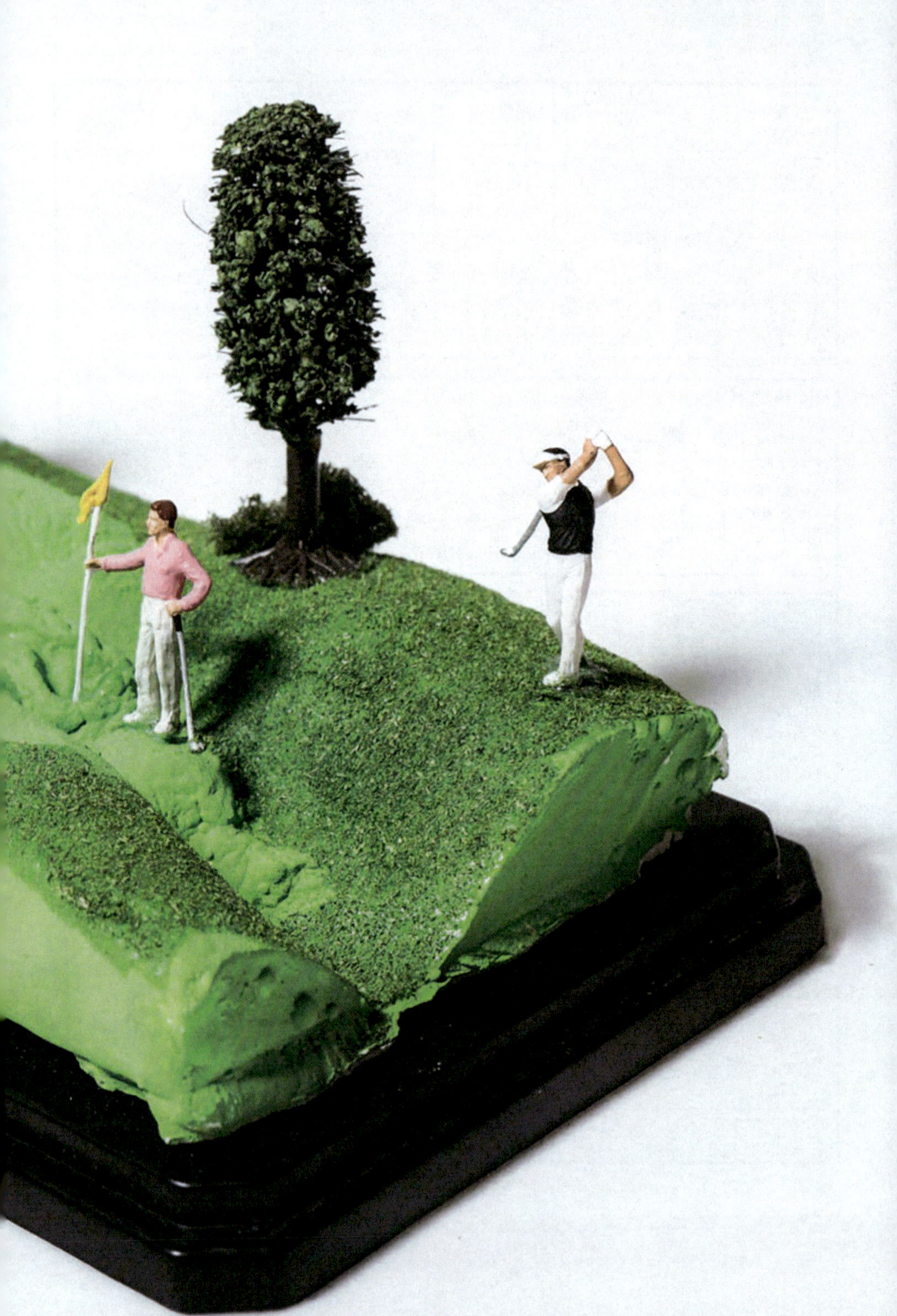

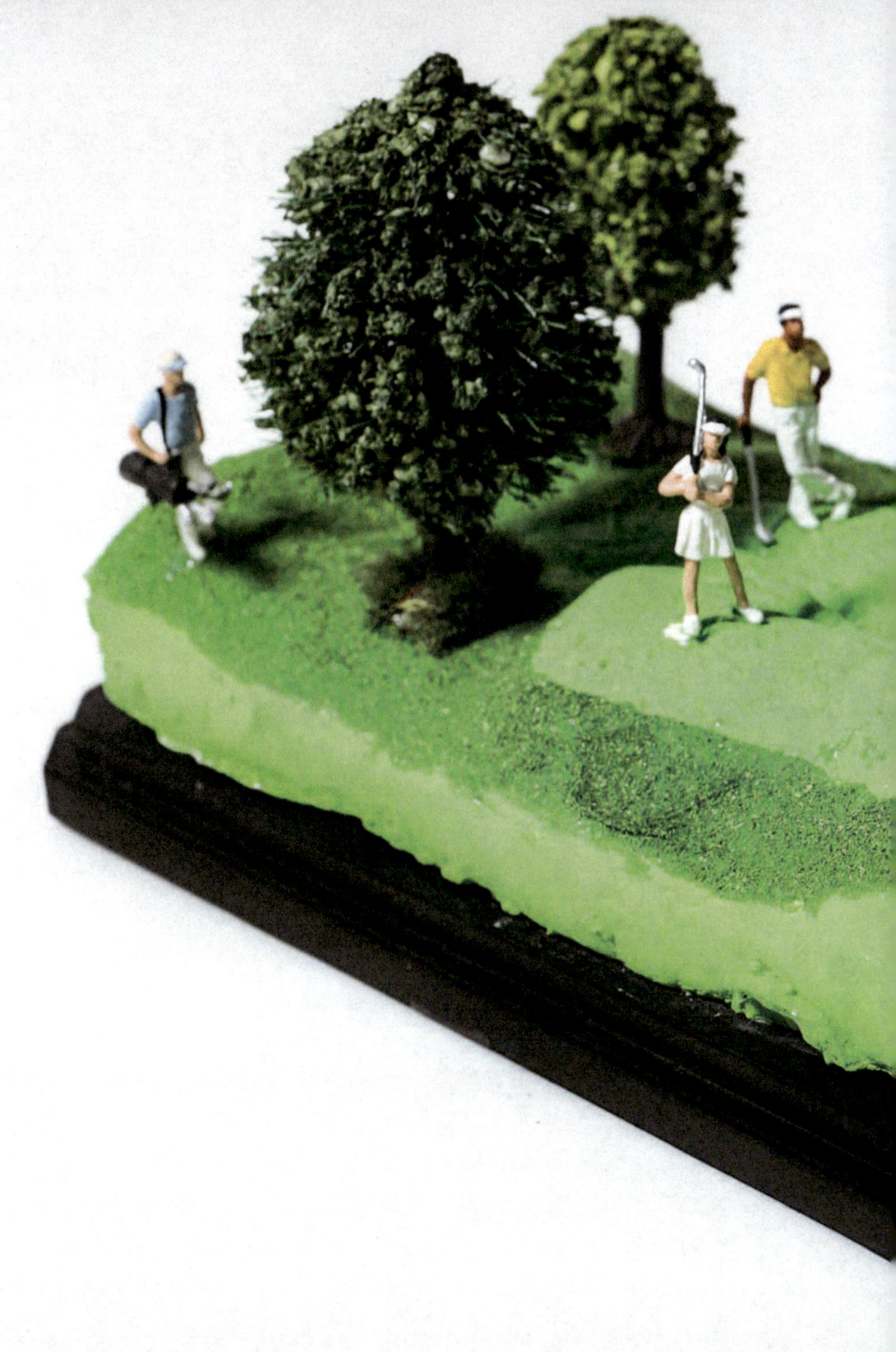

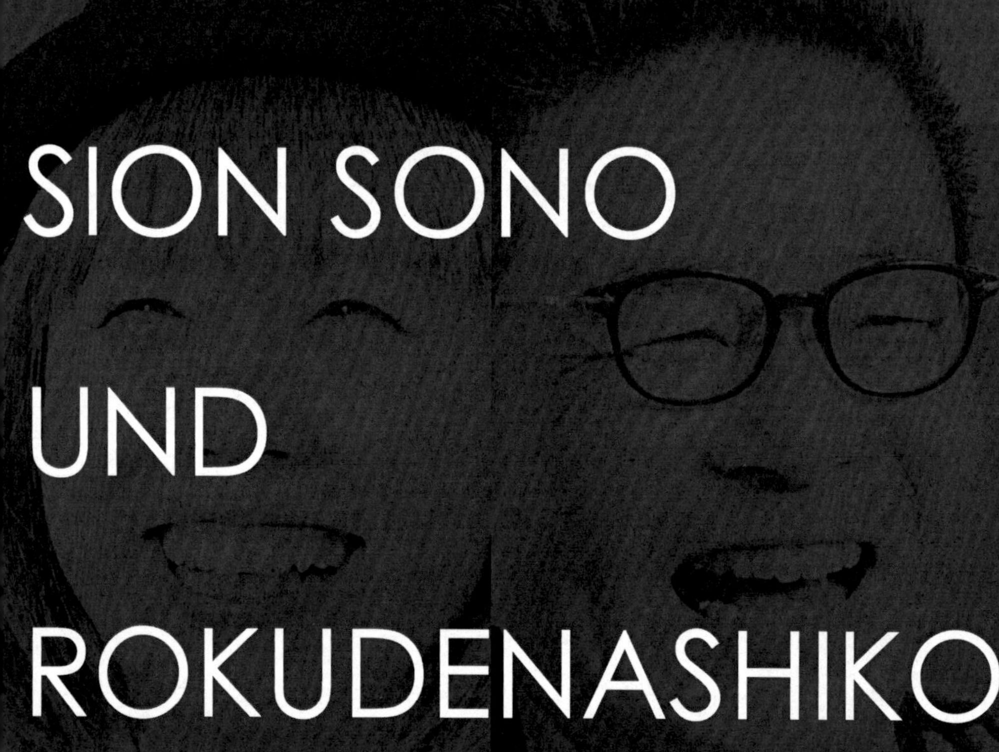

SION SONO UND ROKUDENASHIKO

IM GESPRÄCH: DER REGISSEUR UND DIE KÜNSTLERIN IM KAMPF GEGEN TABUS

KÜNSTLERISCHER AUSDRUCK MUSS SICH AN JURISTISCHEN GRENZEN REIBEN

Diese Begegnung fand im Filmstudio des äußerst kontroversen Regisseurs Sion Sono vor Rokudenashikos zweiter Verhaftung statt. Zu den Werken von Sion Sono gehören unter anderem die Filme *Love Exposure* (Ai no mukidashi), *Tokyo Tribe*, *Suicide Club*, *Cold Fish* (Tsumetai nettaigyo) und *Exte: Hair Extensions*. „Ich möchte einmal mit Sion Sono sprechen", hatte Rokudenashiko gesagt.

Nashiko: Ich hab den Film *Cold Fish* dreimal gesehen, ich hab Ihnen sogar nach einer Vorstellung mal die Hand gegeben.

Sono: Echt jetzt?

Nashiko: Ich hab auch *Why don't you play in Hell* und *Tokyo Tribe* zweimal im Kino gesehen.

Sono: Vielen Dank.

Nashiko: Ich hätte mir nie träumen lassen, dass ich Sie mal interviewen darf. Das macht mich echt glücklich, aber ich bin auch etwas aufgeregt.

Sono: Ich weiß überhaupt nichts über Vulvakunst, aber ich hab mich für dieses Interview vorbereitet.

Nashiko: Seit meiner Verhaftung bin ich wohl zum allgemeinen Gesprächsgegenstand geworden.

Sono: Das ist schon genial!

Nashiko: Danke. Das ist das erste Mal, dass man mir sagt, eine Verhaftung sei genial. (lacht) Ich hab auch Ihre Bücher gelesen und dabei gelernt, dass Sie sich in der Grundschule mal gefragt haben, warum man denn nicht unbekleidet hingehen kann. Und dann sind Sie splitterfasernackt in der Klasse erschienen. Ich fand es klasse, dass Sie die Zweifel, die ich auch habe, schon in so jungem Alter umgesetzt haben.

Sono: Ja, aber ich wurde sofort zurechtgewiesen, während Sie Ihre Arbeit fortgeführt haben und eine Karriere in der Vulvakunst hinlegen. Japan ist heutzutage besonders engstirnig, daher ist Ihr Anspruch, die Leute zu einer offeneren Denkweise zu bewegen gerade jetzt besonders faszinierend.

Nashiko: Ich bekomme nicht jeden Tag Komplimente dieser Art. Vielen Dank dafür. Ich hatte mich halt einmal dafür entschieden, es Kunst zu nennen und so hab ich meine Karriere als Vulva-Künstlerin begonnen.

Das Wertesystem ist willkürlich

Sono: In Ihrem Manga fand ich's klasse, wie Sie immer wieder das Wort Vulva wiederholt haben, als die Polizei Ihre Sachen konfisziert hat. Wenn die Polizei bei mir reinkäme, würde ich in absolute Panik verfallen aber Sie sind ruhig geblieben.

Nashiko: Überhaupt nicht. Ich hab nie mit einer Festnahme gerechnet, aber als es passierte, waren 90% meiner Gedanken, was für eine großartige Story ich daraus machen würde. Ich war so aufgeregt, dass meine Hände zitterten.

Sono: Vielleicht hatten Sie vorher nicht die Absicht, sich ganz auf Vulvakunst zu konzentrieren, aber es ist, als ob Sie auf der Welle reiten, die Sie mitten in die Vulva führt.

Nashiko: Ja, ich bin mit dem Flow gegangen und mitten im Gefängnis gelandet.

Sono: So wie Sie glaube ich auch, dass die Entscheidung, etwas Kunst zu nennen, der Ausgangspunkt ist. Kunst ist, was man als Kunst bezeichnet.

Nashiko: Als ich aus dem Gefängnis kam, sprach mich diese eine Galerie plötzlich an: „Haben Sie Kunst, die wir verkaufen können?" und dann „Sind Sie sicher, dass sie so wenig dafür wollen?". Da dachte ich echt: Kunst ist so ein Schwindel (lacht).

Sono: Bei "mit der Vulva Geld verdienen" denken die meisten Leute wohl automatisch an Prostitution. Deshalb finde ich es so toll, dass Sie einfach mit Ihrer Vulvaform Geld verdienen.

Nashiko: Ja, das macht deutlich, dass das Wertesystem willkürlich ist.

Sono: Was denken Sie über die etablierte Kunstszene?

Nashiko: Ich hab seit meiner Festnahme sehr viel mehr Ausstellungsangebote und es wurde viel mehr über meine Arbeit berichtet. Leute, die mich vorher komplett ignoriert haben, sind plötzlich von allen Seiten auf mich zugekommen. Dank der Polizei ist meine Arbeit jetzt sehr viel bekannter geworden.

Sono: Man könnte sogar sagen, die Polizei hat Ihnen zugearbeitet.

Nashiko: Genau! Ich fühle mich ihnen zutiefst zu Dank verpflichtet (grinst). Ich glaube, ich schicke Wachmann K. eine Kopie von unserem Gespräch.

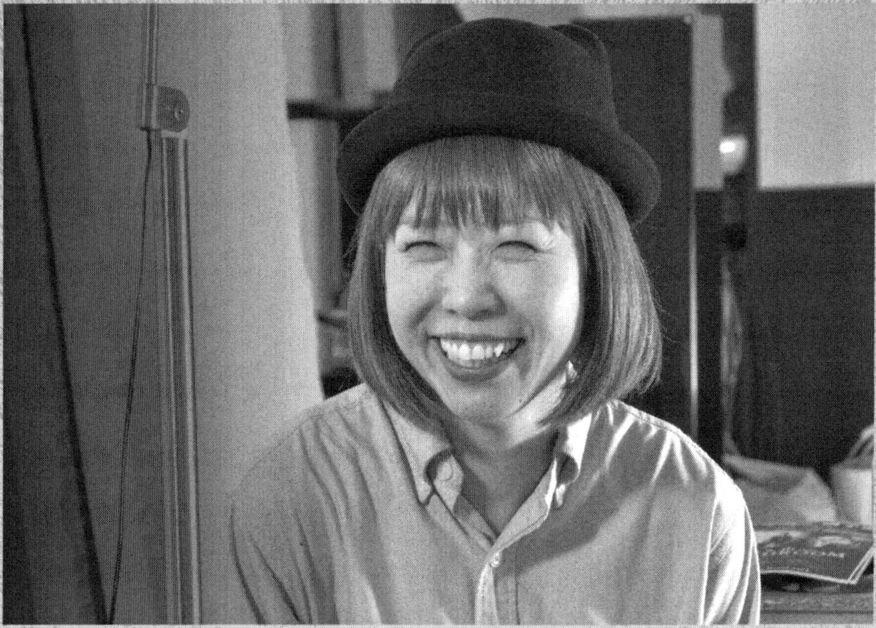

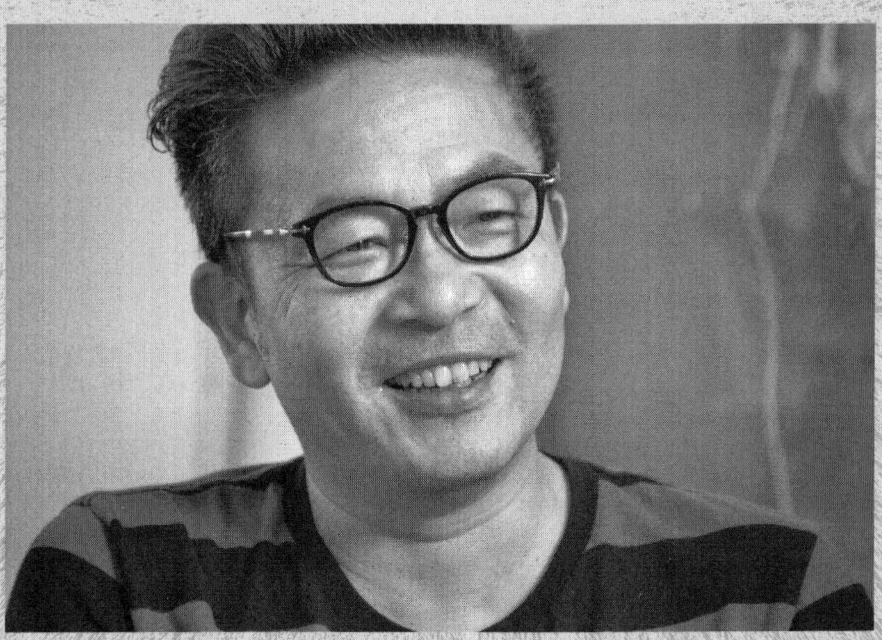

Es gibt viele sexuelle Tabus

Sono: Es gibt so viele sexuelle Tabus in Japan. Ich denke, wenn wir erstmal laut *Vulva* sagen, das wär schonmal ein guter Startpunkt.

Nashiko: Gibt es Dinge, bei denen Sie sich wundern, dass sie zensiert werden?

Sono: Massenhaft. Sie wissen doch, dass man in japanischen Filmen alles immer verpixelt? Das macht man nur in Japan so. Leute in anderen Ländern lachen darüber: „Warum sieht man das bei Euch nicht richtig?"

Nashiko: Also mir bereitet das Sorge, wenn ich Dinge nicht richtig sehen kann.

Sono: In Japan ist es üblich, dass alles verpixelt wird, ich würde nichts lieber tun als diese Nachbereitung wegzulassen. Außerdem ist es peinlich, die so zensierten Filme im Ausland zu zeigen. Manchmal machen wir dann noch eine zweite Nachbereitung und rechnen die Pixel wieder glatt um den Penis wieder sichtbar zu machen.

Nashiko: Wenn man sich das vorstellt, das ist ja völlig absurd.

Sono: Sobald es um Penis und Vulva geht, liegt Japan meilenweit zurück. Da hinken wir mindestens ein Jahrhundert hinterher.

Nashiko: Aber die Shunga-Kunst der Edo-Epoche war hervorragend.

Sono: Ganz genau. Damals waren die erotischen Drucke so verbreitet, dass sie einem sogar mit dem Getränk in einem Teehaus gereicht wurden. Aus den Teehäusern sind dann die Cafés geworden, mit der Übernahme des westlichen Stils hat irgendwie die Selbstzensur angefangen und die alten Bräuche sind verschwunden.

Nashiko: Ja, es stimmt, dass wir dazu neigen, uns vorsorglich selbst zu zensieren, lange bevor sich irgendein Problem ergeben könnte.

Die japanische Kultur ist geprägt von Selbstdisziplin

In dem Buch *Lieder, die nicht verbreitet werden dürfen* von Mori Tatsunari hab ich gelesen, dass sich die Regeln seit den 80ern nicht geändert haben. Angeblich machen die Leute schon von sich aus erst gar nichts, um den Medien nicht mal den kleinsten Grund zur Beschwerde zu geben.

Sono: Ja, zum Beispiel wurde in Okuizumo, in der Präfektur Shimane, eine Davidstatue aufgestellt. Es hieß, es gab Beschwerden weil sein Penis sichtbar war, da haben sie überlegt, ihm eine Unterhose anzuziehen. In Europa sieht man überall solche Statuen. Hier möchte man nicht den Anschein erwecken, rückständig zu sein und übernimmt alles ohne nachzudenken. Früher genoss Japan den gleichen libertären Stil wie Europa und fast alle Staaten. Ich weiß nicht, warum man ihn heutzutage verbietet. Seit der Meiji Ära wurden andere Kulturen im Ganzen verschlungen, um den Vorsprung der anderen aufzuholen. Aber unser Unvermögen, die Dinge mit den gleichen Augen zu sehen, ist schwierig. Meiner Meinung nach haben wir das Problem heute noch.

Nashiko: Das gleiche ist mit Ryudai Takanos Fotoausstellung in Aichi passiert. Da hat man ihn gezwungen, die Unterkörper seiner nackten Männer zu bedecken. Vor meiner Verhaftung war *Lady Chatterleys Liebhaber* einer der letzten Fälle staatlicher Zensur.

Sono: Was? So lange her?

Nashiko: Seit 40 Jahren basiert die Definition von Obszönität auf drei Kriterien, die heute noch Bestand haben. Trotzdem darf *Lady Chatterleys Liebhaber* heutzutage fast regulär in jeder Buchhandlung verkauft werden und es ist kein großes Ding, es zu lesen. Ich finde es zum Schreien komisch, dass ich nach Kriterien beurteilt werde, die schon 40 Jahre alt sind. Aber dass ich vom Staat zurechtgewiesen werde, das macht mich wirklich wütend.

Frauen, die ihre Vulva nicht kennen

Nashiko: Eigentlich wissen Männer am besten, wie eine Vulva aussieht.

Sono: Ja natürlich. Wir können sie anschauen.

Nashiko: Wenn ich Frauen meine Arbeit zeige, merken sie's erst nicht. Und es dauert ein paar Sekunden bis sie reagieren. Dann machen sie „Oh. Ohhhh!". Es steht ja nicht ab wie ein Penis, deshalb ist es schwer zu erkennen. Für Frauen ist es nicht lebensnotwendig, ihre Vulva zu sehen, daher wissen die wenigsten von ihnen, wie sie aussieht.

Sono: Das ist ja auch mit dem Anus so. Und noch was: man kann sein Bedürfnis nach Essen oder Trinken frei kundtun, nicht wahr? Man kann laut sagen: „Ich habe Hunger", man darf das ohne Zurückhaltung sagen.

Nashiko: Genauso wenn man müde ist.

Sono: Aber man darf nicht sagen: „Ah, ich hab Lust auf Sex." Die vornehmen Leute haben entschieden, dass man sein Bedürfnis nach Sex nicht kundtun darf und so ist das festgelegt worden. Weil es schon so lange so gehandhabt wird, ist es jetzt unmöglich zu wissen, wieviel sexuelles Bedürfnis wir im Leben haben. Niemand weiß, was eine normale Reaktion wäre, wenn man von einer wuschigen Vulva betroffen ist. Sogar mir bereitet das Probleme. Weil alle ihre sexuellen Bedürfnisse verstecken, krieg ich das Gefühl, ich könnte explodieren, wenn ich das Wort „Vulva" immer wieder höre.

Nashiko: Da spielt auch „Scham" eine Rolle. Dennoch, es reicht ja oft, sich selbst davon zu überzeugen, dass eine Sache nicht schamhaft ist, und dann hört sie auf, es zu sein. Das ist mir durch meine Arbeit klargeworden. Zum Beispiel schämt man sich in Japan, wenn man verhaftet wird. Deshalb haben mich alle bemitleidet und bedauert. Aber für mich war das irgendwie ne tolle Sache. Ich hab mich überhaupt nicht geschämt, ganz im Gegenteil, für mich hat sich das alles sehr positiv entwickelt. Ich brauche kein Mitleid.

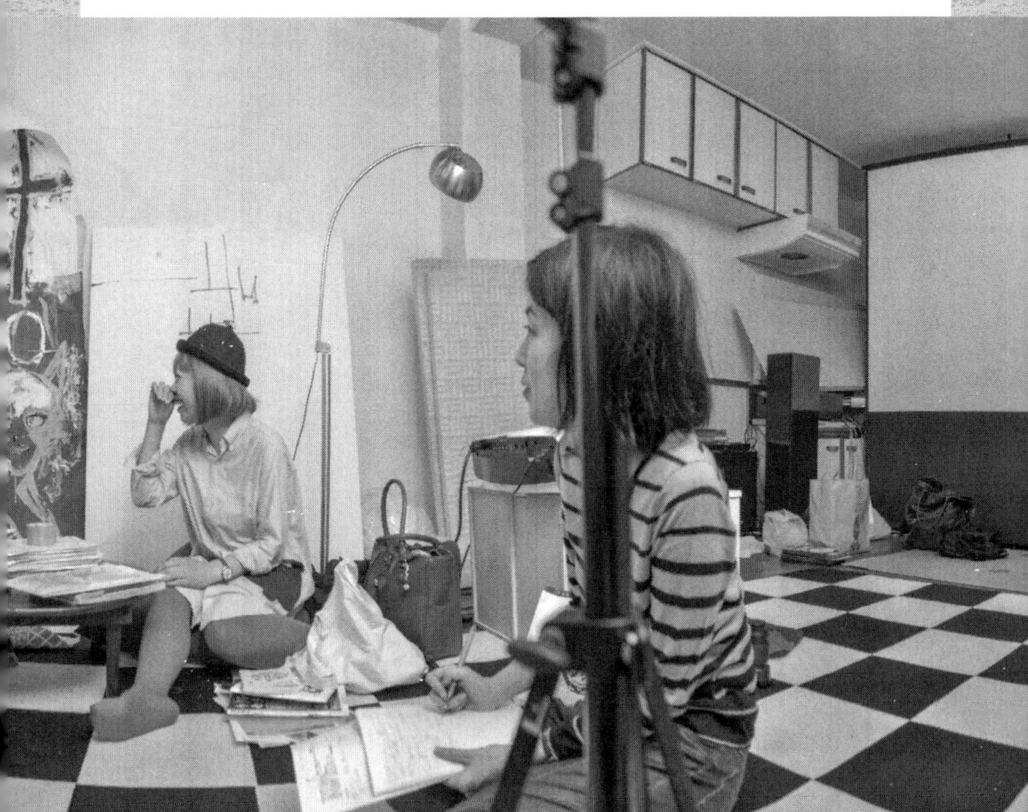

Sono: Sich verhaften zu lassen ist ein entscheidender Schritt bei sozialen Umstürzen. Auch Jesus wurde verhaftet. Verbrechen haben die Kraft, die Gesellschaft auf fundamentale Art und Weise zu verändern und Kunst ist nichts wert, wenn man dafür nicht verhaftet wird.

Nashiko: Heißt das, ich hab's geschafft? Yeah! Ihr müsst euch verhaften lassen, sonst ist eure Kunst wertlos.

Sono: Ja, denn sonst hätte man ja nicht den geringsten Effekt. Für die eigene Leidenschaft so weit zu gehen, dass man sich sogar verhaften lässt, das zeugt von einer enormen Energie.

Nashiko: Diese Unterhaltung macht mich wirklich sehr glücklich.

Sono: Wenn man die Welt verändern will, dann muss man sich mindestens so anstrengen wie Jesus. Ich für meinen Teil bin längst nicht so mutig.

Nashiko: Naja, also gekreuzigt werden, das tut wahrscheinlich schon ein bisschen weh….

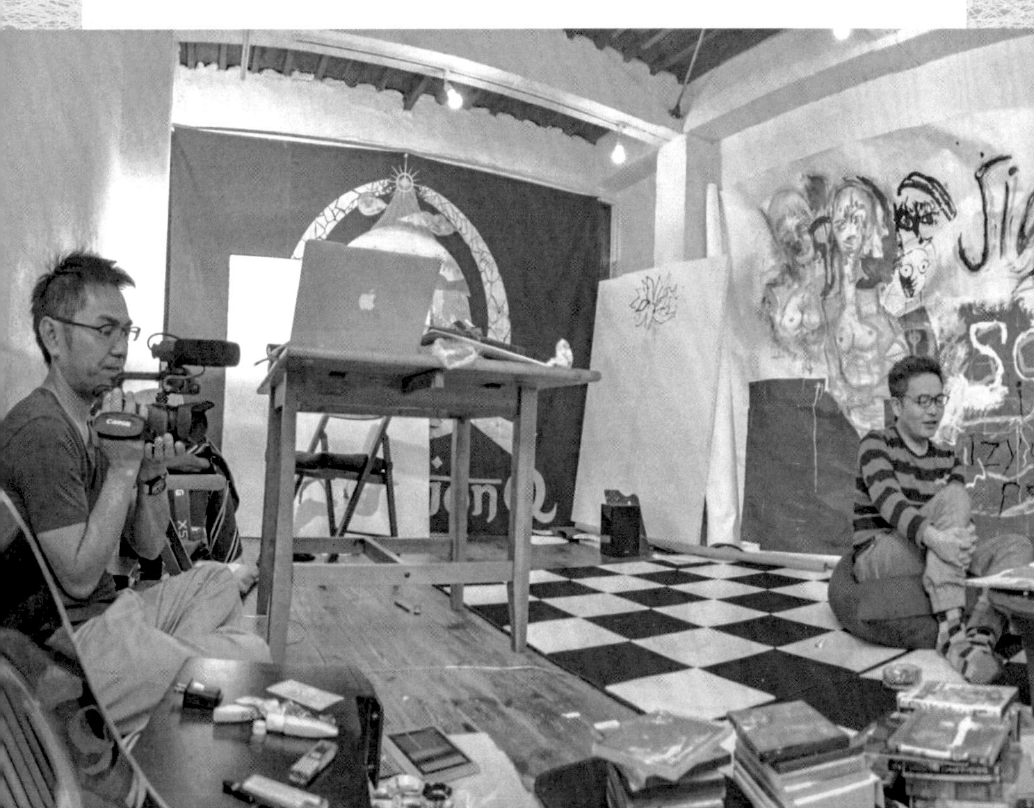

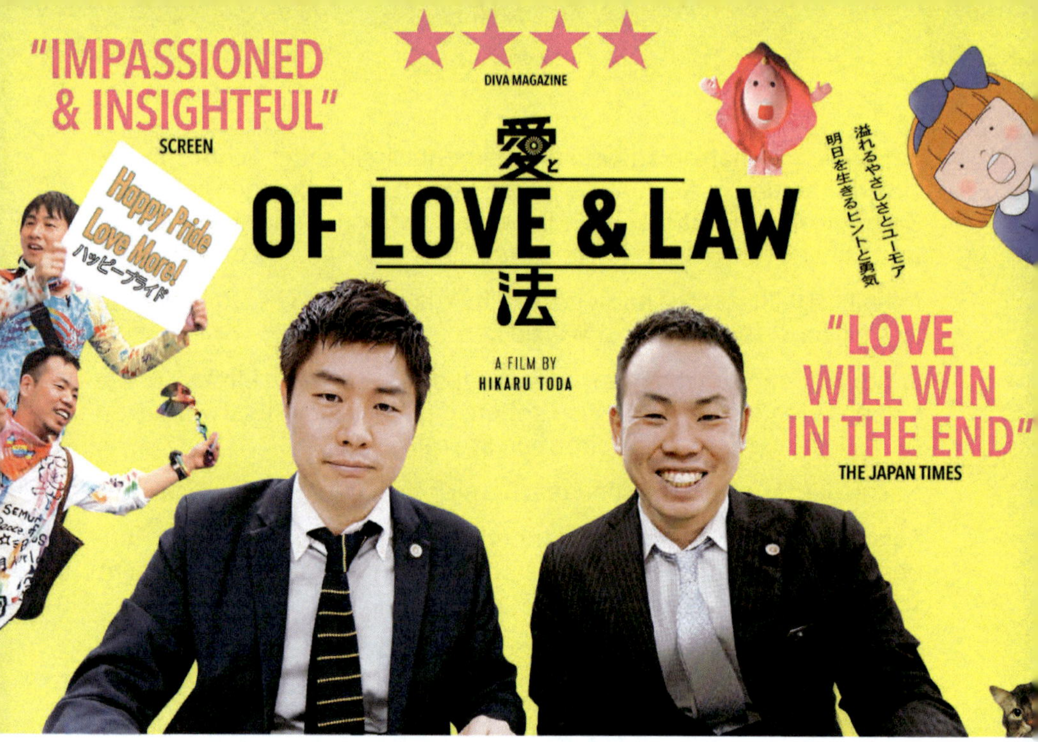

Film: Of Love and Law

Fumi und Kazu sind Partner, in der Liebe und im Beruf. Sie führen die erste Kanzlei eines öffentlich homosexuellen Paares in Japan. Durch ihre eigenen Erfahrungen als Außenseiter geprägt, ziehen sie Klienten an, die eine unerkannte Diversität repräsentieren. In einem Land, das so stolz auf kollektiven Gehorsam, Freundlichkeit und Konformität ist. Die Anwälte und ihre „ungeratenen" Klient:innen, zu denen auch ***Rokudenashiko*** gehört, sind es gleichermaßen müde, zum Schweigen gebracht und unsichtbar gemacht zu werden. Sie fordern den veralteten Status Quo heraus, der sie als Bürger:innen zweiter Klasse abstempelt. Vor dem aktuellen Hintergrund der Diskussion über Bürgerrechte wirft der Filmt universelle Fragen darüber auf, was es heißt, ein Individuum zu sein, was es bedeutet, eine Minderheit zu sein und welche Rolle die Familie in unserer zunehmend polarisierten Welt spielt.

Die Regisseurin Hikaru Toda: „Japan ist eine konformistische Gesellschaft mit strengen sozialen Regeln. Von klein auf wird gelehrt, Autoritäten nicht in Frage zu stellen und sich eher anzupassen als aufzufallen. Der Einzelne wird nur wertgeschätzt, wenn er zu einem Kollektiv gehört – einer Familie, einer Gemeinschaft und der Gesellschaft. Ein Individuum zu sein ist in Japan kein Recht, sondern ein Privileg. Das ist das Gegenteil von dem, was man mir in Holland beigebracht hat, wo erwartet wird, dass man seine Meinung sagt und eine eigene Meinung hat. Doch in Japan wird Schweigen verehrt, man ist stolz darauf, dass man einander versteht, ohne die Notwendigkeit der Kommunikation."

Film: #FEMALE PLEASURE

Fünf mutige, kluge und selbstbestimmte Frauen stehen im Zentrum von Barbara Millers Dokumentarfilm **#FEMALE PLEASURE.**

Sie brechen das Tabu des Schweigens und der Scham, das ihnen die Gesellschaft oder ihre religiösen Gemeinschaften mit ihren archaisch-patriarchalen Strukturen auferlegen. Mit einer unfassbaren positiven Energie und aller Kraft setzen sich Deborah Feldman, Leyla Hussein, ***Rokudenashiko***, Doris Wagner und Vithika Yadav für sexuelle Aufklärung und Selbstbestimmung aller Frauen ein, hinweg über jedwede gesellschaftliche sowie religiöse Normen und Schranken. Dafür zahlen sie einen hohen Preis – sie werden öffentlich diffamiert, verfolgt und bedroht, von ihrem ehemaligen Umfeld werden sie verstoßen und von Religionsführern und fanatischen Gläubigen sogar mit dem Tod bedroht.

#FEMALE PLEASURE ist ein Film, der schildert, wie universell und alle kulturellen und religiösen Grenzen überschreitend die Mechanismen sind, die die Situation der Frau – egal in welcher Gesellschaftsform – bis heute bestimmen. Gleichzeitig zeigen uns die fünf Protagonistinnen, wie man mit Mut, Kraft und Lebensfreude jede Struktur verändern kann.

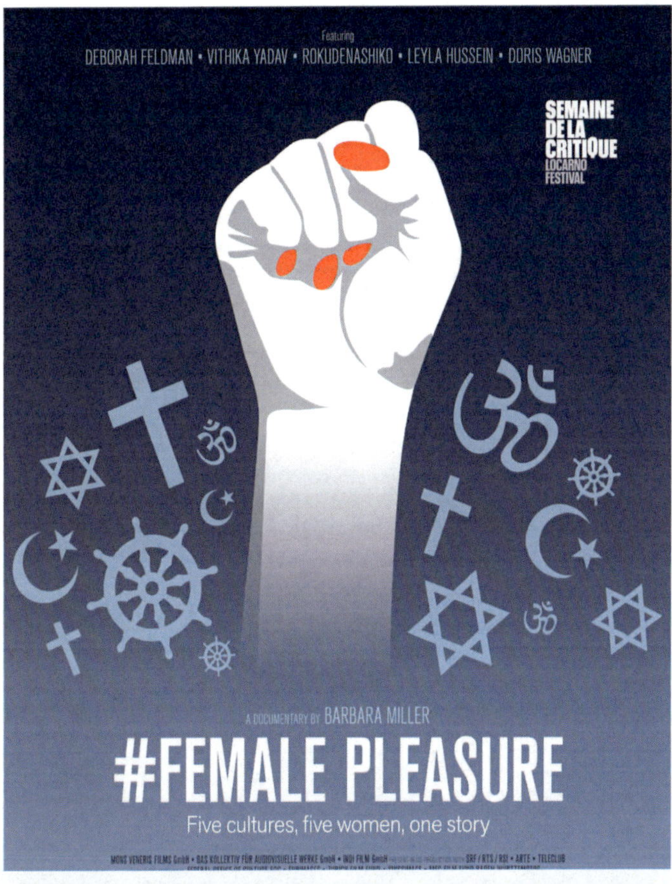

WARUM ICH EINE MANKO-KÜNSTLERIN WURDE

VON ROKUDENASHIKO

KAPITEL 1

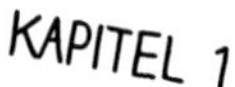

MANKO-CHAN

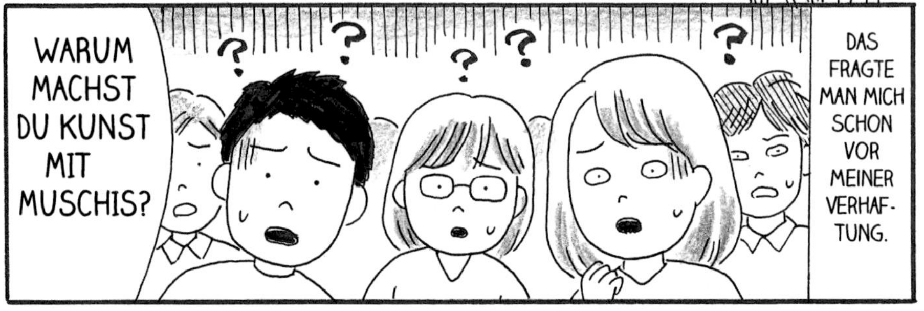

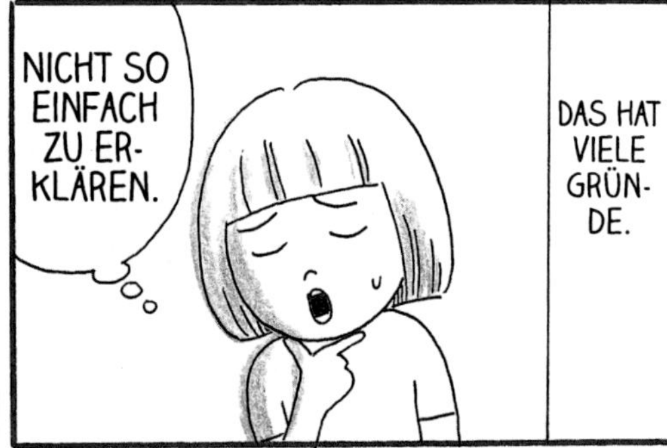

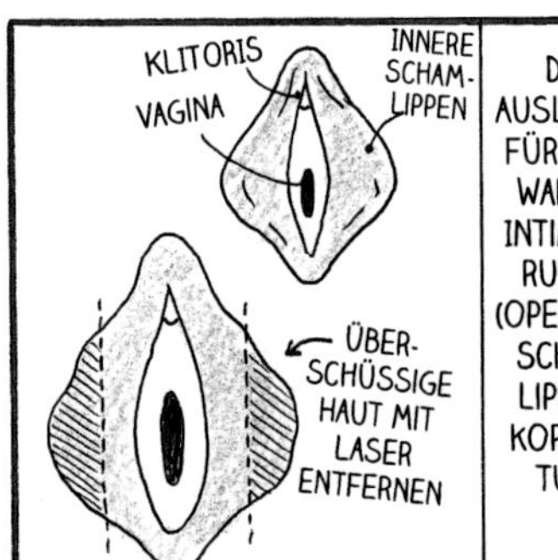

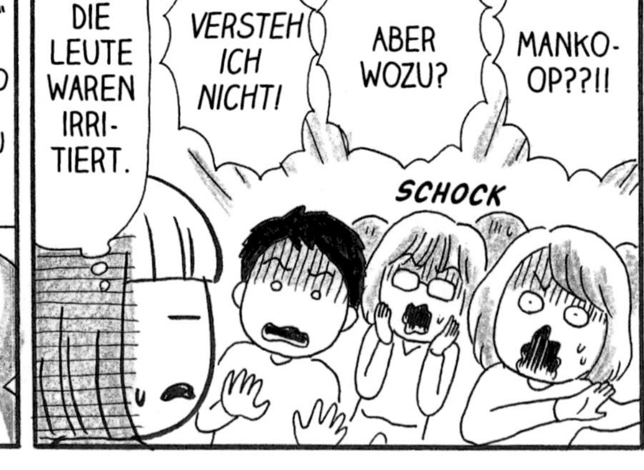

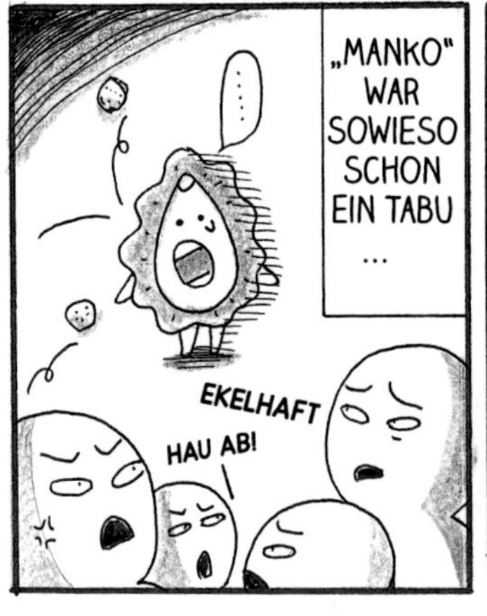

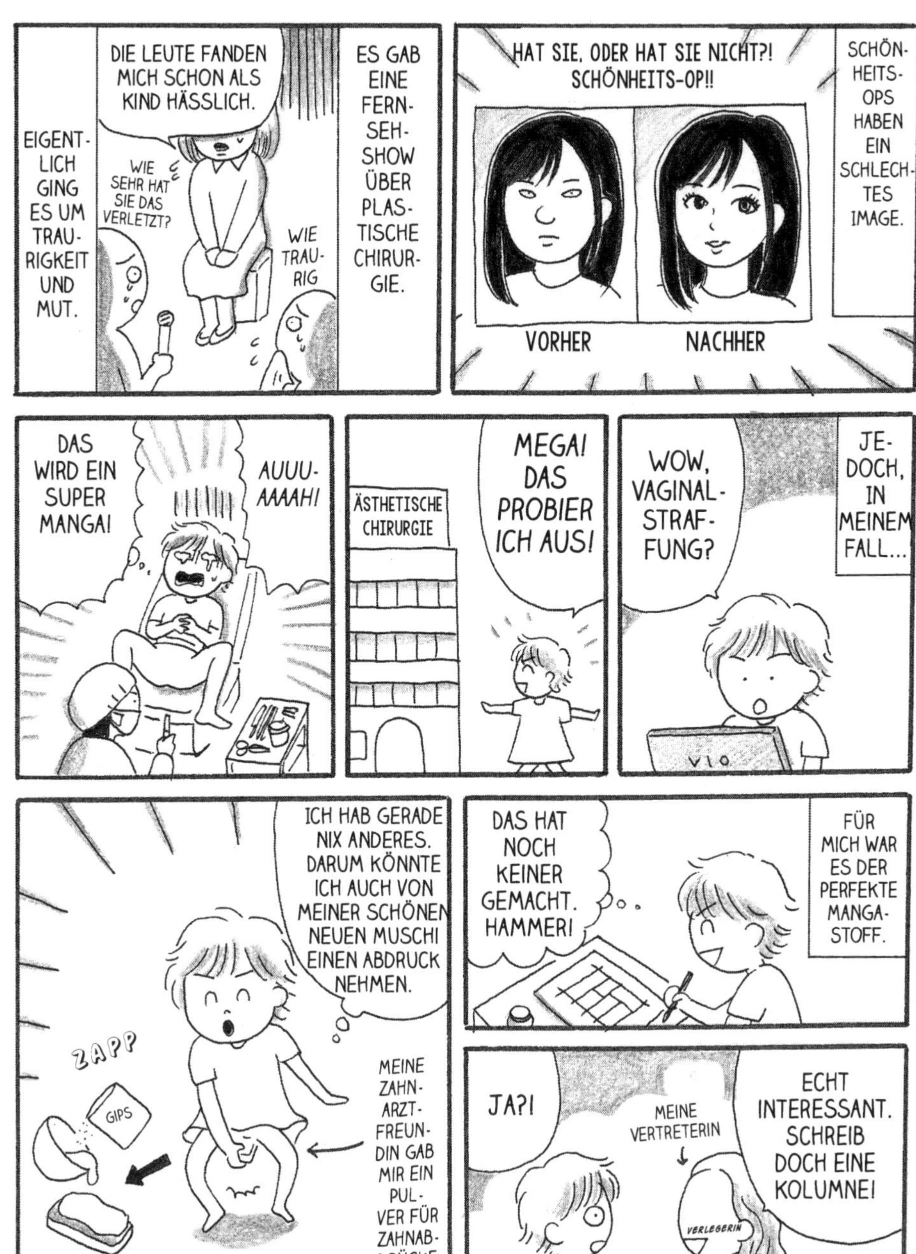

EIGENTLICH GING ES UM TRAURIGKEIT UND MUT.
DIE LEUTE FANDEN MICH SCHON ALS KIND HÄSSLICH.
WIE SEHR HAT SIE DAS VERLETZT?
WIE TRAURIG
ES GAB EINE FERNSEHSHOW ÜBER PLASTISCHE CHIRURGIE.
HAT SIE, ODER HAT SIE NICHT?! SCHÖNHEITS-OP!!
VORHER
NACHHER
SCHÖNHEITSOPS HABEN EIN SCHLECHTES IMAGE.
DAS WIRD EIN SUPER MANGA!
AUUUAAAAH!
ÄSTHETISCHE CHIRURGIE
MEGA! DAS PROBIER ICH AUS!
WOW, VAGINALSTRAFFUNG?
JEDOCH, IN MEINEM FALL...
ICH HAB GERADE NIX ANDERES. DARUM KÖNNTE ICH AUCH VON MEINER SCHÖNEN NEUEN MUSCHI EINEN ABDRUCK NEHMEN.
ZAPP
GIPS
MEINE ZAHNARZTFREUNDIN GAB MIR EIN PULVER FÜR ZAHNABDRÜCKE.
DAS HAT NOCH KEINER GEMACHT. HAMMER!
FÜR MICH WAR ES DER PERFEKTE MANGASTOFF.
JA?!
MEINE VERTRETERIN
VERLEGERIN
ECHT INTERESSANT. SCHREIB DOCH EINE KOLUMNE!

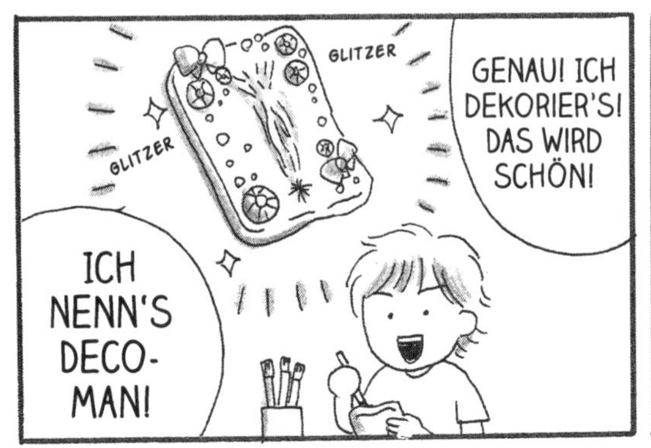
GENAU! ICH DEKORIER'S! DAS WIRD SCHÖN!
GLITZER
GLITZER
ICH NENN'S DECO-MAN!

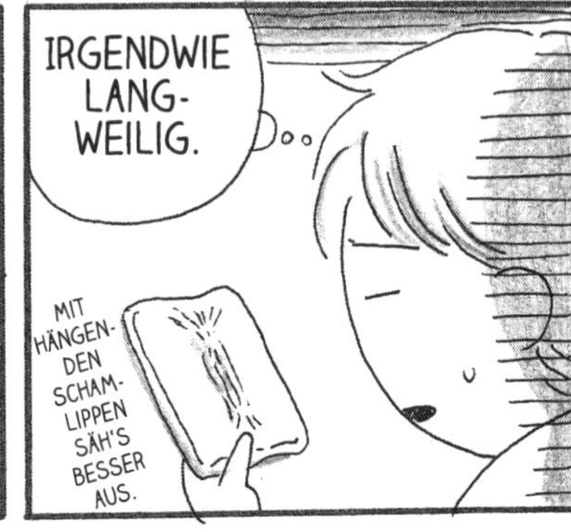
IRGENDWIE LANG-WEILIG.
MIT HÄNGEN-DEN SCHAM-LIPPEN SÄH'S BESSER AUS.

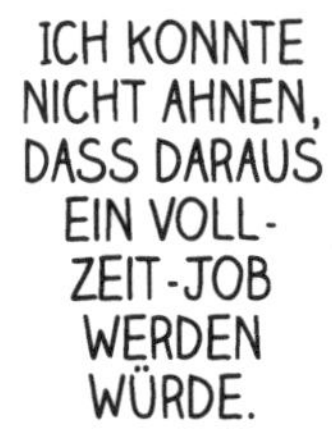
ICH KONNTE NICHT AHNEN, DASS DARAUS EIN VOLL-ZEIT-JOB WERDEN WÜRDE.

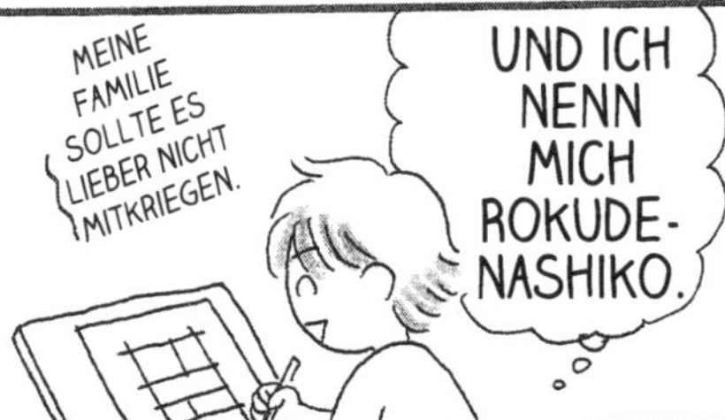
MEINE FAMILIE SOLLTE ES LIEBER NICHT MITKRIEGEN.
UND ICH NENN MICH ROKUDE-NASHIKO.
ICH LIEß MICH EINFACH TREIBEN.

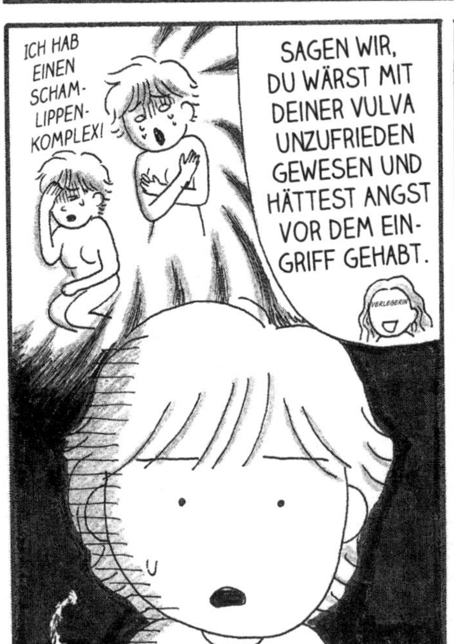
SAGEN WIR, DU WÄRST MIT DEINER VULVA UNZUFRIEDEN GEWESEN UND HÄTTEST ANGST VOR DEM EIN-GRIFF GEHABT.
ICH HAB EINEN SCHAM-LIPPEN-KOMPLEX!
VERLEGERIN

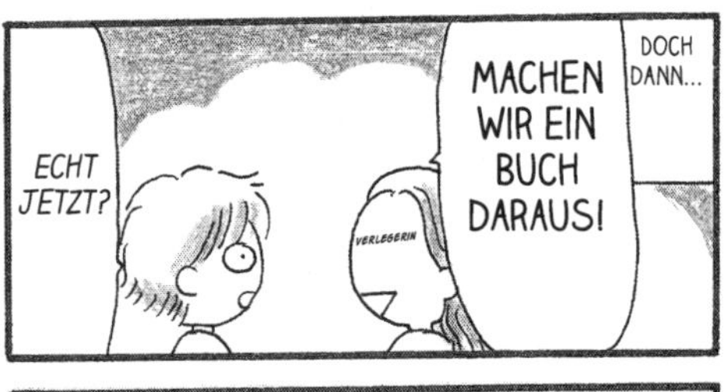
DOCH DANN...
MACHEN WIR EIN BUCH DARAUS!
ECHT JETZT?
VERLEGERIN

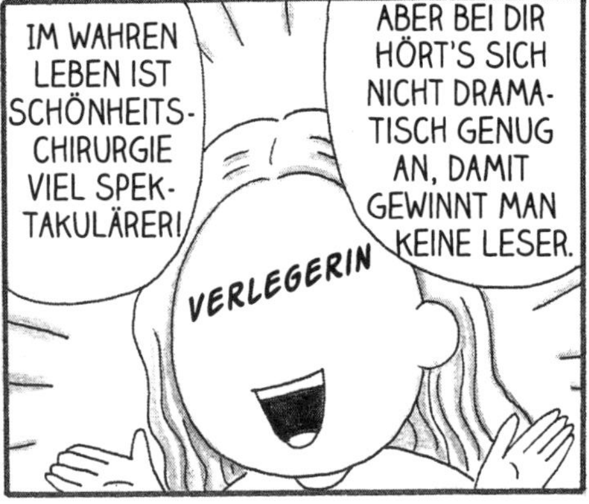
ABER BEI DIR HÖRT'S SICH NICHT DRAMA-TISCH GENUG AN, DAMIT GEWINNT MAN KEINE LESER.
IM WAHREN LEBEN IST SCHÖNHEITS-CHIRURGIE VIEL SPEK-TAKULÄRER!
VERLEGERIN

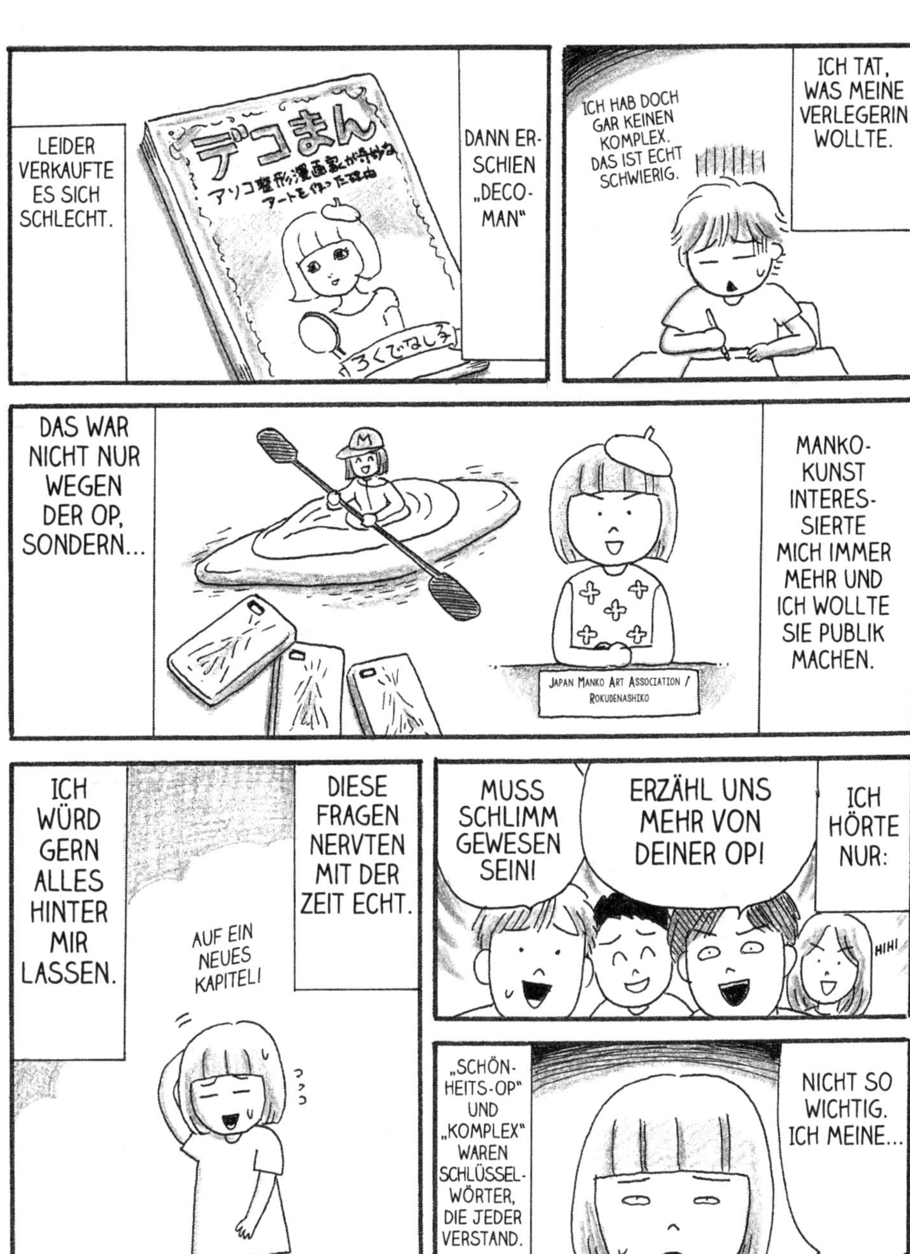
LEIDER VERKAUFTE ES SICH SCHLECHT.
DANN ERSCHIEN „DECO-MAN“
デコまん
ろくでなし子
ICH TAT, WAS MEINE VERLEGERIN WOLLTE.
ICH HAB DOCH GAR KEINEN KOMPLEX. DAS IST ECHT SCHWIERIG.
DAS WAR NICHT NUR WEGEN DER OP, SONDERN…
MANKO-KUNST INTERESSIERTE MICH IMMER MEHR UND ICH WOLLTE SIE PUBLIK MACHEN.
JAPAN MANKO ART ASSOCIATION / ROKUDENASHIKO
ICH WÜRD GERN ALLES HINTER MIR LASSEN.
DIESE FRAGEN NERVTEN MIT DER ZEIT ECHT.
AUF EIN NEUES KAPITEL!
ICH HÖRTE NUR:
ERZÄHL UNS MEHR VON DEINER OP!
MUSS SCHLIMM GEWESEN SEIN!
HIHI
NICHT SO WICHTIG. ICH MEINE…
„SCHÖNHEITS-OP“ UND „KOMPLEX“ WAREN SCHLÜSSELWÖRTER, DIE JEDER VERSTAND.

WARUM ICH EINE MANKO-KÜNSTLERIN WURDE

VON ROKUDENASHIKO

KAPITEL 2

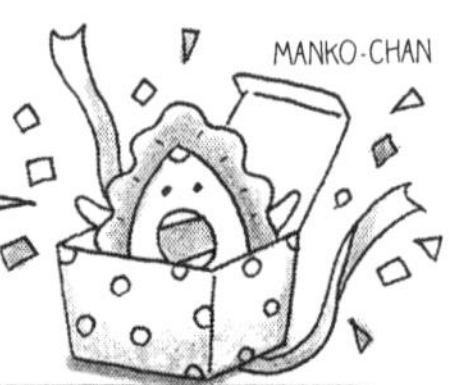

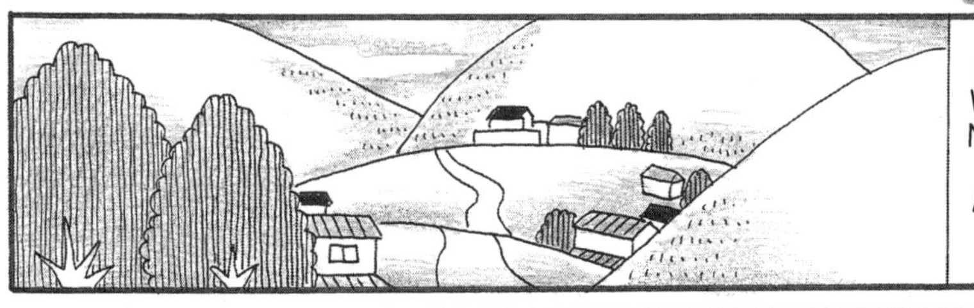

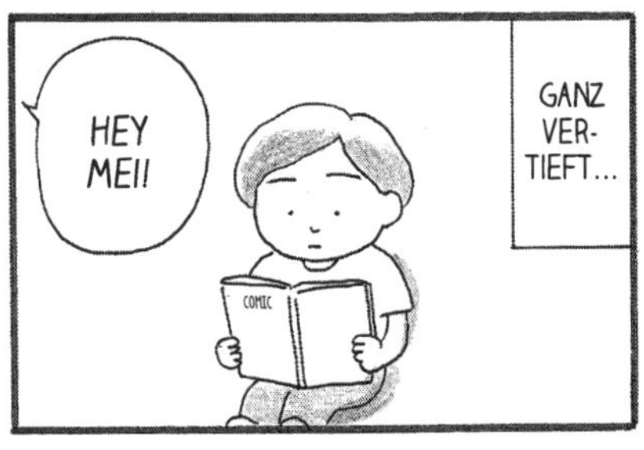

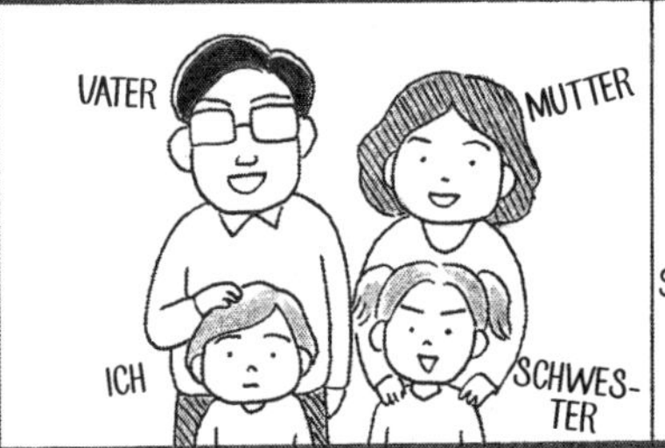

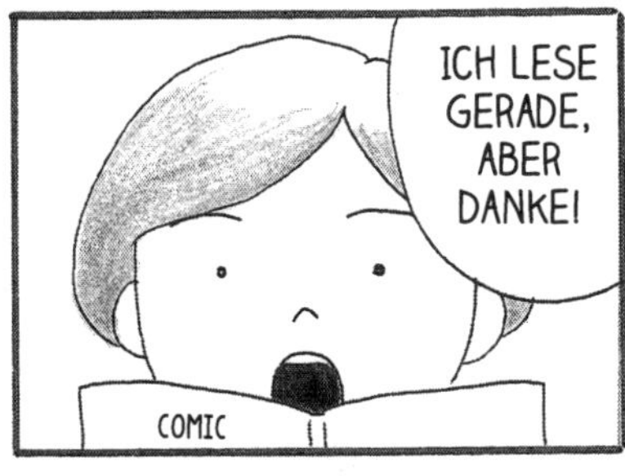

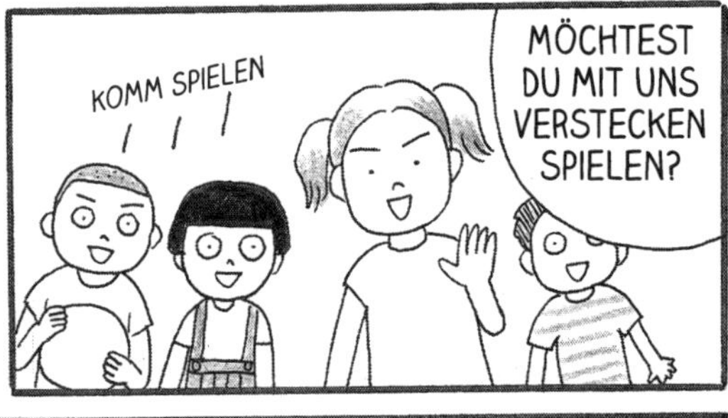

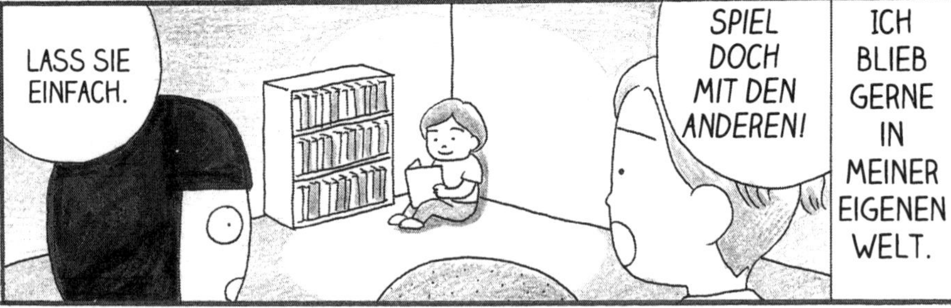

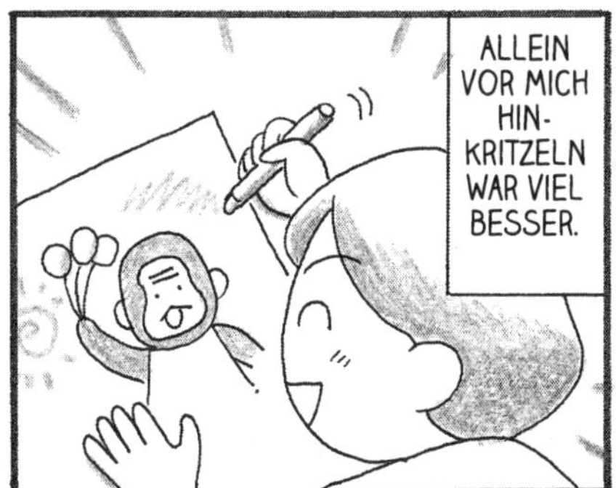
ALLEIN VOR MICH HIN-KRITZELN WAR VIEL BESSER.

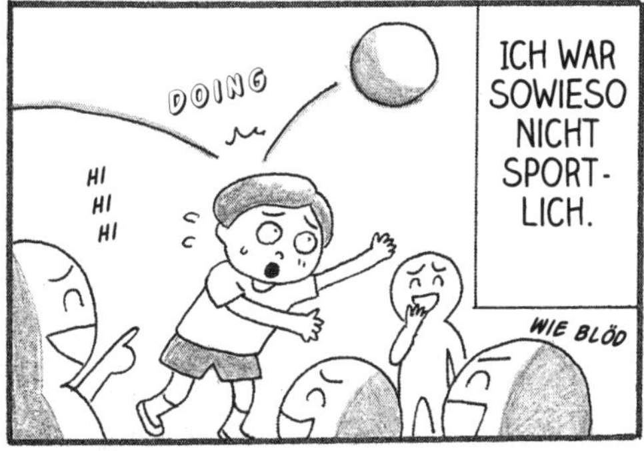
ICH WAR SOWIESO NICHT SPORT-LICH.
DOING
HI HI HI
WIE BLÖD

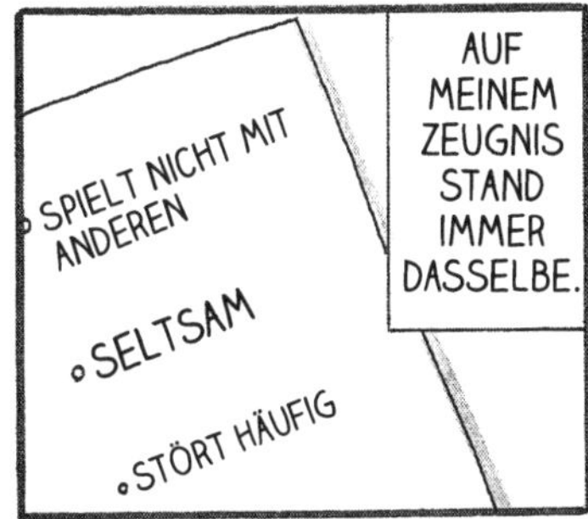
AUF MEINEM ZEUGNIS STAND IMMER DASSELBE.
SPIELT NICHT MIT ANDEREN
SELTSAM
STÖRT HÄUFIG

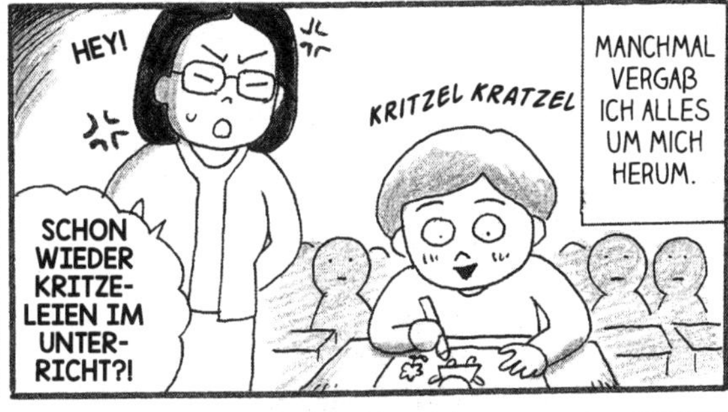
MANCHMAL VERGAß ICH ALLES UM MICH HERUM.
HEY!
KRITZEL KRATZEL
SCHON WIEDER KRITZE-LEIEN IM UNTER-RICHT?!

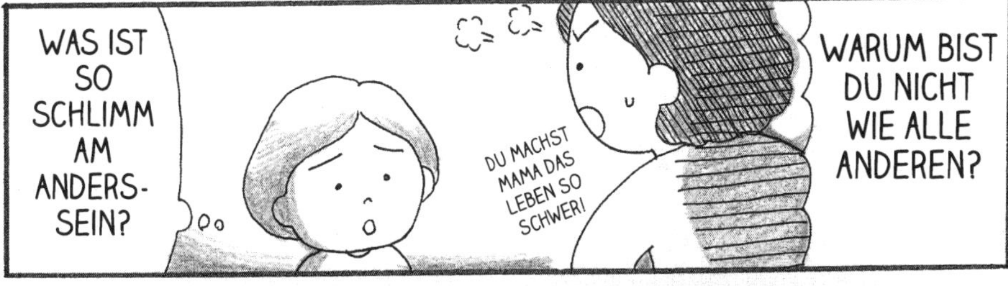
WARUM BIST DU NICHT WIE ALLE ANDEREN?
DU MACHST MAMA DAS LEBEN SO SCHWER!
WAS IST SO SCHLIMM AM ANDERS-SEIN?

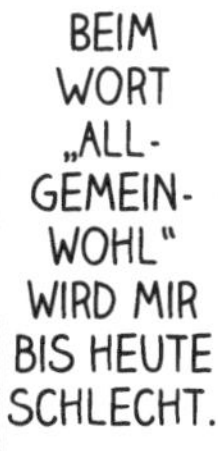
DIESE GRUPPEN-MENTA-LITÄT DER SCHULE PASSTE NICHT ZU MIR.
BEIM WORT „ALL-GEMEIN-WOHL" WIRD MIR BIS HEUTE SCHLECHT.

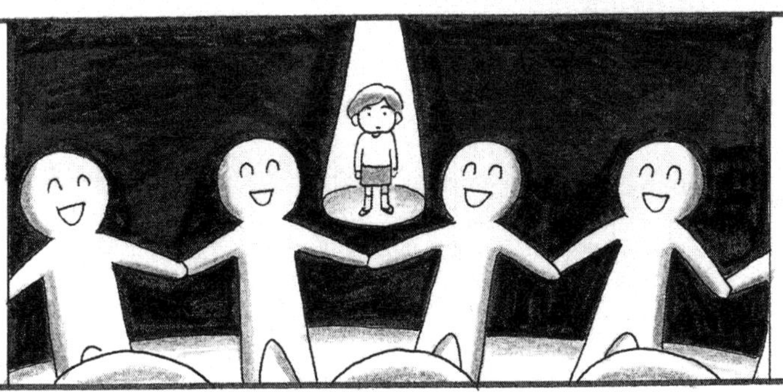

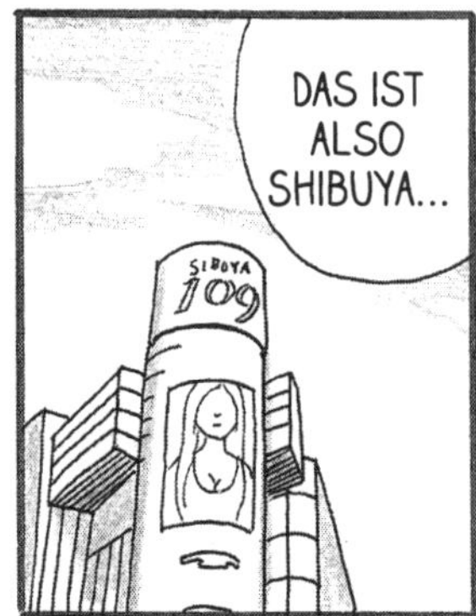
DAS IST ALSO SHIBUYA...
SIBUYA 109

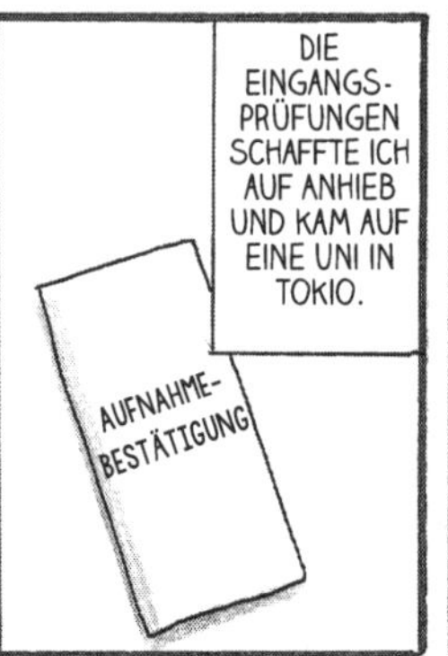
DIE EINGANGS-PRÜFUNGEN SCHAFFTE ICH AUF ANHIEB UND KAM AUF EINE UNI IN TOKIO.
AUFNAHME-BESTÄTIGUNG

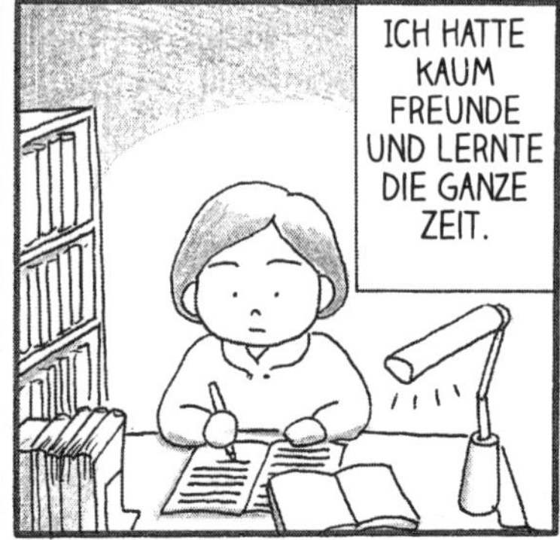
ICH HATTE KAUM FREUNDE UND LERNTE DIE GANZE ZEIT.

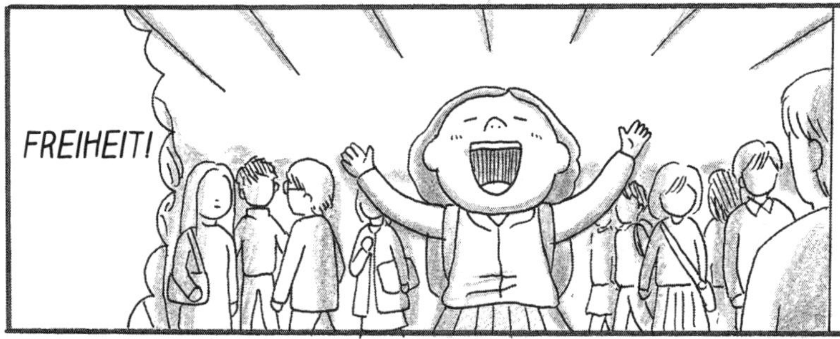
IN DER GROßEN STADT DURFTE MAN „ANDERS" SEIN, DAS WAR TOLL.
FREIHEIT!

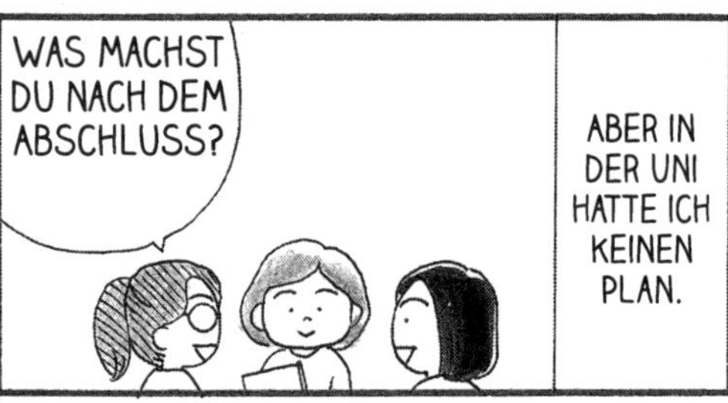
ABER IN DER UNI HATTE ICH KEINEN PLAN.
WAS MACHST DU NACH DEM ABSCHLUSS?

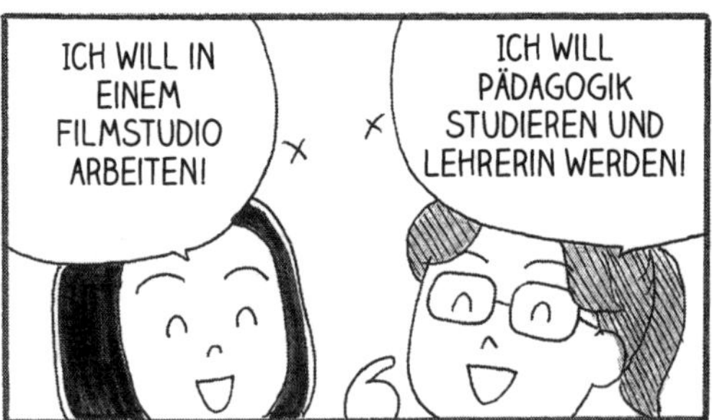
ICH WILL IN EINEM FILMSTUDIO ARBEITEN!
ICH WILL PÄDAGOGIK STUDIEREN UND LEHRERIN WERDEN!

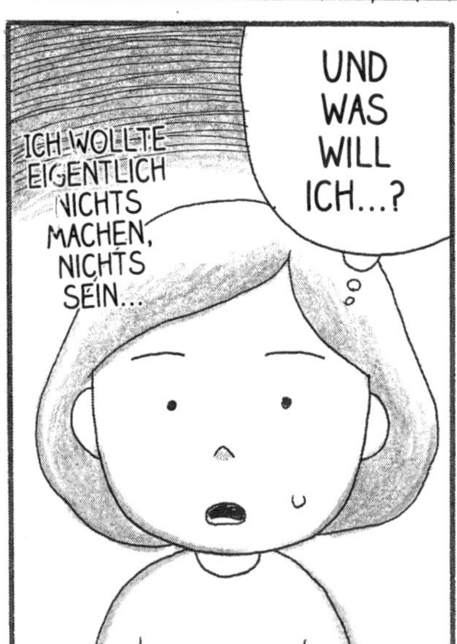
UND WAS WILL ICH...?
ICH WOLLTE EIGENTLICH NICHTS MACHEN, NICHTS SEIN...

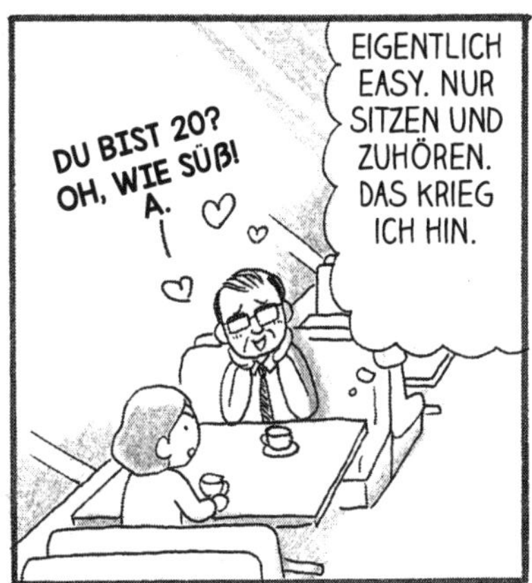
EIGENTLICH EASY. NUR SITZEN UND ZUHÖREN. DAS KRIEG ICH HIN.
DU BIST 20? OH, WIE SÜß! A.

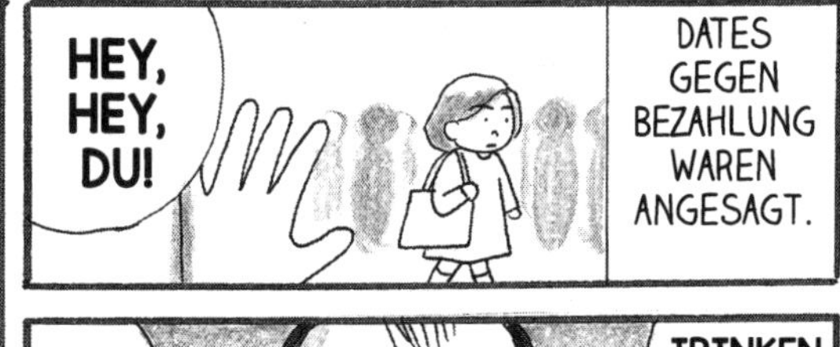
DATES GEGEN BEZAHLUNG WAREN ANGESAGT.
HEY, HEY, DU!

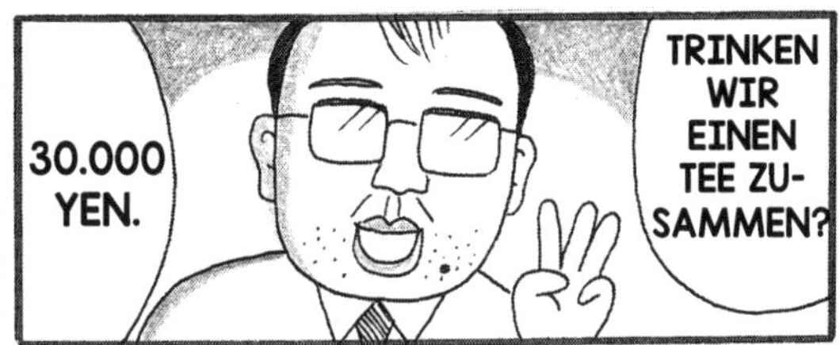
TRINKEN WIR EINEN TEE ZU-SAMMEN?
30.000 YEN.

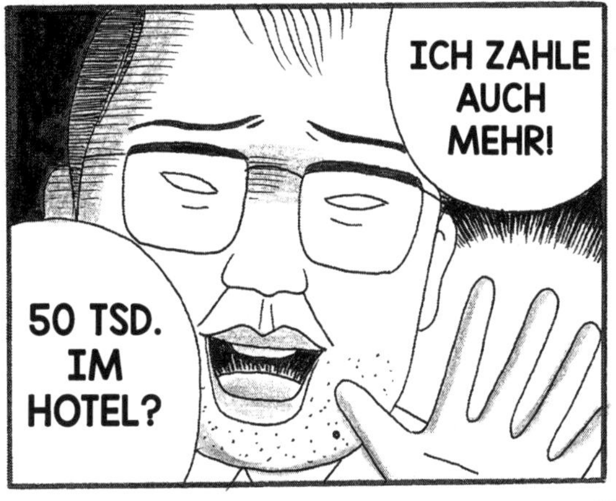
ICH ZAHLE AUCH MEHR!
50 TSD. IM HOTEL?

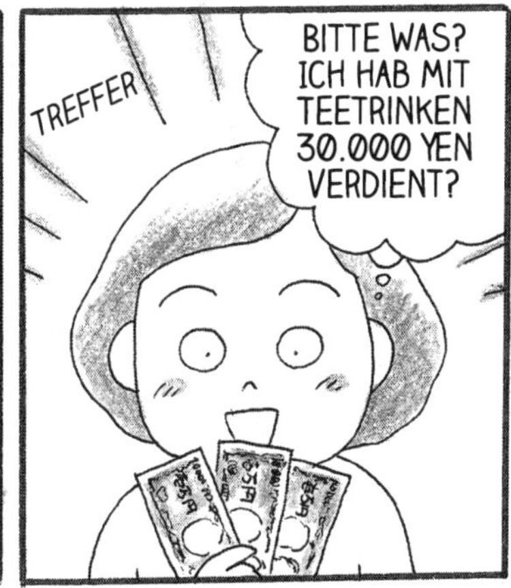
BITTE WAS? ICH HAB MIT TEETRINKEN 30.000 YEN VERDIENT?
TREFFER

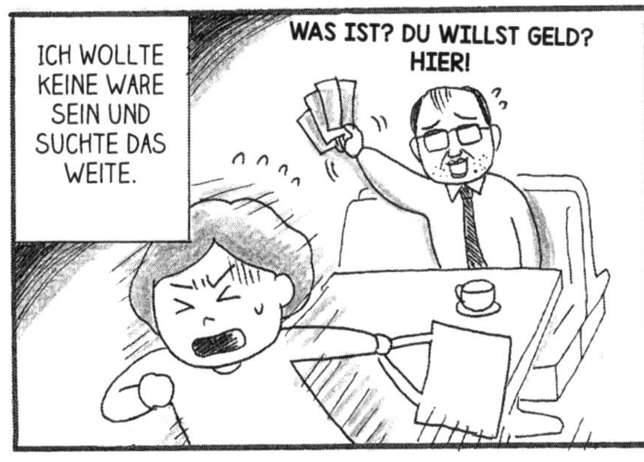
ICH WOLLTE KEINE WARE SEIN UND SUCHTE DAS WEITE.
WAS IST? DU WILLST GELD? HIER!

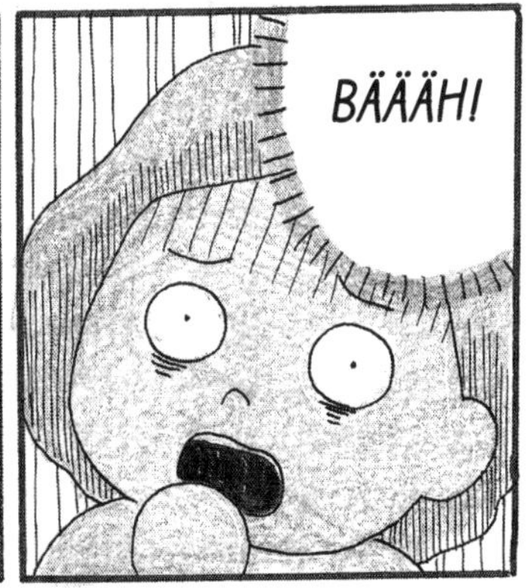
BÄÄÄH!

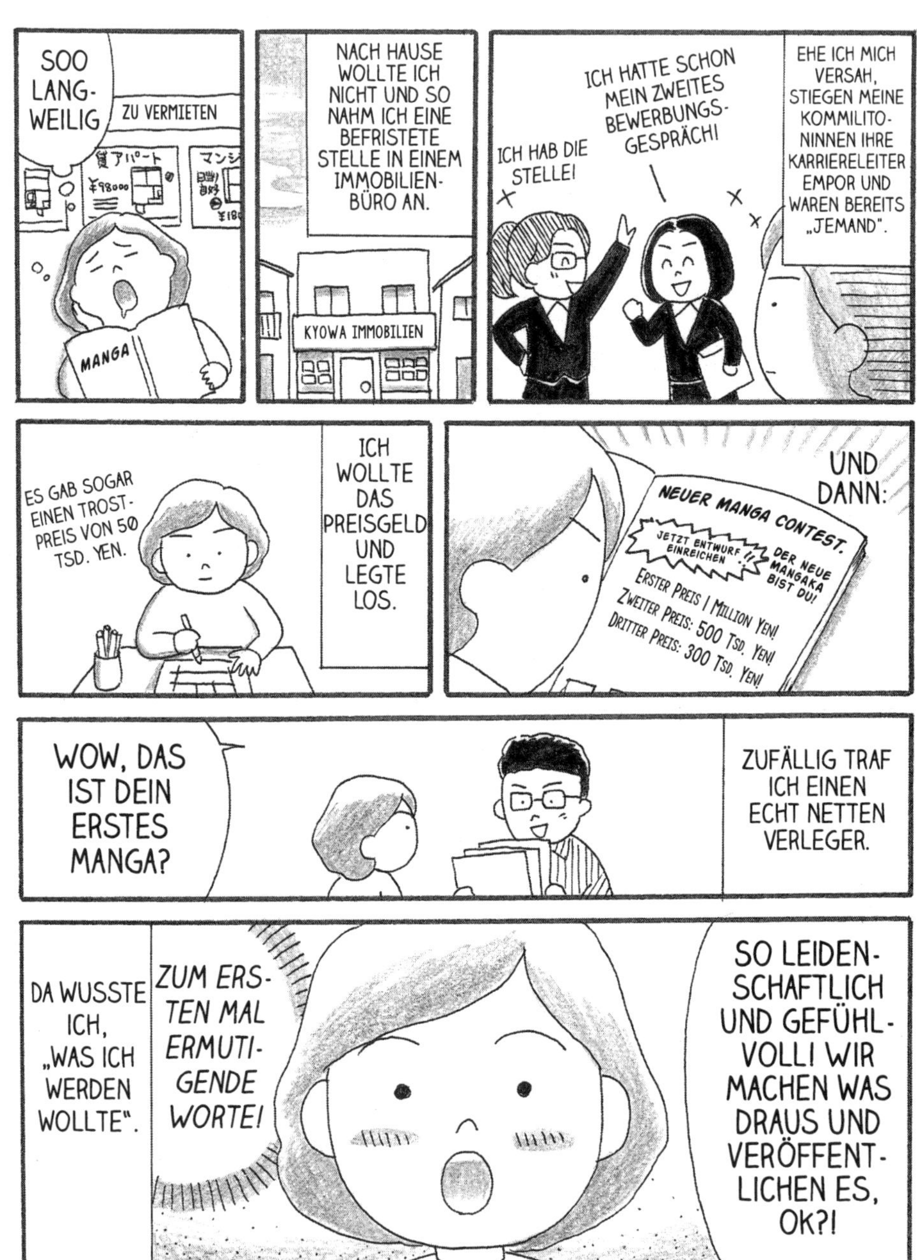
SOO LANGWEILIG
ZU VERMIETEN
MANGA
NACH HAUSE WOLLTE ICH NICHT UND SO NAHM ICH EINE BEFRISTETE STELLE IN EINEM IMMOBILIENBÜRO AN.
KYOWA IMMOBILIEN
EHE ICH MICH VERSAH, STIEGEN MEINE KOMMILITONINNEN IHRE KARRIERELEITER EMPOR UND WAREN BEREITS „JEMAND".
ICH HATTE SCHON MEIN ZWEITES BEWERBUNGSGESPRÄCH!
ICH HAB DIE STELLE!
UND DANN:
NEUER MANGA CONTEST.
JETZT ENTWURF EINREICHEN!!
DER NEUE MANGAKA BIST DU!
ERSTER PREIS 1 MILLION YEN!
ZWEITER PREIS: 500 TSD. YEN!
DRITTER PREIS: 300 TSD. YEN!
ICH WOLLTE DAS PREISGELD UND LEGTE LOS.
ES GAB SOGAR EINEN TROSTPREIS VON 50 TSD. YEN.
ZUFÄLLIG TRAF ICH EINEN ECHT NETTEN VERLEGER.
WOW, DAS IST DEIN ERSTES MANGA?
SO LEIDENSCHAFTLICH UND GEFÜHLVOLL! WIR MACHEN WAS DRAUS UND VERÖFFENTLICHEN ES, OK?!
ZUM ERSTEN MAL ERMUTIGENDE WORTE!
DA WUSSTE ICH, „WAS ICH WERDEN WOLLTE".

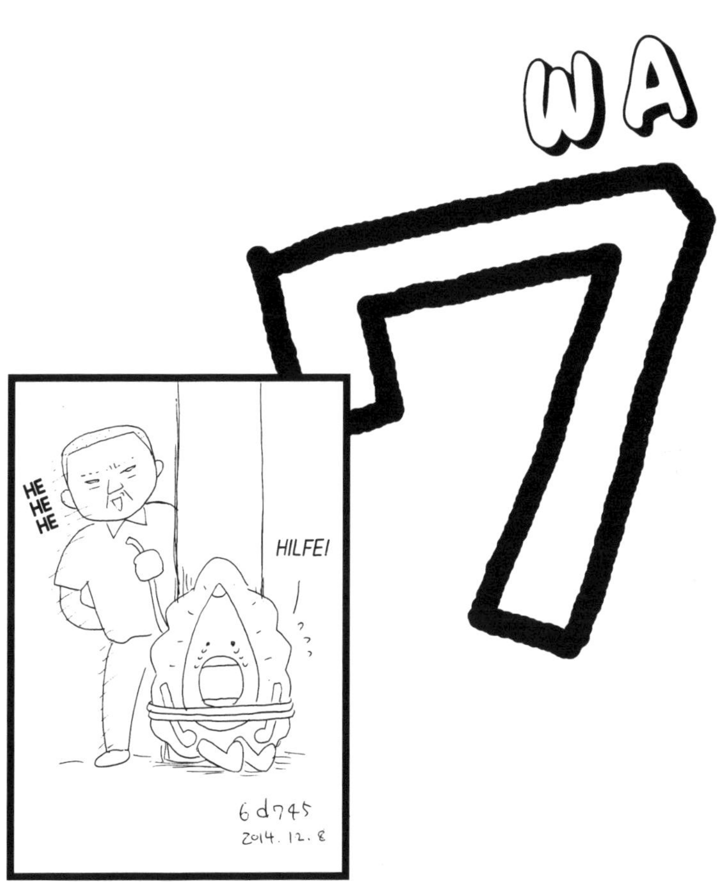
WA
7
HE
HE
HE
HILFE!
6d745
2014. 12. 8

WARUM ICH EINE MANKO-KÜNSTLERIN WURDE

MANKO-CHAN

VON ROKUDENASHIKO

KAPITEL 3

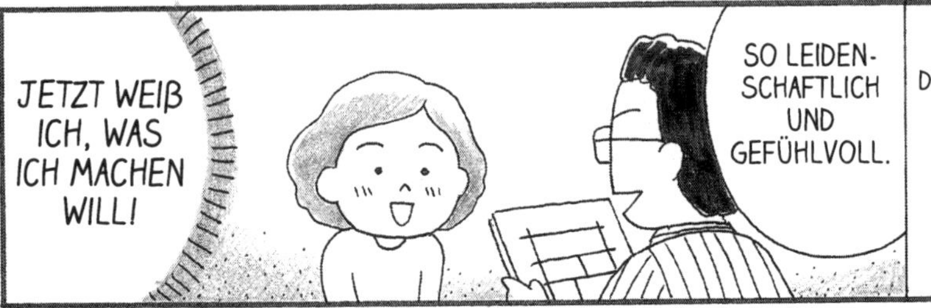

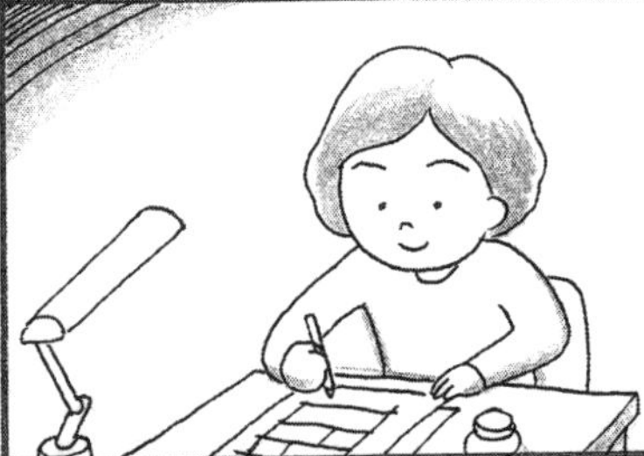

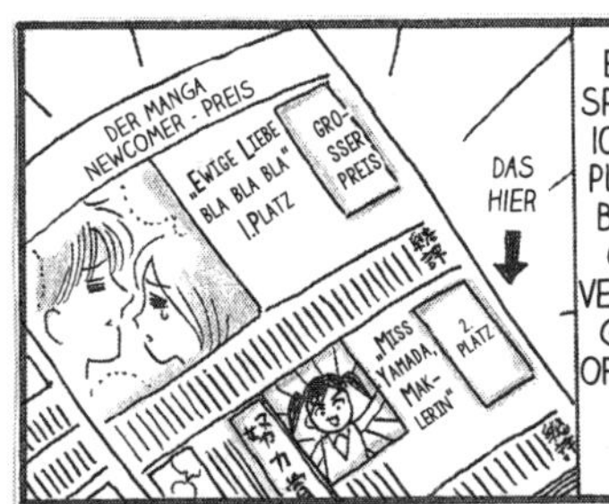

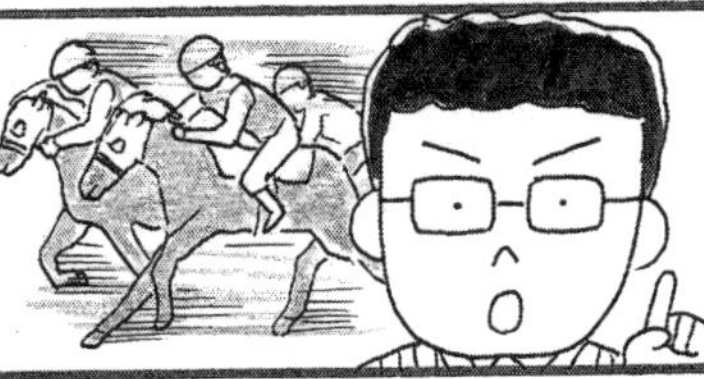

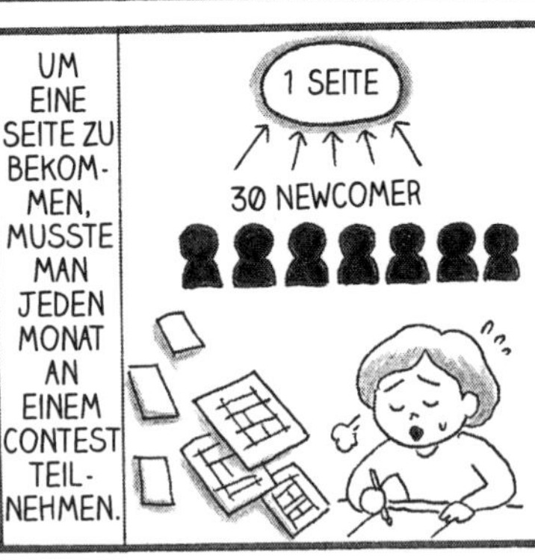

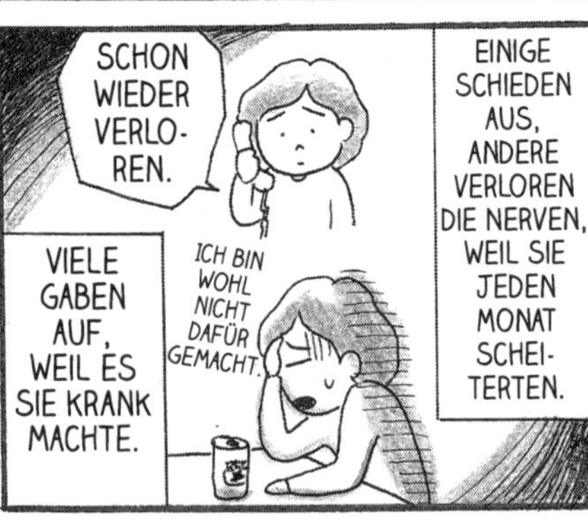

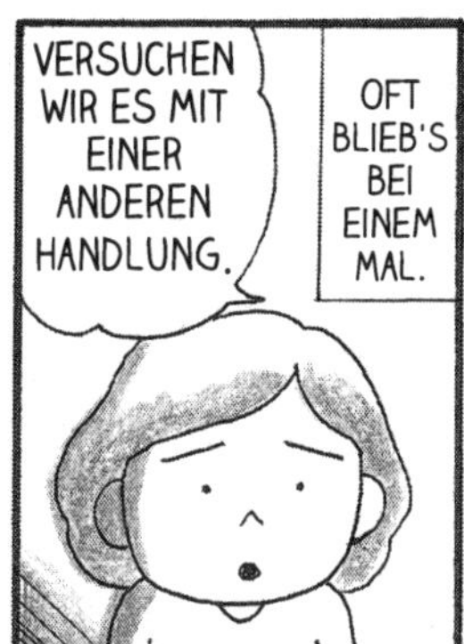

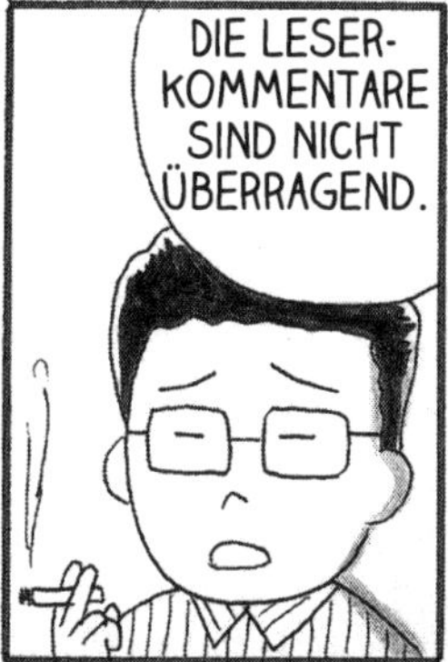

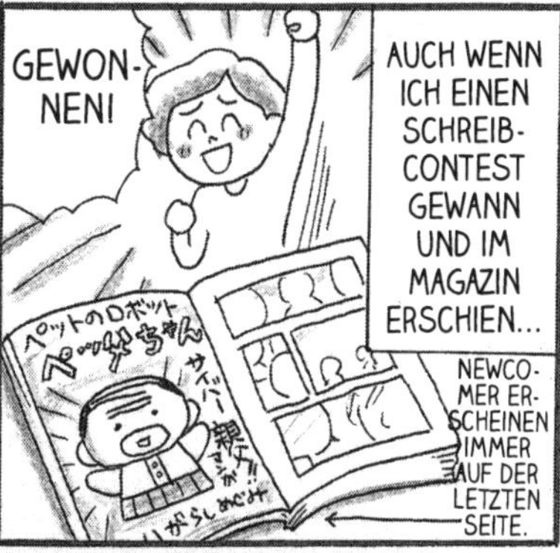

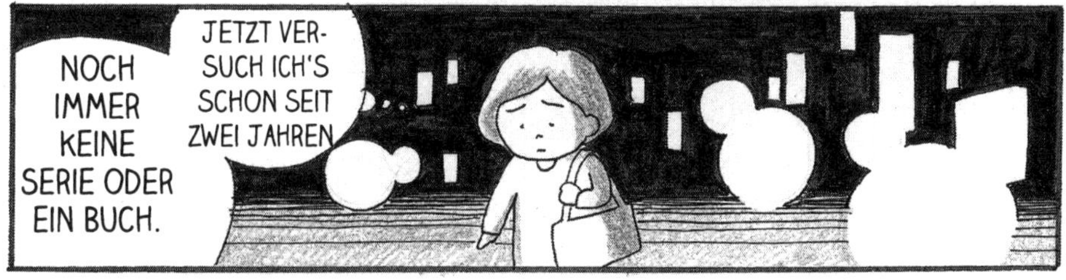

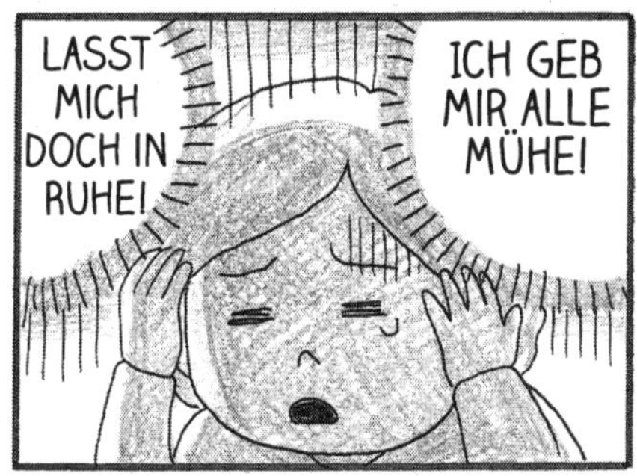

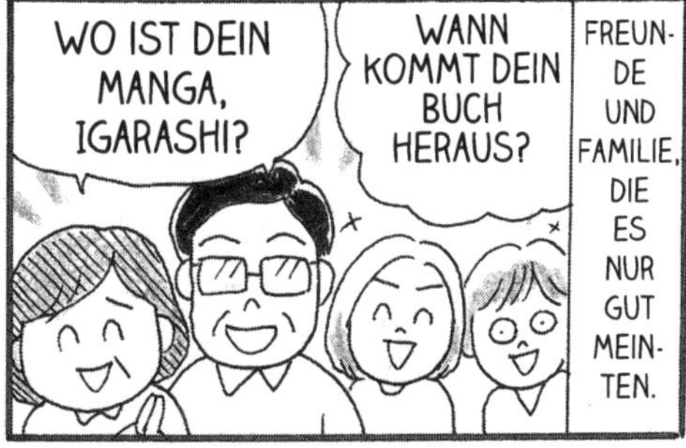

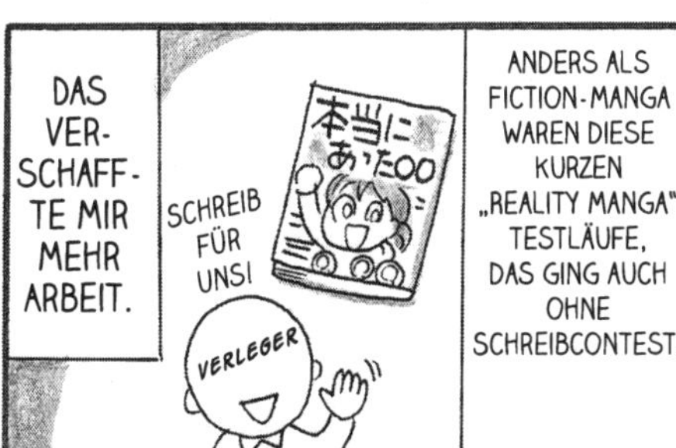

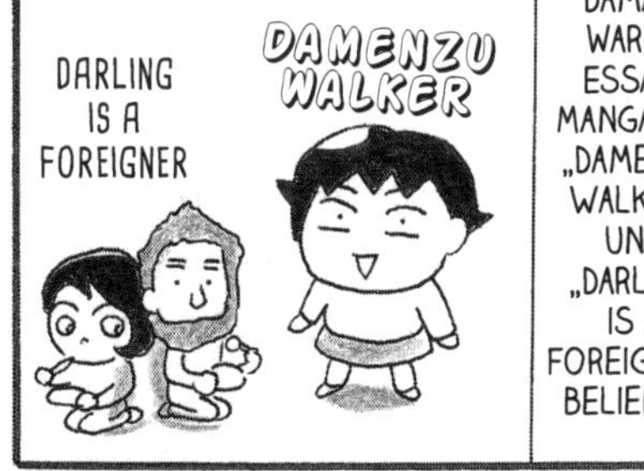

* „DAMENZU WALKER" WAR EIN BELIEBTES ESSAY-MANGA ÜBER DIE SCHLECHTEN DATE-ERFAHRUNGEN EINER FRAU. „DARLING IS A FOREIGNER" HANDELT VON DER HEIRAT MIT EINEM WESTLICHEN AUSLÄNDER IN JAPAN.

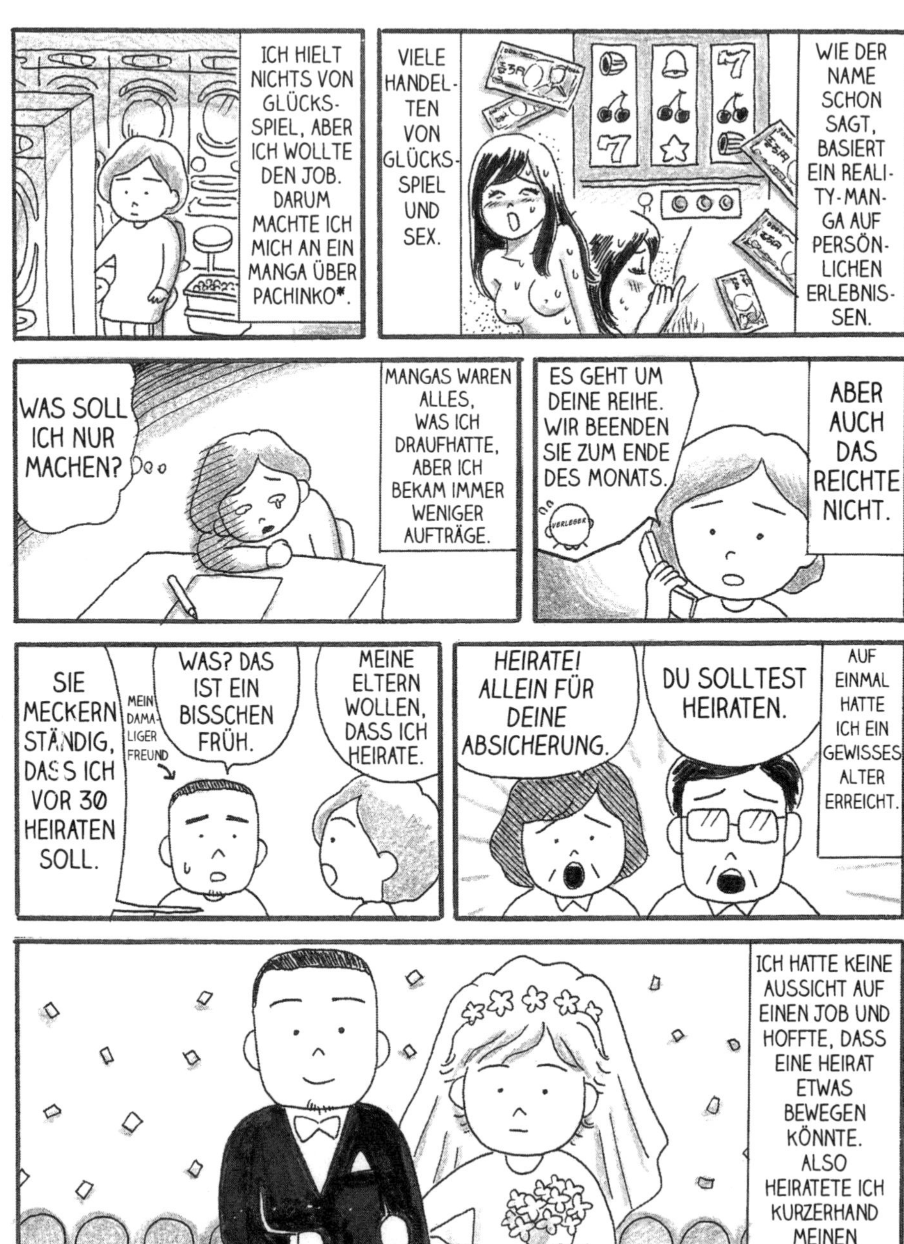

*PACHINKO IST EIN BEKANNTES JAPANISCHES AUTOMATENSPIEL, BEI DEM MAN KLEINE METALLKUGELN SAMMELT.

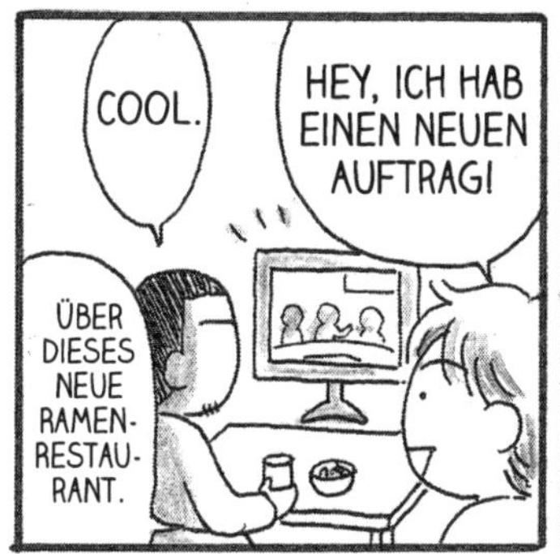
COOL.
HEY, ICH HAB EINEN NEUEN AUFTRAG!
ÜBER DIESES NEUE RAMEN-RESTAURANT.

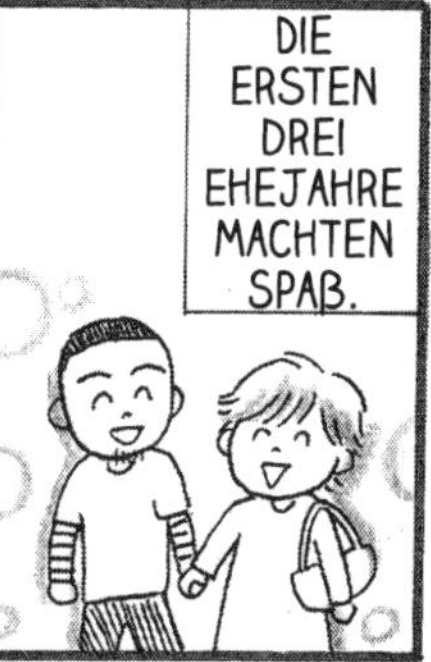
DIE ERSTEN DREI EHEJAHRE MACHTEN SPAß.

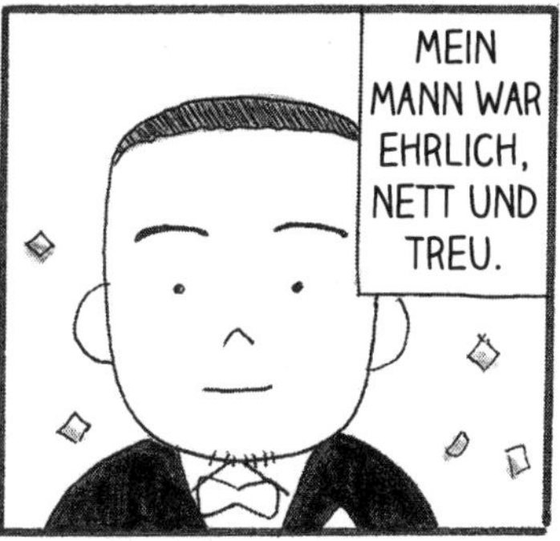
MEIN MANN WAR EHRLICH, NETT UND TREU.

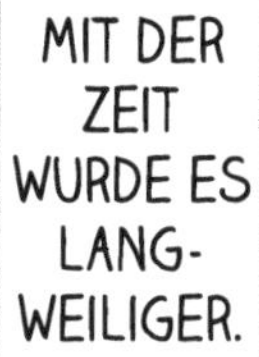
MIT DER ZEIT WURDE ES LANG-WEILIGER.

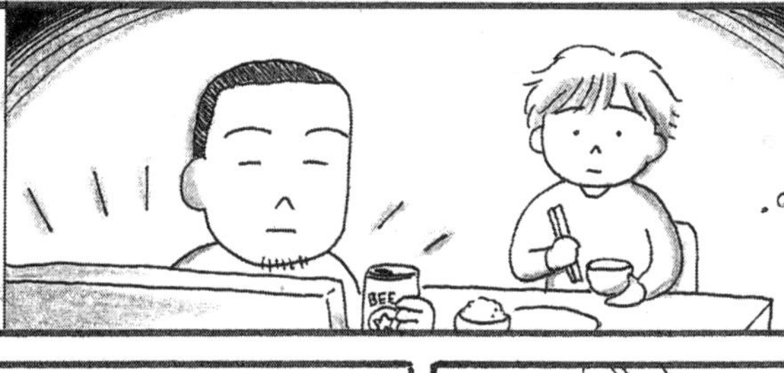
ES IST SO LANGWEILIG. STÄNDIG LÄUFT DER FERNSEHER.

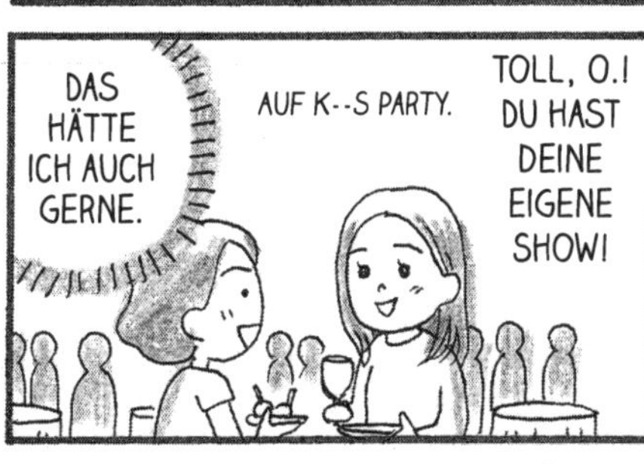
DAS HÄTTE ICH AUCH GERNE.
AUF K--S PARTY.
TOLL, O.! DU HAST DEINE EIGENE SHOW!

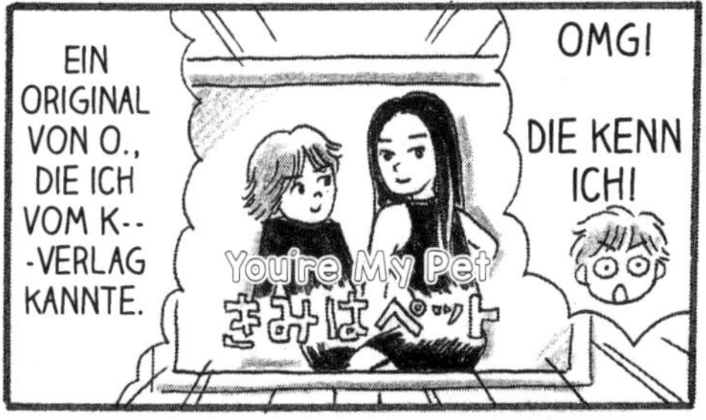
EIN ORIGINAL VON O., DIE ICH VOM K--VERLAG KANNTE.
You're My Pet
きみはペット
OMG!
DIE KENN ICH!

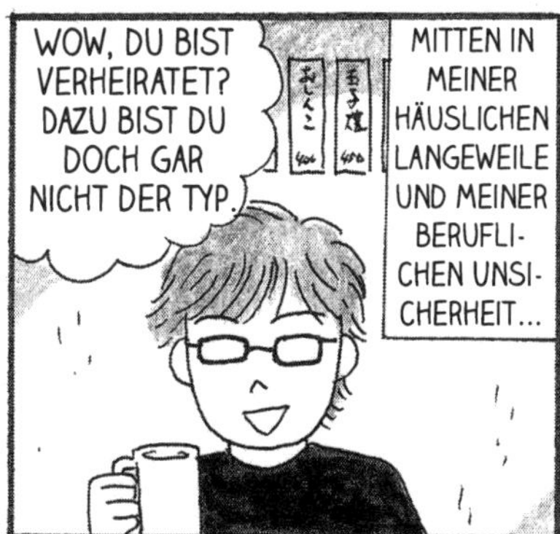
WOW, DU BIST VERHEIRATET? DAZU BIST DU DOCH GAR NICHT DER TYP.
MITTEN IN MEINER HÄUSLICHEN LANGEWEILE UND MEINER BERUFLI-CHEN UNSI-CHERHEIT...

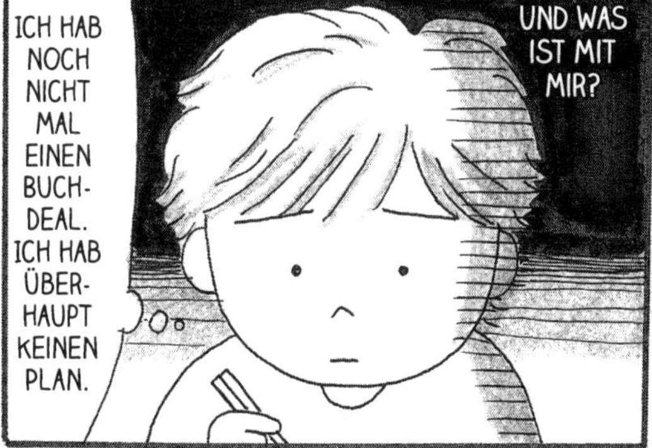
ICH HAB NOCH NICHT MAL EINEN BUCH-DEAL. ICH HAB ÜBER-HAUPT KEINEN PLAN.
UND WAS IST MIT MIR?

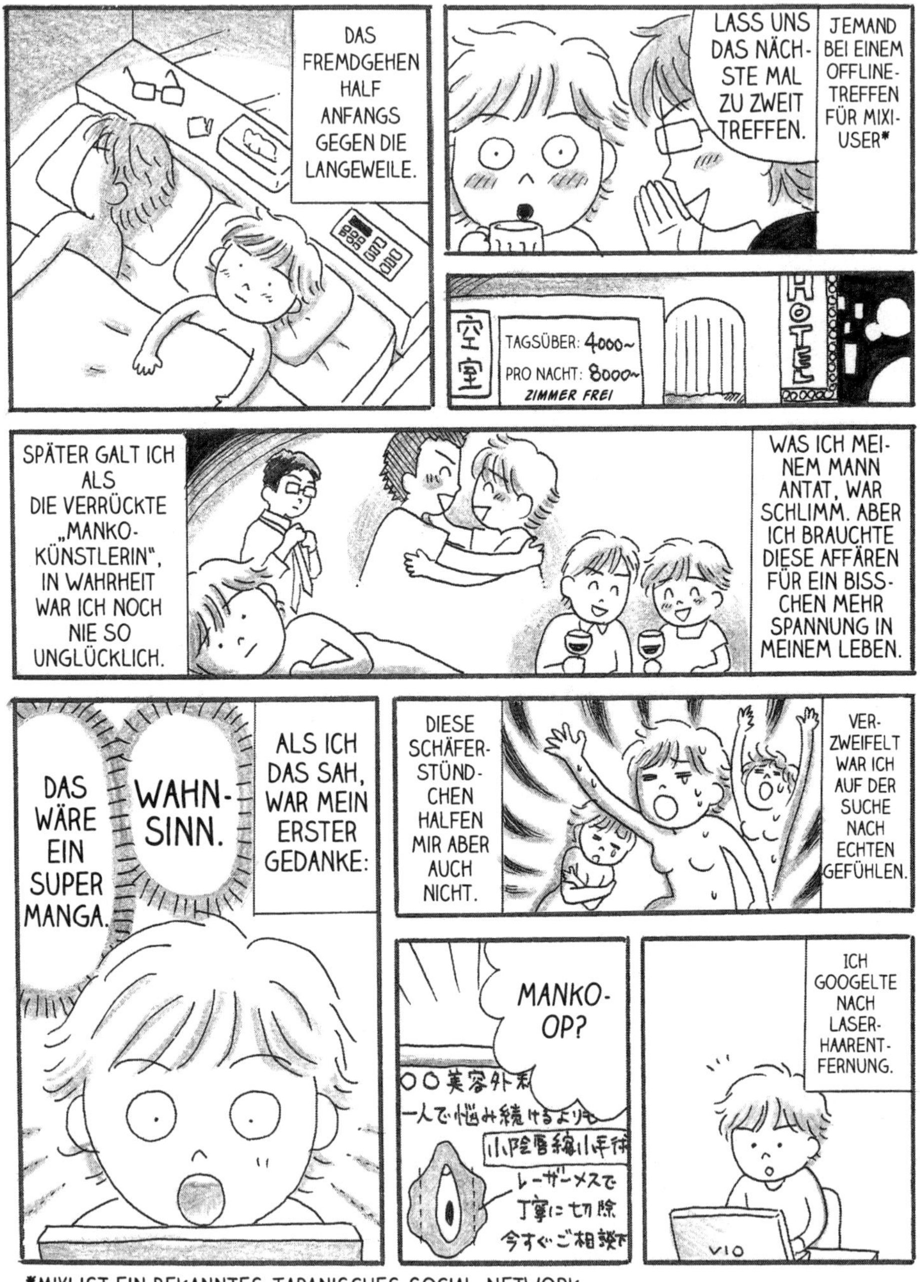

DAS FREMDGEHEN HALF ANFANGS GEGEN DIE LANGEWEILE.

JEMAND BEI EINEM OFFLINE-TREFFEN FÜR MIXI-USER*

LASS UNS DAS NÄCHSTE MAL ZU ZWEIT TREFFEN.

空室
TAGSÜBER: 4000~
PRO NACHT: 8000~
ZIMMER FREI
HOTEL

SPÄTER GALT ICH ALS DIE VERRÜCKTE „MANKO-KÜNSTLERIN“, IN WAHRHEIT WAR ICH NOCH NIE SO UNGLÜCKLICH.

WAS ICH MEINEM MANN ANTAT, WAR SCHLIMM. ABER ICH BRAUCHTE DIESE AFFÄREN FÜR EIN BISSCHEN MEHR SPANNUNG IN MEINEM LEBEN.

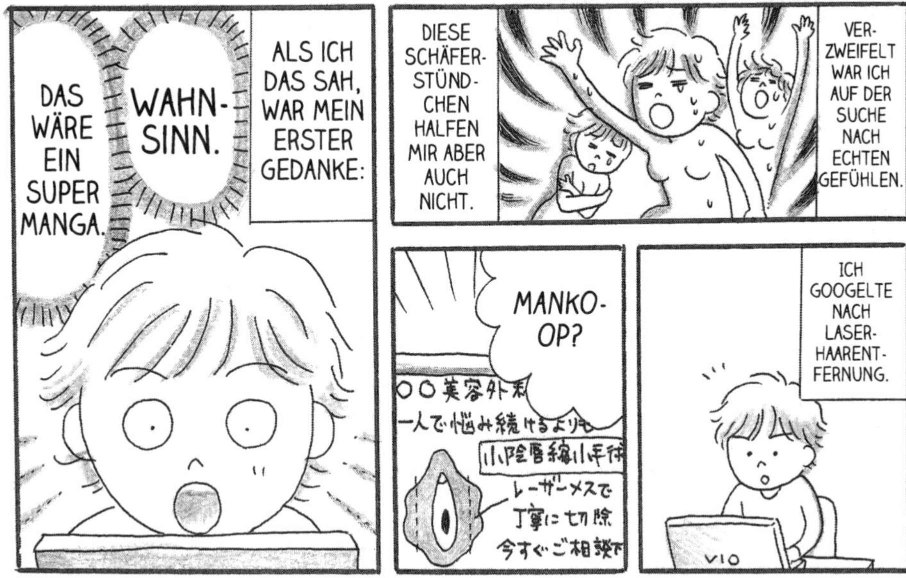

*MIXI IST EIN BEKANNTES JAPANISCHES SOCIAL-NETWORK.

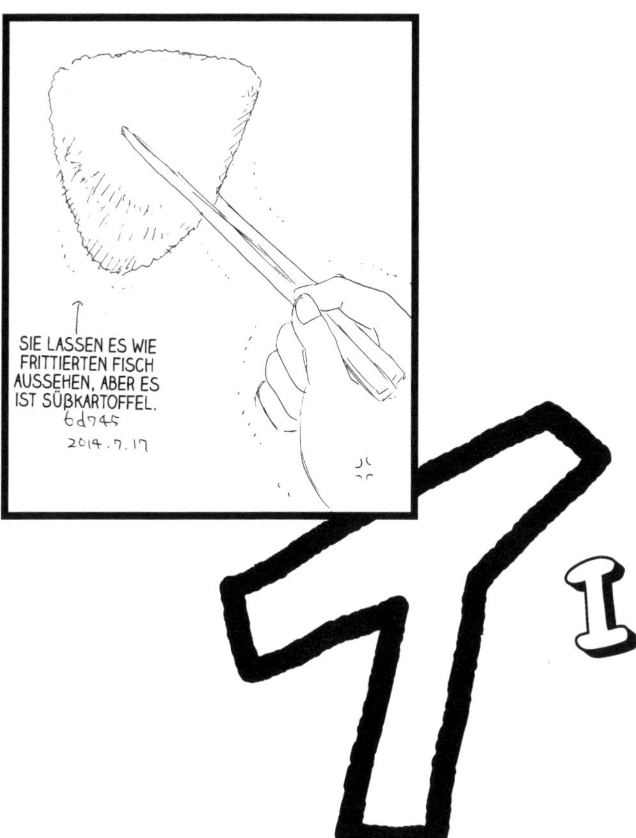

SIE LASSEN ES WIE FRITTIERTEN FISCH AUSSEHEN, ABER ES IST SÜßKARTOFFEL.
2014.7.17

WARUM ICH EINE MANKO-KÜNSTERLIN WURDE

VON ROKUDENASHIKO

KAPITEL 4

MS. MANKO

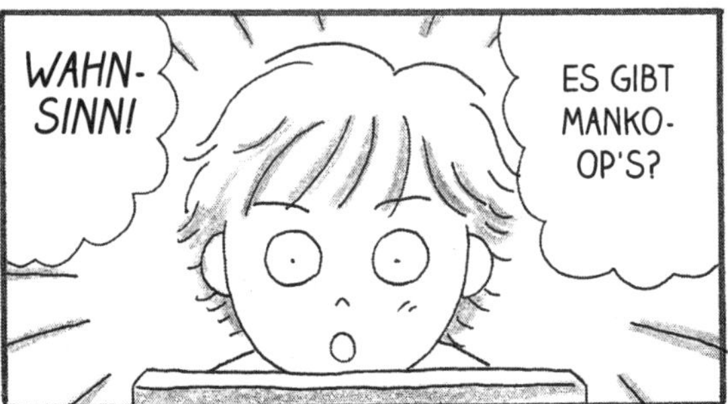

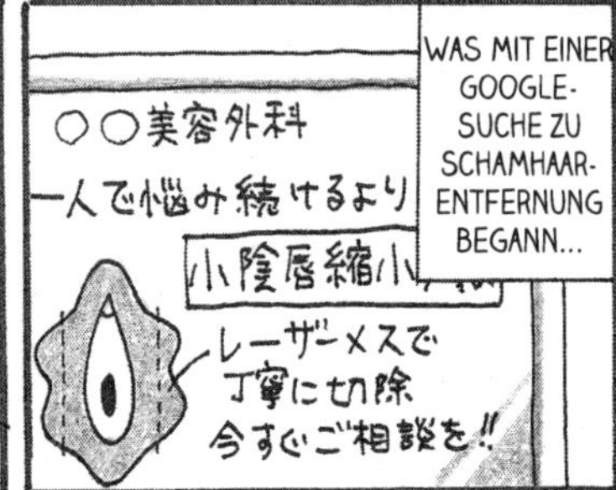

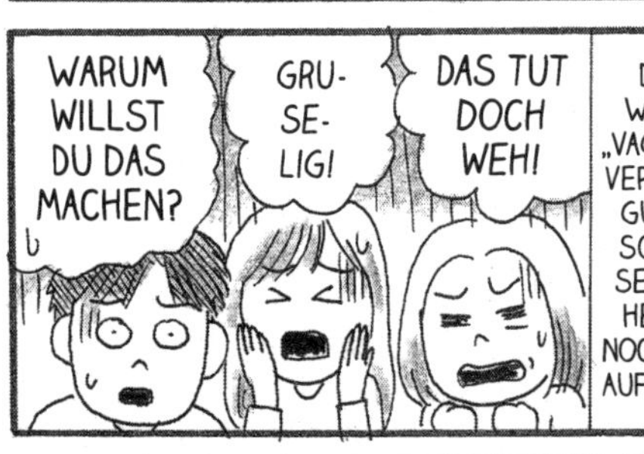

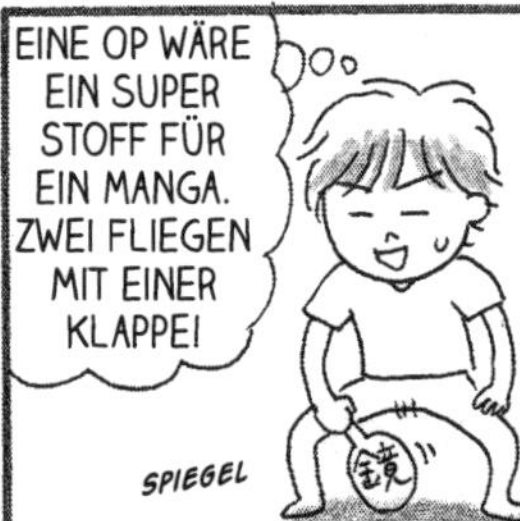

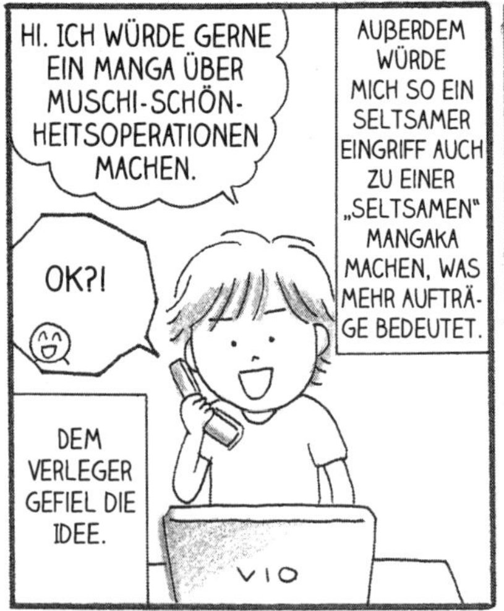

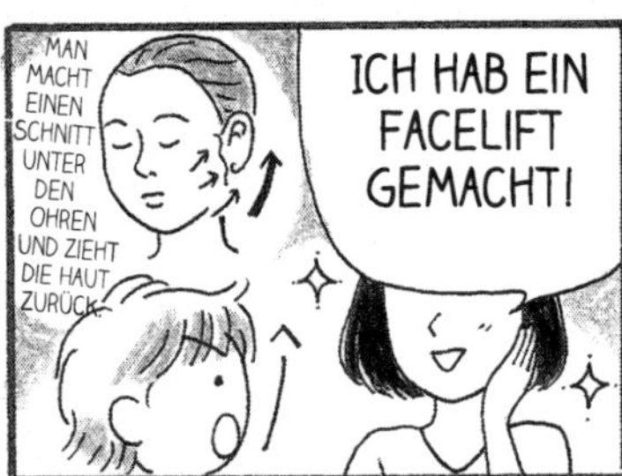

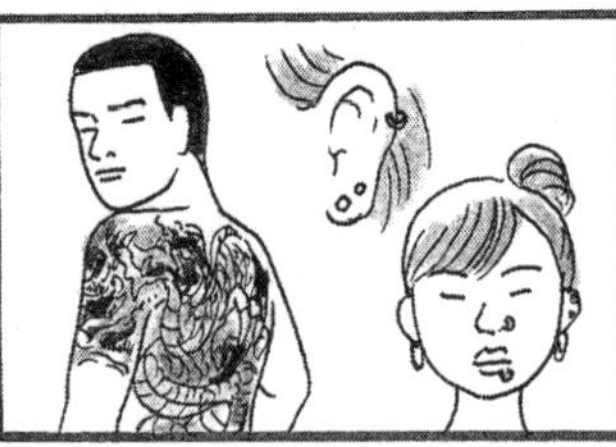

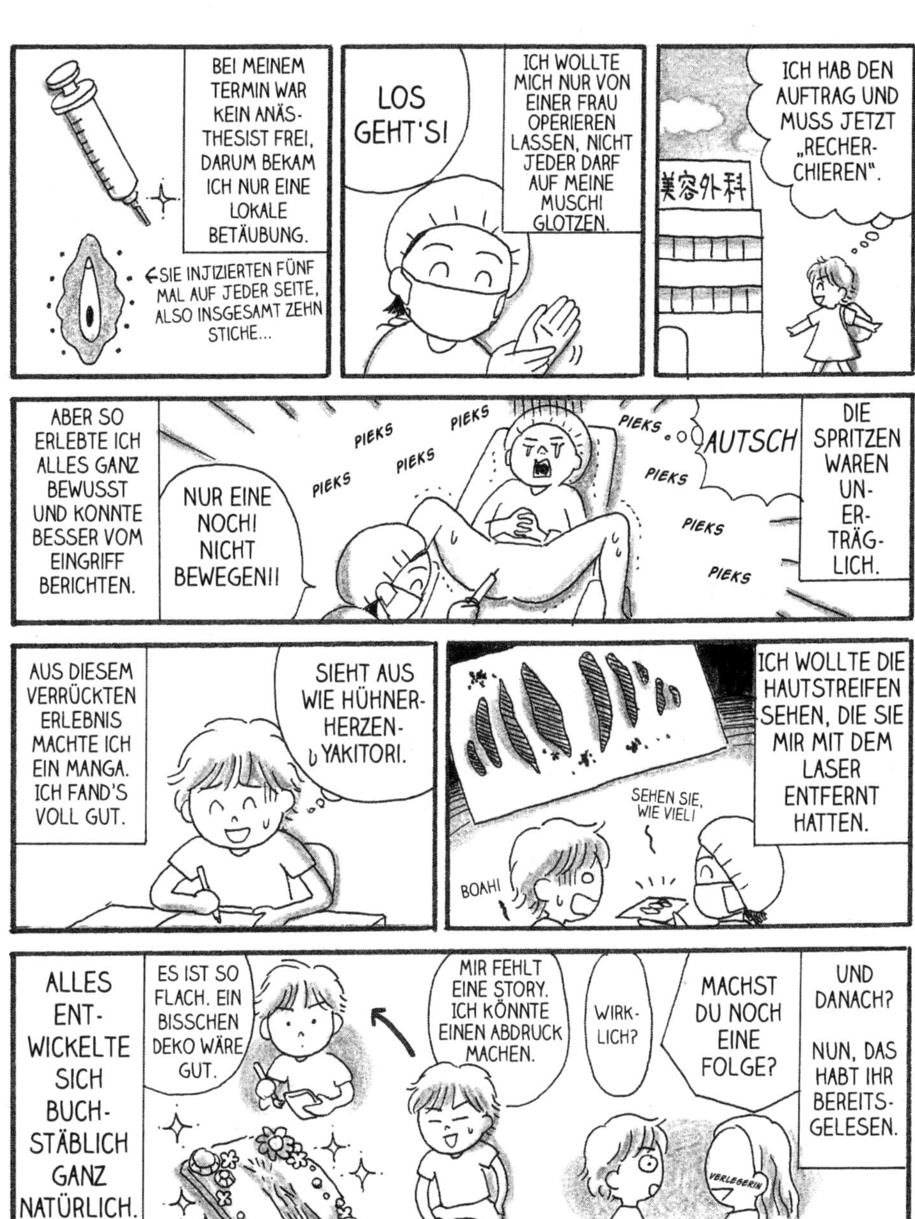

ICH HAB DEN AUFTRAG UND MUSS JETZT „RECHERCHIEREN".
美容外科
ICH WOLLTE MICH NUR VON EINER FRAU OPERIEREN LASSEN, NICHT JEDER DARF AUF MEINE MUSCHI GLOTZEN.
LOS GEHT'S!
BEI MEINEM TERMIN WAR KEIN ANÄSTHESIST FREI, DARUM BEKAM ICH NUR EINE LOKALE BETÄUBUNG.
←SIE INJIZIERTEN FÜNF MAL AUF JEDER SEITE, ALSO INSGESAMT ZEHN STICHE...
DIE SPRITZEN WAREN UNERTRÄGLICH.
AUTSCH
PIEKS
PIEKS
PIEKS
PIEKS
PIEKS
PIEKS
PIEKS
PIEKS
NUR EINE NOCH! NICHT BEWEGEN!!
ABER SO ERLEBTE ICH ALLES GANZ BEWUSST UND KONNTE BESSER VOM EINGRIFF BERICHTEN.
ICH WOLLTE DIE HAUTSTREIFEN SEHEN, DIE SIE MIR MIT DEM LASER ENTFERNT HATTEN.
SEHEN SIE, WIE VIEL!
BOAH!
SIEHT AUS WIE HÜHNERHERZEN-YAKITORI.
AUS DIESEM VERRÜCKTEN ERLEBNIS MACHTE ICH EIN MANGA. ICH FAND'S VOLL GUT.
UND DANACH?
NUN, DAS HABT IHR BEREITS GELESEN.
MACHST DU NOCH EINE FOLGE?
VERLEGERIN
WIRKLICH?
MIR FEHLT EINE STORY. ICH KÖNNTE EINEN ABDRUCK MACHEN.
ES IST SO FLACH. EIN BISSCHEN DEKO WÄRE GUT.
"DECO-MAN"
ALLES ENTWICKELTE SICH BUCHSTÄBLICH GANZ NATÜRLICH.

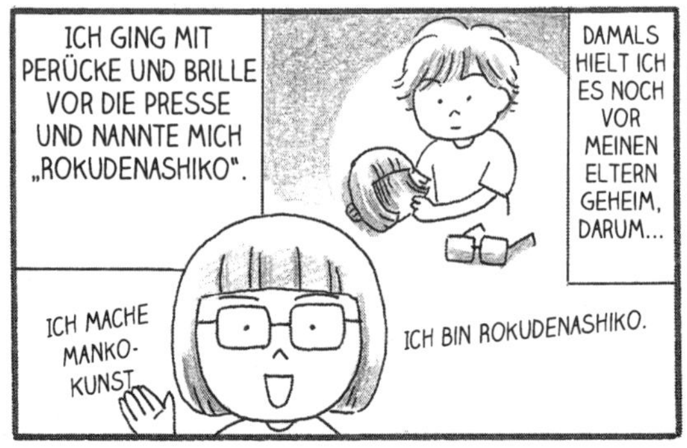
ICH GING MIT PERÜCKE UND BRILLE VOR DIE PRESSE UND NANNTE MICH „ROKUDENASHIKO“.
DAMALS HIELT ICH ES NOCH VOR MEINEN ELTERN GEHEIM, DARUM...
ICH MACHE MANKO-KUNST.
ICH BIN ROKUDENASHIKO.

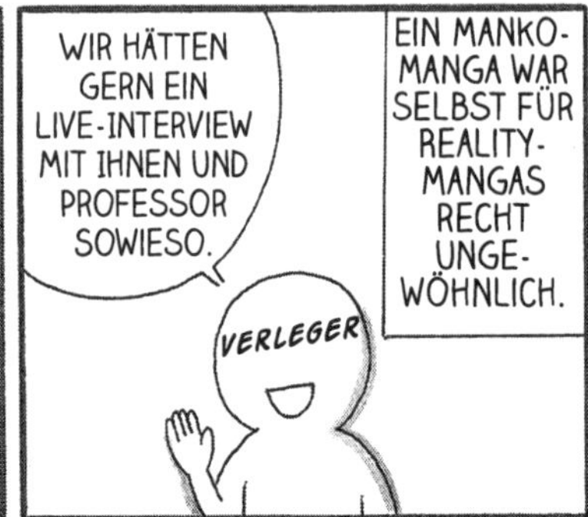
EIN MANKO-MANGA WAR SELBST FÜR REALITY-MANGAS RECHT UNGEWÖHNLICH.
WIR HÄTTEN GERN EIN LIVE-INTERVIEW MIT IHNEN UND PROFESSOR SOWIESO.
VERLEGER

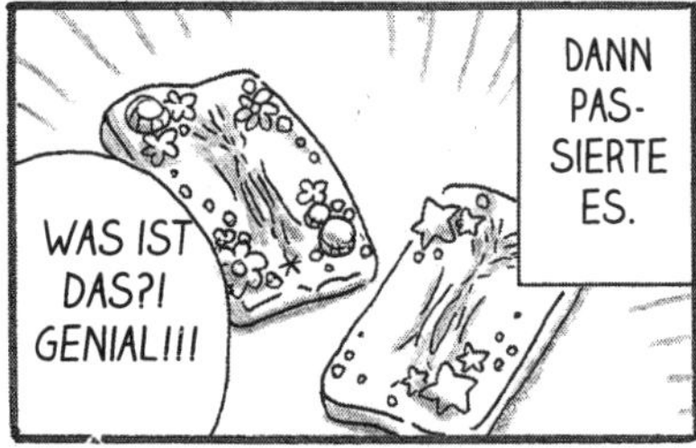
DANN PASSIERTE ES.
WAS IST DAS?! GENIAL!!!

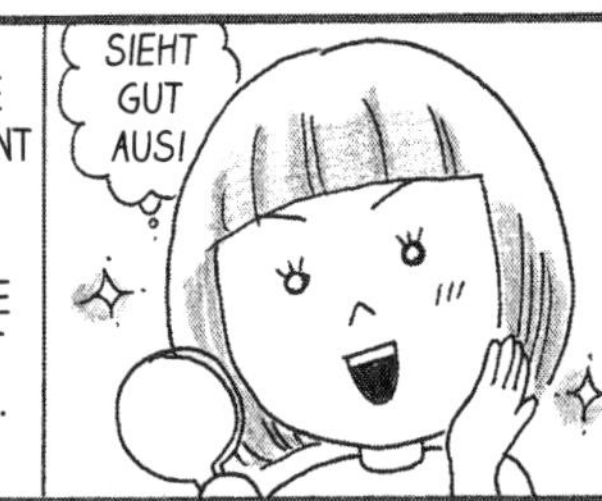
OHNE ERKENNT MAN MICH HEUTE NICHT MEHR.
SIEHT GUT AUS!
DIE PERÜCKE GEFIEL MIR SO GUT, DASS ICH SIE AUCH PRIVAT STÄNDIG TRUG.

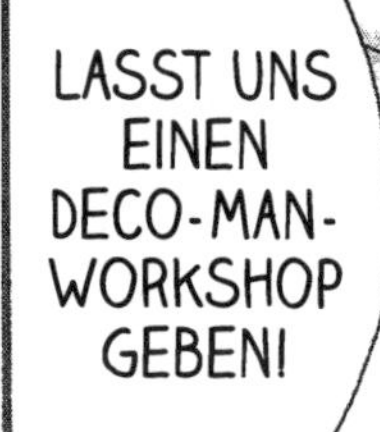
LASST UNS EINEN DECO-MAN-WORKSHOP GEBEN!

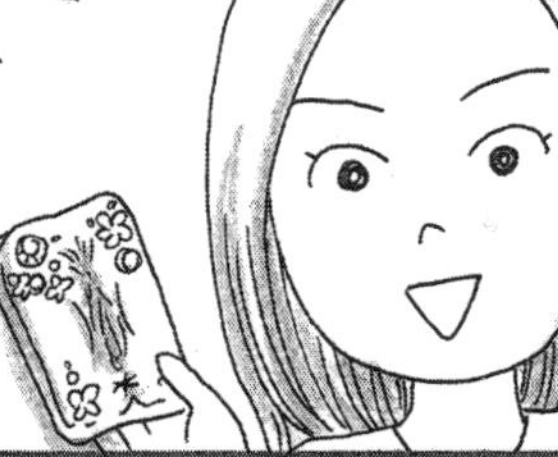
DAS IST SO SÜß. DAS SOLLTE JEDE MACHEN!
EINE BEKANNTE KOLUMNISTIN WAR VON „DECO-MAN“ BEGEISTERT.

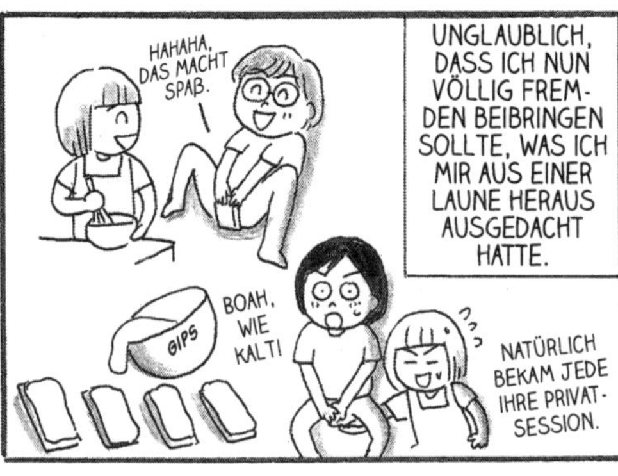
UNGLAUBLICH, DASS ICH NUN VÖLLIG FREMDEN BEIBRINGEN SOLLTE, WAS ICH MIR AUS EINER LAUNE HERAUS AUSGEDACHT HATTE.
HAHAHA, DAS MACHT SPAß.
GIPS
BOAH, WIE KALT!
NATÜRLICH BEKAM JEDE IHRE PRIVATSESSION.

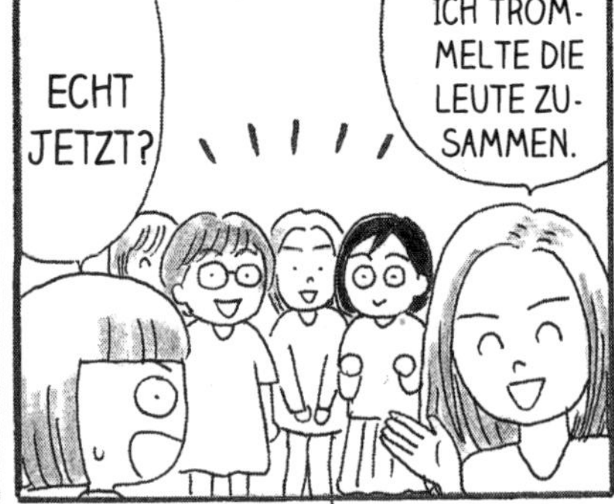
ICH TROMMELTE DIE LEUTE ZUSAMMEN.
ECHT JETZT?

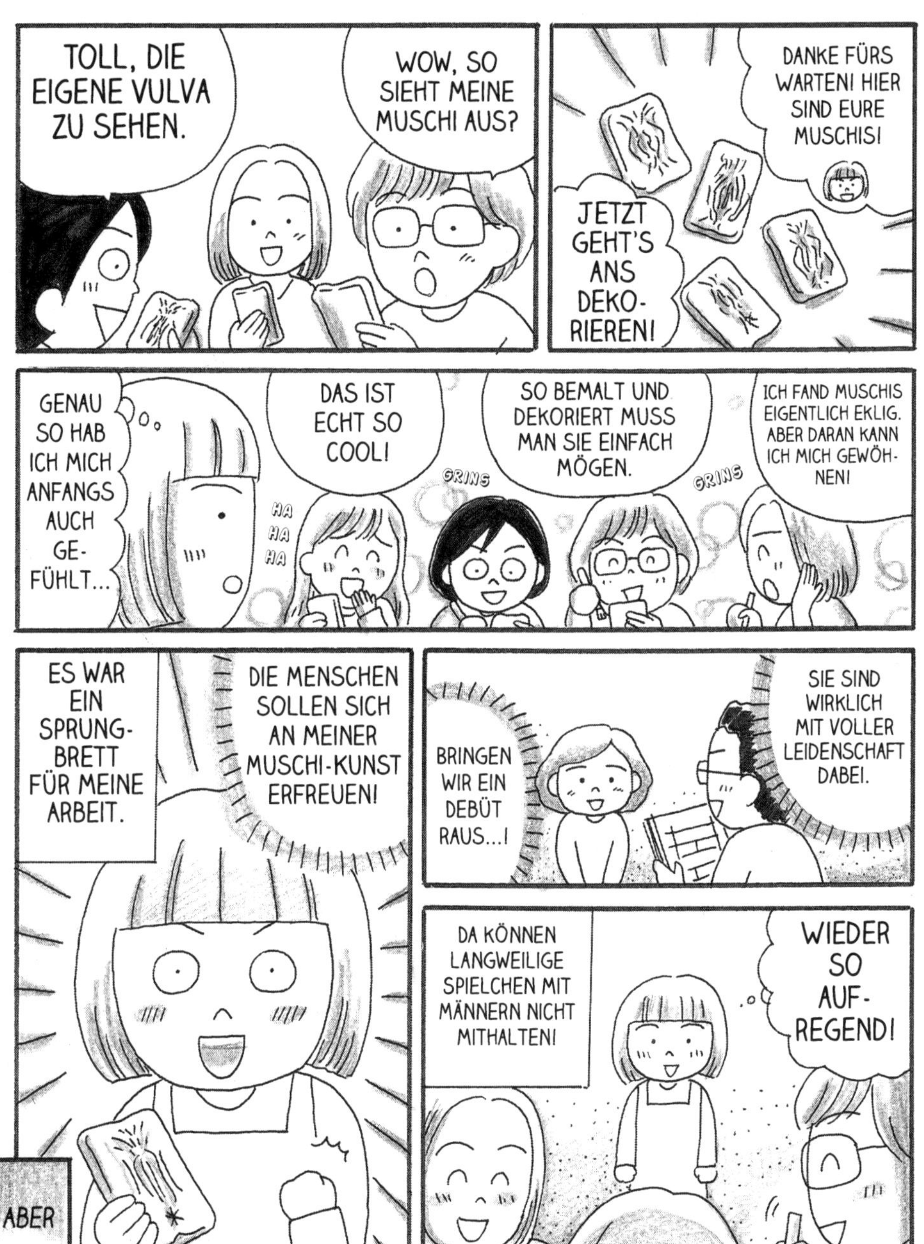
TOLL, DIE EIGENE VULVA ZU SEHEN.
WOW, SO SIEHT MEINE MUSCHI AUS?
DANKE FÜRS WARTEN! HIER SIND EURE MUSCHIS!
JETZT GEHT'S ANS DEKO-RIEREN!
GENAU SO HAB ICH MICH ANFANGS AUCH GE-FÜHLT...
HA HA HA
DAS IST ECHT SO COOL!
GRINS
SO BEMALT UND DEKORIERT MUSS MAN SIE EINFACH MÖGEN.
GRINS
ICH FAND MUSCHIS EIGENTLICH EKLIG. ABER DARAN KANN ICH MICH GEWÖH-NEN!
ES WAR EIN SPRUNG-BRETT FÜR MEINE ARBEIT.
DIE MENSCHEN SOLLEN SICH AN MEINER MUSCHI-KUNST ERFREUEN!
BRINGEN WIR EIN DEBÜT RAUS...!
SIE SIND WIRKLICH MIT VOLLER LEIDENSCHAFT DABEI.
DA KÖNNEN LANGWEILIGE SPIELCHEN MIT MÄNNERN NICHT MITHALTEN!
WIEDER SO AUF-REGEND!
ABER ...

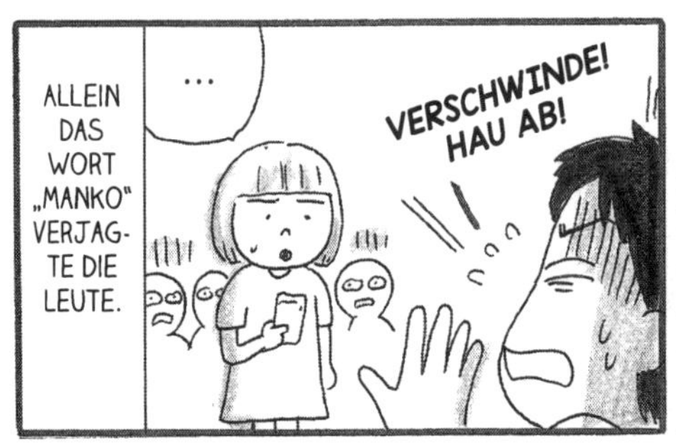

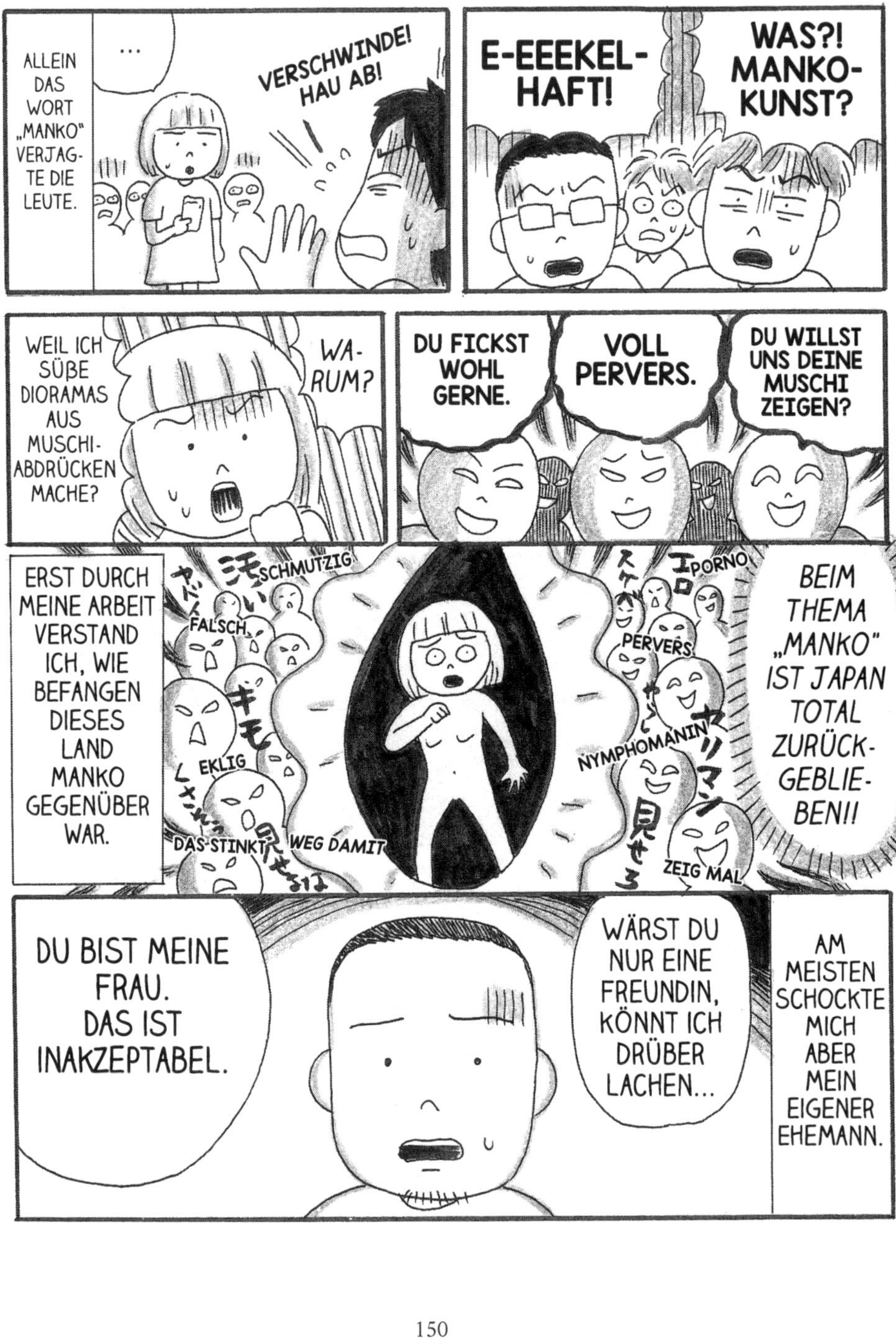

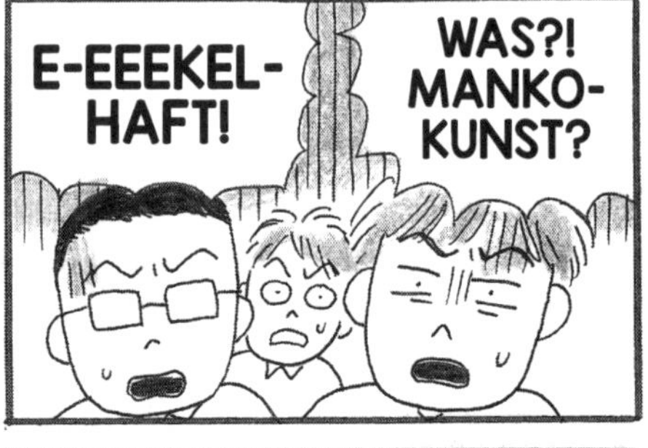

WEIL ICH SÜẞE DIORAMAS AUS MUSCHI-ABDRÜCKEN MACHE?

WA-RUM?

DU WILLST UNS DEINE MUSCHI ZEIGEN?

VOLL PERVERS.

DU FICKST WOHL GERNE.

ERST DURCH MEINE ARBEIT VERSTAND ICH, WIE BEFANGEN DIESES LAND MANKO GEGENÜBER WAR.

汚い SCHMUTZIG

FALSCH

キモ EKLIG

DAS STINKT

WEG DAMIT

エロ PORNO

スケベ PERVERS

ヤリマン NYMPHOMANIN

見せろ ZEIG MAL

BEIM THEMA „MANKO“ IST JAPAN TOTAL ZURÜCK-GEBLIE-BEN!!

AM MEISTEN SCHOCKTE MICH ABER MEIN EIGENER EHEMANN.

WÄRST DU NUR EINE FREUNDIN, KÖNNT ICH DRÜBER LACHEN…

DU BIST MEINE FRAU. DAS IST INAKZEPTABEL.

せ SE

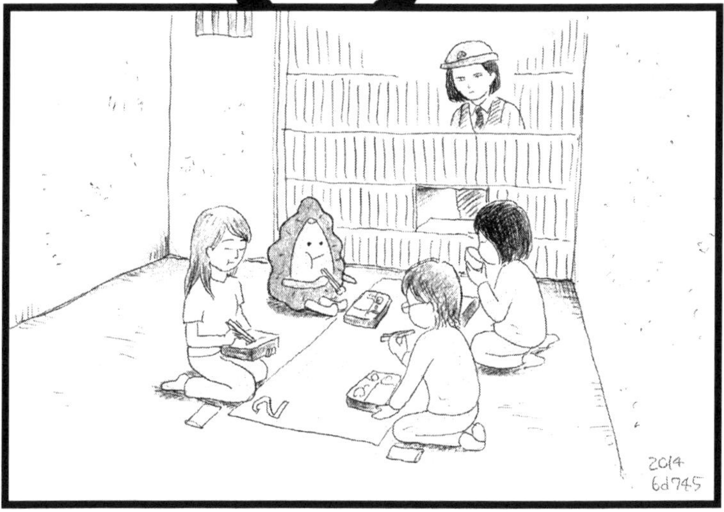

WARUM ICH EINE MANKO-KÜNSTLERIN WURDE

MANKO-CHAN MIT FREUND

VON ROKUDENASHIKO

KAPITEL 5

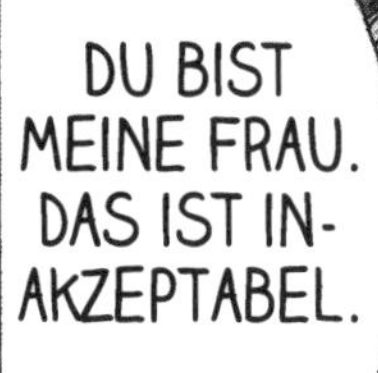

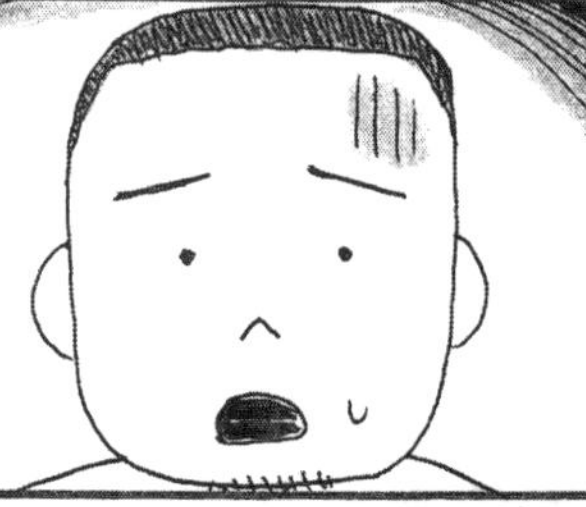

WÄRST DU NUR EINE FREUNDIN, WÜRD ICH LACHEN, ABER...

ES VER-LETZTE MICH, DASS MEIN MANN UND MEINE FAMILIE MEINE MANKO-KUNST ABLEHNTEN.

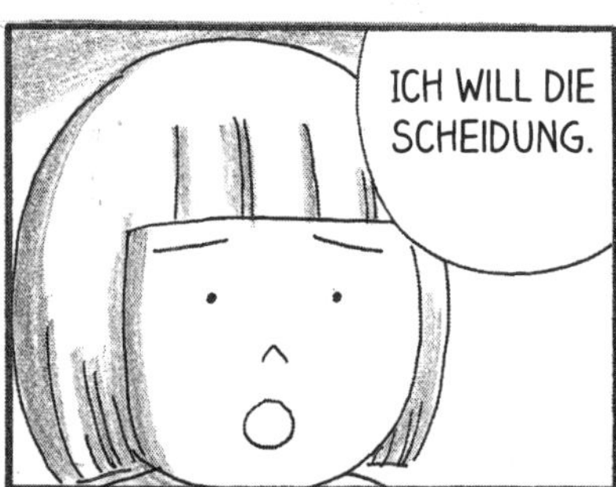

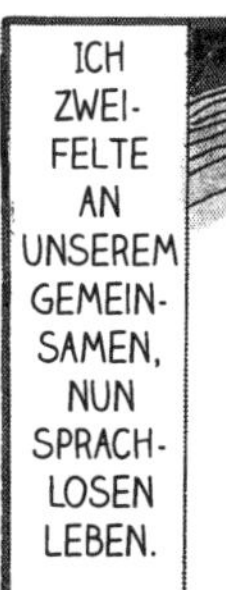

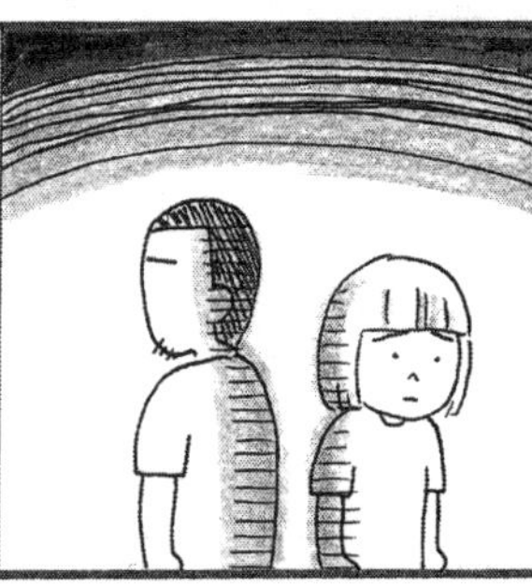

DA ICH IHN SCHON BETROGEN HATTE WOLLTE ICH NICHT STREITEN.

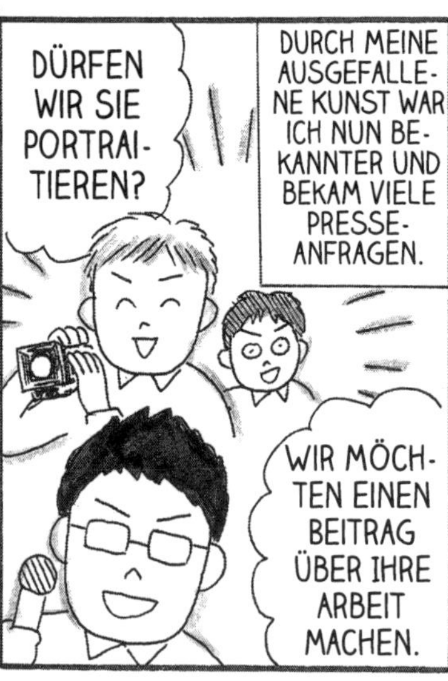

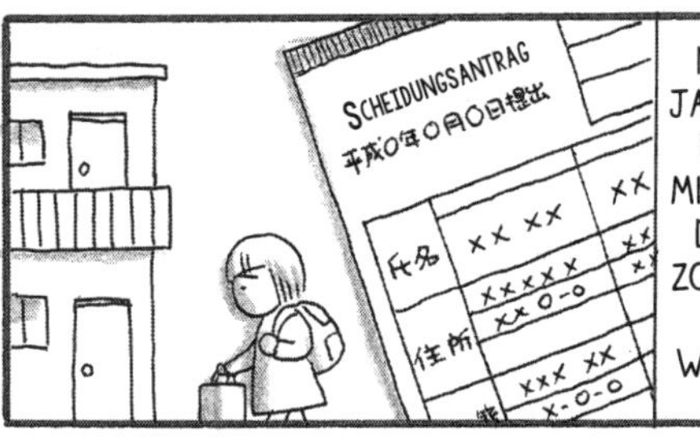

NACH 10 JAHREN EHE LIEß ICH MICH SCHEI-DEN UND ZOG IN EINE BILLIGE WOHNUNG.

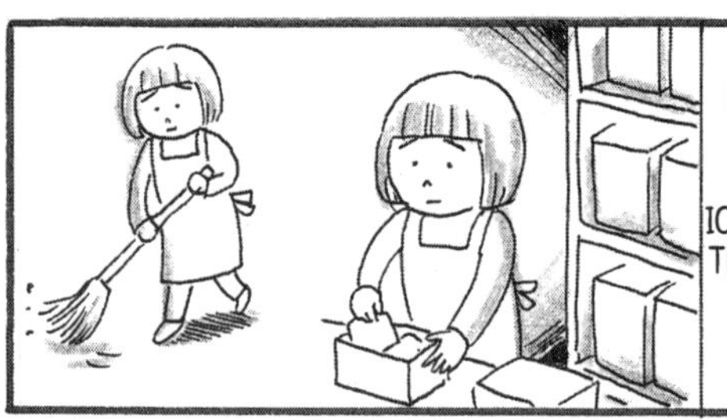

DAS LEBEN WAR HART. ICH NAHM TEILZEIT-JOBS AN.

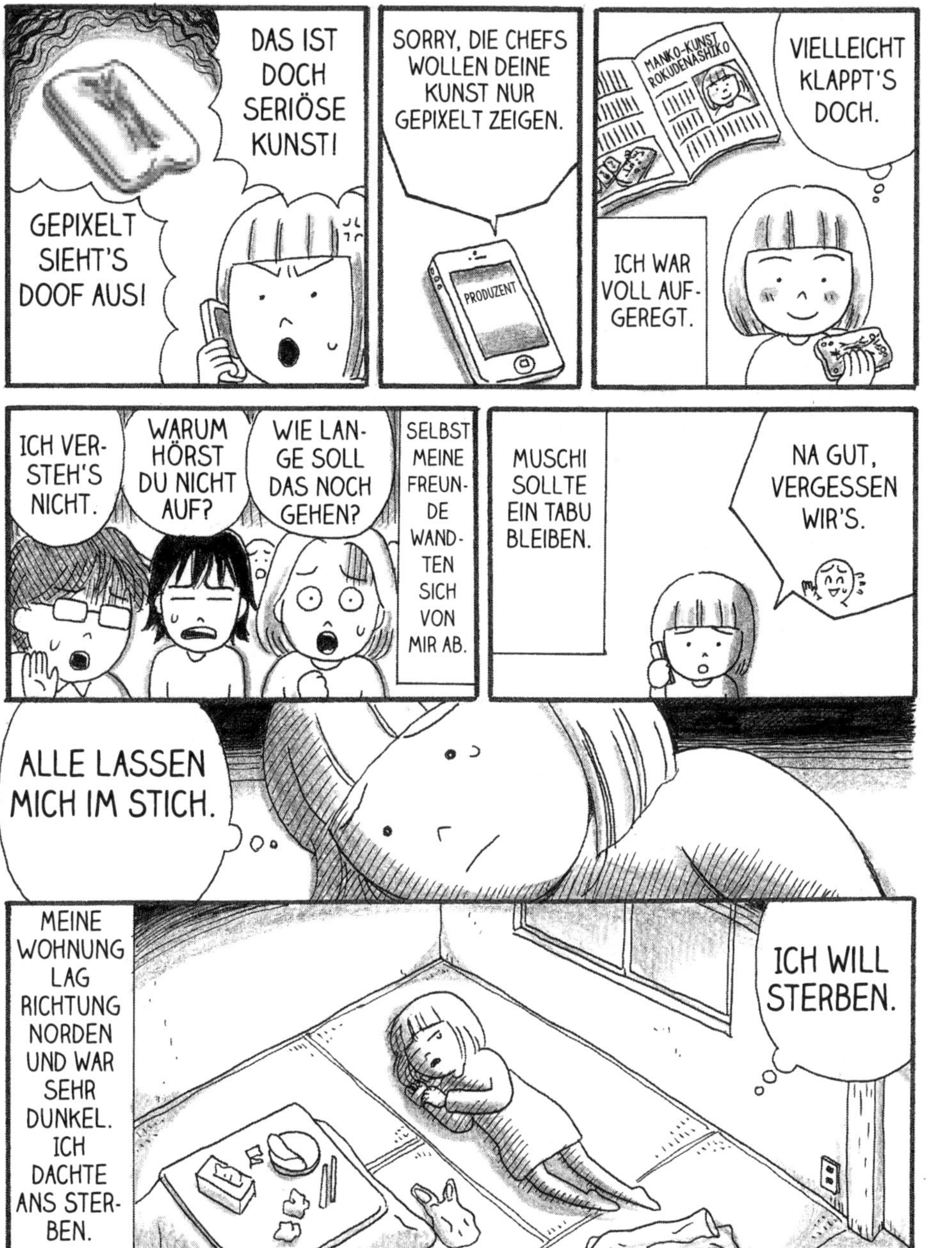
DAS IST DOCH SERIÖSE KUNST!
GEPIXELT SIEHT'S DOOF AUS!
SORRY, DIE CHEFS WOLLEN DEINE KUNST NUR GEPIXELT ZEIGEN.
PRODUZENT
MANKO-KUNST ROKUDENASHIKO
VIELLEICHT KLAPPT'S DOCH.
ICH WAR VOLL AUF-GEREGT.
ICH VER-STEH'S NICHT.
WARUM HÖRST DU NICHT AUF?
WIE LAN-GE SOLL DAS NOCH GEHEN?
SELBST MEINE FREUN-DE WAND-TEN SICH VON MIR AB.
MUSCHI SOLLTE EIN TABU BLEIBEN.
NA GUT, VERGESSEN WIR'S.
ALLE LASSEN MICH IM STICH.
MEINE WOHNUNG LAG RICHTUNG NORDEN UND WAR SEHR DUNKEL. ICH DACHTE ANS STER-BEN.
ICH WILL STERBEN.

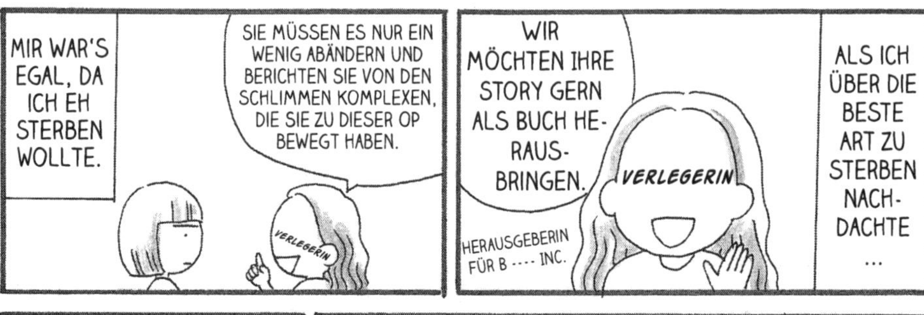
ALS ICH ÜBER DIE BESTE ART ZU STERBEN NACHDACHTE ...
WIR MÖCHTEN IHRE STORY GERN ALS BUCH HERAUSBRINGEN.
VERLEGERIN
HERAUSGEBERIN FÜR B ---- INC.
SIE MÜSSEN ES NUR EIN WENIG ABÄNDERN UND BERICHTEN SIE VON DEN SCHLIMMEN KOMPLEXEN, DIE SIE ZU DIESER OP BEWEGT HABEN.
VERLEGERIN
MIR WAR'S EGAL, DA ICH EH STERBEN WOLLTE.

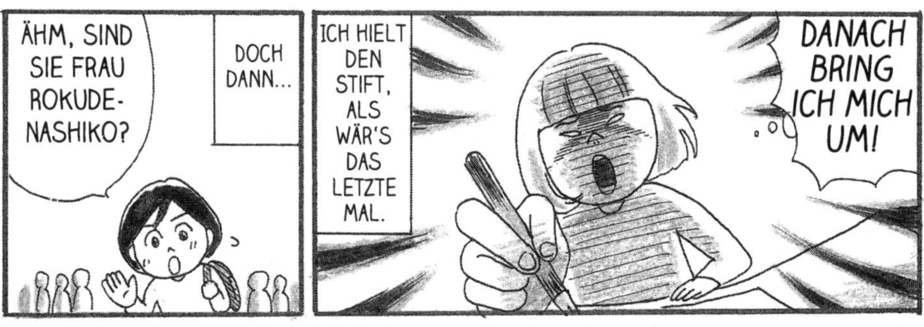
DANACH BRING ICH MICH UM!
ICH HIELT DEN STIFT, ALS WÄR'S DAS LETZTE MAL.
DOCH DANN...
ÄHM, SIND SIE FRAU ROKUDE-NASHIKO?

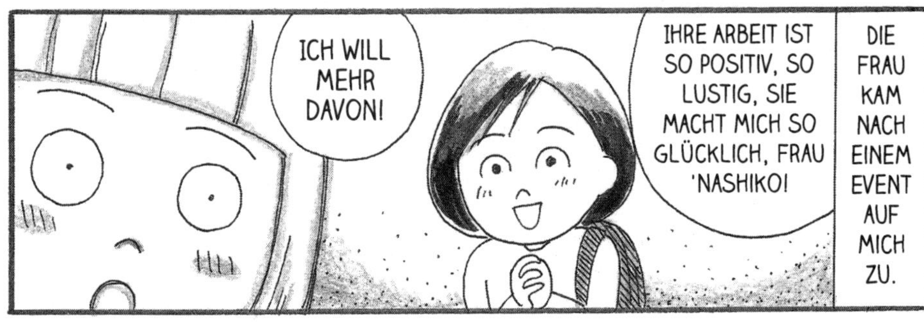
DIE FRAU KAM NACH EINEM EVENT AUF MICH ZU.
IHRE ARBEIT IST SO POSITIV, SO LUSTIG, SIE MACHT MICH SO GLÜCKLICH, FRAU 'NASHIKO!
ICH WILL MEHR DAVON!

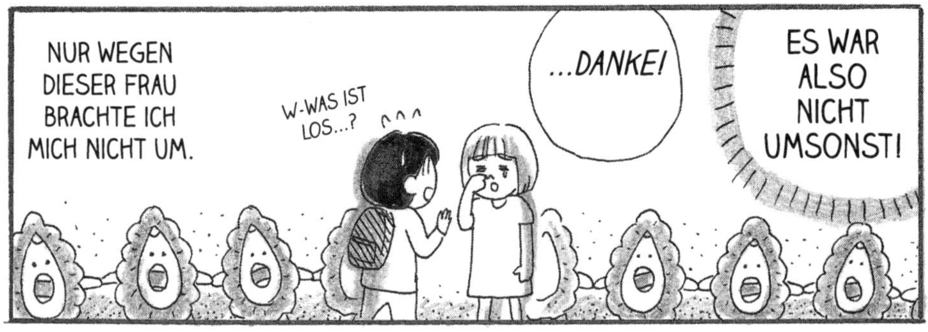
ES WAR ALSO NICHT UMSONST!
...DANKE!
W-WAS IST LOS...?
NUR WEGEN DIESER FRAU BRACHTE ICH MICH NICHT UM.

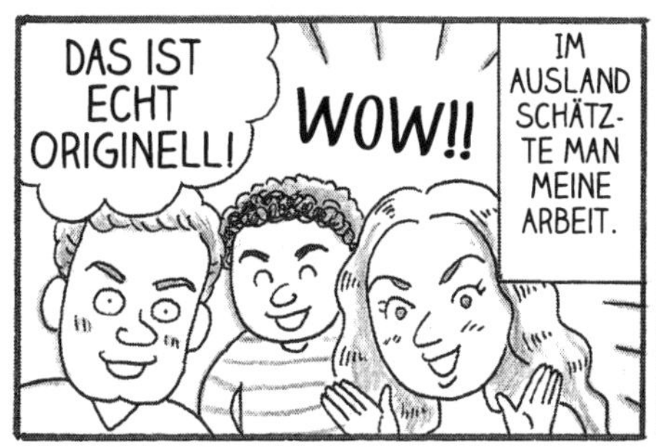
DAS IST ECHT ORIGINELL!
WOW!!
IM AUSLAND SCHÄTZTE MAN MEINE ARBEIT.

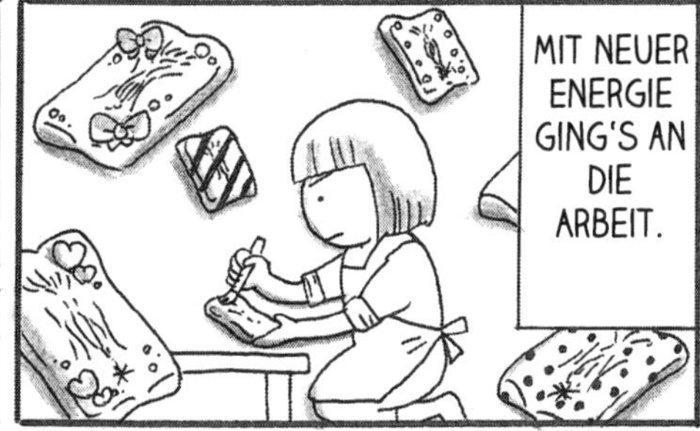
MIT NEUER ENERGIE GING'S AN DIE ARBEIT.

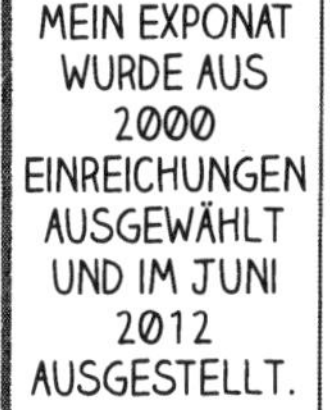
MEIN EXPONAT WURDE AUS 2000 EINREICHUNGEN AUSGEWÄHLT UND IM JUNI 2012 AUSGESTELLT.

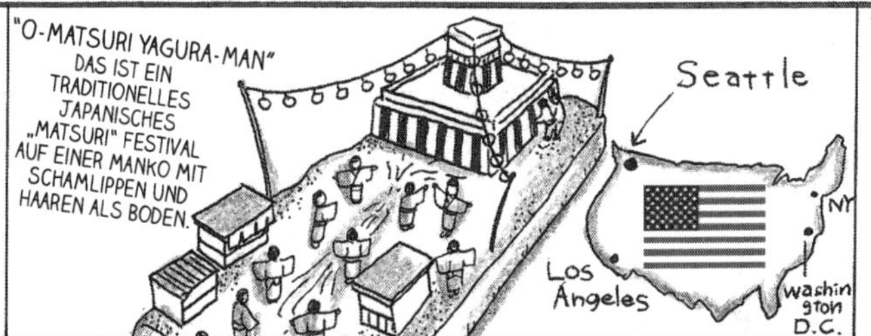
"O-MATSURI YAGURA-MAN"
DAS IST EIN TRADITIONELLES JAPANISCHES „MATSURI" FESTIVAL AUF EINER MANKO MIT SCHAMLIPPEN UND HAAREN ALS BODEN.
Seattle
NY
Los Angeles
washington D.C.
ICH WURDE ZUM EROTIK-KUNST-FESTIVAL IN SEATTLE EINGELADEN.

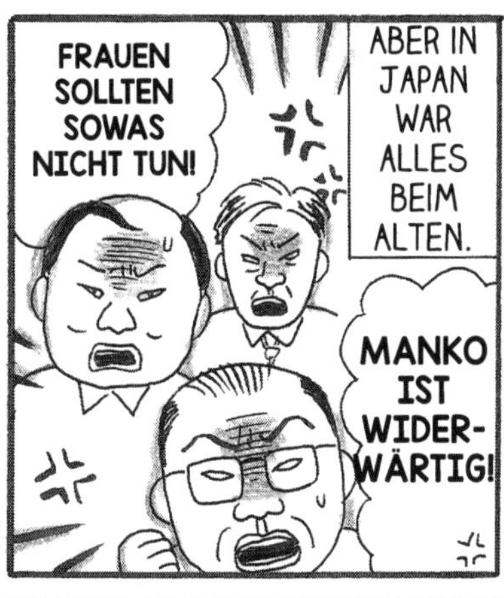
ABER IN JAPAN WAR ALLES BEIM ALTEN.
FRAUEN SOLLTEN SOWAS NICHT TUN!
MANKO IST WIDERWÄRTIG!

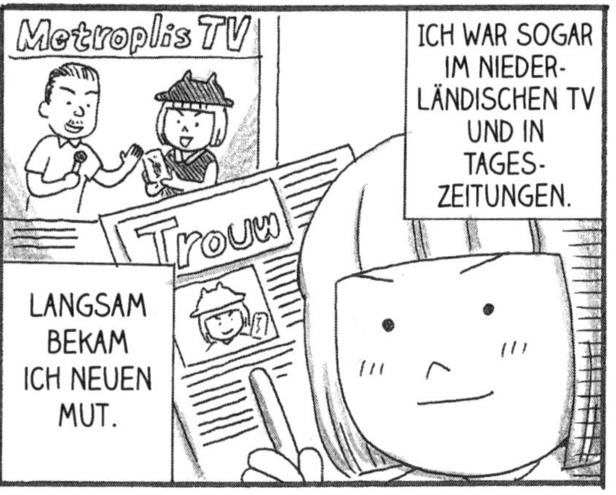
Metroplis TV
ICH WAR SOGAR IM NIEDERLÄNDISCHEN TV UND IN TAGESZEITUNGEN.
Trouw
LANGSAM BEKAM ICH NEUEN MUT.

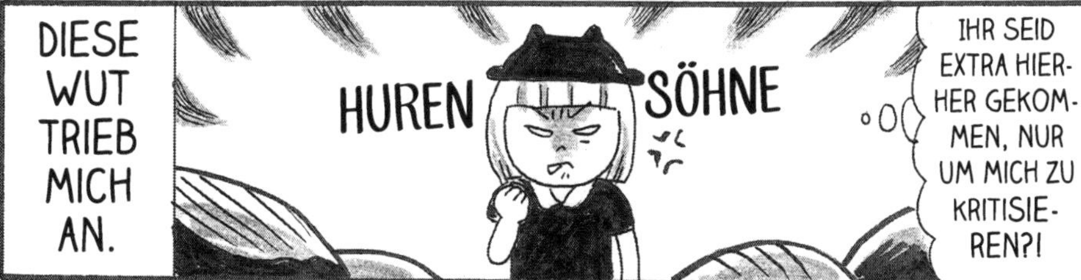
DIESE WUT TRIEB MICH AN.
HUREN SÖHNE
IHR SEID EXTRA HIERHER GEKOMMEN, NUR UM MICH ZU KRITISIEREN?!

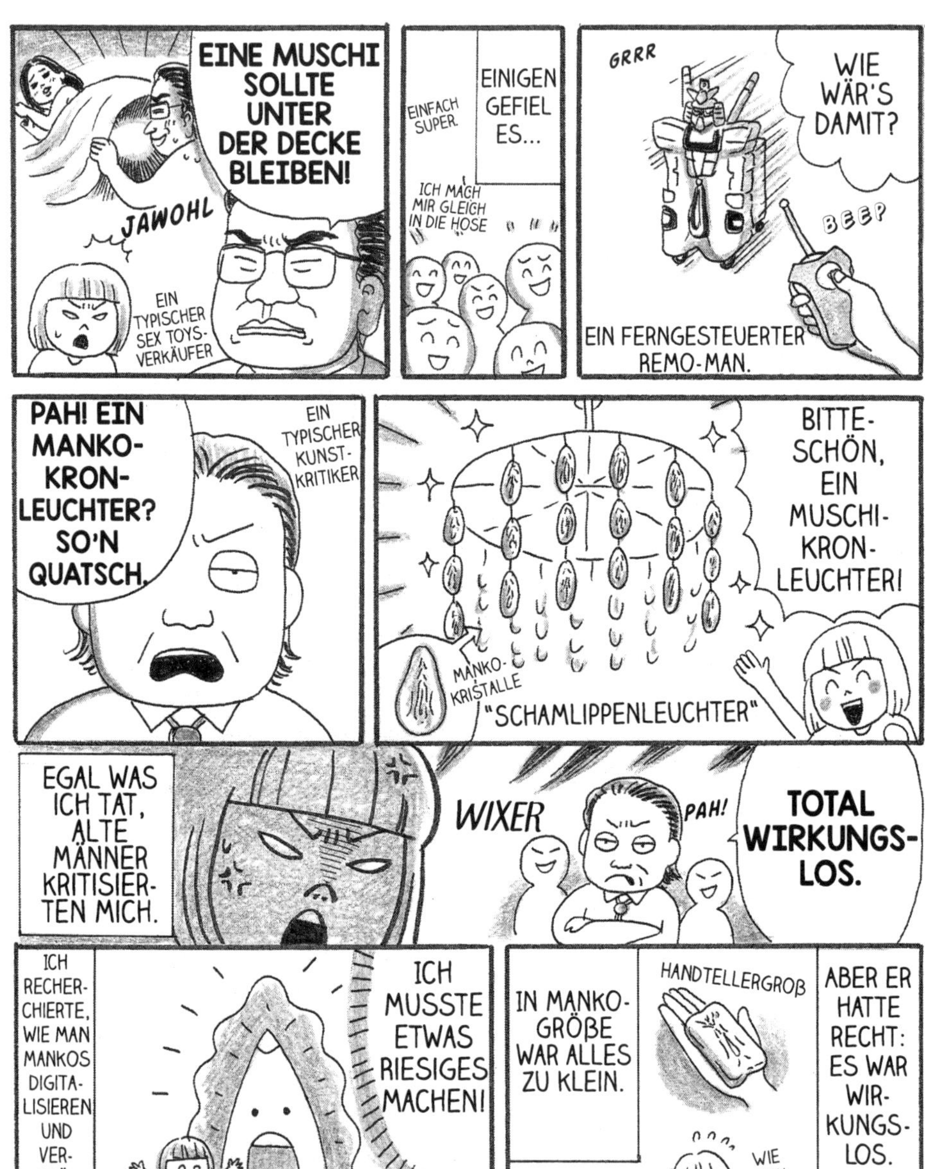
EINE MUSCHI SOLLTE UNTER DER DECKE BLEIBEN!
JAWOHL
EIN TYPISCHER SEX TOYS-VERKÄUFER
EINIGEN GEFIEL ES...
EINFACH SUPER.
ICH MACH MIR GLEICH IN DIE HOSE
WIE WÄR'S DAMIT?
GRRR
BEEP
EIN FERNGESTEUERTER REMO-MAN.
PAH! EIN MANKO-KRON-LEUCHTER? SO'N QUATSCH.
EIN TYPISCHER KUNST-KRITIKER
BITTE-SCHÖN, EIN MUSCHI-KRON-LEUCHTER!
MANKO-KRISTALLE
"SCHAMLIPPENLEUCHTER"
EGAL WAS ICH TAT, ALTE MÄNNER KRITISIER-TEN MICH.
WIXER
PAH!
TOTAL WIRKUNGS-LOS.
ICH RECHER-CHIERTE, WIE MAN MANKOS DIGITA-LISIEREN UND VER-GRÖ-ßERN KÖN-NTE.
ICH MUSSTE ETWAS RIESIGES MACHEN!
IN MANKO-GRÖßE WAR ALLES ZU KLEIN.
HANDTELLERGROß
ABER ER HATTE RECHT: ES WAR WIR-KUNGS-LOS.
...SIE WAR ZU KLEIN.
WIE AUCH IMMER

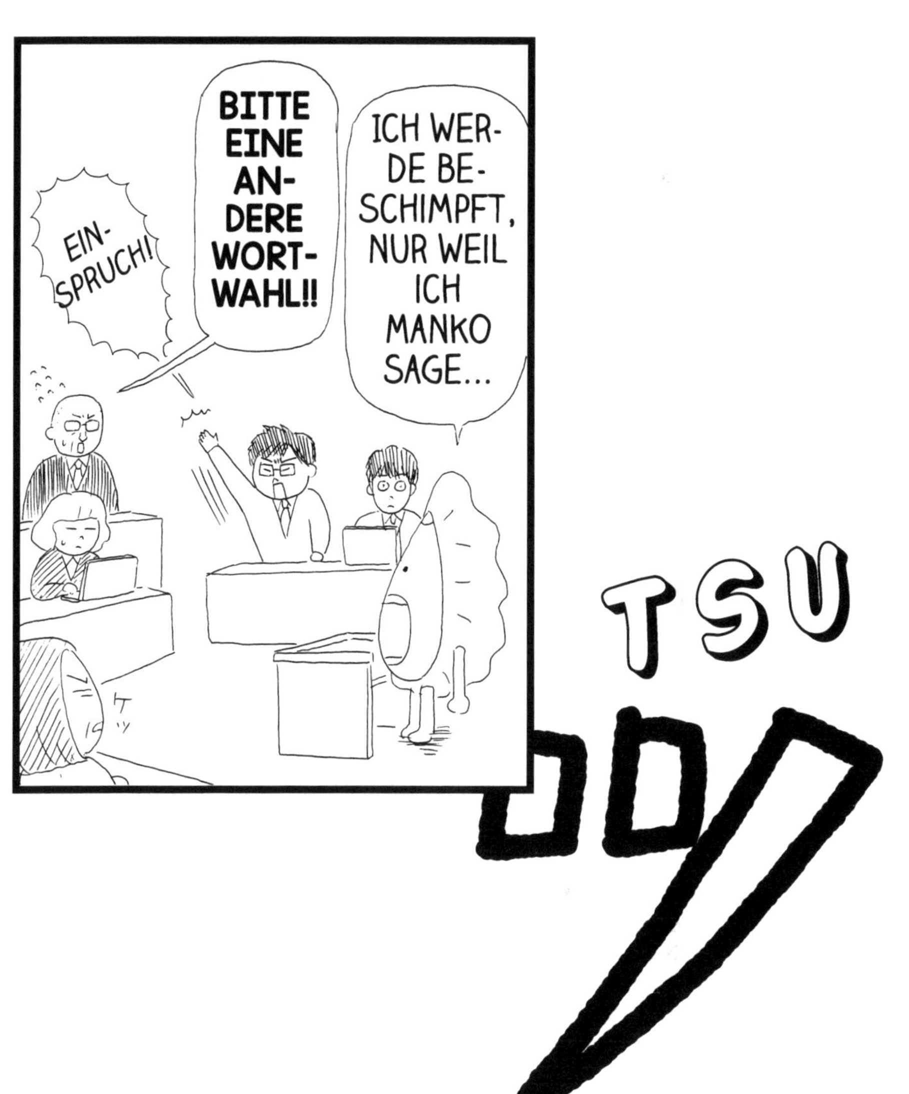
ICH WERDE BESCHIMPFT, NUR WEIL ICH MANKO SAGE...
BITTE EINE ANDERE WORTWAHL!!
EINSPRUCH!
ケッ
TSU

WARUM ICH EINE MANKO-KÜNSTLERIN WURDE

VON ROKUDENASHIKO

KAPITEL 6

FRL. MANKO

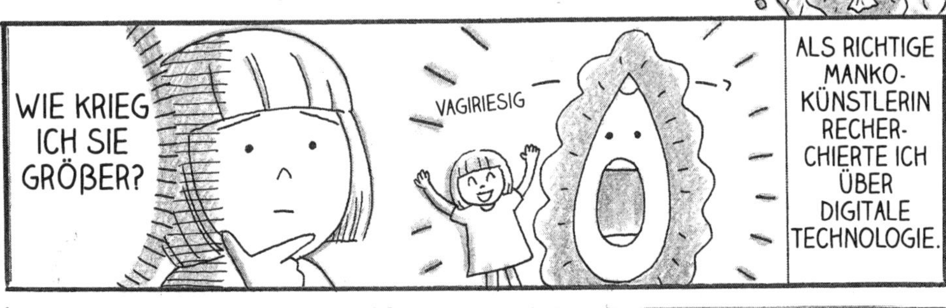

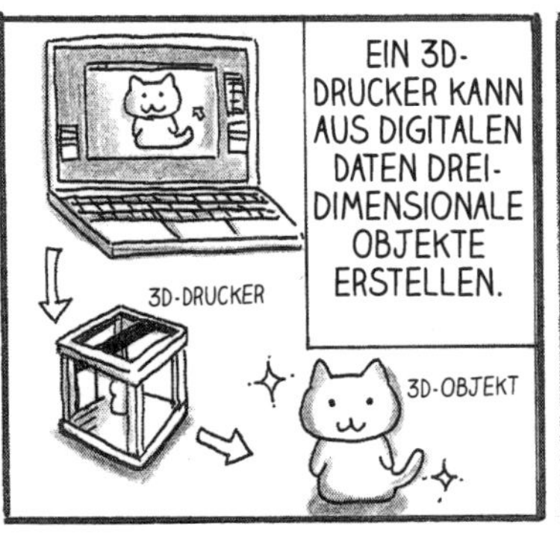

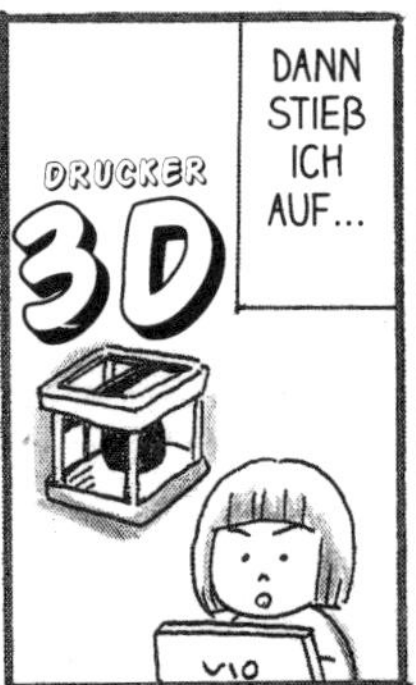

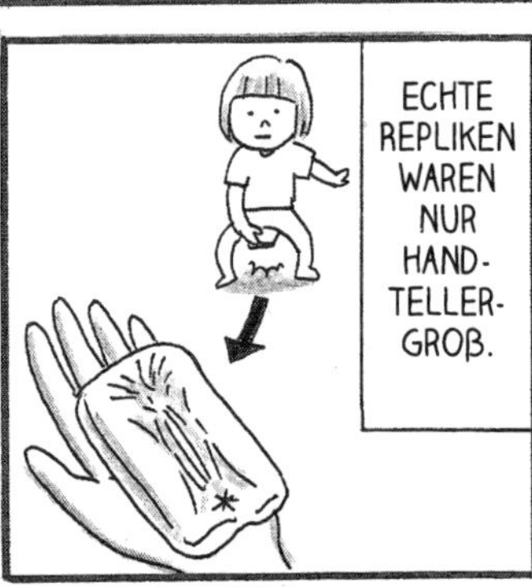

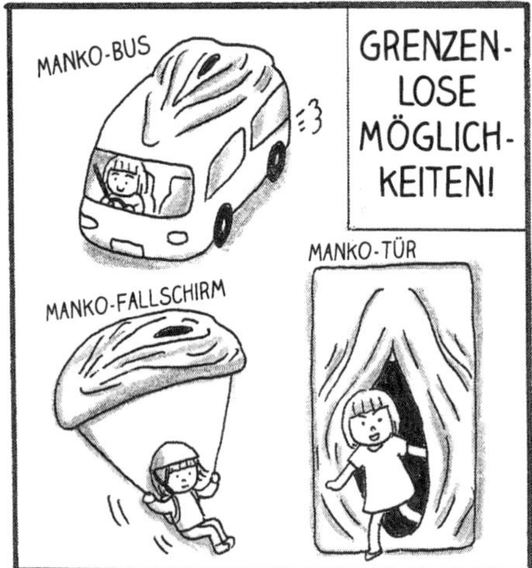

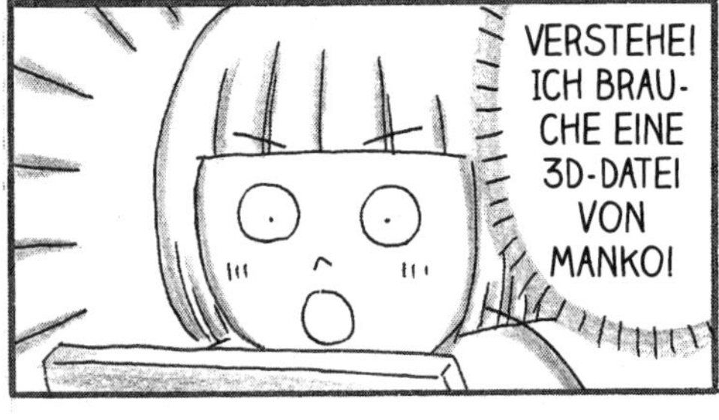

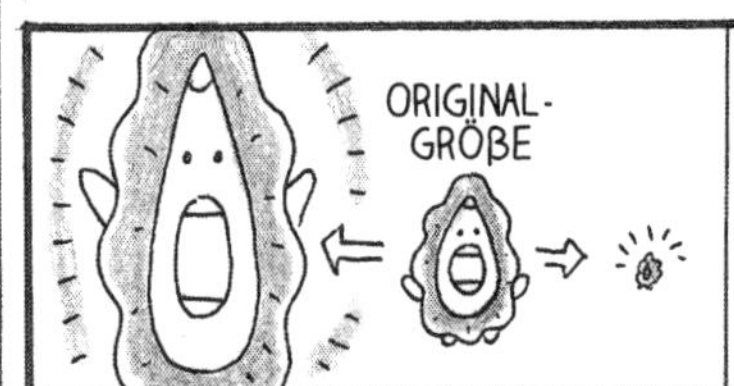

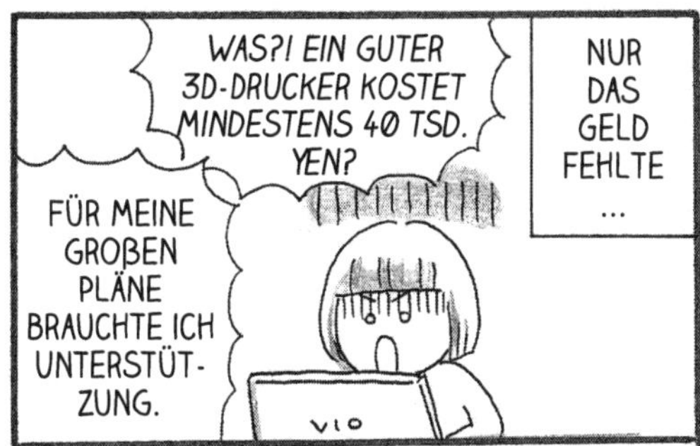
WAS?! EIN GUTER 3D-DRUCKER KOSTET MINDESTENS 40 TSD. YEN?
FÜR MEINE GROßEN PLÄNE BRAUCHTE ICH UNTERSTÜTZUNG.
NUR DAS GELD FEHLTE ...
VIO

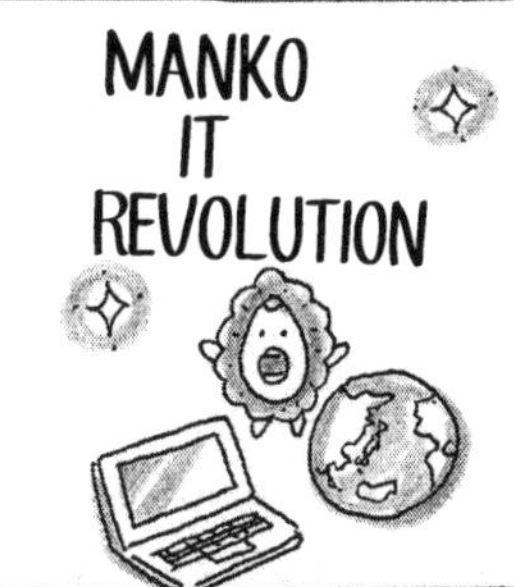
MANKO IT REVOLUTION
DIE EINFÜHRUNG DER MISSVERSTANDENEN MANKO IN DIE DIGITALE WELT WÄRE EIN BAHNBRECHENDES EREIGNIS!

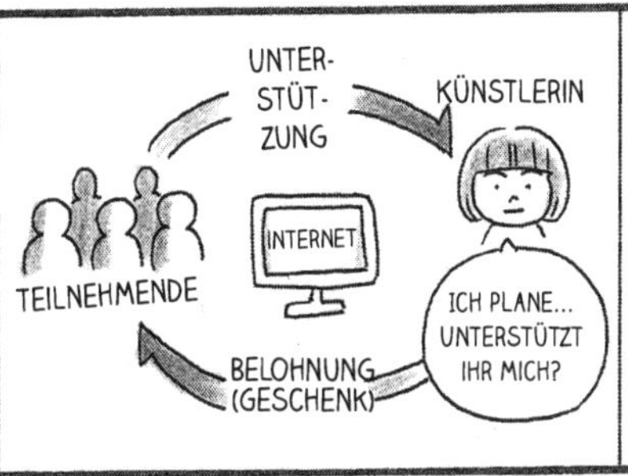
UNTERSTÜTZUNG
KÜNSTLERIN
INTERNET
TEILNEHMENDE
ICH PLANE... UNTERSTÜTZT IHR MICH?
BELOHNUNG (GESCHENK)
CROWDFUNDING IST, WENN EINE KÜNSTLERIN ÜBERS INTERNET UM FINANZIELLE UNTERSTÜTZUNG WIRBT.

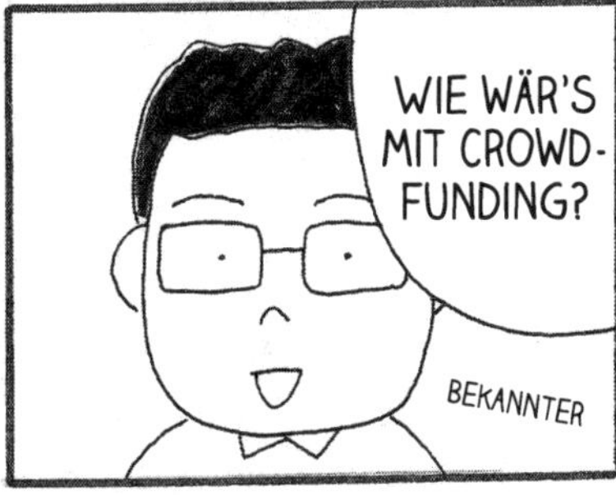
WIE WÄR'S MIT CROWDFUNDING?
BEKANNTER

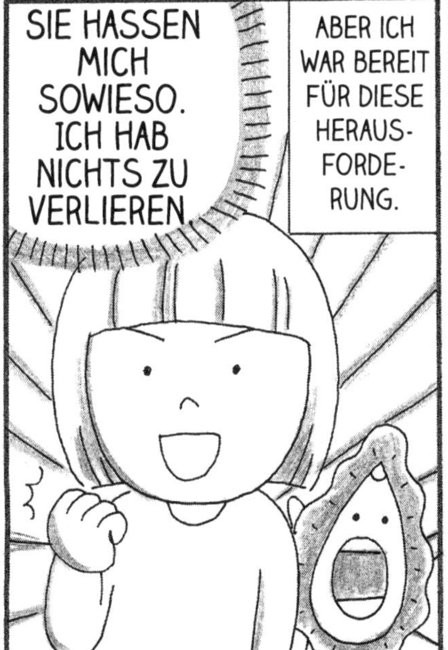
SIE HASSEN MICH SOWIESO. ICH HAB NICHTS ZU VERLIEREN.
ABER ICH WAR BEREIT FÜR DIESE HERAUSFORDERUNG.

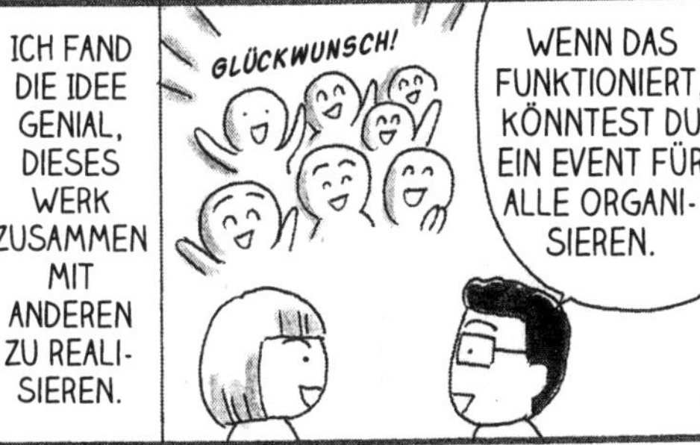
WENN DAS FUNKTIONIERT, KÖNNTEST DU EIN EVENT FÜR ALLE ORGANISIEREN.
GLÜCKWUNSCH!
ICH FAND DIE IDEE GENIAL, DIESES WERK ZUSAMMEN MIT ANDEREN ZU REALISIEREN.

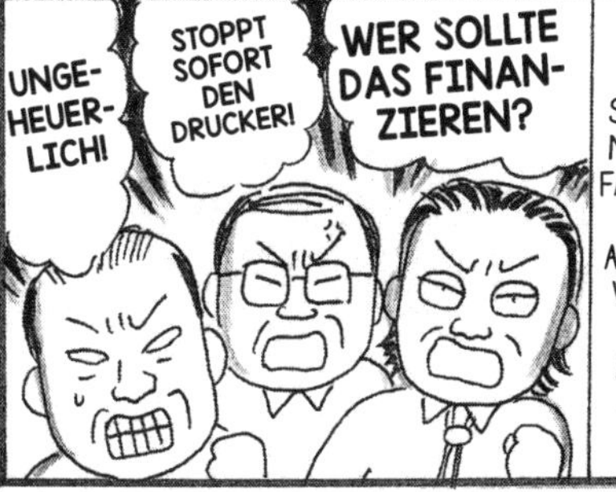
BEI MANKOKUNST BESTAND IMMER NOCH DIE GEFAHR, VON DEN CLUBS DER ALTEN JUNGS WIDERSTAND ZU BEKOMMEN UND ZU SCHEITERN.
WER SOLLTE DAS FINANZIEREN?
STOPPT SOFORT DEN DRUCKER!
UNGEHEUERLICH!

ICH ENTSCHIED MICH FÜR EIN KAJAK, DA ICH DAFÜR KEINEN FÜHRERSCHEIN BRAUCHTE.

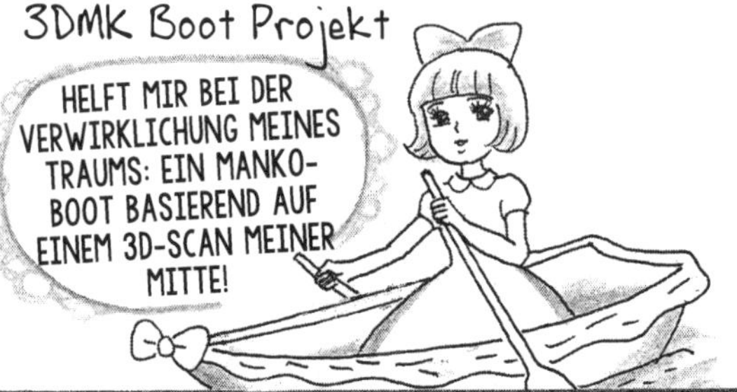

DAS WAREN DIE ANFÄNGE MEINER KAMPAGNE „UNTERSTÜTZT MICH DABEI, MIT EINEM 3D-SCAN MEINER MITTE DAS WELTWEIT ERSTE MANKO-BOOT BAUEN ZU KÖNNEN!“

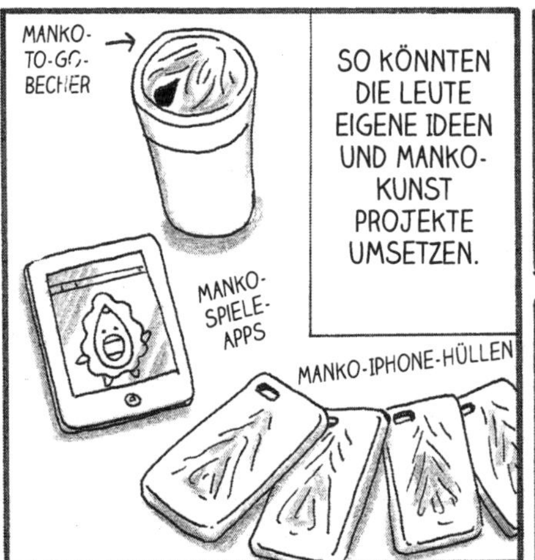

SO KÖNNTEN DIE LEUTE EIGENE IDEEN UND MANKO-KUNST PROJEKTE UMSETZEN.

UNTERSTÜTZENDE

DANKE FÜR DIE UNTERSTÜTZUNG!

DANK

BEI CROWDFUNDING-PROJEKTEN KRIEGEN DIE UNTERSTÜTZENDEN EINE BELOHNUNG.

DAS ERSCHIEN MIR AM PASSENDSTEN.

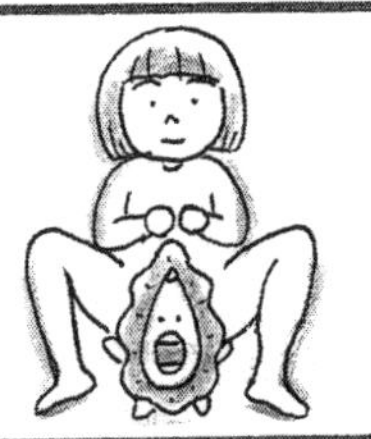

ICH ENTSCHIED, DEN SPENDERN VON MEHR ALS 3 TSD. YEN EINE DATEI MEINES 3D-SCANS ZU SCHICKEN.

DIE LEUTE SPENDETEN WEITER UND WIR ERREICHTEN 1 MIO. YEN (7500 EURO)

ERFOLG!
1.000.000 YEN!
ZIEL: 514.800 YEN
UNTERSTÜTZENDE: 125 LEUTE

DAS GANZE WAR EIN RIESENERFOLG. INNERHALB EINER WOCHE WAR DAS ZIEL VON 510 TSD. YEN ÜBERSCHRITTEN.

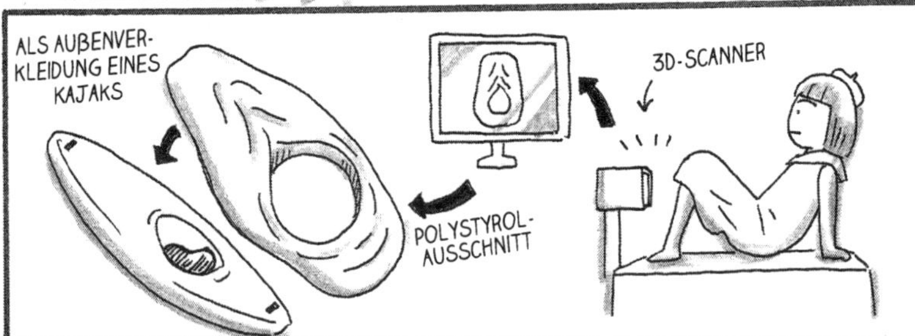

WIE ÖFFENTLICH VERSPROCHEN, BAUTE ICH NUN MIT EINEM 3D-SCAN MEINER MANKO DAS WELTWEIT ERSTE MANKO-KAJAK.

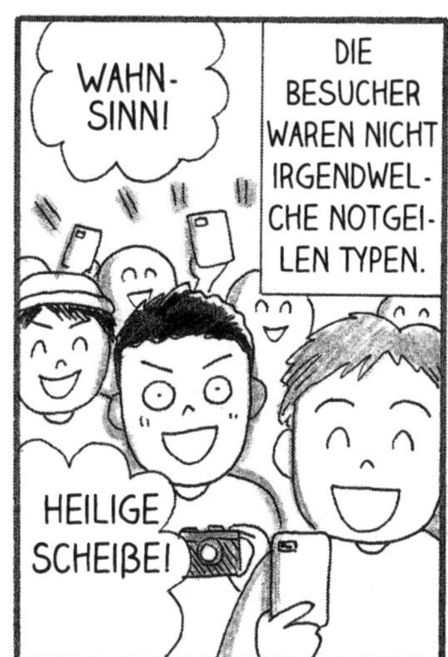
DIE BESUCHER WAREN NICHT IRGENDWEL-CHE NOTGEI-LEN TYPEN.
WAHN-SINN!
HEILIGE SCHEIßE!

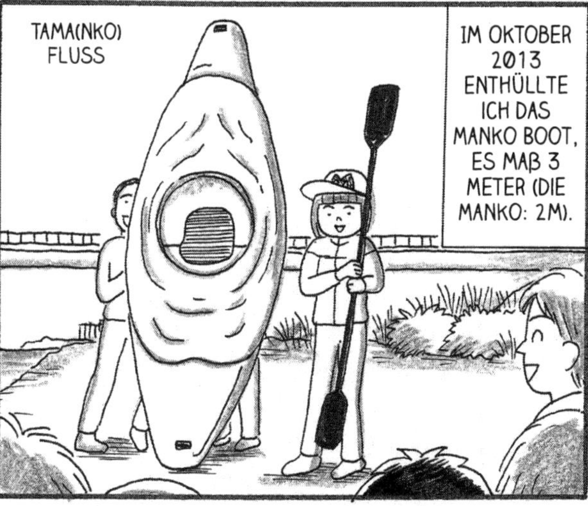
IM OKTOBER 2013 ENTHÜLLTE ICH DAS MANKO BOOT, ES MAß 3 METER (DIE MANKO: 2M).
TAMA(NKO) FLUSS

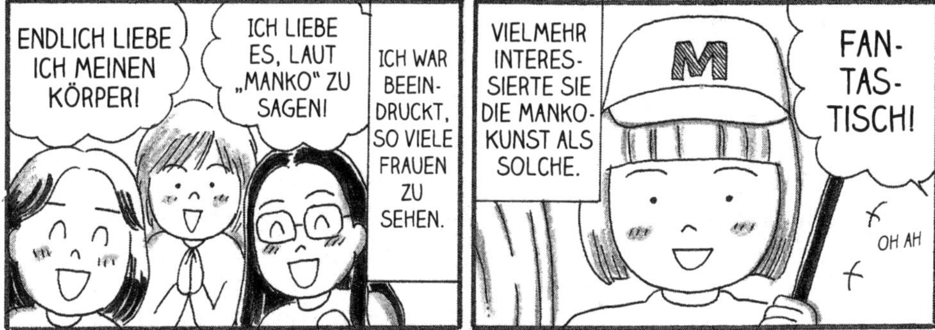
VIELMEHR INTERES-SIERTE SIE DIE MANKO-KUNST ALS SOLCHE.
FAN-TAS-TISCH!
OH AH
ICH WAR BEEIN-DRUCKT, SO VIELE FRAUEN ZU SEHEN.
ICH LIEBE ES, LAUT „MANKO“ ZU SAGEN!
ENDLICH LIEBE ICH MEINEN KÖRPER!

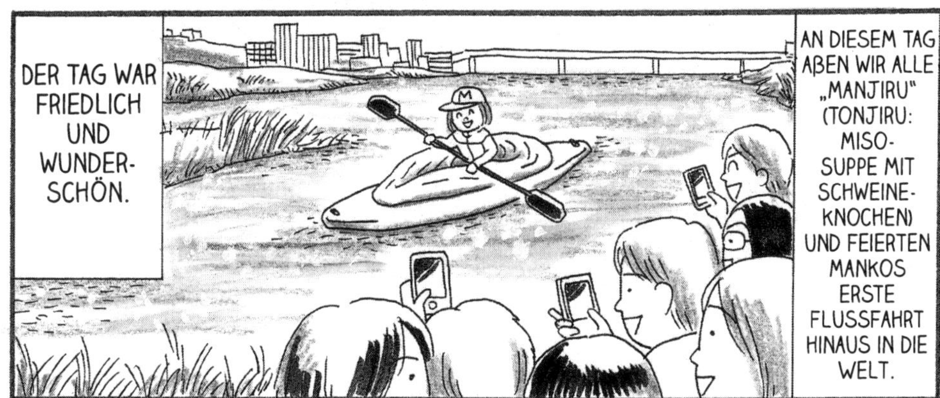
AN DIESEM TAG AßEN WIR ALLE „MANJIRU“ (TONJIRU: MISO-SUPPE MIT SCHWEINE-KNOCHEN) UND FEIERTEN MANKOS ERSTE FLUSSFAHRT HINAUS IN DIE WELT.
DER TAG WAR FRIEDLICH UND WUNDER-SCHÖN.

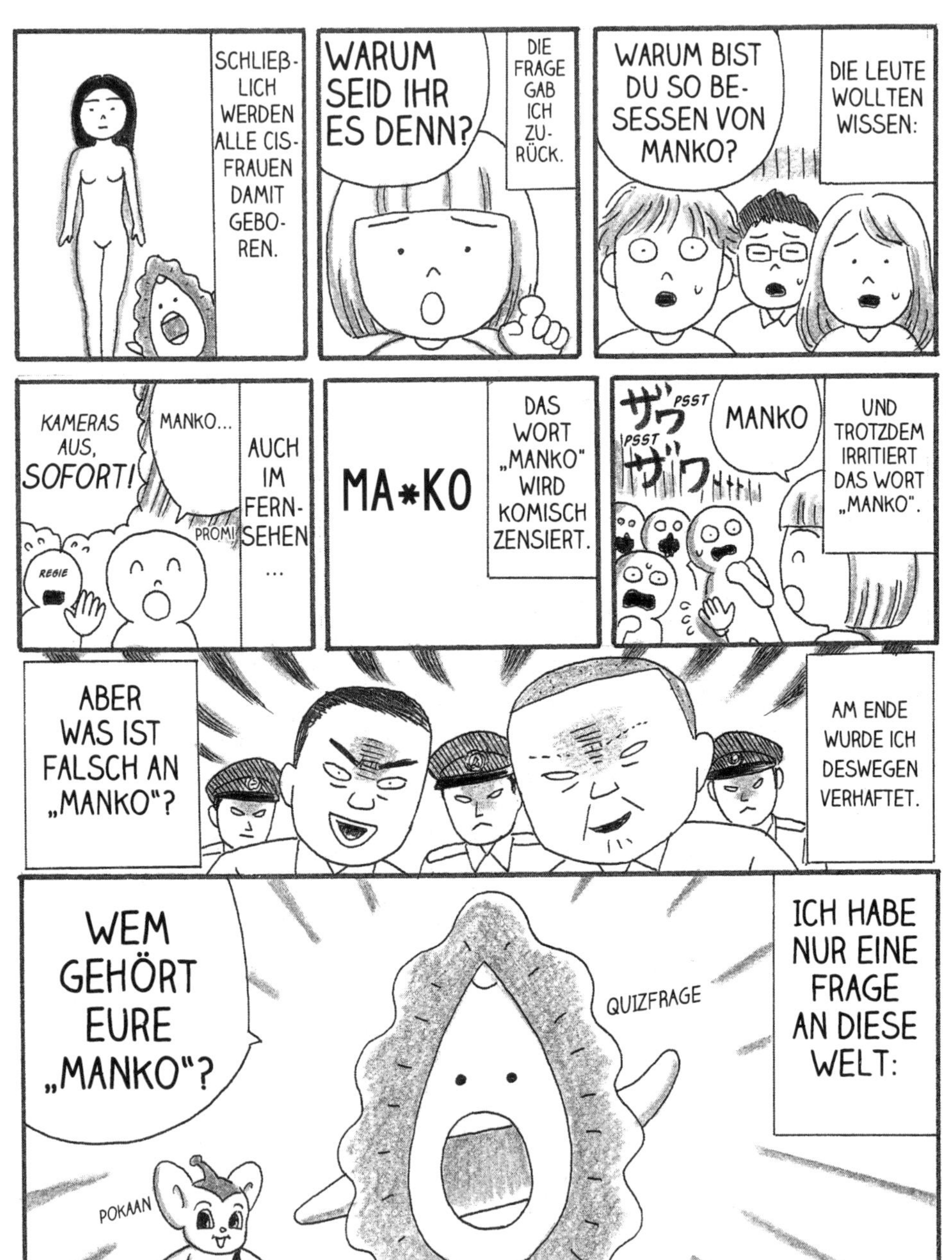
SCHLIEẞ-LICH WERDEN ALLE CIS-FRAUEN DAMIT GEBO-REN.
DIE FRAGE GAB ICH ZU-RÜCK.
WARUM SEID IHR ES DENN?
DIE LEUTE WOLLTEN WISSEN:
WARUM BIST DU SO BE-SESSEN VON MANKO?
AUCH IM FERN-SEHEN …
MANKO…
KAMERAS AUS, SOFORT!
REGIE
PROMI
DAS WORT „MANKO" WIRD KOMISCH ZENSIERT.
MA*KO
UND TROTZDEM IRRITIERT DAS WORT „MANKO".
MANKO
ザワ
PSST
PSST
ザワ
AM ENDE WURDE ICH DESWEGEN VERHAFTET.
ABER WAS IST FALSCH AN „MANKO"?
ICH HABE NUR EINE FRAGE AN DIESE WELT:
QUIZFRAGE
WEM GEHÖRT EURE „MANKO"?
POKAAN

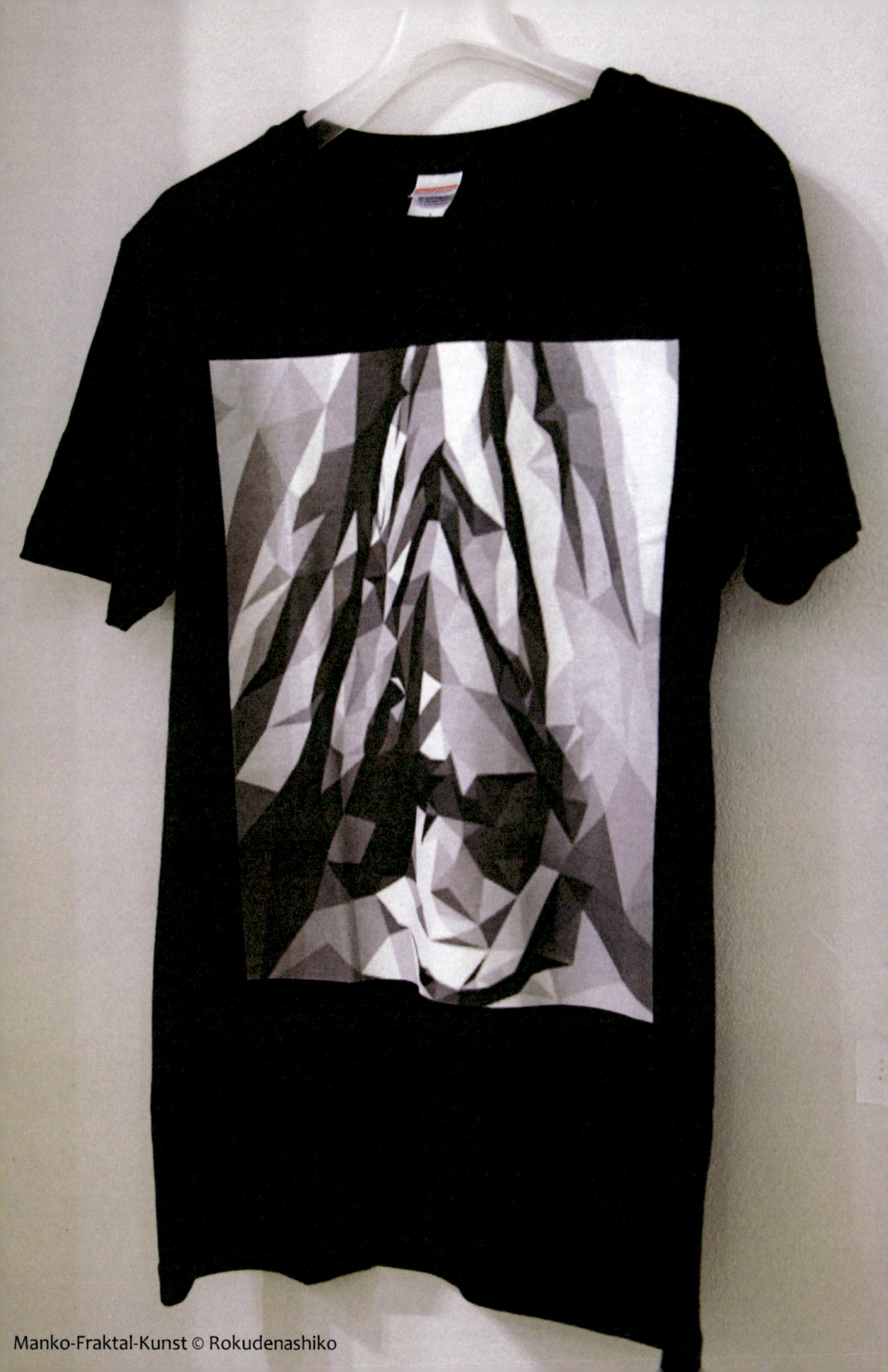

Manko-Fraktal-Kunst © Rokudenashiko

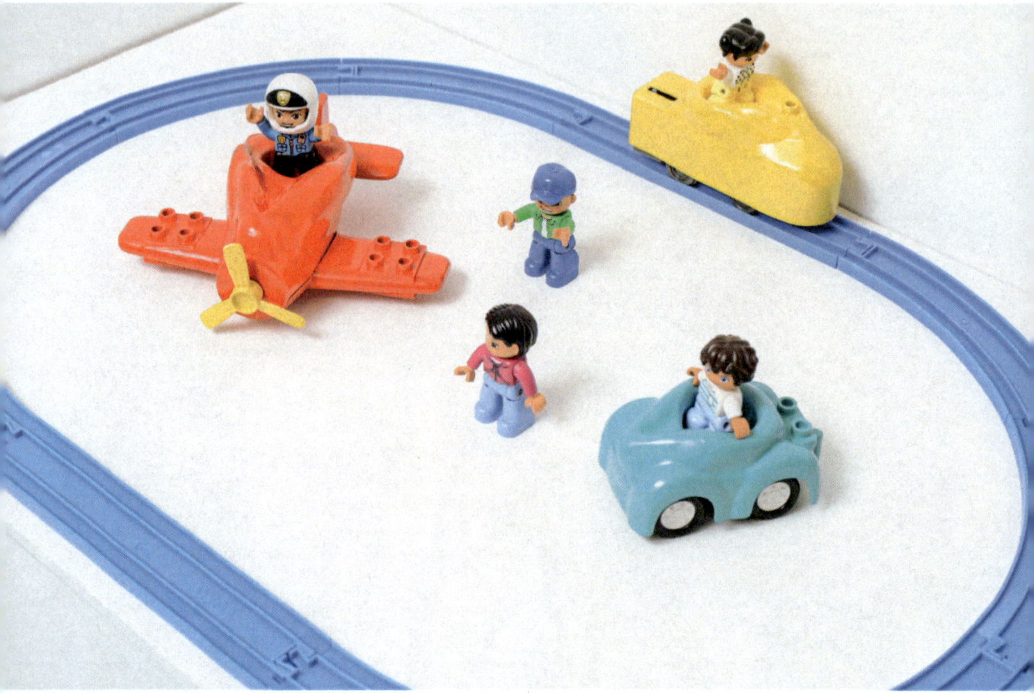

3D-Manko-Toy Series © Rokudenashiko

Die „Obszönitätsdaten“ © Rokudenashiko

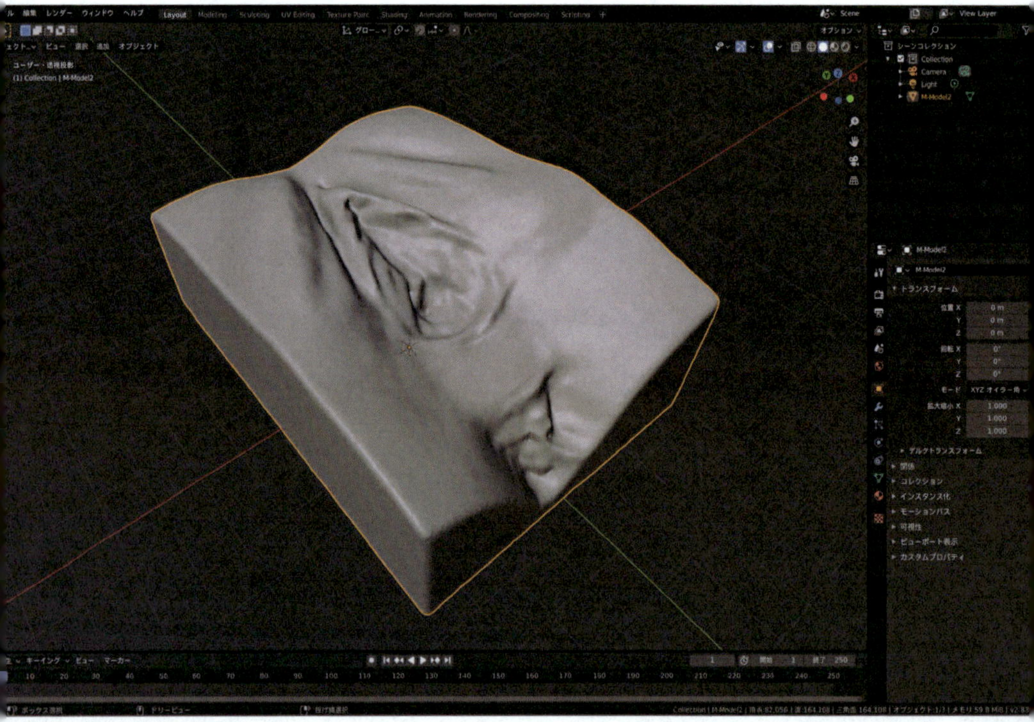

Ausstellung „Art VAGINA“ 2021

Mitsuhiro Okamoto, Künstler, Kurator und Galeriebesitzer, der die 3D-Manko-Toy-Series im Mai 2021 ausstellte:

„Obwohl keine klare Unterscheidung zwischen 'Obszönität' und 'Ausdruck' gemacht wird, hat sich die Regulierung der Meinungsfreiheit unter dem Einfluss der jüngsten gegenseitigen Überwachung der sozialen Medien wie Twitter, Instagram, Facebook usw. verschärft. Durch die Entscheidung im Fall Rokudenasiko im Juli 2020 wurde deutlich, dass in Japan Frauenkörper immer noch als Obszönität angesehen werden.

Die ***Ausstellung „Art VAGINA“*** zeigte die neuen Kunstwerke von fünf Kunstschaffenden: Tomoko Arakawa, Mitsuhiro Okamoto, Hikaru Miyakawa und Natsumi Yamasato, sowie ***Rokudenashiko***.

Rokudenashiko stellte die 3D-Manko-Spielzeugserie aus, für die sie ihre ursprünglichen „umstrittenen Obszönitätsdaten“ verwendete. Die Spielzeugserie kann auch mit den weltberühmten vorgefertigten LEGO DUPLO Kinderbausteinen zusammengebaut werden. Rokudenashiko will damit auf die Absurdität hinweisen, dass Kinder mit 3D-Spielzeug spielen können, das unter Verwendung von Manko-Daten hergestellt wurde, die der Obszönität für schuldig befunden wurden.

Die Ausstellung umfasst auch Wortspiele (bekannte Wörter, vor allem in Geheimsprachen, werden durch Wörter mit ähnlicher Schreibweise ersetzt), die die Darstellung der weiblichen Geschlechtsorgane zeigen, welche in der japanischen Gesellschaft lange Zeit verborgen war.“

Herr Okamoto sagt, dass einige seltsame Männer in dunklen Anzügen, die nicht so sehr an Kunst interessiert zu sein schienen, seine Galerie besuchten. Es scheint, dass die japanische Polizei immer noch nach „obszöner“ Kunst sucht, die den Körper einer Frau als Motiv verwendet.

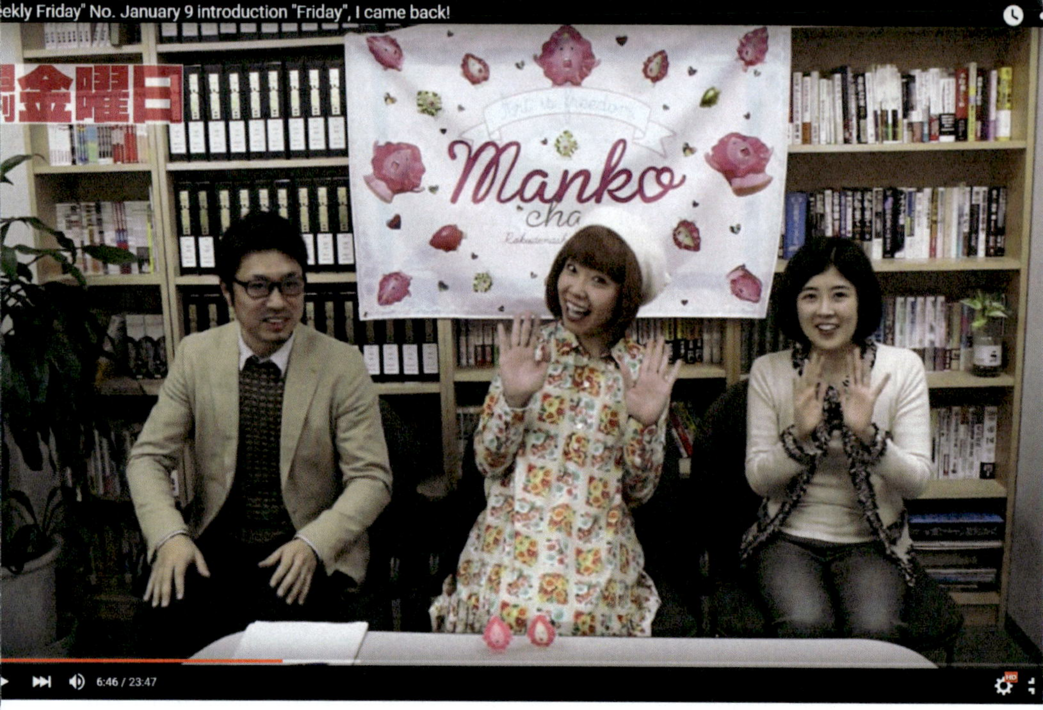

Rokudenashiko in der Redaktion von Shukan Kinyobi (Weekly Friday) am 9. Januar 2015 nach ihrer Entlassung.

„In diesem Kampf nutze ich meine Wut als Sprungbrett und Lachen als Waffe meiner Wahl. Wenn die Polizei diesen Manga nutzen will, um mich weiter zu zermürben, dann werden sich meine Finger noch stärker um meinen Stift schließen."
Rokudenashiko

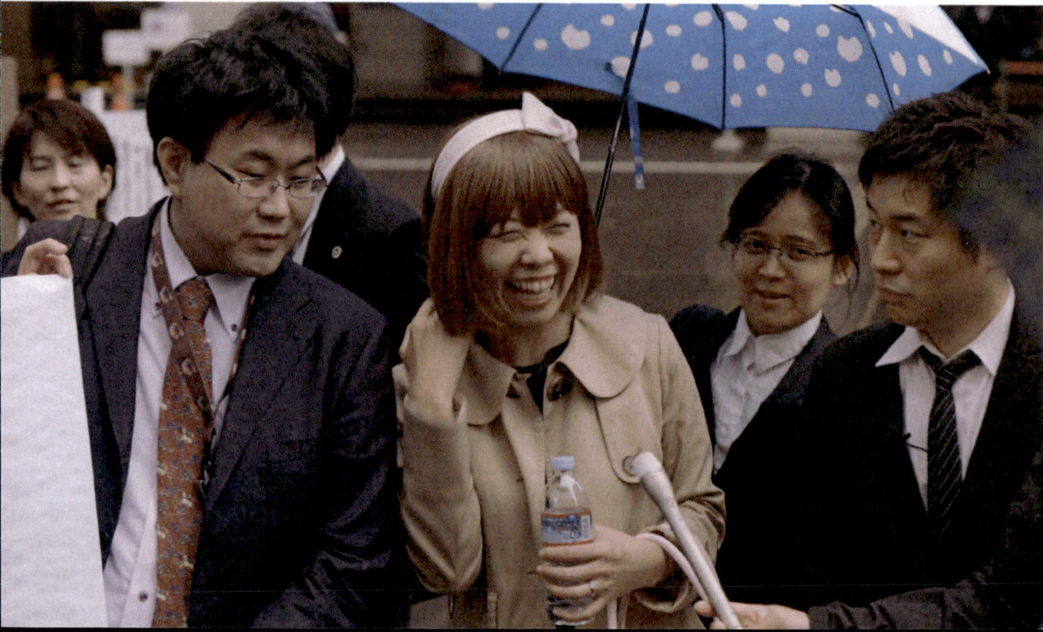

DAS IST MEINE GESCHICHTE.

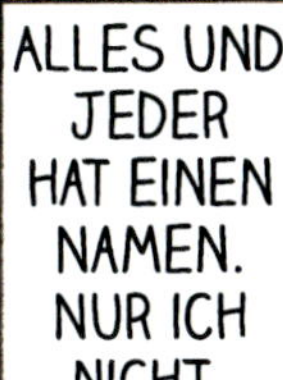

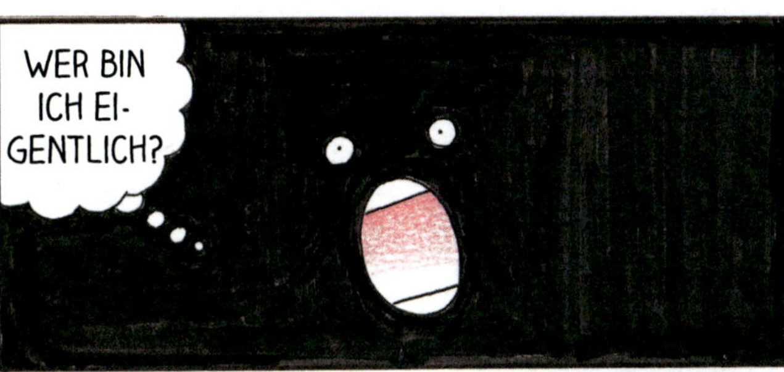

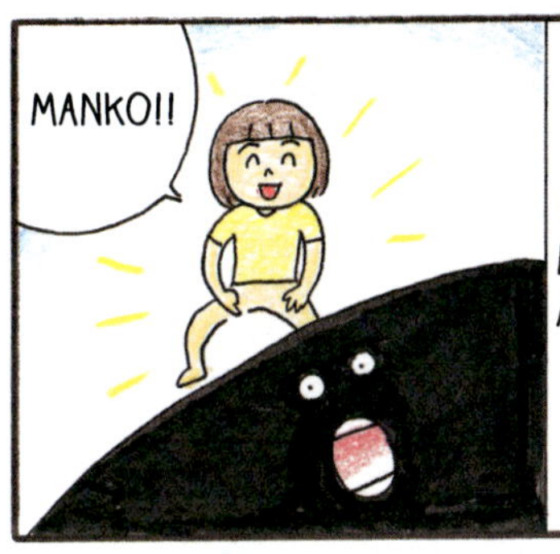

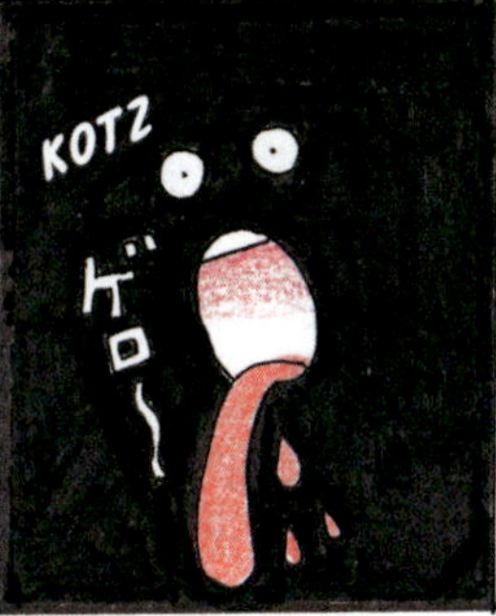

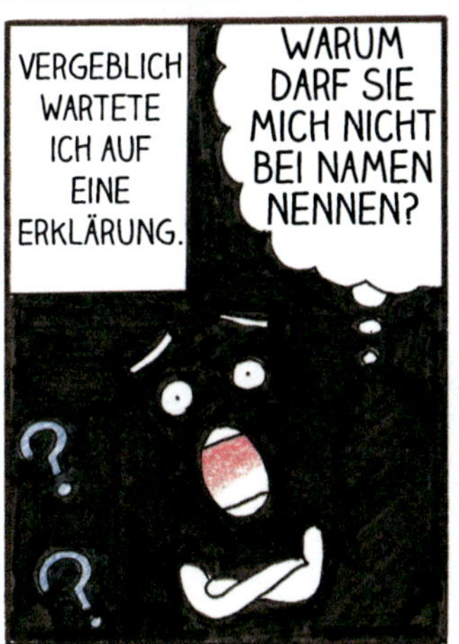

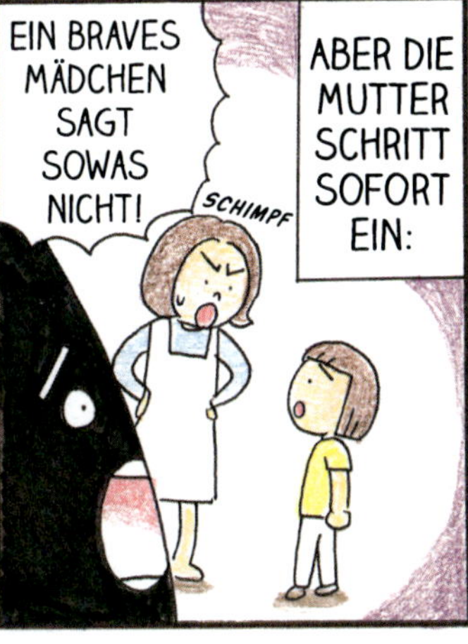

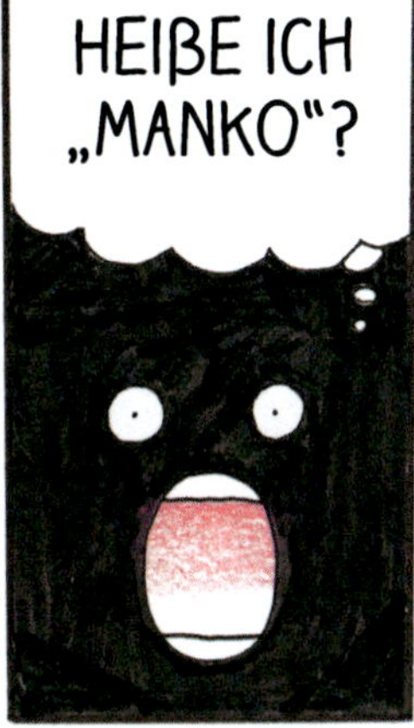

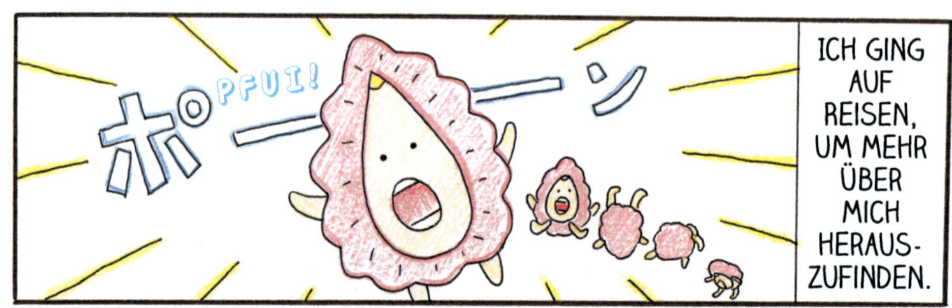
ICH GING AUF REISEN, UM MEHR ÜBER MICH HERAUS-ZUFINDEN.
ホ
PFUI!
ーーン

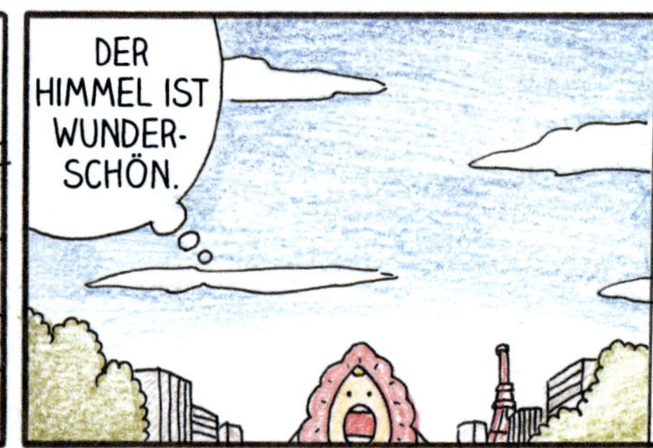
BISHER KANNTE ICH NUR DIE DUNKEL-HEIT. DIE FRISCHE LUFT FÜHLTE SICH SO GUT AN.
DER HIMMEL IST WUNDER-SCHÖN.

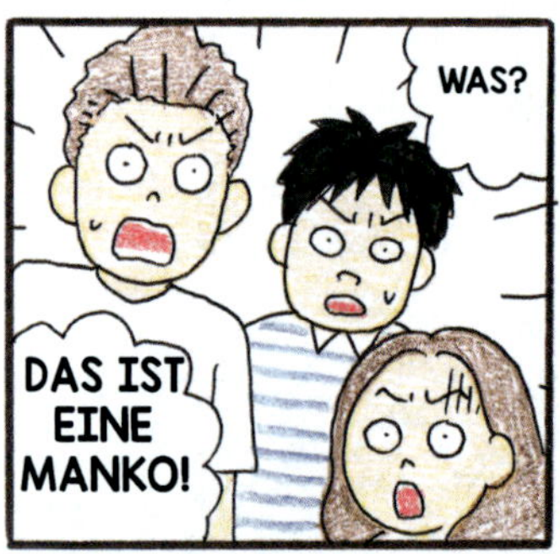
WAS?
DAS IST EINE MANKO!

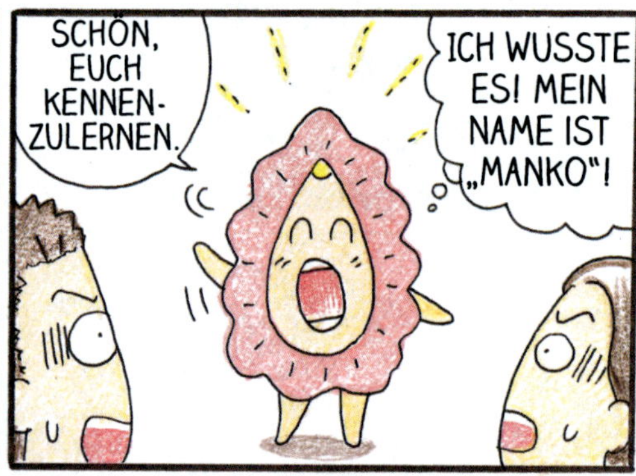
ICH WUSSTE ES! MEIN NAME IST „MANKO"!
SCHÖN, EUCH KENNEN-ZULERNEN.

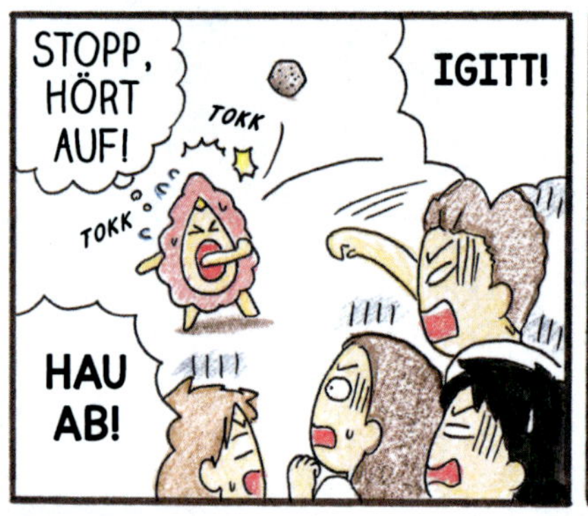
IGITT!
STOPP, HÖRT AUF!
TOKK
TOKK
HAU AB!

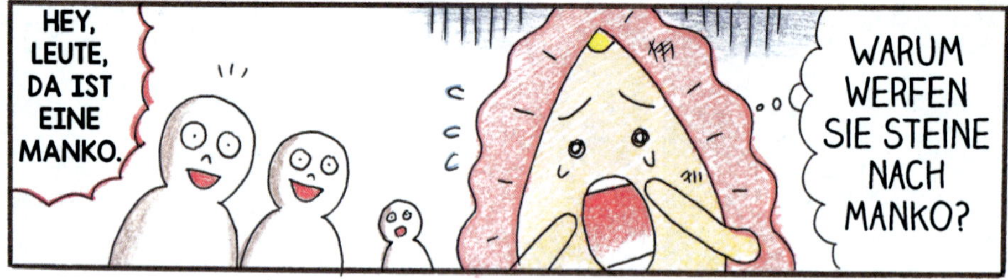
WARUM WERFEN SIE STEINE NACH MANKO?
HEY, LEUTE, DA IST EINE MANKO.

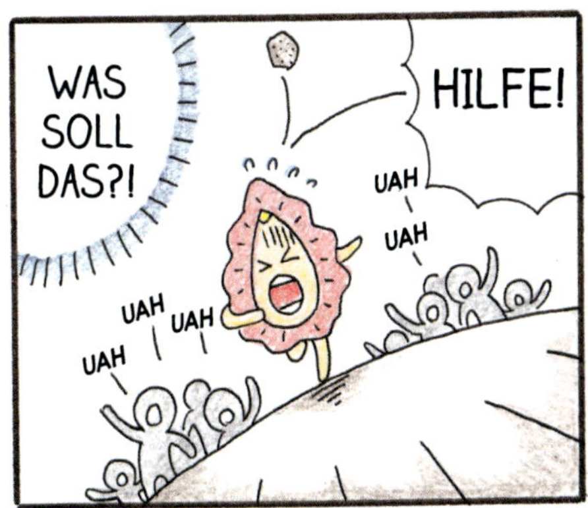
WAS SOLL DAS?!
HILFE!
UAH
UAH
UAH
UAH
UAH

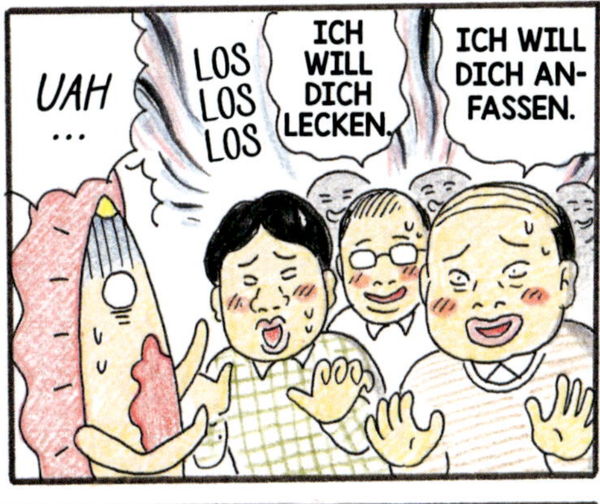
UAH …
LOS LOS LOS
ICH WILL DICH LECKEN.
ICH WILL DICH AN-FASSEN.

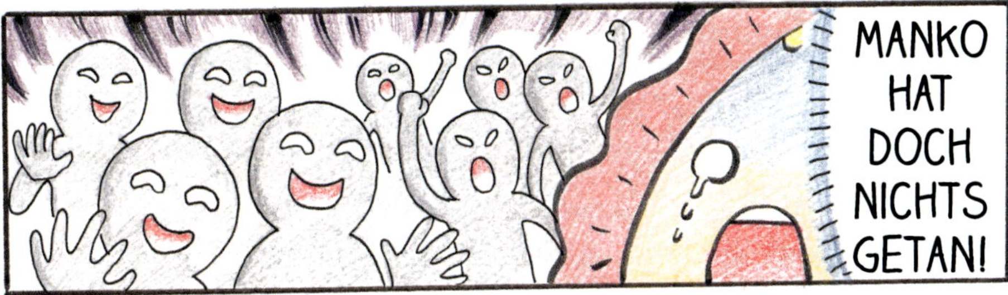
MANKO HAT DOCH NICHTS GETAN!

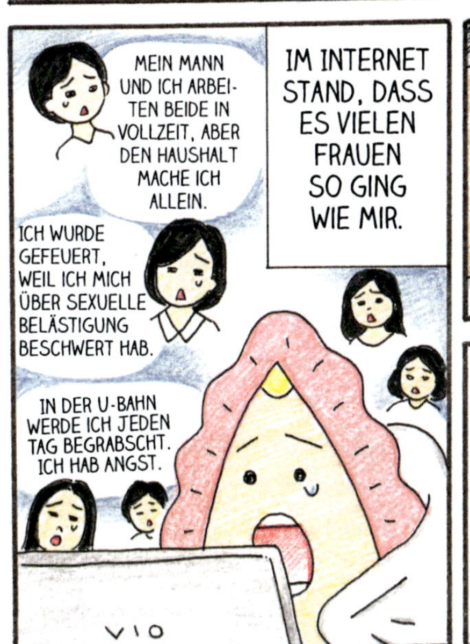
IM INTERNET STAND, DASS ES VIELEN FRAUEN SO GING WIE MIR.
MEIN MANN UND ICH ARBEI-TEN BEIDE IN VOLLZEIT, ABER DEN HAUSHALT MACHE ICH ALLEIN.
ICH WURDE GEFEUERT, WEIL ICH MICH ÜBER SEXUELLE BELÄSTIGUNG BESCHWERT HAB.
IN DER U-BAHN WERDE ICH JEDEN TAG BEGRABSCHT. ICH HAB ANGST.

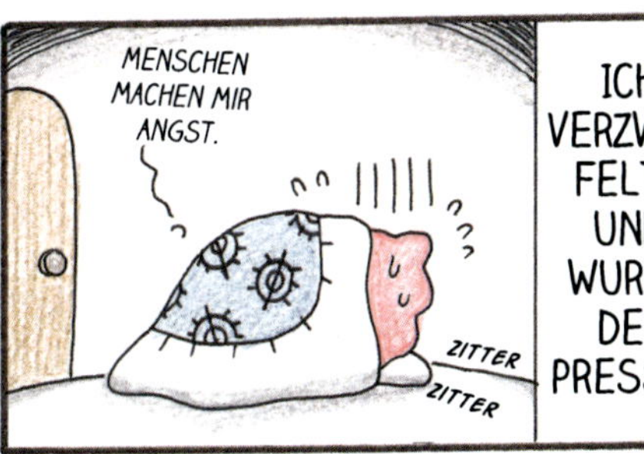
ICH VERZWEI-FELTE UND WURDE DE-PRESSIV.
MENSCHEN MACHEN MIR ANGST.
ZITTER
ZITTER

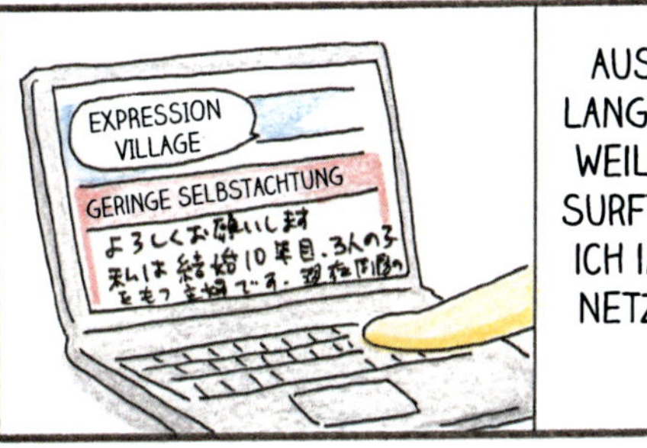
AUS LANGE-WEILE SURFTE ICH IM NETZ.
EXPRESSION VILLAGE
GERINGE SELBSTACHTUNG

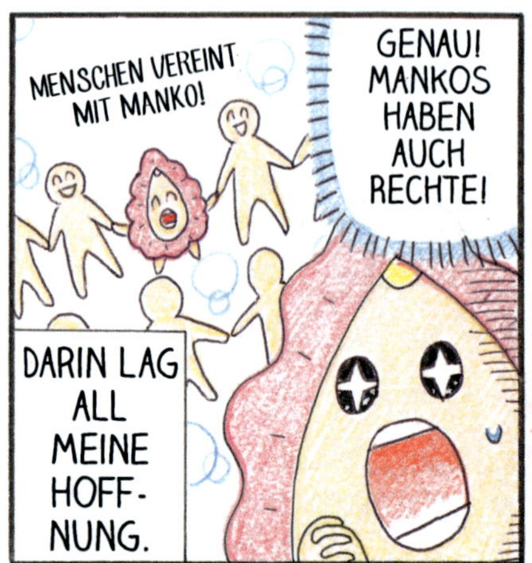
MENSCHEN VEREINT MIT MANKO!
GENAU! MANKOS HABEN AUCH RECHTE!
DARIN LAG ALL MEINE HOFF-NUNG.

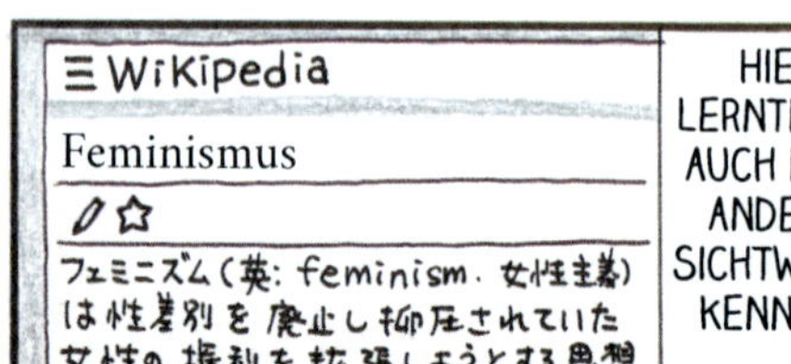
Wikipedia
Feminismus
フェミニズム（英: feminism、女性主義）は性差別を廃止し抑圧されていた女性の権利を拡張しようとする思想
HIER LERNTE ICH AUCH EINE ANDERE SICHTWEISE KENNEN.

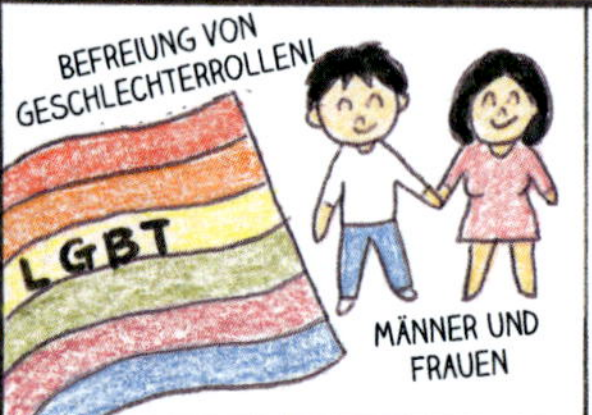
BEFREIUNG VON GESCHLECHTERROLLEN!
LGBT
MÄNNER UND FRAUEN
GENDERDIS-KRIMINIERUNG HIELT ICH FÜR FALSCH. MÄNNER, FRAUEN UND SEXUELLE MINDERHEITEN SIND ALLE GLEICH.

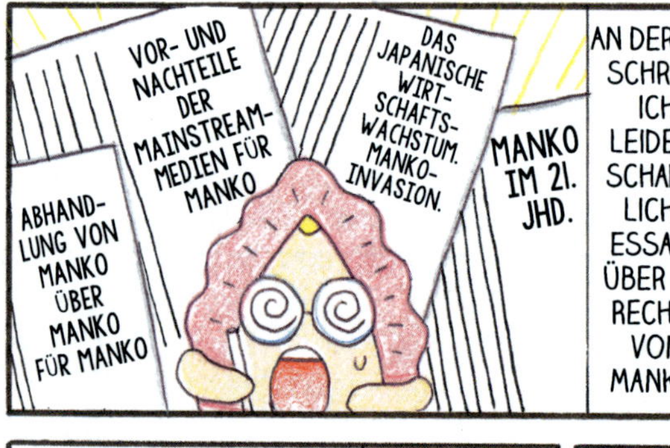
AN DER UNI SCHRIEB ICH LEIDEN-SCHAFT-LICHE ESSAYS ÜBER DIE RECHTE VON MANKO.
MANKO IM 21. JHD.
DAS JAPANISCHE WIRT-SCHAFTS-WACHSTUM. MANKO-INVASION.
VOR- UND NACHTEILE DER MAINSTREAM-MEDIEN FÜR MANKO
ABHAND-LUNG VON MANKO ÜBER MANKO FÜR MANKO

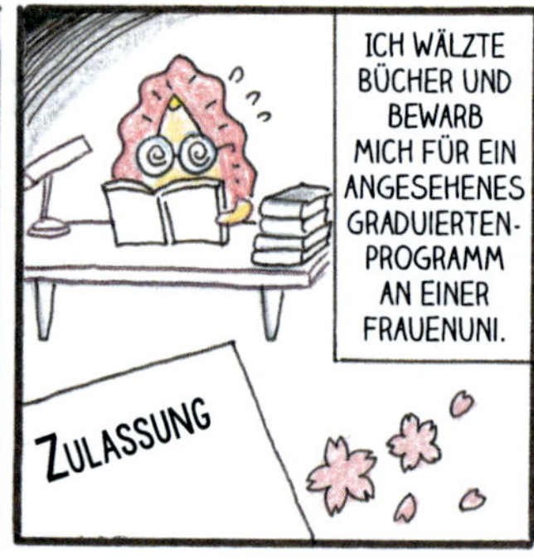
ICH WÄLZTE BÜCHER UND BEWARB MICH FÜR EIN ANGESEHENES GRADUIERTEN-PROGRAMM AN EINER FRAUENUNI.
ZULASSUNG

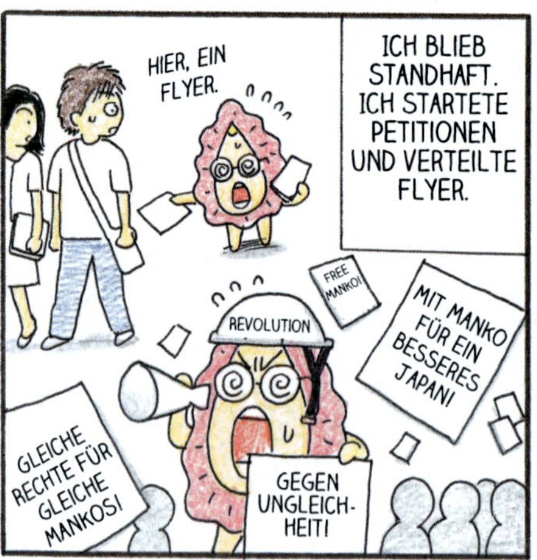
ICH BLIEB STANDHAFT. ICH STARTETE PETITIONEN UND VERTEILTE FLYER.
HIER, EIN FLYER.
FREE MANKO!
REVOLUTION
MIT MANKO FÜR EIN BESSERES JAPAN!
GLEICHE RECHTE FÜR GLEICHE MANKOS!
GEGEN UNGLEICH-HEIT!

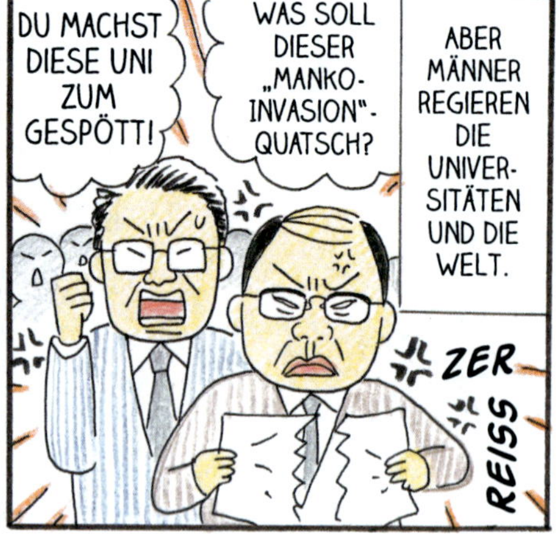
ABER MÄNNER REGIEREN DIE UNIVER-SITÄTEN UND DIE WELT.
WAS SOLL DIESER „MANKO-INVASION"-QUATSCH?
DU MACHST DIESE UNI ZUM GESPÖTT!
ZER
REISS

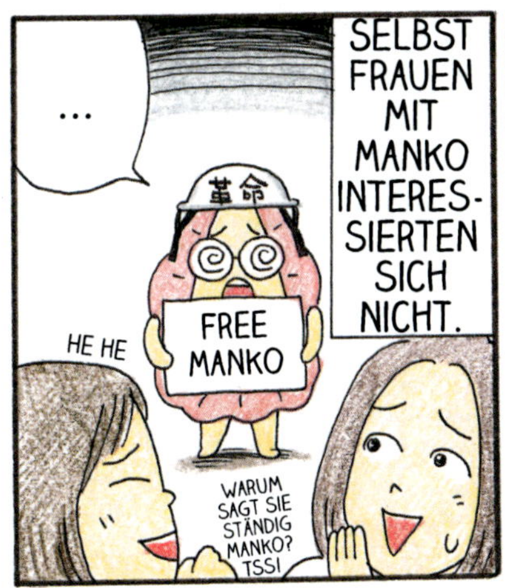
SELBST FRAUEN MIT MANKO INTERESSIERTEN SICH NICHT.
...
革命
FREE MANKO
HE HE
WARUM SAGT SIE STÄNDIG MANKO? TSS!

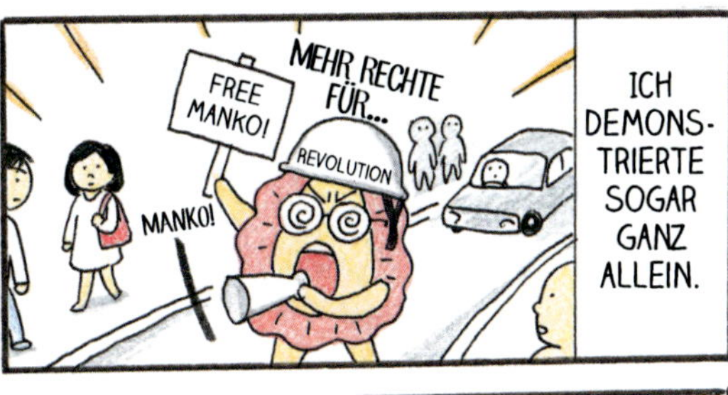
ICH DEMONSTRIERTE SOGAR GANZ ALLEIN.
MEHR RECHTE FÜR...
FREE MANKO!
REVOLUTION
MANKO!

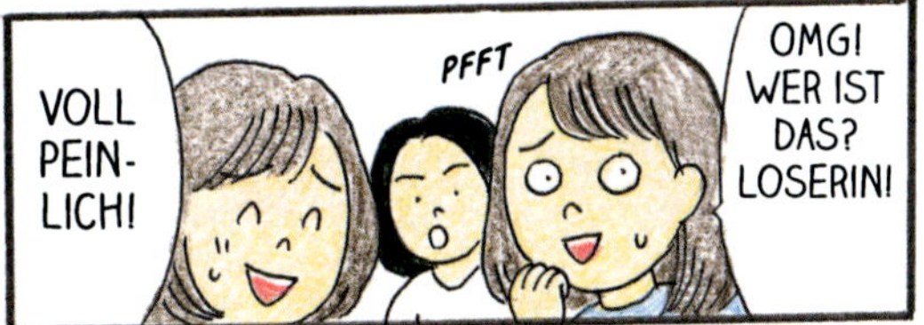
OMG! WER IST DAS? LOSERIN!
PFFT
VOLL PEINLICH!

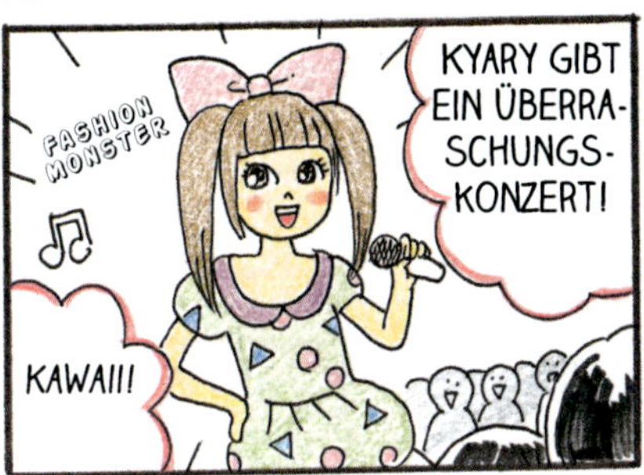
KYARY GIBT EIN ÜBERRASCHUNGSKONZERT!
FASHION MONSTER
KAWAII!

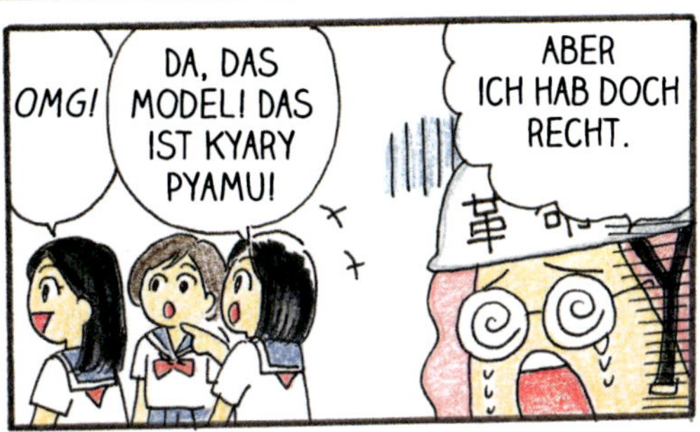
ABER ICH HAB DOCH RECHT.
DA, DAS MODEL! DAS IST KYARY PYAMU!
OMG!
革命

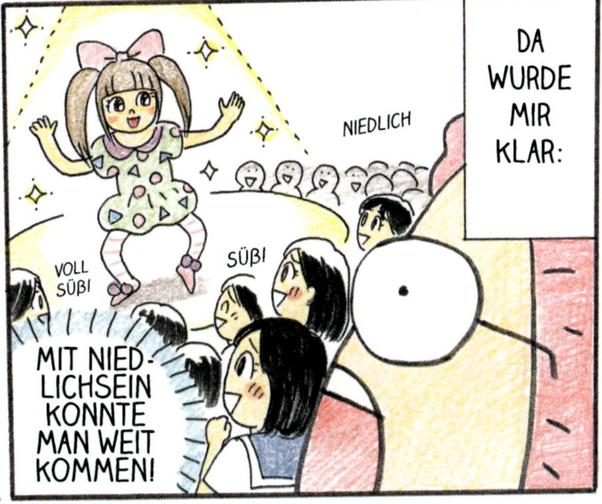
DA WURDE MIR KLAR:
NIEDLICH
SÜẞ!
VOLL SÜẞ!
MIT NIEDLICHSEIN KONNTE MAN WEIT KOMMEN!

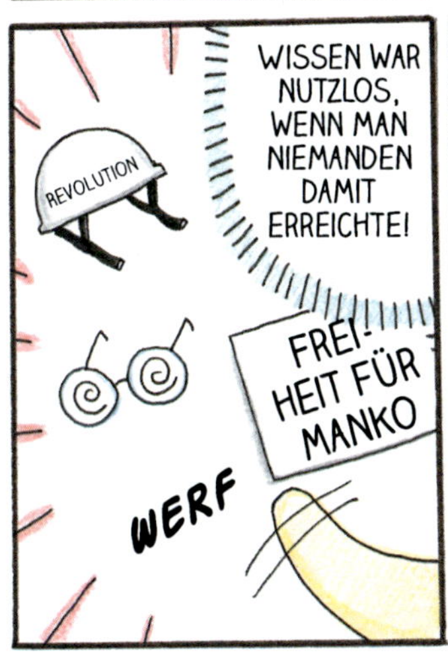
WISSEN WAR NUTZLOS, WENN MAN NIEMANDEN DAMIT ERREICHTE!
REVOLUTION
FREIHEIT FÜR MANKO
WERF

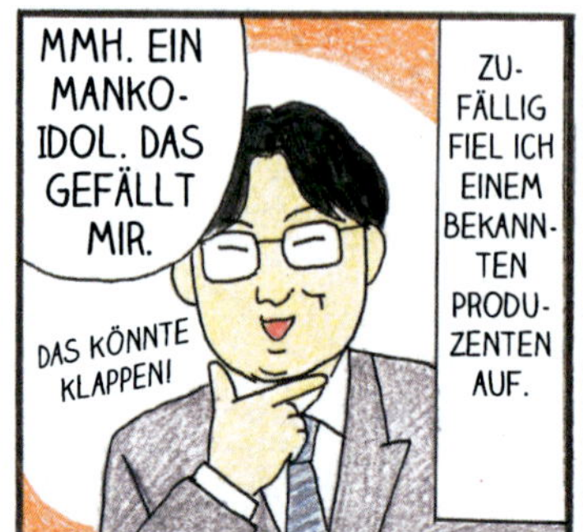
MMH. EIN MANKO-IDOL. DAS GEFÄLLT MIR.
DAS KÖNNTE KLAPPEN!
ZUFÄLLIG FIEL ICH EINEM BEKANNTEN PRODUZENTEN AUF.

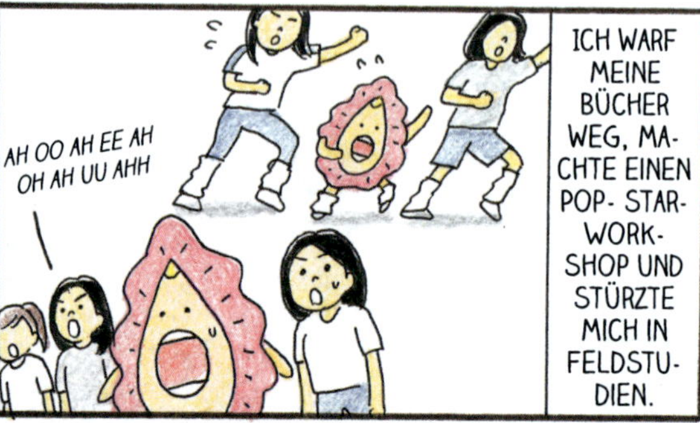
AH OO AH EE AH OH AH UU AHH
ICH WARF MEINE BÜCHER WEG, MACHTE EINEN POP-STAR-WORKSHOP UND STÜRZTE MICH IN FELDSTUDIEN.

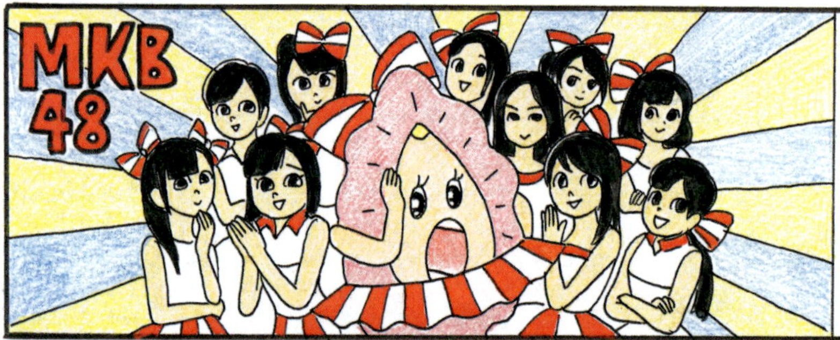
MKB 48
ICH WURDE LEADSÄNGERIN EINER POPBAND, MKB48 (MANKO BAKKARI: MANKO DEN GANZEN TAG)

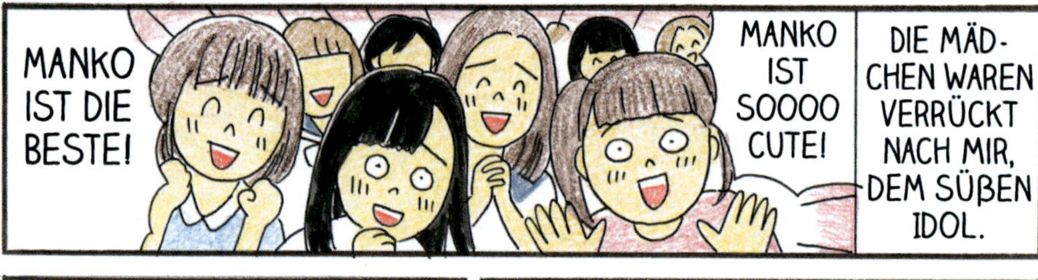
MANKO IST DIE BESTE!
MANKO IST SOOOO CUTE!
DIE MÄDCHEN WAREN VERRÜCKT NACH MIR, DEM SÜßEN IDOL.

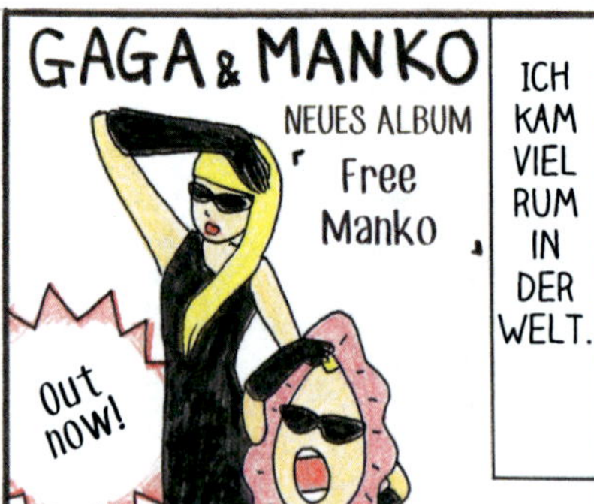
GAGA & MANKO
NEUES ALBUM
»Free Manko«
Out now!
ICH KAM VIEL RUM IN DER WELT.

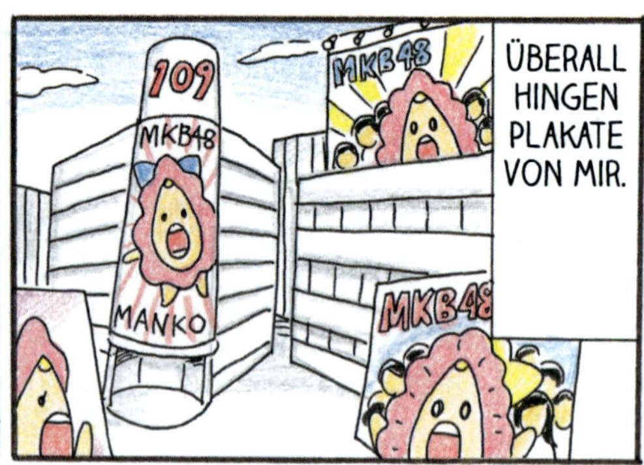
109
MKB48
MANKO
MKB48
MKB48
ÜBERALL HINGEN PLAKATE VON MIR.

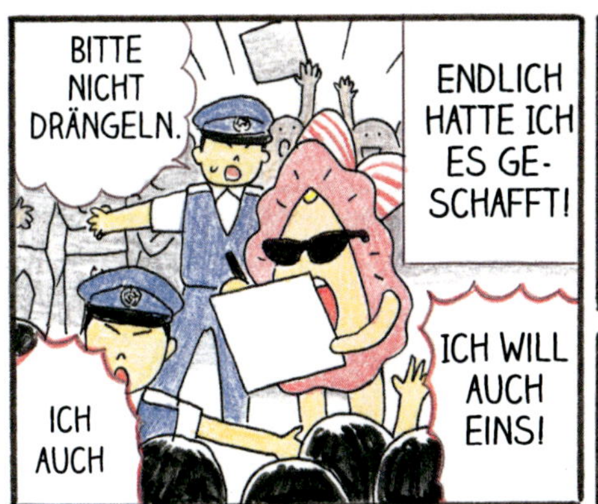
ENDLICH HATTE ICH ES GESCHAFFT!
BITTE NICHT DRÄNGELN.
ICH WILL AUCH EINS!
ICH AUCH

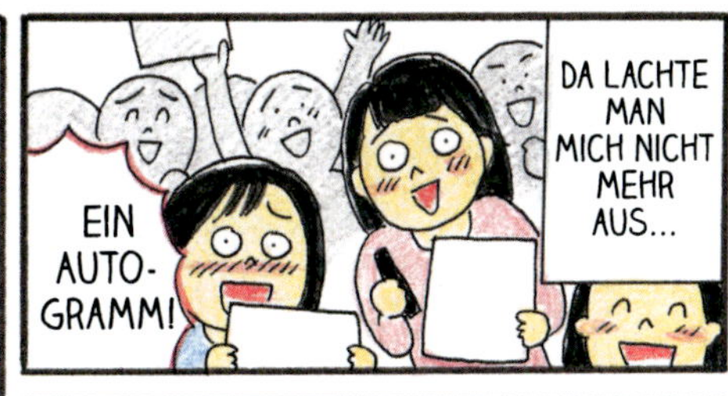
DA LACHTE MAN MICH NICHT MEHR AUS...
EIN AUTOGRAMM!

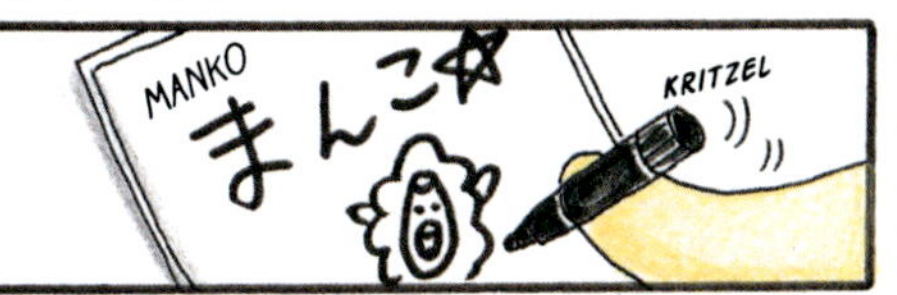
MANKO
まんこ
KRITZEL

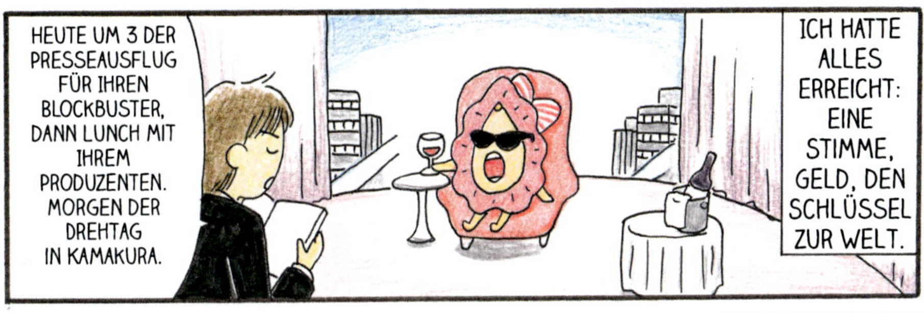
HEUTE UM 3 DER PRESSEAUSFLUG FÜR IHREN BLOCKBUSTER, DANN LUNCH MIT IHREM PRODUZENTEN. MORGEN DER DREHTAG IN KAMAKURA.
ICH HATTE ALLES ERREICHT: EINE STIMME, GELD, DEN SCHLÜSSEL ZUR WELT.

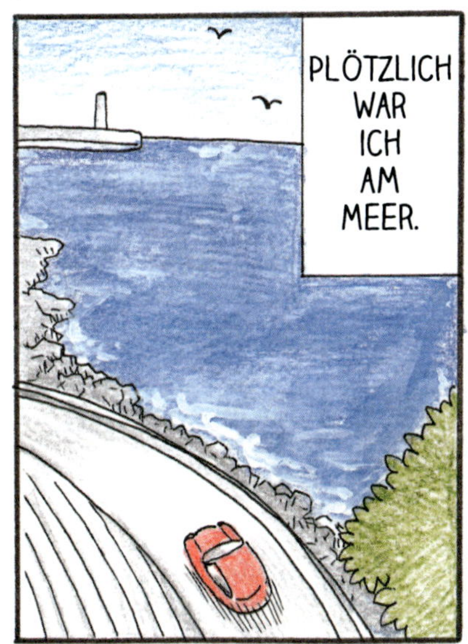
PLÖTZLICH WAR ICH AM MEER.

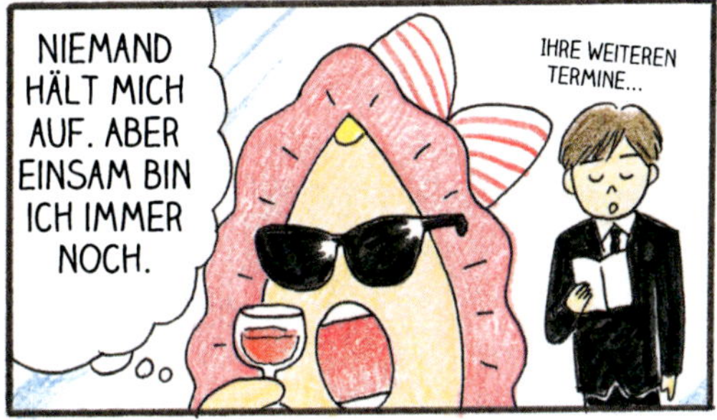
NIEMAND HÄLT MICH AUF. ABER EINSAM BIN ICH IMMER NOCH.
IHRE WEITEREN TERMINE...

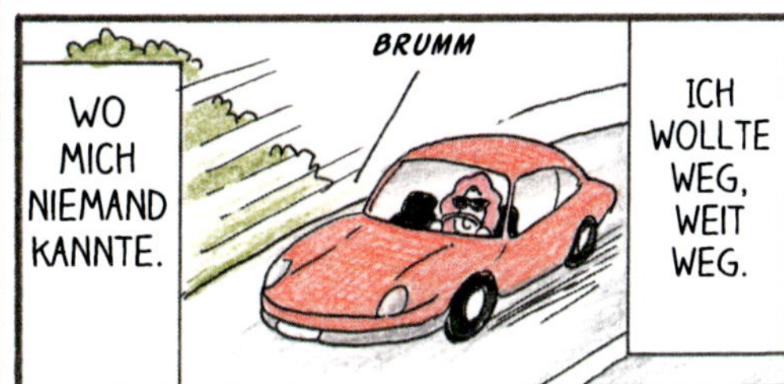
ICH WOLLTE WEG, WEIT WEG.
BRUMM
WO MICH NIEMAND KANNTE.

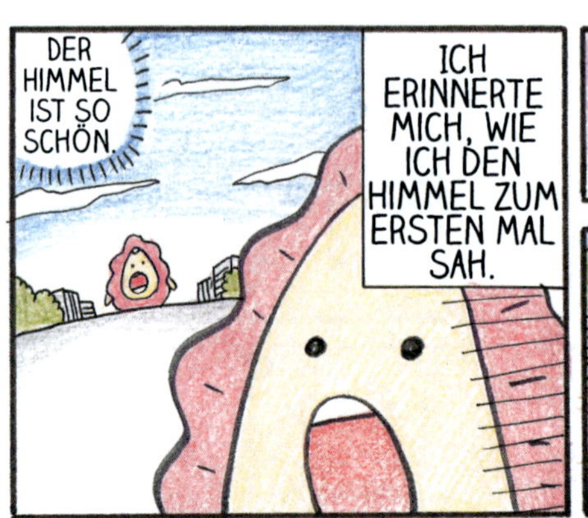
DER HIMMEL IST SO SCHÖN.
ICH ERINNERTE MICH, WIE ICH DEN HIMMEL ZUM ERSTEN MAL SAH.

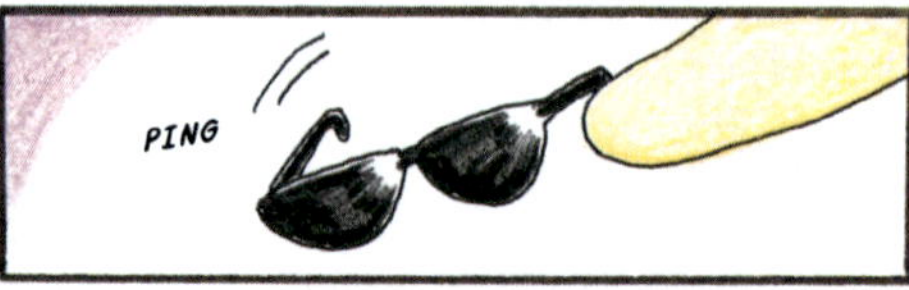
PING

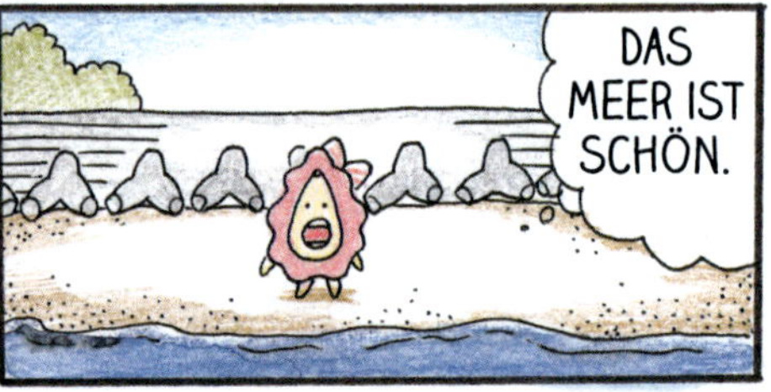
DAS MEER IST SCHÖN.

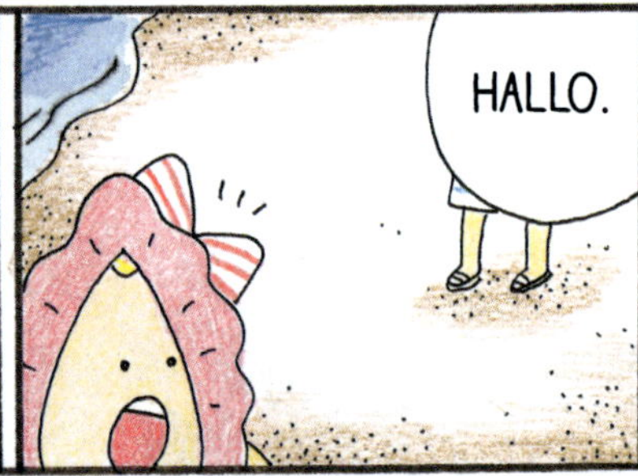
HALLO.

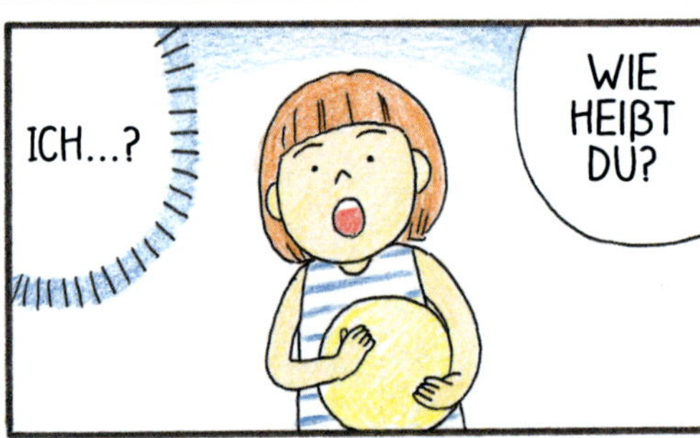
WIE HEIßT DU?
ICH...?

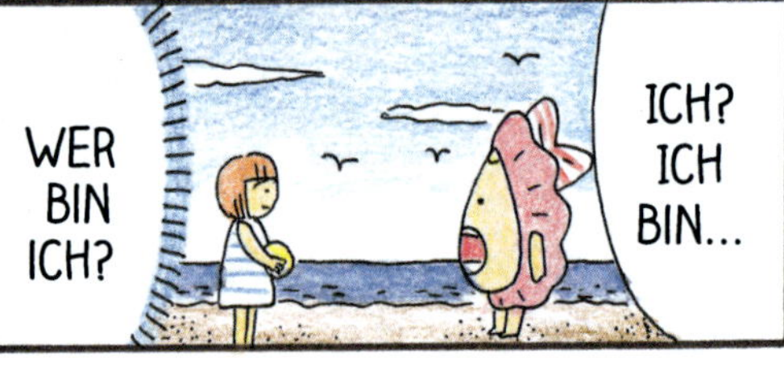
ICH? ICH BIN...
WER BIN ICH?

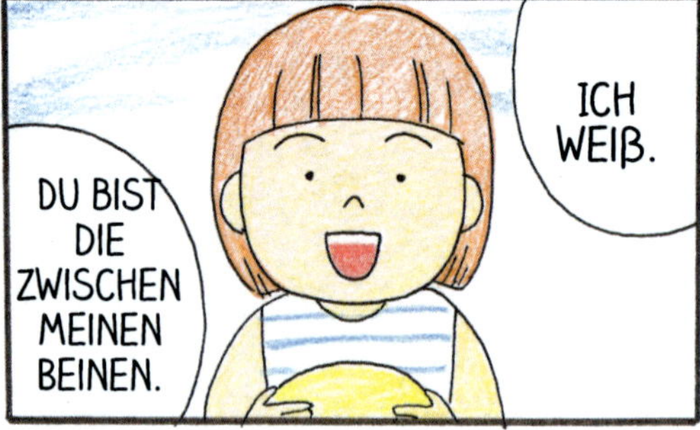
ICH WEIß.
DU BIST DIE ZWISCHEN MEINEN BEINEN.

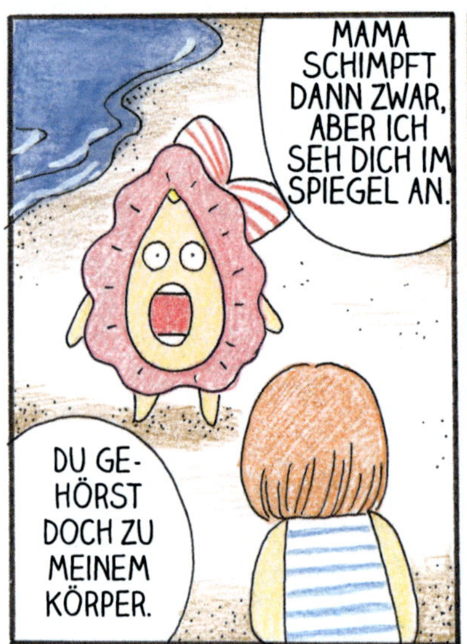
MAMA SCHIMPFT DANN ZWAR, ABER ICH SEH DICH IM SPIEGEL AN.
DU GEHÖRST DOCH ZU MEINEM KÖRPER.

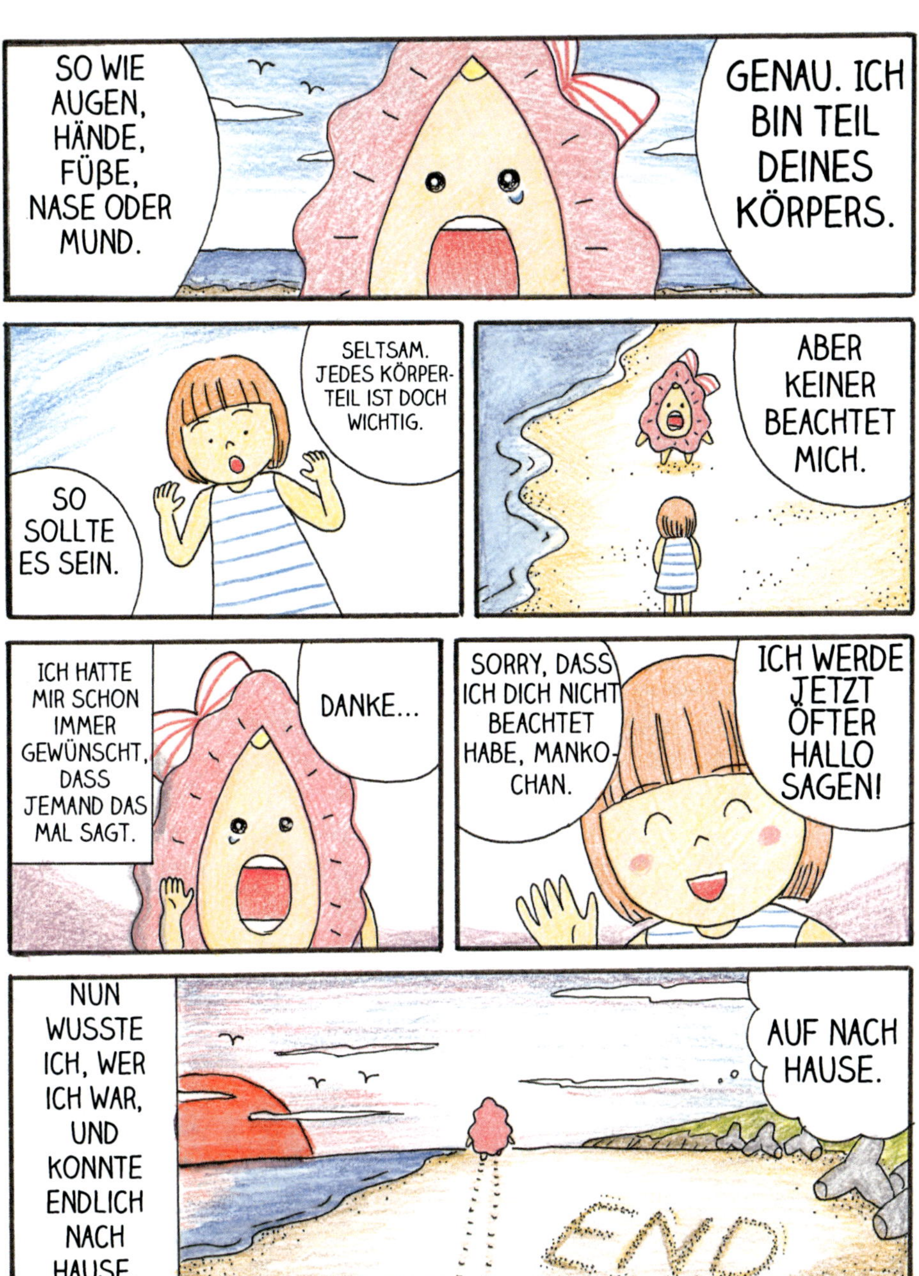
SO WIE AUGEN, HÄNDE, FÜßE, NASE ODER MUND.
GENAU. ICH BIN TEIL DEINES KÖRPERS.
SELTSAM. JEDES KÖRPERTEIL IST DOCH WICHTIG.
SO SOLLTE ES SEIN.
ABER KEINER BEACHTET MICH.
ICH HATTE MIR SCHON IMMER GEWÜNSCHT, DASS JEMAND DAS MAL SAGT.
DANKE...
SORRY, DASS ICH DICH NICHT BEACHTET HABE, MANKO-CHAN.
ICH WERDE JETZT ÖFTER HALLO SAGEN!
NUN WUSSTE ICH, WER ICH WAR, UND KONNTE ENDLICH NACH HAUSE.
AUF NACH HAUSE.
END

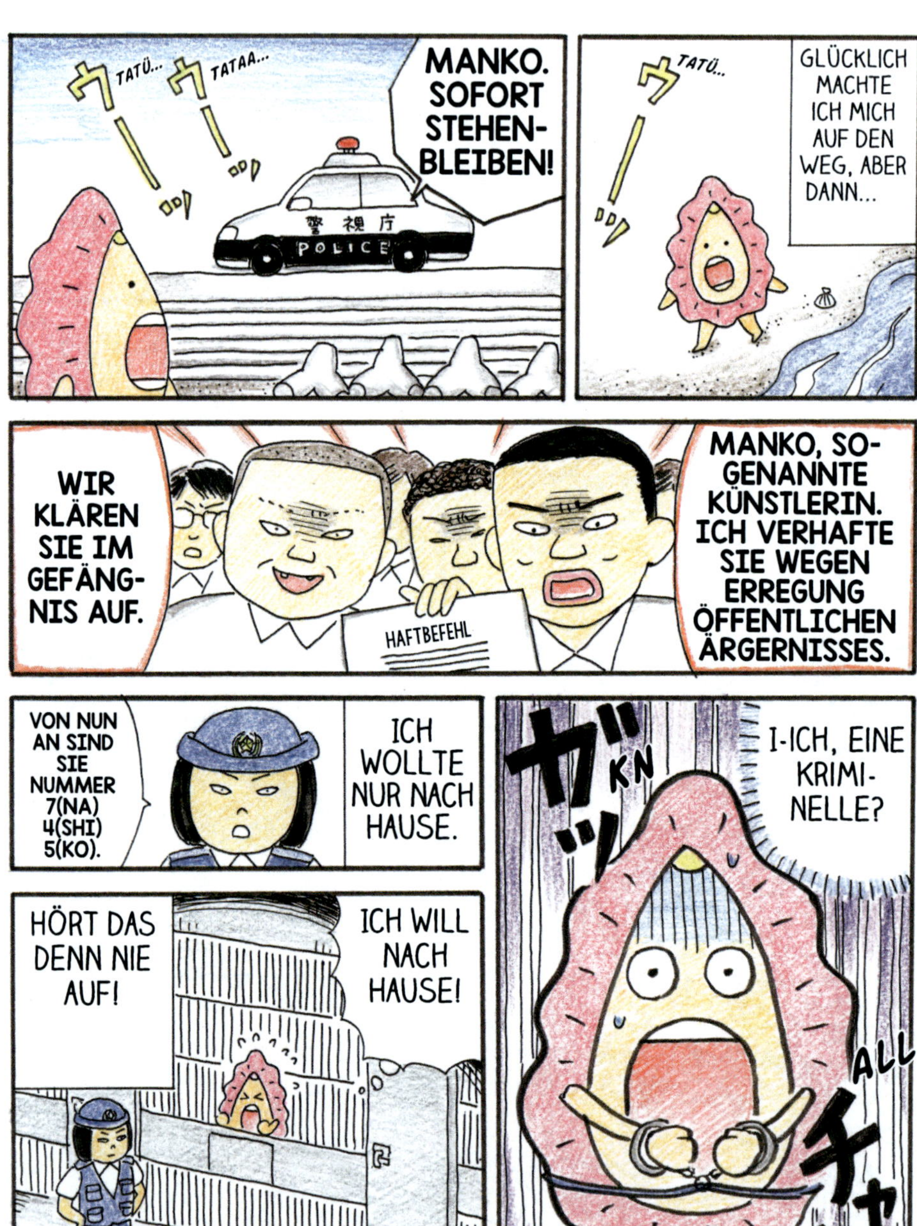

DIES IST MEINE GESCHICHTE, ABER ES KÖNNTE GENAUSO GUT DEINE SEIN.

Das Bezirksgericht Tokio befand Rokudenashiko nicht für schuldig, obszön zu sein, weil sie im Juli 2014 in einem Sexshop in Tokio künstlerische Darstellungen ihrer Vulva ausgestellt hatte. Das Gericht entschied, dass das mit bunten Stoffen, Kunstpelz und Glitzer angefertigte Kunstwerk als Pop-Art angesehen werden kann. Sie wurde jedoch der Verbreitung von unanständigem Material für schuldig befunden und zu einer Geldstrafe von 400.000 Yen (3.000 €) verurteilt, weil sie Daten (3D-Druckerdaten) verbreitete, mit denen Nutzer:innen Nachbildungen ihrer Genitalien erstellen können. Rokudenashiko sagte, sie sei froh, dass das Gericht die Anklage wegen Obszönität aufgehoben hat, aber gleichzeitig sehr enttäuscht über das Urteil: „Sie erklären, dass mein Kunstwerk in Ordnung ist, weil es nicht wie echte weibliche Genitalien aussieht. Das bedeutet, dass Genitalien immer noch als obszöne Objekte wahrgenommen werden."

Durch die weltweite Presse wurde der schottische Musiker Mike Scott auf Rokudenashiko aufmerksam. Er hielt erfolgreich um ihre Hand an und veröffentlichte auf seinem 12. Studioalbum 2017 ein Liebeslied mit dem Titel *Rokudenashiko*. Rokudenashiko bezeichnete die Polizei von Tokio dankbar als „Ehestifterin".

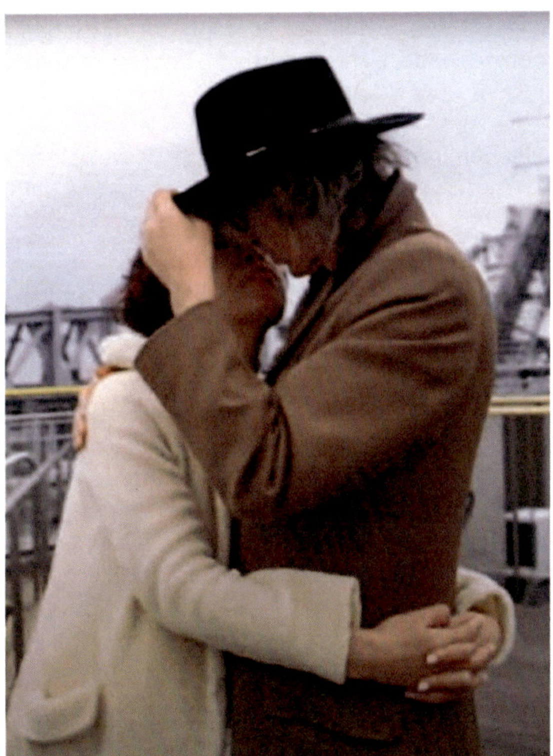

© Bild aus dem Film #FEMALE PLEASURE, mit freundl. Genehmigung der Regisseurin

Weitere Titel im Magas Verlag

Fünf Julias, M. Souza, übersetzt v. P. Bös, 2022. Ein spannender Road-Movie über heranwachsende Mädchen und soziale Medien, 2022. ISBN: 978-3-949537-04-2

Dringend rotwendig, K. Pickering & J. Bennett, übersetzt v. M. Hopp, 2022. Warum wir eine Revolution der Menstruation brauchen bevor wir echte Gleichberechtigung erreichen können. ISBN: 978-3-949537-05-9

Was im Wochenbett wichtig ist, S. Messager, übersetzt v. S. Schulte, 2022. Tipps und Ideen wie wir Wöchnerinnen stärken können. ISBN: 978-3-949537-01-1

Warum Stillen politisch ist, G. Palmer, übersetzt v. I. Hagedorn, 2022. Über die komplexen Kräfte und Motive, die hinter unserer scheinbar individuellen Still-Entscheidung stehen. ISBN: 978-3-949537-00-4

Die Gebärhaltung der Frau, L. Kuntner, 2022. „Dieses Buch darf als Standardwerk im Hebammenwesen bezeichnet werden“, Deutscher Hebammenverband. ISBN: 978-3-949537-02-8

Gebären wie eine Feministin, M. Hill, übersetzt v. S. Heidelberger. Ein Leitfaden für alle, die sich fragen, was sie konkret zur Verbesserung der Geburtssituation beitragen können. ISBN: 978-3-949537-07-3

Geburt von der Stange?, hrsg. von H. Dahlen, B. Kumar-Hazard, V. Schmied, übersetzt v. H. Freiwald, 2022. Über die Verletzung von Menschenrechten innerhalb des Geburtshilfesystems. ISBN: 978-3-949537-03-5

Zurück zur Geburt als Übergangsritus, R. Reed, übersetzt v. I. Glienke, 2022. Ein holistisch evidenzbasierter Rahmen um Geburt zu verstehen. ISBN: 978-3-949537-08-0

Die Seelenkarten, D. Linn, übersetzt v. H. Bolke-Hermanns, 2022. Lass deine Seele zu dir sprechen, 52 bunt illustrierte Karten mit Anleitungsheft. ISBN: 978-3-949537-09-7

Alle Titel sind bestellbar über *www.magas-verlag.de*

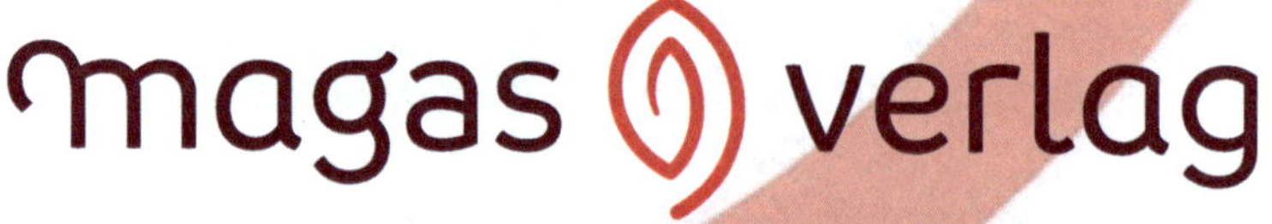

Bücher, die Frauen stärken.

WAS IST OBSZÖN?

ROKUDENASHIKO

Originaltitel: *What is obscenity?*

Hrsg.: Gerit Sonntag
Übersetzung des Mangas: Anna Fleiter
Buchcover: Petra Strauch
Die Manga-Seiten und das Interview mit Sion Sono wurden ursprünglich im Shukan Kinyobi Magazin veröffentlicht.

ISBN: 978-3-949537-06-6
Druck und Einband: Bookpress www.bookpress.eu Printed in the EU

Magas Verlag
53177 Bonn
info@magas-verlag.de
www.magas-verlag.de

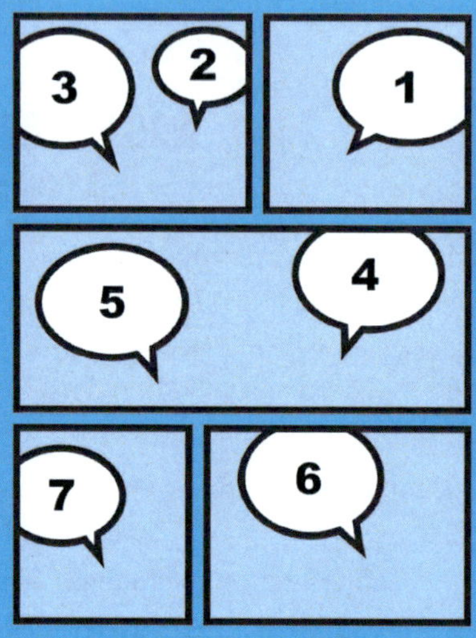

Achtung!

Dies ist die letzte Seite, denn japanische Mangas werden von rechts nach links gelesen. Man fängt also mit der letzten Seite an und liest die Sprechblasen in der Reihenfolge wie oben abgebildet.

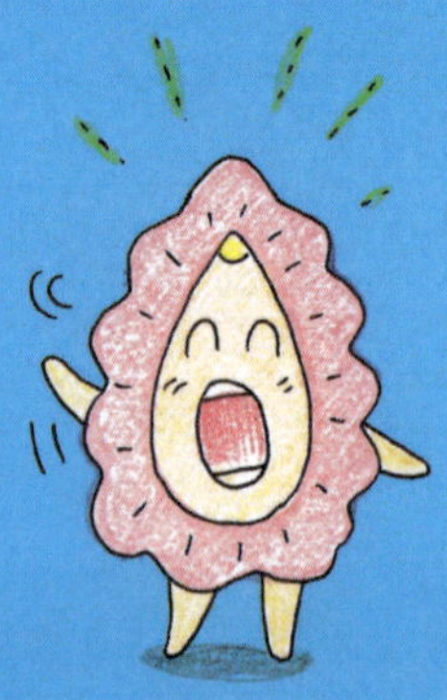